TinyML

초소형 머신러닝 TinyML

| 표지 설명 |

표지의 동물은 남미 북부에서 발견되는 벌새종의 토파즈벌새(*Topaza pella*)다. 열대, 아열대 숲의 나뭇가지에 살고 수컷 토파즈벌새는 평균 8.7인치, 암컷은 5.3인치로 상당히 작다. 수컷과 암컷 모두 무게는 약 10그램이며 자이언트벌새에 이어 두 번째로 큰 벌새다. 수컷은 무지개 빛깔의 붉은 색을 띠며 목은 금속 느낌의 녹색, 머리는 검은색이고 암컷의 깃털은 대부분 녹색이다.

토파즈벌새는 다른 벌새와 마찬가지로 꽃 피는 나무의 꿀을 주로 먹는다. 날개를 수평 8자 모양으로 회전하며 활강 비행을 하기 때문에 공중에서 피는 꽃의 꿀을 마실 수 있다. 공중에서 꽃을 피우는 식물의 대부분은 꽃이 관 모양을 하고 있으며 벌과 나비가 꽃가루에 도달할 수 없기 때문에 벌새에 의존한다.

토파즈벌새는 일반적으로 일 년에 두 번의 번식기를 제외하고는 홀로 지낸다. 암컷은 새끼를 기르면서 거미줄과 식물 섬유로 작은 둥지를 만든다. 암컷은 보통 알을 두 개 낳고 새끼들은 부화 후 약 삼 주가 지나면 깃털이 다 난다. 암컷은 약 육 주 동안 새끼를 돌본다.

토파즈벌새는 서식처 내에서 흔히 볼 수 있지만 땅 근처에는 거의 살지 않아 찾기 어렵다. 오라일리 표지에 실린 대다수의 동물은 멸종 위험에 처해 있다. 모두 세상에 중요한 존재다.

표지 그림은 라이데커의 책 『Royal Natural History』의 흑백 판화를 기반으로 캐런 몽고메리가 그렸다.

초소형 머신러닝 TinyML

모델 최적화부터 에지 컴퓨팅까지 작고 빠른 딥러닝을 위한 텐서플로 라이트

초판 1쇄 발행 2020년 8월 20일
초판 2쇄 발행 2021년 1월 5일

지은이 피트 워든, 대니얼 시투나야케 / **옮긴이** 맹윤호, 임지순 / **펴낸이** 김태헌
펴낸곳 한빛미디어(주) / **주소** 서울시 서대문구 연희로2길 62 한빛미디어(주) IT출판부
전화 02-325-5544 / **팩스** 02-336-7124
등록 1999년 6월 24일 제25100-2017-000058호 / **ISBN** 979-11-6224-341-1 93000

총괄 전정아 / **책임편집** 홍성신 / **기획** 이상복 / **편집** 이윤지
디자인 표지·내지 김연정 / **전산편집** 다인
영업 김형진, 김진불, 조유미 / **마케팅** 박상용, 송경석, 조수현, 이행은, 고광일 / **제작** 박성우, 김정우

이 책에 대한 의견이나 오탈자 및 잘못된 내용에 대한 수정 정보는 한빛미디어(주)의 홈페이지나 아래 이메일로 알려주십시오. 잘못된 책은 구입하신 서점에서 교환해드립니다. 책값은 뒤표지에 표시되어 있습니다.

한빛미디어 홈페이지 www.hanbit.co.kr / **이메일** ask@hanbit.co.kr

지금 하지 않으면 할 수 없는 일이 있습니다.
책으로 펴내고 싶은 아이디어나 원고를 메일(writer@hanbit.co.kr)로 보내주세요.
한빛미디어(주)는 여러분의 소중한 경험과 지식을 기다리고 있습니다.

TinyML

초소형 머신러닝 TinyML

O'REILLY® 한빛미디어 Hanbit Media, Inc.

지은이 · 옮긴이 소개

지은이 **피트 워든** Pete Warden

구글의 모바일, 임베디드 텐서플로 기술 책임자다. 애플에서 근무한 이후 제트팩Jetpac의 CTO이자 창업자로 일하다가 2014년에 제트팩이 구글에 인수되며 구글에 합류했다. 피트 워든은 텐서플로 팀의 창립 멤버이며 트위터에서 @petewarden으로 활동 중이고 실용적인 딥러닝 블로그 https://petewarden.com을 운영하고 있다.

지은이 **대니얼 시투나야케** Daniel Situnayake

구글에서 텐서플로 라이트의 개발자 홍보를 이끌고 있다. 이전에는 대규모로 곤충 단백질을 자동으로 생산하는 기업 타이니 팜Tiny Farms을 공동 설립했다. 최근에는 버밍엄 시티 대학교에서 자동 식별과 데이터 캡처 분야 강의를 시작했다.

옮긴이 **맹윤호** yunho0130@gmail.com

IBM Data & AI에서 엔지니어로 근무하고 있다. 연세대학교에서 데이터 분석 전공으로 석사 과정을 졸업하고 박사 과정을 밟고 있는 샐러던트다. SK C&C, KISTI, NRF, DBpia 등에서 프로젝트를 진행하고 Apache Zeppelin, Qiskit, KoGPT-2 등 오픈소스 프로젝트에 기여했다. 삼성, 현대, LG, 딜로이트 등 기업을 대상으로 강연하고 연세대학교, 중앙대학교, 상명대학교, 순천대학교 등에서도 강연한 바 있다. 참여 도서로는 『하이퍼레저 블록체인 개발』(한빛미디어, 2019), 『블록체인의 정석』(지앤선, 2019)이 있으며 IT 잡지 「마이크로 소프트웨어」에도 글을 실었다. 깃허브에서 @yunho0130으로 활동하고 기술 블로그(http://maengdev.tistory.com/)와 유튜브 채널 (https://www.youtube.com/myh0130)을 운영하고 있다.

옮긴이 **임지순** jisoon.lim@gmail.com

낮에는 계약서와 코드를 두드리고 밤에는 신시사이저와 기타를 난도질하는 공학과 미디어의 주변인. 임베디드 프로그래머, 미들웨어 개발자, 프로젝트 매니저, 사업개발 등 다양한 직군에 종사해왔으며 최근에는 엔터테인먼트 산업에서 딥러닝을 활용하는 연구를 진행하고 있다. 사회적인 덕후로 생존하기 위해 오늘도 코드와 그리고 글과 씨름하고 있다.

이 책은 그동안의 딥러닝&머신러닝 '모델 성능 향상' 패러다임 속에서 이를 어떻게 잘 '활용'할 지에 대한 단서를 제공하는 책입니다.

기술이 발전하는 과정을 가만히 들여다보면, 한동안은 성능 향상 그 자체에 집중하고 이후에는 이를 잘 활용하는 방향으로 나아갑니다. 가까운 예시로 스마트폰이 처음 나오고 한동안은 빠른 CPU, 더 많은 램, 더 많은 앱, 큰 스크린 등 경쟁사 대비 더 많은 것을 할 수 있다는 점을 차별 점으로 내세웠습니다. 요즘은 어떠한가요? 하드웨어 수준이나 앱 생태계 등이 상향 평준화된 지금은 더 얇은 디자인, 예쁜 모서리, 빠른 충전, 오래가는 배터리, 접을 수 있는 화면, 성능이 향상된 카메라 등을 강조합니다.

딥러닝 연구도 마찬가지라고 생각합니다. 이미 많은 연구가 시행된 분야에서의 모델 성능은 상 향 평준화가 되고 있습니다. 예전에는 국내 대학 실험실에서 몇 개 안 되는 GPU로 모델을 만 들어도 국제학회에 나갈 수 있었습니다. 하지만 요즘에는 글로벌 대기업 수준의 GPU 클러스 터를 활용해야 모델 성능을 개선할 수 있고 이렇게 발표된 연구는 어느새 코드로 구현되어 누 구나 사용할 수 있게 됐습니다.

국내에서도 기업 내 딥러닝 조직이 만들어지고 시간이 어느 정도 흘렀습니다. 이 말은 이제 슬 슬 성과를 내야 할 시기가 다가오고 있다는 것을 의미합니다. 딥러닝을 연구research에서 끝내지 않고 제품product까지 이어가기 위해서는 이를 어떻게 활용할지 고민하는 것이 필수입니다. 이 책은 이에 대한 텐서플로 팀의 고민이 잘 녹아 있습니다. 모델의 정확도를 최대한 유지하면서 어떻게 하여 모델을 경량화할 것인지, 저전력 상황 속에서 어떻게 전력을 최적화하여 모델을 실행할 것인지, 물리적 크기가 아주 작아 모델을 실행하기 어려운 컴퓨팅 환경에서는 어떻게 모델을 동작시킬지 상세한 설명과 예제 코드로 설명합니다.

이 책의 예제 코드는 소스 코드를 별도로 관리하기 위한 노력의 일환으로 텐서플로 라이트 프 로젝트를 포크fork하여 깃허브(https://github.com/yunho0130/tensorflow-lite)에 공개 해두었습니다. 개인적으로 오라일리O'Reilly의 책으로 공부하면서 느꼈던 아쉬운 점은 크게 두 가 지였습니다. 하나는 소스 코드가 대부분 영문으로 제공되고 다른 하나는 소스 코드와 책의 버전 차이 등으로 실습을 제대로 진행하기 어려웠다는 점입니다. 이러한 점을 개선하고자 이 책의 깃허브 저장소는 단순히 실습 소스 코드를 배포하는 역할뿐만 아니라 소통의 장으로 활용될 예정입니다. 국내 많은 개발자가 손쉽게 텐서플로 라이트에 접근하고 각종 이슈를 공유하며 해결할 수 있는 공간으로 만들어 일종의 오픈소스 커뮤니티로 기능하고자 합니다. 책에 담지 못한 추가 내용이나 문의 사항은 유튜브 채널(https://www.youtube.com/myh0130)에서 영상으로도 다룰 예정입니다.

이 책이 나오기까지 많은 분의 도움이 있었습니다. 특히 임지순 역자님같이 훌륭한 분을 만나게 된 것은 개인적으로 일생일대의 행운이라 생각합니다. 이 자리를 통해 이번 작업에서도 함께할 수 있어 감사하다는 말씀드립니다. 책은 단순히 번역자만 있다고 해서 세상에 나올 수 있는 것이 아닙니다. 끝까지 꼼꼼하게 살펴봐준 한빛미디어의 이윤지 편집자, 이상복 팀장님에게 감사의 말을 전합니다. 이에 더하여 이 책과 텐서플로 라이트 프로젝트를 국내 개발자 커뮤니티 등에 알릴 수 있도록 도움을 준 공개SW개발자센터(https://www.oss.kr)에도 감사의 말을 남깁니다. 또한 직원의 기술적 성장을 위해 출간 승인을 받아준 IBM 최안나 상무님과 늘 책이 언제 나오는지 관심을 가지고 응원해준 김경희 실장님, 김승권 부장님, 정지현 과장님에게도 감사드립니다. 깃허브를 통해 오픈소스 컨트리뷰톤을 함께한 이들이 있습니다. (이름[깃허브 ID] 형식으로 표기) 강상훈[sanghunkang], 공예슬[0ys], 김도연[yammayamm], 김창윤[Karmantez], 김하림[harheem], 서미지[prograsshopper], 송보영[ufo8945], 양윤석[yoonseok312], 이경환[kyunghwanleethebest], 이보성[dlqh406], 이장후[ProtossDragoon], 전수민[su-minn], 조승현[pmcsh04], 최예진[new-w] 님 감사합니다. 덕분에 풍성한 유스케이스를 담을 수 있었습니다.

끝으로 이 책을 선택한 독자 여러분에게 감사의 말을 남깁니다. 제가 이렇게 감사의 글을 남길 수 있는 것도 모두 다 독자 여러분 덕분입니다. 앞으로도 지속적인 관심 부탁드리며, 다음에도 좋은 책으로 찾아뵙겠습니다. 감사합니다.

맹윤호

기억조차 희미한 언젠가 전자공학이 나의 상상력을 사로잡았던 때가 있다. 인류는 지구에서 암석을 파고 신비한 방법으로 정제하여 불가사의한 법칙을 따르는 조합을 통해 작은 부품들을 만들어 거기에 생명을 불어넣었다.

8살짜리 아이에게 배터리, 스위치, 필라멘트 전구의 조합은 컴퓨터 내부의 프로세서만큼이나 매력적이었다. 몇 년이 지나면서 아이는 이러한 발명품을 작동시키는 원리, 전자공학과 소프트웨어의 원리를 이해해나갔다. 그러나 이해했음에도 불구하고 단순한 요소가 모인 시스템이 미묘하고 복잡한 것을 만들어낸다는 자체는 언제나 놀라웠으며 딥러닝은 이것을 새로운 차원으로 끌어올렸다.

이 책에는 여러 예제가 등장한다. 그중 하나는 '보는 방법을 이해하는' 딥러닝 네트워크다. 수천 개의 가상 '뉴런'으로 구성되며 각 뉴런은 간단한 규칙을 따르고 하나의 숫자를 출력한다. 각각의 뉴런은 혼자서는 많은 능력을 갖지 못하지만 여러 뉴런이 결합하여 훈련을 거치면 인간 지식의 불꽃을 얻고 복잡한 세계를 이해할 수 있게 된다.

딥러닝은 마술과 같다. 모래, 금속, 플라스틱으로 만들어진 작은 컴퓨터에서 실행되는 간단한 알고리즘이 인간의 이해 일부를 구현할 수 있는 것이다. 이것이 피트가 만들어낸 용어 TinyML의 본질이다. 이 책에는 이러한 것들을 직접 구축하는 데 필요한 도구가 담겨 있다.

이 책의 독자가 되어준 여러분에게 감사하다. TinyML은 복잡한 주제이지만 우리는 이를 간결하게 다루면서도 필요한 모든 개념을 설명하기 위해 노력했다. 여러분이 이 책을 즐기기를 바라며 이후 여러분이 만들어낼 발명품이 무척이나 기대된다.

대니얼 시투나야케

감사의 말

이 책을 멋지게 편집한 니콜 타슈, 마술 지팡이 예제를 만든 제니퍼 왕, uTensor 라이브러리로 획기적인 임베디드 머신러닝 작업을 남긴 닐 탠에게 특별히 고맙다. 또한 라잣 몽가와 사라 시라주딘의 전문적인 지원 없이는 이 책을 쓸 수 없었을 것이다. 파트너인 조앤 라돌레체타와 로렌 워드의 인내심에도 고맙다는 말을 전한다.

이 책은 텐서플로^{TensorFlow} 팀에서 하드웨어, 소프트웨어, 학계를 어우르는 수백 명의 사람이 작업한 결과물이다. 여기에 기여한 메흐메트 알리아닐, 알라스데어 앨런, 라지엘 알바레스, 페이지 베일리, 마시모 반지, 라지 마트라, 메리 베니언, 제프 비어, 루카스 비발트, 이언 브라트, 로런스 캠벨, 앤드루 캐버노, 로런스 찬, 비카스 찬드라, 마커스 창, 토니 치앙, 아캉샤 초헤리, 로드 크로퍼드, 로버트 데이비드, 팀 데이비스, 홍양 덩, 볼프 돕슨, 자레드 듀크, 옌스 엘로프손, 요한 에우프로시네, 마르티노 파킨, 리모르 프라이드, 누퍼 가르그, 니콜라스 질리언, 예브게니 구체프, 알레산드로 그란데, 송 한, 저스틴 홍, 사라 후커, 앤드루 하워드, 마그누스 히스턴, 애드바이트 자인, 냇 제프리스, 마이클 존스, 매트 켈시, 쿠르트 카이처, 프레드릭 크누손, 닉 크리거, 닉 레인, 슈앙펑 리, 마이크 리앙, 유청 링, 렝히에 리우, 마이크 루키즈, 오언 라이크, 크리스티안 말리에, 빌 마크, 매슈 마티나, 샌딥 미스트리, 애밋 미트라, 로런스 모로니, 보리스 무르만, 이안 나피어, 메그나 나트라지, 벤 너텔, 도미닉 파작, 데이브 패터슨, 다리오 페니시, 자넬 Pereira, 라즈 프라사드, 프레더릭 레히텐슈타인, 비카스 레디, 로키 로즈, 데이비드 림, 가즈노리 사토, 나단 세이들레, 앤드루 셀레, 아핏 샤, 마커스 쇼크로프트, 자크 셸비, 수하시 시바쿠마르, 라비샹카르 시발링감, 렉스 St. 존, 도미닉 심스, 올리버 테맘, 필립 토로네, 슈테판 어포프, 에벤 업턴, 루 왕, 티에젠 왕, 폴 와트모, 톰 화이트, 에드 와일더 제임스, 웨이 샤오에게도 고맙다. 지면상 모든 사람을 언급할 수 없어 누락된 이들에게는 양해를 구한다.

CONTENTS

CHAPTER 1 서론

CHAPTER 2 시작하기

CHAPTER 3 머신러닝 빠르게 훑어보기

CONTENTS

CHAPTER 6 TinyML 'Hello World': 마이크로컨트롤러에 배포하기

CHAPTER 7 호출어 감지: 애플리케이션 만들기

CONTENTS

CHAPTER **10** 인체 감지: 모델 훈련하기

CONTENTS

CHAPTER 11 마술 지팡이: 애플리케이션 만들기

CHAPTER 12 마술 지팡이: 모델 훈련하기

CHAPTER 13 마이크로컨트롤러용 텐서플로 라이트

CONTENTS

CHAPTER **14 자신만의 TinyML 애플리케이션 설계하기**

CONTENTS

CHAPTER 17 모델과 바이너리 크기 최적화

CHAPTER 18 디버깅

CHAPTER 19 텐서플로에서 텐서플로 라이트로 모델 포팅하기

CHAPTER 20 개인 정보, 보안, 배포

CONTENTS

CHAPTER **21** 파도를 따라잡기 위하여

APPENDIX

## CHAPTER 1

서론

피드 웜든

이 책은 커맨드 라인 터미널^{terminal}, 코드 편집기를 사용해본 경험만 있다면 어떤 개발자라도 임베디드 장치에서 머신러닝^{Machine Learning}(ML)을 실행하는 프로젝트를 만들 수 있게 안내하는 것을 목표로 썼다.

2014년 구글에 입사하면서 전에는 전혀 몰랐던 다양한 사내 프로젝트를 발견했다. 그중 가장 흥미로운 것은 오케이 구글^{OK Google} 팀이 수행한 작업이었다. 이 팀은 크기가 14KB(킬로바이트)에 불과한 신경망^{neural network}을 가동하고 있었다. 이러한 소형 신경망은 대부분의 안드로이드 폰에 존재하는 DSP^{Digital Signal Processor}에서 실행되면서 호출 문구인 "오케이 구글"을 지속적으로 듣는 역할을 하기 때문에 그 크기가 아주 작아야 했고, DSP는 수십 킬로바이트의 RAM과 플래시 메모리만을 가지고 있었다. 주 CPU의 전원은 전원 절약을 위해 꺼진 상태이기 때문에 오케이 구글 팀은 이 작업에 DSP를 사용해야 했으며 이러한 특수 칩은 몇 밀리와트(mW)의 전력만 사용한다.

딥러닝으로 이미지를 처리하던 입장에서 이렇게 작은 네트워크는 처음이었으며 이러한 저전력 칩을 사용하여 신경망 모델을 실행할 수 있다는 사실 역시 금시초문이었다. 나는 텐서플로 그리고 텐서플로 라이트를 안드로이드와 iOS 장치에 맞게 개발하는 과정에서 더욱 간단한 칩에도 딥러닝을 탑재할 수 있을 것이라는 가능성에 매료됐다. 실제로 오디오(예: 픽셀^{Pixel}의 Music IQ), 데이터 기반 유지보수(PsiKick 등), 영상처리(퀄컴의 Glance 카메라 모듈) 등의 분야에 소형 임베디드 기기와 딥러닝을 융합한 선구적인 프로젝트가 있다는 것도 알게 됐다.

분명히 완전히 새로운 종류의 제품이 등장하고 있었던 것이다. 이러한 제품은 가격이 1달러에서 2달러 정도로 저렴했으며 배터리나 자가 발전으로 수년간 가동할 수 있다. 그러면서도 머신러닝을 사용하여 노이즈가 많은 센서 데이터를 처리할 수 있다. 특히 많이 회자됐던 것은 '부착형peel-and-stick 센서'다. 배터리를 교체할 필요가 없고 어떠한 환경에도 적용 가능하여 한 번 붙여놓고 잊을 수 있는 장치를 가리키는 말이었다. 본질적으로 데이터 스트림을 어디서나 전송하는 데 드는 에너지 비용은 매우 크고 실용적이지 않기 때문에 이러한 장치를 실제로 만들기 위해서는 센서가 받은 원시 데이터를 장치 자체에서 실행 가능한 정보로 전환하는 방법이 필요하다.

여기서 TinyML 아이디어가 등장한다. 학계와 업계에서 계속된 토론은 1mW 이하의 에너지 비용으로 신경망 모델을 실행할 수 있다면 완전히 새로운 애플리케이션이 연이어 탄생할 것이라는 대략적인 합의를 형성했다. 1mW가 임의의 숫자처럼 보일 수 있지만 이는 코인 배터리로 1년의 수명을 유지할 수 있다는 의미를 담고 있다. 그 결과 어떤 환경에 적합할 정도로 작으면서도 사람의 개입 없이 충분한 시간 동안 가동될 수 있는 제품이 되는 것이다.

> **NOTE_** 이 책에는 기술 용어가 곳곳에 등장하지만 그중 낯선 용어가 있다 해도 걱정하지 말자. 용어가 처음 등장할 때 그 의미를 정의할 것이다.

이 시점에서 라즈베리파이Raspberry Pi 또는 엔비디아 젯슨NVIDIA Jetson 보드 같은 플랫폼을 떠올릴 수도 있을 것이다. 이러한 장치는 널리 쓰이는 좋은 기기이지만, 가장 작은 라즈베리파이조차도 스마트폰의 메인 CPU와 비슷하게 수백 밀리와트를 소비한다. 며칠 동안만 장치를 가동하려 해도 스마트폰과 유사한 배터리가 필요하므로 '부착형' 제품의 경험을 줄 수 없다. 엔비디아 젯슨은 강력한 GPU를 기반으로 하며 최고 속도로 작동할 때 최대 12와트의 전력을 사용하기에, 큰 외부 전원 공급 장치 없이는 사용하기가 훨씬 어렵다. 일반적으로 자동차나 로봇 응용 분야에서는 자체적으로 큰 전원이 필요한 기계가 쓰이기 때문에 문제가 되지 않는다. 하지만 이 책에서 주목하고자 하는 분야는 유선 전원 공급 장치 없이도 가동할 수 있는 작은 시스템이므로 라즈베리파이나 젯슨 같은 플랫폼을 사용하기 어렵다. 물론 이러한 플랫폼은 일반적으로 수백 메가바이트의 메모리를 가지고 리눅스를 탑재할 수 있는 ARM Cortex-A CPU를 기반으로 하기 때문에 텐서플로, 텐서플로 라이트, 엔비디아의 TensorRT 같은 프레임워크를 사용하는 데에 제약이 없다. 그러므로 이 책은 라즈베리파이, 젯슨 같은 플랫폼에서 딥러닝을 실행하는 방법을 설명하는 데 중점을 두지 않을 것이다. 해당 영역에 관심이 있다면 텐서플로 라이트의 모바일 관련 문서(https://www.tensorflow.org/lite)를 참조하기 바란다.

고려해야 할 또 다른 요소는 바로 비용이다. 메이커들이 가장 저렴하게 구입할 수 있는 라즈베리파이 제로Raspberry Pi Zero의 가격은 5달러다. 하지만 그 정도 수준의 칩을 대량으로 구입하는 것은 매우 어렵다. 라즈베리파이 구매는 일반적으로 수량이 제한되어 있으며 산업용 제품 단가가 투명하지 않다는 점을 감안하더라도 5달러라는 가격이 확실히 이례적인 것은 분명하다. 반대로 가상 서럼한 32비트 마이크로컨트롤러의 단가는 1달러보나 훨씬 서럼하나. 이닣게 서럼한 가격 덕분에 제품 제조사는 장난감부터 세탁기에 이르는 기존의 아날로그 또는 기계적 제어 회로를 모두 소프트웨어 정의 가능한 방식으로 대체할 수 있었다. 내 소망은 이러한 장치에 이미 배포된 마이크로컨트롤러를 사용하여 기존 장치를 많이 변경하지 않고도 인공지능 소프트웨어를 도입할 수 있게 되는 것이다. 이것이 가능해진다면 비효율적으로 많은 비용을 들이지 않고도 건물이나 야생 동물 보호 구역 같은 환경에 걸쳐 수많은 스마트 센서를 배치할 수 있게 될 것이다.

1.1 임베디드 장치

TinyML은 에너지 비용이 1mW 미만인 하드웨어 플랫폼으로 정의할 수 있다. 즉, TinyML을 이해하려면 임베디드 장치의 세계를 이해해야 한다. 나 역시 몇 년 전까지는 임베디드 장치에 익숙하지 않았고 나에게는 사실상 미스터리의 세계였다. 보통 임베디드 장치는 8비트 프로세서를 사용하고 잘 알려지지 않은 독점적인 툴체인을 사용했기 때문에 이를 시작하는 것은 꽤나 막막한 일이었다. 하지만 아두이노Arduino가 표준화된 하드웨어와 함께 사용자 친화적인 통합 개발 환경(IDE)을 도입하면서 크게 진전됐다. 그 이후로 ARM의 Cortex-M 계열 칩 덕분에 32비트 CPU가 표준이 됐다. 몇 년 전 머신러닝 실험의 프로토타입을 제작할 때 개발 과정이 얼마나 간단해졌는지 확인하고 깜짝 놀랐다.

하지만 임베디드 장치는 여전히 제한된 자원으로만 구동된다. RAM 용량은 수백 킬로바이트에 불과하거나 때로는 그보다 훨씬 적다. 지속적인 프로그램 및 데이터 저장을 위해 구비한 플래시 메모리의 크기 역시 그 정도다. 수십 메가헤르츠에 불과한 클록clock 속도는 일반적인 수준이다. 리눅스를 완전히 구동하는 것은 당연히 불가능하며(최소 1MB의 RAM과 메모리 컨트롤러가 필요하다.) 운영체제가 있다 해도 POSIX 또는 표준 C 라이브러리 기능 중 일부 또는 전부를 제공하지 못할 수도 있다. 많은 임베디드 시스템은 신뢰성 있게 오래 실행되도록 설계됐기 때문에 new, malloc() 같은 동적 메모리 할당 기능을 사용하지 않으며 조각화될 수 있는 힙heap이 있는지 확인하기가 매우 어렵다. 칩에 접근하기 위한 인터페이스 역시 전문적인 도구이기 때문에, 데스크톱 개발에서 익숙하게 사용하던 도구나 디버거를 사용하는 것 또한 어려울 수 있다.

그래도 임베디드 개발을 배우다 보면 기분 좋은 놀라움이 찾아올 때가 있다. 시스템 내에 프로그램을 중단시킬 다른 프로세스가 없기 때문에 시스템 동작에 대한 그림을 머릿속에 그리기가 더 용이하다. 프로세서에 분기 예측이나 명령 파이프라인이 없어서 복잡한 CPU에 비해 수동 어셈블리 최적화가 훨씬 쉽다. 무엇보다 손끝에 올릴 수 있을 정도로 작은 소형 컴퓨터에 LED가 켜질 때의 단순한 기쁨 그리고 이 단순한 동작을 위해 1초에 수백만 번의 명령이 실행되고 있음을 깨달을 때의 즐거움은 이루 말할 수 없다.

1.2 생태계 변화

마이크로컨트롤러에서 머신러닝을 실행할 수 있게 된 것은 비교적 최근의 일이며 이 분야는 굉장히 초기 단계에 있다. 이는 하드웨어, 소프트웨어, 연구가 모두 매우 빠르게 변화하고 있음을 의미한다. 이 책은 2019년의 세상을 찍은 스냅숏을 기반으로 한다. 즉, 나는 이 책의 마지막 장을 탈고하는 순간에도 책의 일부가 이미 기술적 업데이트를 반영하지 못할 수도 있음을 인지하고 있다. 우리는 장기적으로 사용할 수 있는 하드웨어 플랫폼에 의존하려고 노력하지만 장치는 계속 개선되고 발전할 것이다. 이 책에서 사용하는 텐서플로 라이트 소프트웨어 프레임워크에는 안정적인 API가 있다. 시간이 지나도 지면으로 제공한 예제를 계속 지원할 뿐 아니라 모든 샘플 코드와 문서의 최신 버전 웹 링크를 제공할 계획이다. 이를테면 앞으로 이 책에서 다룬 내용보다 더 많은 용례를 다루는 애플리케이션이 텐서플로의 저장소에 추가될 수도 있다. 또한 이 책은 독자가 사용하는 인프라가 변화하더라도 계속 유용하게 사용할 수 있는 기술, 즉 디버깅, 모델 생성, 딥러닝 작동 방식 같은 기술에 중점을 둘 것이다.

이 책이 여러분이 관심 있는 문제를 해결하기 위한 빌트인 머신러닝 제품을 개발하는 데 필요한 기초를 제공하기를 바란다. 앞으로 몇 년 동안 크게 발전할 것으로 기대되는 이 영역에서 흥미로운 새 애플리케이션을 구축하는 데 이 책이 도움이 됐으면 하는 바람이다.

## CHAPTER 2

시작하기

이 장에서는 저전력 장치에서 머신러닝 애플리케이션을 구축하고 수정하기 위해 알아야 할 사항을 다룬다. 모든 소프트웨어는 무료이며 하드웨어 개발 키트는 30달러가 안 되는 가격으로 구입 가능하다. 즉, 독자 입장에서 가장 큰 숙제는 개발 환경에 익숙해지는 것이다. 이를 돕기 위해 잘 작동하는 도구를 이 장에서 추천하겠다.

2.1 이 책의 대상 독자

TinyML 프로젝트를 구축하려면 머신러닝과 임베디드 소프트웨어 개발에 대해 어느 정도 알아야 한다. 둘 다 일반적인 기술은 아니며 양쪽을 모두 잘 아는 전문가는 거의 없다. 따라서 이 책은 독자가 머신러닝과 임베디드 개발에 관한 배경 지식이 없다 가정하고 썼다. 유일하게 필요한 선행 지식이라면 터미널(또는 윈도우의 명령 프롬프트)에서 명령을 실행하고 프로그램 소스 파일을 편집기에서 불러 변경하고 저장하는 방법이다. 어렵게 들릴 수도 있지만 스크린 샷가 함께 단계별로 모든 것을 안내하므로 많은 사람이 어려움 없이 이 책을 따라갈 수 있을 것이다.

임베디드 장치에 실용적인 머신러닝을 구현한 예시도 보여줄 것이다. 간단한 음성 인식, 모션 센서를 이용한 제스처 감지, 카메라 센서를 이용한 인체 감지 프로젝트를 다룰 것이다. 이러한 시스템을 직접 구축함으로써 각자 관심 있는 문제를 해결하기 위해 시스템을 확장할 수 있는 발판을 마련해주고자 한다. 예를 들어 음성 인식을 수정하여 사람이 말하는 것이 아닌 개가 짖는 소리를 감지하거나, 사람이 아닌 개를 감지할 수도 있으며 이러한 수정을 직접 구현하는 방법에 대한 아이디어를 제공할 것이다. 이 책의 목표는 독자가 관심을 가지는 흥미로운 애플리케이션을 구축하는 데 필요한 도구를 제공하는 것이다.

2.2 개발에 필요한 하드웨어

USB 포트가 달린 랩톱 또는 데스크톱 컴퓨터가 필요하다. 이것이 임베디드 장치에서 실행되는 프로그램을 편집하고 컴파일하기 위한 기본 프로그래밍 환경이다. 컴퓨터와 임베디드 장치를 연결할 때는 사용 중인 개발 하드웨어에 따라 달라지는 특수 어댑터를 USB 포트를 사용한다. 기본 컴퓨터로 윈도우, 리눅스 또는 맥OS를 사용할 수 있다. 머신러닝 모델을 훈련할 때는 대부분 구글 코랩(https://oreil.ly/AQYDz)을 사용하여 클라우드를 사용하므로 특별한 컴퓨터 장비를 걱정할 필요가 없다.

프로그램을 실제로 테스트하려면 임베디드 개발 보드가 필요하다. 재미있는 실습을 위해서는 마이크, 가속도계 또는 카메라가 연결되어 있어야 하며 현실적인 프로토타입을 만들려면 배터리와 작은 보드를 사용해야 한다. 이 책을 쓰기 시작할 때는 이러한 조건에 맞는 보드를 찾기가 어려워서 칩 제조업체 앰비크Ambiq와 메이커를 위한 부품 쇼핑 서비스 스파크펀SparkFun과 함께 15달러짜리 스파크펀 에지SparkFun Edge 보드(https://oreil.ly/-hoL-)를 생산했다.[1] 책의 모든 예는 이 장치에서 작동 가능하다.

> **TIP_** 스파크펀 에지 보드의 두 번째 버전인 스파크펀 에지 2는 이 책이 출판된 후에 출시될 예정이다. 이 책의 모든 프로젝트는 스파크펀 에지 2에서 작동 가능하지만 코드와 배포 지침은 이 책에 인쇄된 내용과 약간 다를 수 있다. 하지만 걱정하지 말자. 각 예제를 스파크펀 에지 2에 배포하기 위한 최신 안내가 포함된 README.md 링크를 본문에 제공할 것이다.

---

1 옮긴이_ 국내 구입 링크 https://www.devicemart.co.kr/goods/view?no=11869982

또한 아두이노와 Mbed 개발 환경을 사용하여 프로젝트를 실행하는 방법도 다룰 것이다. 이 책은 아두이노 나노 33 BLE 센스 보드(https://oreil.ly/4sER2)[2], Mbed용 STM32F746G 디스커버리 키트 개발 보드(https://oreil.ly/vKyOM)[3]를 권장하지만 필요한 형식으로 센서 데이터를 받아올 수만 있다면 다른 장치에서도 프로젝트를 실행할 수 있을 것이다. [표 2-1]에 실습이 포함된 각 장에서 다루는 장치를 정리했다.

표 2-1 각 프로젝트에서 사용하는 장치의 종류

프로젝트	장	스파크펀 에지	아두이노 나노 33 BLE 센스	STM32F746G 디스커버리 키트
Hello World	5장	포함	포함	포함
음성 인식	7장	포함	포함	포함
인체 감지	9장	포함	포함	불포함
마술 지팡이	11장	포함	포함	불포함

사용하려는 보드가 여기에 없다면?

이 책의 프로젝트 소스 코드는 깃허브에서 호스팅되며 추가 장치를 지원하도록 지속적으로 업데이트할 예정이다. 각 장의 프로젝트 README.md에는 지원 가능한 모든 장치와 배포하는 방법이 기술되어 있으므로 사용하려는 장치가 지원 가능한지 확인할 수 있다.

임베디드 개발 경험이 있다면 지원 가능한 장치 목록에 없는 새로운 장치에도 예제를 쉽게 포팅할 수 있을 것이다.

카메라 모듈이 필요한 프로젝트 외에는 추가적인 전자 부품이 필요하지 않다. 카메라 모듈을 구입할 때는 아두이노를 사용하는 경우 아두캠 미니 2MP 플러스Arducam Mini 2MP Plus(https://oreil.ly/8EacT)[4]가 필요하며 스파크펀 에지를 사용하는 경우 스파크펀의 하이맥스Himax HM01B0 확장 보드(https://oreil.ly/Kb0lI)[5]가 필요하다.

---

2 옮긴이_ 국내 구입 링크 http://www.devicemart.co.kr/goods/view?no=10919318

3 옮긴이_ 국내 구입 링크 http://www.devicemart.co.kr/goods/view?no=1377199

4 옮긴이_ 국내 구입 링크 http://www.devicemart.co.kr/goods/view?no=1383619

5 옮긴이_ 국내 구입 링크 http://www.devicemart.co.kr/goods/view?no=12502026

2.3 개발에 필요한 소프트웨어

이 책의 모든 프로젝트는 마이크로컨트롤러용 텐서플로 라이트 프레임워크를 기반으로 한다. 이것은 수십 킬로바이트의 메모리만 사용 가능한 임베디드 장치에서 실행되도록 텐서플로 라이트 프레임워크를 변형한 것이다. 모든 프로젝트는 라이브러리에 예제로 포함되어 있으며 오픈소스이므로 깃허브(https://oreil.ly/TQ4CC)에서 찾아볼 수 있다.

> **NOTE_** 이 책의 코드 예제는 활성화된 오픈소스 프로젝트의 일부이므로 최적화, 버그 수정, 추가 장치 지원과 함께 지속적으로 변경되고 업데이트되고 있다. 책에 인쇄된 코드와 텐서플로 저장소의 최신 코드가 약간 다를 수 있다. 물론 코드는 시간이 지남에 따라 계속 업데이트되겠지만 여기서 배우는 기본 원칙은 동일하게 유지될 것이다.

코드를 확인하고 수정하려면 일종의 편집기가 필요하다. 어떤 편집기를 사용할지 모르겠다면, 마이크로소프트가 무료로 제공하는 VS Code(https://oreil.ly/RNus3)를 추천한다. 윈도우, 맥OS, 리눅스에서 모두 사용 가능하며 구문 강조, 자동 완성 같은 편리한 기능이 많다. 선호하는 편집기가 있다면 그것을 사용하면 된다. 프로젝트 예제 코드를 아주 많이 수정하지는 않을 것이다.

명령을 입력하기 위한 인터페이스도 다루어야 한다. 맥OS와 리눅스에서는 터미널이라 불리며 응용 프로그램 폴더에서 찾을 수 있다. 윈도우에서는 명령 프롬프트로 불리며 시작 메뉴에서 찾을 수 있다.

임베디드 개발 보드와 통신하기 위한 소프트웨어도 추가로 필요하지만 이는 사용 중인 장치에 따라 다르다. 스파크펀 에지나 Mbed 장치를 사용한다면 일부 빌드 스크립트에 파이썬Python을 설치한 다음 리눅스 또는 맥OS에서 GNU 스크린을 사용하거나 윈도우에서 테라 텀Tera Term(https://oreil.ly/oDOKn)을 사용하여 디버그 로깅 콘솔에 접근해 임베디드 장치의 텍스트 출력을 볼 수 있다. 아두이노 보드를 쓴다면 필요한 모든 것이 아두이노 IDE에 포함되어 있으므로 기본 소프트웨어 패키지만 다운로드하면 된다.

2.4 이 책에서 배울 내용

이 책의 목표는 TinyML이라는 새로운 영역에서 더 많은 애플리케이션이 등장하도록 돕는 것이다. TinyML에는 아직 '킬러 앱'이 없으며 앞으로도 없을 수도 있다. 하지만 우리는 TinyML이 해결할 수 있는 문제가 세상에 많이 있다는 사실을 경험으로 알고 있다. 여러분이 그러한 문제의 해결책에 익숙해지도록 하고 싶다. 농업, 우주 탐사, 의약품, 소비재 등 각 분야의 도메인 전문가에게 문제를 스스로 해결하는 방법에 대한 이해를 심어 주거나, 최소한 이러한 기술로 해결할 수 있는 문제가 무엇인지 인식하게 만들어 주고자 한다.

이 책을 다 읽고 덮을 때 현재 임베디드 시스템에서 머신러닝을 사용하여 가능한 것이 무엇인지, 앞으로 몇 년 동안 무엇이 실현 가능할지에 대한 아이디어를 얻을 수 있기를 바란다. 오디오 데이터나 가속도계의 입력 같은 시계열 데이터 그리고 저전력 비전을 처리할 수 있는 실용적인 예제를 작성하고 수정할 수 있기를 바란다. 또 전문가와 함께 신제품 설계를 토론할 수 있고, 초기 버전을 직접 프로토타입으로 만들 수 있을 정도로 전체 시스템을 충분히 이해하게 됐으면 한다.

이 책은 완전한 제품으로 기능할 수 있는 전체 시스템 관점에서 논의를 펼칠 것이다. 하드웨어 공급 업체는 판매하는 특정 부품의 에너지 소비에만 중점을 두고 시스템의 다른 구성 요소가 소모하는 전력은 고려하지 않는 경우가 다반사다. 예를 들어, 1mW만 소비하는 저전력 마이크로컨트롤러가 있다 해도 여기에 맞는 유일한 카메라 센서가 10mW를 소비한다면, 이를 사용하는 비전 인식 제품은 프로세서의 저전력 특성을 활용할 수 없다. 이 책에서는 여러 가지 구성 요소를 각각 알아보는 대신 시스템에 필요한 구성 요소를 사용하고 수정하기 위해 알아야 할 사항에 중점을 둘 것이다.

이를테면 텐서플로에서 모델을 훈련할 때 내부에서 일어나는 역전파나 그레이디언트의 원리 등의 세부 사항은 다루지 않을 것이다. 그 대신 처음부터 모델을 훈련시켜서 만드는 방법, 이 과정에서 발생할 수 있는 일반적인 오류와 그 해결 방법, 각자의 문제를 해결할 수 있는 새로운 데이터셋으로 모델을 훈련시키도록 프로세스를 변경하는 방법을 보여줄 것이다.

## CHAPTER 3

머신러닝 빠르게 훑어보기

머신러닝과 인공지능(AI)만큼 비밀에 덮인 기술 분야는 찾아보기 어렵다. 다른 도메인에서 숙련된 엔지니어에게도 머신러닝은 선행 지식을 엄청나게 쌓아야 간신히 이해 가능한 무거운 주제로 보일 수 있다. 개발자들은 머신러닝에 도전하다가도 학술 논문을 인용하는 수많은 개념, 파이썬 라이브러리, 고급 수학에 연타로 맞으면서 낙심한다. 어디서부터 시작해야 할지 혼란스러워한다.

사실 머신러닝은 간단히 이해할 수 있으며 텍스트 편집기를 사용하는 모든 사람이 다룰 수 있는 도구다. 몇 가지 주요 개념만 배우면 자신의 프로젝트에서 머신러닝을 쉽게 사용할 수 있다. 신비로운 모든 기술은 다양한 유형의 문제를 해결하기 위한 편리한 도구 세트를 겸비하는 법이다. 때로는 마술처럼 느껴질 수도 있지만 결국은 코드일 뿐이며 결코 박사 학위가 필요한 것이 아니다.

이 책은 소형 장치에서 머신러닝을 사용하는 TinyML의 방법론에 관한 책이다. 이 장에서는 TinyML에 필요한 모든 머신러닝을 배운다. 기본 개념을 다루고 몇 가지 도구를 살펴본 후 간단한 머신러닝 모델을 훈련해본다. 소형 하드웨어에 중점을 둘 것이기에 딥러닝의 이론이나 그 배경이 되는 수학에는 지면을 그리 할애하지 않을 것이다. 이어지는 장에서는 도구와 임베디드 장치에 대한 모델을 최적화하는 방법을 자세히 설명한다. 일단 이 장을 마치면 주요 용어에 익숙해지고 일반적인 워크플로를 이해하게 되어 무엇을 모르는지 더 명확히 알게 될 것이다.

이 장에서 다룰 내용을 요약하면 다음과 같다.

- 머신러닝이란 실제로 무엇인가
- 머신러닝이 해결할 수 있는 문제
- 핵심 용어와 개념
- 머신러닝의 대표 주자, 딥러닝을 통해 문제를 해결하기 위한 워크플로

TIP_ 딥러닝의 과학적 이론을 설명하는 책과 강의는 이미 충분히 많기 때문에 이 책에서는 다루지 않는다. 물론 딥러닝은 흥미로운 주제이므로 각자 학습하기를 권장한다. 추천 자료 몇 가지를 12.4.1절에 수록했다. 하지만 기억하자. 무엇인가를 만들기 위해 꼭 모든 이론을 알아야 하는 것은 아니다.

3.1 머신러닝이란 무엇인가

작은 장치를 제조하는 기계를 갖고 있다고 가정하자. 이 기계는 때때로 고장 나고 수리 비용이 많이 든다. 기계가 작동할 때 시스템 데이터를 수집할 수 있다면 시스템이 고장나거나 작동이 중지되는 시기를 발생 전에 예측할 수 있다. 예를 들어 생산 속도, 온도, 진동량 등을 수집할 수 있을 것이다. 이러한 요소를 일부 조합해 어떤 문제가 임박했는지 알아낼 수 있을 것 같다. 그런데 구체적으로 어떻게 알아낼 수 있을까?

이것이 머신러닝이 해결할 수 있는 문제의 대표적인 예다. 기본적으로 머신러닝은 컴퓨터를 사용하여 과거 관측치에 따라 사물을 예측하는 기술이다. 예시의 경우에는 공장 기계의 성능 데이터를 수집한 다음 해당 데이터를 분석하고 미래 상태를 예측하는 컴퓨터 프로그램을 만들면 된다.

머신러닝 프로그램을 만드는 것은 일반적인 코드 작성 프로세스와 다르다. 일반적인 소프트웨어는 입력을 받고 다양한 규칙을 적용하며 출력을 반환하는 알고리즘을 프로그래머가 설계한다. 프로그래머는 알고리즘의 내부 작업을 계획하고 코드를 통해 명시적으로 구현한다. 공장 기계의 고장을 예측하는 코드를 작성하려면 프로그래머가 데이터 중 어떤 측정치가 문제를 나타내는지 이해한 후 이를 점검하는 코드를 작성해야 한다.

이 방식으로 많은 문제를 해결할 수 있다. 예를 들어 해수면 물이 섭씨 100도씨에서 끓는다는 사실은 널리 알려져 있으므로 현재 온도와 고도에 따라 물이 끓는지를 예측할 수 있는 프로그램을 쉽게 작성할 수 있다. 그러나 대부분 주어진 상태를 예측하는 요소의 정확한 조합을 알기는 어렵다. 공장 기계의 예시에서 고장의 징후가 될 수 있는 생산 속도, 온도, 진동량 조합에는 수없이 많은 종류가 있겠지만 이를 데이터만으로 확연하게 파악하는 것은 쉽지 않다.

머신러닝 프로그램을 만들기 위해 프로그래머는 데이터를 특수한 종류의 알고리즘에 공급하고 알고리즘이 규칙을 스스로 찾게 한다. 이는 프로그래머가 복잡한 데이터를 모두 이해하지 않고도 복잡한 데이터를 기반으로 예측하는 프로그램을 만들 수 있음을 의미한다. 머신러닝 알고리즘은 훈련training이라는 과정을 통해 알고리즘에 제공한 데이터를 기반으로 시스템의 모델model을 구축한다. 모델은 컴퓨터 프로그램의 한 유형이다. 모델이 완성되면 여기에 새로운 데이터를 공급하여 예측을 수행하는데 이 과정을 추론inference이라 부른다.

머신러닝에는 여러 가지 접근 방식이 있다. 가장 인기 있는 방식은 딥러닝이다. 딥러닝은 인간의 뇌가 작동하는 방식에 대한 간단한 개념을 기반으로 한다. 딥러닝에서 시뮬레이션한 뉴런의 네트워크(숫자 배열로 표현)는 다양한 입력과 출력 간의 관계를 모델링하도록 훈련된다. 시뮬레이션된 뉴런의 배열을 아키텍처architecture라 하며 다양한 문제에 특화된 다양한 아키텍처가 있다. 예를 들어 어떤 아키텍처는 이미지 데이터에서 의미를 추출하는 데 탁월하고 다른 아키텍처는 시계열 데이터의 다음 값을 예측하는 데 뛰어나다.

이 책의 예제는 주로 딥러닝을 중심으로 한다. 딥러닝은 마이크로컨트롤러에 적합한 문제를 해결하기 위한 유연하고 강력한 도구이기 때문이다. 제한된 메모리와 처리 능력을 갖춘 장치에서도 딥러닝이 작동할 수 있다는 것을 알면 놀랄 수도 있다. 실제로 이 책을 통해 정말 놀라운 일을 해내면서도 작은 장치의 제약 조건에 맞는 딥러닝 모델을 만드는 방법을 배우게 될 것이다.

다음 절에서는 딥러닝 모델을 만들고 사용하기 위한 기본 워크플로를 설명한다.

3.2 딥러닝 워크플로

앞에서 딥러닝을 사용하여 공장 기계가 고장날 가능성을 예측하는 시나리오를 설명했다. 이번에는 이를 실제로 구현하는 데 필요한 과정을 알아보자.

이 과정에는 다음과 같은 작업이 포함된다.

1. 목표 결정
2. 데이터셋 수집
3. 모델 아키텍처 설계
4. 모델 훈련
5. 모델 변환
6. 추론 실행
7. 평가와 문제 해결

하나씩 살펴보자.

3.2.1 목표 결정

알고리즘을 설계할 때는 시작 시점에서 목표를 정확하게 설정하는 것이 무엇보다 중요하다. 머신러닝도 다르지 않다. 수집할 데이터와 사용할 모델 아키텍처를 결정하려면 먼저 예측할 대상을 결정해야 한다.

공장 기계의 고장 여부를 예측할 것이다. 이러한 과제는 분류classification 문제의 일종으로 볼 수 있다. 분류 문제는 데이터를 입력받은 후 데이터가 알려진 각 클래스class에 포함된 확률을 반환하는 머신러닝 과제의 일종이다. 이 과제에 클래스는 두 가지다. '정상normal'은 기계가 문제없이 작동하고 있음을 의미하고 '비정상abnormal'은 기계가 곧 고장날 수 있다는 것을 의미한다.

즉, 이 과제의 목표는 입력 데이터를 정상 또는 비정상으로 분류하는 모델을 만드는 것이다.

3.2.2 데이터셋 수집

공장은 기계의 작동 온도부터 특정한 날의 구내식당 식단까지 다양한 데이터를 보유하고 있을 것이다. 앞에서 설정한 목표에 따라 필요한 데이터를 식별할 수 있다.

3.2.2.1 데이터 선택

딥러닝 모델이 노이즈가 많거나 상관없는 데이터를 무시하는 방법을 배울 수 있기는 하지만 문제 해결과 관련된 정보만 사용하여 모델을 훈련하는 것이 가장 좋다. 구내식당 음식이 기계의 성능에 영향을 미칠 가능성은 낮으므로 데이터셋에서 제외할 수 있다. 그렇지 않으면 모델은 관련이 없는 입력을 부정하는 법을 배워야 하고 자칫하면 가짜 연관성을 배우게 될 수도 있다. 우연히 피자가 나오는 날에 기계가 고장났을 수도 있으니 말이다.

데이터 포함 여부를 결정할 때는 항상 도메인 전문 지식을 실험에 반영해야 한다. 통계 기법을 사용하여 중요한 데이터를 식별할 수도 있다. 그래도 특정 데이터 소스를 포함시킬지 확실하지 않다면 두 가지 모델을 훈련시키고 그중 가장 적합한 모델을 선택하는 것도 좋은 방법이다.

이제 가장 관련성이 높은 데이터로 생산 속도, 온도, 진동량을 선정했다고 가정하자. 다음 단계는 데이터를 수집하여 모델을 훈련시키는 것이다.

> **TIP_** 예측을 위해 선택한 데이터가 수집 가능한지 확인해야 한다. 예를 들어 온도 값으로 모델을 학습하기로 결정했다면 추론을 실행할 때 정확히 동일한 물리적 위치에서 수집한 온도 값을 제공해야 한다. 모델은 입력을 통해 출력을 예측할 수 있는 방법을 훈련하기 때문이다. 기계 내부의 온도 값으로 모델을 학습했다면 실내 온도 값으로 모델이 추론을 실행했을 때 제대로 할 수 없을 것이다.

3.2.2.2 데이터 수집

효과적인 모델로 훈련시키는 데 데이터가 얼마나 필요한지 정확히 아는 것은 어렵다. 변수 간 관계의 복잡성, 노이즈의 양, 식별 가능한 클래스의 수 등 많은 요소에 따라 달라진다. 그러나 경험적으로 항상 적용 가능한 법칙이 하나 있다. 데이터는 많을수록 좋다.

시스템에서 발생할 수 있는 모든 조건과 이벤트를 나타내는 데이터를 수집해야 한다. 기계가 여러 가지 방식으로 고장날 수 있다면 각 유형의 실패에 대한 데이터를 수집해야 한다. 시간이 지남에 따라 변수가 자연스럽게 변하면 전체 범위를 표현할 수 있는 데이터를 수집해야 한다. 예를 들어 따뜻한 날에 기계의 온도가 상승한다면 겨울과 여름의 데이터를 모두 포함해야 한다. 다양성은 모델이 선택한 몇 가지 시나리오가 아니라 가능한 모든 시나리오를 나타내는 데 도움이 된다.

공장에 대해 수집한 데이터는 일련의 시계열 데이터로 기록될 것이다. 이는 일련의 센서 값이 주기적으로 수집됨을 의미한다. 예를 들어 분마다 온도, 시간마다 생산 속도, 초당 진동량을 기록할 수 있다. 이러한 시계열을 수집한 후 모델에 적합한 형식으로 변환해야 한다.

3.2.2.3 데이터 레이블링

데이터 수집 외에도 정상, 비정상 작동을 나타내는 데이터를 결정해야 한다. 모델이 입력을 분류하는 방법을 배울 수 있도록 훈련 과정에서 이 정보를 제공한다. 데이터를 클래스와 연관시키는 이 과정을 레이블링labeling이라 하며 이번 과제에서의 레이블은 정상 클래스와 비정상 클래스가 될 것이다.

> **NOTE_** 훈련 중 데이터의 의미를 알고리즘에 지시하는 이러한 유형의 훈련을 지도학습supervised learning이라 한다. 지도학습을 통해 만들어진 분류 모델은 들어오는 데이터를 처리하고 어느 클래스에 속하는지 예측할 수 있다.

수집한 시계열 데이터에 레이블을 지정하려면 기계가 작동한 기간과 고장난 기간을 기록해야 한다. 기계가 파손되기 직전의 기간은 일반적으로 비정상적인 작동을 나타낸다고 가정할 수 있다. 그러나 데이터를 보이는 것만으로 파악하면 비정상적인 작동을 발견할 수 없기 때문에 정확한 정보를 얻으려면 약간의 실험이 필요하다.

데이터에 레이블을 지정하는 방법을 결정하고 나면 레이블이 포함된 시계열 데이터를 생성하여 이를 데이터셋에 추가할 수 있다.

3.2.2.4 최종 데이터셋

[표 3-1]은 이 시점의 워크플로에서 조합한 데이터 소스를 보여준다.

표 3-1 데이터 소스

데이터 소스	수집 주기	예제 데이터
생산량	2분	100기
온도	1분	30℃
진동량(기준치 대비 %)	10초	23%
레이블(정상 또는 비정상)	10초	정상

표는 각 데이터 소스의 수집 주기를 보여준다. 예를 들어 온도는 1분에 한 번 기록된다. 이 시계열 데이터에는 데이터 레이블도 포함됐다. 레이블은 10초에 한 번씩 기록되어 다른 데이터 중 가장 짧은 수집 주기와 같은 주기로 수집됐다. 즉, 모든 데이터 포인트에 대해 그 레이블을 설정할 수 있도록 수집됐다.

이제 데이터를 수집했으므로 데이터를 사용하여 모델을 설계하고 훈련시켜보자.

3.2.3 모델 아키텍처 설계

딥러닝 모델 아키텍처에는 다양한 종류가 있으며 현존하는 아키텍처는 넓은 범위의 문제를 해결할 수 있다. 모델을 훈련할 때 고유한 아키텍처를 설계할 수도 있고 연구자들이 기존에 개발한 아키텍처를 기반으로 모델을 선택할 수도 있다. 일반적인 문제는 대부분 온라인에서 사전 훈련된 모델을 무료로 찾아 적용할 수 있다.

이 책에서 여러 가지 모델 아키텍처를 소개하겠지만 여기에서 다루는 것 이외에도 많은 가능성이 있다. 모델을 설계하는 것은 예술이자 과학이며 모델 아키텍처는 주요한 연구 분야다. 매일 같이 새로운 아키텍처가 발명되어 세상에 등장하고 있다.

아키텍처를 결정할 때는 해결하려는 문제의 유형, 접근할 수 있는 데이터의 유형, 데이터를 모델에 공급하기 전에 해당 데이터를 변환할 수 있는 방법을 고려해야 한다(데이터 변환에 대해서도 곧 다룰 것이다). 실제로 가장 효과적인 아키텍처는 작업 중인 데이터의 유형에 따라 다르기 때문에 데이터와 모델 아키텍처는 연관되어 있다.

모델을 실행할 장치의 제약 조건도 고려해야 한다. 마이크로컨트롤러는 일반적으로 메모리가 제한적이고 프로세서 속도가 느리다. 모델이 클수록 더 많은 메모리가 필요하고 실행하는 데 더 많은 시간이 걸린다. 모델 크기는 포함된 뉴런의 수와 해당 뉴런이 연결되는 방식에 따라 달라진다. 일부 장치에는 특정 유형 모델의 아키텍처 실행 속도를 높일 수 있는 하드웨어 가속 기능이 장착되어 있으므로 모델을 원하는 장치의 성능에 맞게 조정할 수도 있다.

TinyML에는 몇 개의 뉴런 층으로 간단한 모델을 훈련한 다음 유용한 결과를 얻을 때까지 반복적인 프로세스로 아키텍처를 개선하는 방법을 적용할 수 있다. 이 책의 뒷부분에서 자세한 방법을 소개하겠다.

딥러닝 모델은 텐서^{tensor} 형태로 입력을 받고 출력을 생성한다. 텐서는 숫자나 다른 텐서를 포함할 수 있는 목록[1]으로 배열과 비슷하다고 생각할 수 있다. 데이터를 모델에 입력하기 위해 텐서 형식으로 변환하는 방법을 잠시 알아보자.

차원

텐서 구조는 형태^{shape}라 불리며 형태는 여러 차원으로 구성된다. 이 책 전반에서 텐서를 다룰 것이므로 다음과 같은 용어를 알아두면 유용하다.

- **벡터**

  벡터^{vector}는 배열과 비슷한 숫자 목록이다. 한 차원만 가지는 텐서(1D 텐서)를 벡터라 부른다. 다음 예는 하나의 차원에 숫자 다섯 개가 포함되어 있기 때문에 (5,) 형태의 벡터다.

  ```
  [42 35 8 643 7]
  ```

- **행렬**

  행렬^{matrix}은 2D 배열과 유사한 2D 텐서다. 다음 행렬은 세 개의 숫자로 구성된 세 개의 벡터를 포함하기 때문에 (3, 3) 형태다.

  ```
  [[1 2 3]
   [4 5 6]
   [7 8 9]]
  ```

- **고차원 텐서**

  3차원 이상의 모든 형태는 그냥 텐서로 부른다. 아래의 예는 형태가 (3, 3)인 행렬 두 개를 포함하기 때문에 (2, 3, 3) 형태인 3D 텐서다.

  ```
  [[[10 20 30]
    [40 50 60]
    [70 80 90]]
   [[11 21 31]
    [41 51 61]
    [71 81 91]]]
  ```

- **스칼라**

  스칼라^{scalar}는 하나의 숫자로, 텐서로 치면 0차원 텐서다. 예를 들어 숫자 42는 스칼라다.

....

1 이 정의는 텐서라는 단어의 수학적, 물리학적 정의와는 다르지만 이미 데이터 과학의 표준이 됐다.

3.2.3.1 데이터에서 특징 뽑아내기

이제 모델이 어떤 유형의 텐서를 입력으로 받을지 정해졌다. 그러나 앞에서 설명한 것처럼 데이터는 시계열 형식으로 제공된다. 시계열 데이터를 모델에 입력할 수 있는 텐서로 변환하려면 어떻게 해야 할까?

다음 임무는 데이터에서 특징을 생성하는 방법을 결정하는 것이다. 머신러닝에서 특징feature이라는 용어는 모델이 학습되는 특정한 유형의 정보를 나타낸다. 서로 다른 모델은 서로 다른 특징을 통해 훈련된다. 예를 들어 단일한 스칼라 값을 유일한 입력 특징으로 사용하는 모델도 있을 수 있다.

하지만 보통 입력은 이보다 훨씬 복잡하다. 이미지를 처리하도록 설계된 모델은 이미지 데이터의 다차원 텐서를 입력으로 받을 수 있다. 여러 특징을 기반으로 예측하도록 설계된 모델은 각 특징에 해당하는 여러 스칼라 값을 포함하는 벡터를 받을 수 있다.

모델이 예측을 위해 생산 속도, 온도, 진동량을 사용하기로 결정했음을 기억하자. 원시 데이터는 간격이 다른 시계열 데이터로 모델에 전달하기에 적합하지 않다. 다음 절에서 그 이유를 알아보자.

윈도잉

다음 그림에서 시계열의 각 데이터는 별표로 표시된다. 레이블은 훈련에 필요하므로 매 순간의 레이블도 데이터에 포함된다. 우리의 목표는 현재의 조건에 따라 특정한 순간에 기계가 정상적으로 작동하는지, 비정상적으로 작동하는지 예측할 수 있는 모델을 훈련시키는 것이다.

생산량:	*	*	(2분마다 수집)
온도:	*	*	*	(1분마다 수집)
진동량:	* * * * * * * * * * * * * *	(10초마다 수집)
레이블:	* * * * * * * * * * * * * *	(10초마다 수집)

그러나 시계열은 각각 다른 시간 간격(1분당 1회 또는 10초당 1회)으로 수집되므로, 주어진 순간에 사용 가능한 데이터만 전달하면 사용 가능한 모든 데이터가 포함되지 않을 수 있다. 예를 들어 다음 그림에서 강조 표시된 순간에는 진동량만을 데이터로 사용할 수 있다. 이것은 모델이 예측을 시도할 때 진동량에 대한 정보만 활용할 수 있다는 것을 의미한다.

```
생산량:    *              *                    ┌─┐
                                             │ │
온도:      *              *              *   │ │
                                             │ │
진동량:    * * * * * * * * * * * * * * * * *│*│
                                             │ │
레이블:    * * * * * * * * * * * * * * * * *│*│
                                             └─┘
```

한 가지 해결책은 시간 창을 선택하고 이 창의 모든 데이터를 단일 값 세트로 결합하는 것이다. 예를 들어 1분 동안의 데이터에 대한 창을 결정하고 그 안에 포함된 모든 값을 본다고 하자.

```
생산량:    *                      ┌─ *      ─┐
                                  │          │
온도:      *              *       │ *        │
                                  │          │
진동량:    * * * * * * * * * * *│* * * * * *│
                                  │          │
레이블:    * * * * * * * * * * *│* * * * * *│
                                  └─        ─┘
```

각 시계열 데이터에 대해 창 안의 모든 값을 평균하고, 현재 창에 데이터 포인트가 없는 값에 대해서는 직전의 값을 가져오면 단일 값 집합이 만들어진다. 창에 비정상 레이블이 있는지에 따라 이 스냅숏에 레이블을 지정하는 방법을 결정해야 한다. 비정상이 하나라도 존재한다면 창에 비정상이라는 레이블이 붙어 있어야 하고 그렇지 않으면 정상이라는 레이블이 붙어 있어야 한다.

```
생산량:    *                      ┌─ *      ─┐    평균:    102
                                  │          │
온도:      *              *       │ *        │    평균:    34°C
                                  │          │
진동량:    * * * * * * * * * * *│* * * * * *│    평균:    18%
                                  │          │
레이블:    * * * * * * * * * * *│* * * * * *│    레이블: "정상"
                                  └─        ─┘
```

레이블을 제외한 세 개의 값이 바로 특징이다. 각 시계열에 하나의 요소를 추출하여 벡터로 만들면 이를 모델에 전달할 수 있다.

```
[102 34 .18]
```

훈련 중 10초마다 새로운 창을 계산하고 레이블과 함께 모델에 전달하여 훈련 알고리즘에게 원하는 출력이 무엇인지 알려줄 수 있다. 비정상적인 동작을 예측하기 위해 모델을 사용해서 추론하는 동안에는 데이터에서 가장 최근의 창을 계산하고 모델을 통해 이를 계산하여 예측을 확인할 수 있다.

이러한 접근은 단순한 방식이다. 항상 잘 작동하는 것은 아니지만 출발점으로서는 충분하다. 머신러닝 역시 결국은 시행착오가 전부라는 것을 곧 알게 될 것이다.

훈련으로 넘어가기 전에 입력값에 대한 마지막 사항을 살펴보겠다.

정규화

일반적으로 신경망에 공급하는 데이터는 부동소수점floating-point 값 또는 부동소수점으로 채워진 텐서 형태다. 부동소수점은 소수점이 있는 숫자를 나타내는 데 사용되는 자료형이다. 훈련 알고리즘이 효과적으로 작동하려면 이러한 부동소수점 값의 크기가 서로 비슷해야 한다. 가장 이상적인 것은 모든 값이 0과 1 사이에 있는 것이다.

앞 절의 예에서 쓰인 입력 텐서를 다시 살펴보자.

```
[102 34 .18]
```

이 숫자들은 각각 매우 다른 범위에 있다. 온도는 100보다 크며 진동은 1보다 작은 소수다. 이 값을 네트워크에 전달하려면 값이 모두 비슷한 범위에 있도록 정규화normalization해야 한다.[2]

이를 수행하는 방법은 데이터셋에서 각 특징의 평균을 계산하고 값에서 빼는 것이다. 이 방법은 각 숫자가 0에 가까워지도록 축소하는 효과가 있다. 예를 들면 다음과 같다.

```
온도값 시계열 데이터:
[108 104 102 103 102]

평균:
103.8

각 온도값에서 평균 103.8을 차감하여 정규화된 값:
[ 4.2 0.2 -1.8 -0.8 -1.8 ]
```

-----

2 옮긴이_ 머신러닝에 자주 등장하는 normalization과 regularization은 둘 다 '정규화'라는 번역으로 표현되는 경우가 많지만 이 책에서는 혼동을 피하기 위해 normalization을 정규화로, regularization을 일반화로 통일해서 표기하고자 한다.

정규화를 즐겨 사용하는 다른 사례 중 하나는 이미지를 신경망에 공급하는 경우다. 컴퓨터는 보통 이미지 값의 범위를 0에서 255 사이의 8비트 정수 행렬로 저장한다. 이 값을 모두 0과 1 사이로 정규화하기 위해 보통 각 8비트 값에 1/255을 곱한다. 각 픽셀 값의 밝기를 나타내는 3×3 픽셀 그레이스케일grayscale 이미지의 예는 다음과 같다.

```
원래 8비트 값:
[[255 175 30]
 [  0  45  24]
 [130 192 87]]

정규화된 값:
[[1.         0.68627451 0.11764706]
 [0.         0.17647059 0.09411765]
 [0.50980392 0.75294118 0.34117647]]
```

3.2.3.2 머신러닝 사고법

지금까지 머신러닝으로 문제를 해결하는 방식을 생각하는 방법을 배웠다. 공장 기계의 시나리오를 예로 들어 적절한 목표를 결정하고, 적절한 데이터를 수집하고, 레이블을 지정하고, 모델에 전달할 특징을 설계하고, 모델 아키텍처를 선택했다. 머신러닝으로 어떤 문제를 해결하든 접근 방식은 동일하다. 이러한 과정이 반복적인 과정이라는 점을 명심하자. 적절한 모델이 나올 때까지 이러한 머신러닝 워크플로를 자주 반복하게 될 것이다.

예를 들어, 날씨를 예측하는 모델을 구축한다고 가정해보자. 먼저 목표를 결정한다(예: 내일 비가 올 것인지 예측한다). 데이터셋(예: 지난 몇 년 동안의 날씨 보고서)을 수집하고, 레이블을 지정하고, 모델에 투입할 특징을 설계한다(예: 지난 이틀 동안의 날씨 평균). 그리고 데이터에 적합한 모델 아키텍처를 선택한다. 몇 가지 초기 아이디어를 테스트한 후 좋은 결과를 얻을 때까지 접근 방식을 조정해야 한다.

이제 워크플로의 다음 단계인 훈련에 대해 알아보자.

3.2.4 모델 훈련

훈련은 모델이 주어진 입력 세트로 올바른 출력을 생성하는 방법을 배우는 과정이다. 여기에는 모델을 통해 교육 데이터를 제공하고 가장 정확한 예측이 가능해질 때까지 약간 조정하는 과정이 포함된다.

앞에서 설명한 것처럼 모델이란 시뮬레이션된 뉴런의 네트워크다. 이는 여러 레이어에 걸친 숫자 배열로 표현된다. 이 숫자를 가중치weight나 편향biase 또는 통칭하여 네트워크의 파라미터 parameter라 한다.

데이터를 네트워크에 공급하면 데이터는 각 레이어의 가중치와 편향을 포함하는 연속적인 수학적 연산에 의해 변환된다. 모델 출력은 이러한 작업의 결과다. [그림 3-1]은 두 개의 레이어로 구성된 간단한 네트워크를 보여준다.

모델의 가중치는 임의 값으로 시작하고 편향은 일반적으로 0으로 시작한다. 훈련 중에는 데이터의 배치batch를 모델에 공급하고 모델의 출력을 원하는 출력(레이블)과 비교한다(공장 기계 시나리오의 경우 정상 또는 비정상). 역전파backpropagation 알고리즘은 시간이 지남에 따라 모델 출력이 원하는 값과 일치하도록 가중치와 편향을 점진적으로 조정한다. 훈련은 에폭epoch(반복을 의미) 단위로 진행되며 인위적으로 멈추기 전까지 계속된다.

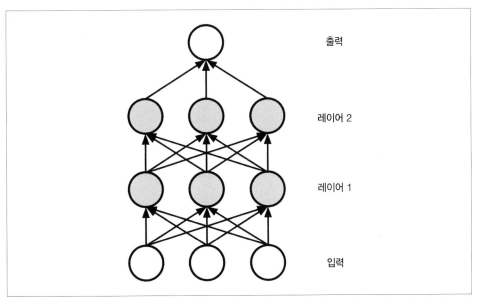

그림 3-1 레이어 두 개로 구성된 간단한 딥러닝 네트워크

일반적으로 모델 성능이 향상되지 않으면 훈련을 중단한다. 모델이 정확한 예측을 하기 시작한 시점부터는 모델이 수렴converge했다고 표현한다. 모델이 수렴됐는지 확인하기 위해 훈련 중인 모델의 그래프를 분석할 수 있다. 이때 확인하는 일반적인 성능 지표 두 가지가 손실loss과 정확도accuracy다. 손실은 모델이 올바른 예측을 생성하기까지 걸리는 거리를 수치로 추정한 지표이며 정확도는 정확한 예측을 출력한 백분율로 나타낸다. 완벽한 모델은 손실이 0.0이고 정확도는 100%라고 할 수 있지만 실제로 이렇게 완벽한 모델은 거의 없다.

[그림 3-2]는 딥러닝 네트워크 훈련 중 손실과 정확도를 표현한 그래프다. 모델이 더 이상 개선되지 않는 지점에 도달할 때까지 훈련이 진행됨에 따라 정확도가 증가하고 손실이 감소하는 것을 확인할 수 있다.

모델 성능을 개선하기 위해 모델의 아키텍처를 변경하고 훈련 과정을 조정하는 데 사용되는 다양한 값을 조정할 수 있다. 이러한 값을 통칭하여 하이퍼파라미터hyperparameter라 한다. 여기에는 훈련의 에폭 수, 각 레이어의 뉴런 수 같은 변수가 포함된다. 하이퍼파라미터를 변경할 때마다 모델을 다시 훈련하고 지표를 보고 추가 최적화 여부를 결정할 수 있다. 시간을 들여 반복하다 보면 원하는 정확도를 가진 모델이 될 것이다.

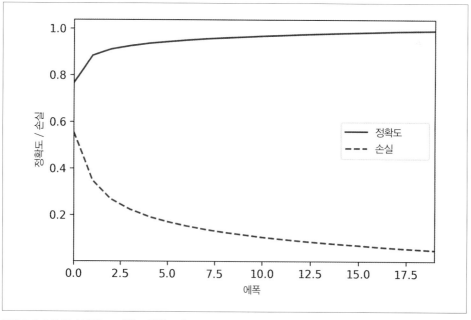

그림 3-2 훈련 중 수렴하는 모델을 표현한 그래프

3.2.4.1 과적합과 과소적합

모델이 수렴하지 못하는 가장 일반적인 이유는 과적합overfitting과 과소적합underfitting 때문이다.

신경망은 자신이 데이터에서 인식하는 패턴에 따라 스스로를 변화시킨다. 모델이 적합하면 주어진 입력 세트에 대해 올바른 출력을 생성한다. 모델이 과소적합 상태라는 것은 충분한 패턴을 학습하지 못하여 좋은 예측을 할 수 없는 상태임을 의미한다. 이것은 여러 가지 이유로 발생할 수 있는데 일반적으로 아키텍처가 너무 작아 모델링해야 하는 시스템의 복잡성을 포착하기에 충분하지 않거나, 충분한 데이터로 학습을 하지 못했기 때문이다.

모델이 과적합 상태라는 것은 훈련 데이터를 너무 잘 배웠다는 뜻이다. 이러한 모델은 훈련 데이터를 입력으로 받을 때는 레이블에 맞는 출력을 정확하게 예측할 수 있지만, 이전에 보지 못한 데이터까지 예측할 수 있는 일반화된 모델로 작동할 수 없다. 모델이 훈련 데이터를 완전히 암기했거나 실제 상황이 아닌 훈련 데이터만의 지름길에 의존하는 법을 배웠기 때문에 이런 일이 발생한다.

예를 들어 사진을 입력으로 받아 개가 포함된 사진과 고양이가 포함된 사진을 분류하도록 모델을 훈련한다고 가정해보자. 모든 개 사진을 야외에서 촬영하고 모든 고양이 사진을 실내에서 촬영한 훈련 데이터를 사용한다면, 모델은 각 사진에 하늘이 있는지 여부에 따라 개와 고양이를 구분하도록 잘못된 훈련 과정을 밟을 수 있다. 이것은 나중에 실내에서 찍은 개 사진을 잘못 분류할 수 있음을 의미한다.

과적합을 방지하는 방법에는 여러 가지가 있다. 그중 하나는 훈련 데이터를 그대로 표현할 수 있는 용량을 갖지 못하도록 모델의 크기를 줄이는 방식이다. 그리고 일반화regularization로 알려진 일련의 기법을 훈련에 적용하면 과적합의 정도를 줄일 수 있다. 제한된 데이터를 최대한 활용하기 위해 데이터 증식data augmentation이라는 기술을 사용하면 기존 데이터를 나누고 쪼개서 인위적으로 새로운 데이터 포인트를 생성할 수 있다. 하지만 과적합을 방지하는 최선의 방법은 역시 크고 다양한 데이터 집합을 사용하는 것이다. 데이터는 다다익선이다.

일반화와 데이터 확대

일반화 기술은 딥러닝 모델이 과적합에 빠질 가능성을 줄이기 위해 사용하는 기법이다. 훈련 중에 제공되는 데이터를 완벽하게 기억하지 못하도록 모델을 제한한다.

일반화에 사용되는 방법은 몇 가지가 있다. L1, L2 일반화 같은 기법은 훈련 중 사용되는 알고리즘을 조정하여 과적합에 빠지기 쉬운 복잡한 모델에 불이익을 가한다. 드롭아웃dropout이라 불리는 또 하나의 기법은 훈련 중에 뉴런 사이의 연결을 무작위로 차단한다. 이 책의 뒷부분에서 일반화를 더 자세히 살펴볼 것이다.

훈련 데이터셋의 크기를 인위적으로 확장하는 방법인 데이터 증식도 주목할 만하다. 데이터 증식은 훈련 데이터 전체에 일부 변형을 가한 여러 추가 버전을 만드는 과정이다. 추가된 버전은 원래의 의미를 유지하면서도 그 구성을 일부 변화시키는 방식으로 생성된다. 이 책에서 소개할 프로젝트 중 하나에서는 오디오 샘플의 음성을 인식하도록 모델을 훈련시킨다. 인공적인 배경 노이즈를 추가하고 샘플의 시간을 이동시켜서 원래 훈련 데이터를 증식한다.

3.2.4.2 훈련, 검증, 테스트

훈련 데이터에 대한 모델의 성능을 확인하여 모델 성능을 평가할 수 있다. 그러나 이 방식은 모델의 성능 일부만을 보여준다. 훈련하는 동안 모델은 훈련 데이터를 처리한 값을 가능한 한 레이블에 가깝게 맞추는 법을 배운다. 앞에서 보았듯 어떤 경우에는 모델이 과적합에 빠져든다. 즉, 훈련 데이터에서는 잘 작동하지만 그 외의 데이터에서는 잘 작동하지 않을 수 있다.

이러한 상황이 언제 발생하는지 이해하려면 훈련에 사용되지 않은 새로운 데이터를 사용하여 모델을 검증해야 한다. 이를 위해 데이터셋을 훈련, 검증, 테스트의 세 용도로 나누는 것이 일반적이다. 일반적인 데이터 분할은 전체 데이터셋의 60%를 훈련에, 20%를 검증에, 20%를 테스트에 할당한다. 이러한 분할은 각 부분에 동일한 정보 분포가 포함되도록 하고 데이터 구조를 보존하는 방식으로 이루어져야 한다. 예를 들어 공장 기계 예시의 데이터는 시계열이므로 데이터를 세 개의 연속된 시간 단위로 분할할 수 있다. 데이터가 시계열이 아니라면 데이터 포인트를 무작위로 샘플링하는 방법을 사용할 수 있다.

훈련 데이터셋은 모델 훈련에 사용된다. 검증 데이터셋은 손실을 계산하기 위한 용도로 쓰이며 주기적으로 모델에 공급된다. 모델은 훈련 과정에서 검증 데이터를 보지 못했기 때문에 손실 점수는 모델 성능을 더욱 신뢰할 수 있게 하는 척도다. 훈련 손실과 검증 손실(정확도 또는 그

외에 사용 가능한 지표)을 시간에 따라 비교하면 모델이 과적합으로 빠지는지 확인할 수 있다.

[그림 3-3]은 과적합된 모델을 보여준다. 훈련 손실이 감소함에 따라 검증 손실이 어떻게 증가하는지 확인할 수 있다. 이는 모델이 학습 데이터를 점점 더 잘 예측하지만 새로운 데이터를 잘 예측할 수 있는 능력은 상실한다는 것을 의미한다.

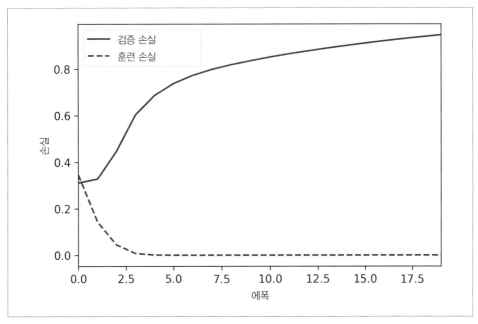

그림 3-3 훈련 중 과적합에 빠지는 모델의 그래프

실험자는 성능을 개선하고 과적합을 피하기 위해 모델과 훈련 프로세스를 조정하면서 검증 지표가 개선되기를 바랄 것이다. 그러나 이러한 과정에는 부작용이 있다. 검증 지표를 개선하도록 최적화하다 보면 훈련과 검증 데이터 모두에 대해 과적합이 일어날 수 있다. 조정을 거칠 때마다 모델이 검증 데이터를 점점 더 잘 예측하게 되고 결국에는 이전과 같은 과적합 문제가 생기는 것이다.

이러한 상황을 확인하기 위한 마지막 모델 훈련 단계는 테스트 데이터로 모델을 실행하여 검증 단계에서 확인했던 성능을 다시 확인하는 것이다. 테스트 데이터로 성능이 나오지 않는다면 훈련 데이터와 검증 데이터 양쪽에 과적합된 모델이 만들어졌다는 의미다. 이를 해결하기 위해 새로운 모델 아키텍처를 만들어야 할 수도 있다. 테스트 데이터의 성능을 개선하기 위해 하이퍼파라미터를 계속 조정하면 테스트 데이터에 대해서도 과적합이 발생할 수 있기 때문이다.

학습, 검증, 테스트 데이터로 성능이 우수한 모델을 얻었다면 한 차례의 훈련 과정이 끝난 것이다. 다음은 모델을 기기에서 실행할 차례다.

3.2.5 모델 변환

이 책에서는 텐서플로를 사용하여 모델을 빌드하고 학습한다. 텐서플로 모델은 기본적으로 출력을 생성하기 위해 인터프리터interpreter에 데이터를 변환하는 방법을 알려주는 일련의 명령어다. 모델을 메모리에 로드하고 텐서플로 인터프리터를 사용하여 실행하면 모델을 사용할 수 있다.

그러나 텐서플로 인터프리터는 강력한 데스크톱 컴퓨터와 서버에서 모델을 실행하도록 설계됐다. 소형 마이크로컨트롤러에서 모델을 실행하려면 그에 맞게 설계된 다른 인터프리터가 필요하다. 다행히도 텐서플로는 소형 저전력 장치에서 모델을 실행하기 위한 인터프리터와 도구를 제공한다. 이러한 도구를 텐서플로 라이트TensorFlow Lite라 한다.

텐서플로 라이트가 모델을 실행하려면 먼저 모델을 텐서플로 라이트 형식으로 변환한 다음 디스크에 파일로 저장해야 한다. 이를 위한 변환 도구가 텐서플로 라이트 컨버터TensorFlow Lite Converter다. 또한 컨버터는 모델의 크기를 줄이고 성능을 저하시키지 않으면서도 더 빠르게 실행하기 위한 특수 최적화 기능도 갖추고 있다.

13장에서 텐서플로 라이트를 자세히 다루고 어떻게 작은 장치에서 모델을 실행하는지 살펴볼 것이다. 지금 당장은 텐서플로 라이트가 빠르고 쉽게 모델을 변환한다는 정도만 알아두자.

3.2.6 추론 실행

모델 변환이 끝났다면 이제 모델을 배포할 준비가 됐다. 다음 순서는 마이크로컨트롤러용 텐서플로 라이트 C++ 라이브러리를 사용하여 모델을 로드하고 예측을 수행하는 것이다.

이제 모델이 애플리케이션 코드와 결합해야 하기 때문에 센서에서 원시 입력 데이터를 가져와 모델의 훈련 데이터와 동일한 형식으로 변환하는 코드를 작성해야 한다. 그런 다음 변환된 데이터를 모델로 전달하여 추론을 실행한다.

모델은 추론을 통해 예측을 포함하는 출력 데이터를 생성한다. 공장 기계 시나리오의 분류 모델은 각 클래스, 즉 정상과 비정상 점수를 출력한다. 분류 모델은 일반적으로 모든 클래스의 점수 합이 1이 되고 가장 높은 점수를 가진 클래스가 예측 결과가 된다. 점수 차이가 클수록 예측 신뢰도가 높아진다. [표 3-2]에 몇 가지 출력 예시를 정리했다.

표 3-2 출력 예시

정상 점수	비정상 점수	설명
0.1	0.9	높은 신뢰도로 비정상 상태
0.9	0.1	높은 신뢰도로 정상 상태
0.7	0.3	어느 정도의 신뢰도로 정상 상태
0.49	0.51	어떤 상태도 점수가 높지 않은, 결론을 내기 어려운 상태

공장 기계의 예에서 각 개별 추론은 데이터의 스냅숏만을 고려한다. 다양한 센서 값을 기반으로 지난 10초 내에 비정상 상태가 발생할 확률을 알려준다. 하지만 실제 데이터는 지저분하고 머신러닝 모델도 완벽하지 않기 때문에 일시적인 결함으로 분류가 잘못될 수 있다. 예를 들어 일시적인 센서 오작동으로 온도 값이 급등할 수도 있다. 이렇게 일시적이고 신뢰할 수 없는 입력 때문에 결과 분류가 순간적으로 현실을 반영하지 않기도 한다.

이렇게 순간적 결함으로 인한 문제를 방지하기 위해 일정 기간 동안 모든 모델의 평균 출력을 얻는 방법이 있다. 예를 들어 10초마다 최근 데이터 창에 대해 모델을 실행하고 마지막 여섯 개의 출력 평균을 취하여 각 클래스의 평균 점수를 얻을 수 있다. 이는 일시적인 문제는 무시되고 지속적인 상태에 대해서만 대응한다는 것을 의미한다. 7장에서는 이러한 기법을 사용하여 음성 인식을 수행할 것이다.

각 클래스에 대한 점수를 얻은 후에는 애플리케이션 코드에 따라 수행할 작업을 결정해야 한다. 이를테면 비정상 상태가 1분 동안 지속적으로 감지되면 코드가 기계를 종료하고 유지보수 팀에 경고 신호를 보내는 식이다.

3.2.7 평가와 문제 해결

모델을 배포하고 장치에서 실행한 후에는 실제 성능이 원하는 것에 근접하는지 확인할 수 있다. 모델이 테스트 데이터를 정확하게 예측한다는 사실은 이미 입증했지만 실제 현장에서의 성능은 다를 수 있다.

실제 성능이 테스트 데이터에 대한 성능과 다르게 되는 이유는 다양하다. 이를테면 훈련에 사용된 데이터가 실제 현장에서 얻을 수 있는 데이터를 정확하게 나타내지 않는 경우를 보자. 각 지역의 기후 특성 때문에 현장의 기계 온도가 데이터셋을 수집한 공장의 온도보다 시원할 수도 있다. 이러한 차이는 모델 예측에 영향을 준다.

또 다른 가능성은 실험자도 모르게 모델이 과적합에 빠졌을 경우다. 앞의 모델 훈련에서 설명한 실내외 개와 고양이 사진 예시처럼 데이터셋에 모델이 인식할 수 있는 다른 패턴이 실험자도 모르게 섞여 있으면 우연히 과적합이 발생할 수 있다.

모델이 프로덕션 환경에서 잘 작동하지 않는다면 문제 해결을 수행해야 한다. 첫째, 모델 데이터에 영향을 줄 수 있는 하드웨어 문제(예: 센서 결함 또는 예기치 않은 노이즈)를 배제한다. 둘째, 모델이 배포된 장치에서 일부 데이터를 받아서 원래 데이터셋과 비교하고 동일한 환경에 있는지 확인한다. 그렇지 않은 경우 예상치 못한 환경 조건 또는 센서 특성에 차이가 있을 수 있다. 환경이 문제가 아니라면 과적합 문제일 가능성이 높아진다.

하드웨어 문제가 아님을 확인하면 과적합에 대한 최선의 해결책은 더 많은 데이터를 훈련에 투입하는 것이다. 배포된 하드웨어에서 추가 데이터를 받아서 이를 원래의 데이터셋에 합치고 모델 훈련을 다시 수행하자. 이 과정에서 일반화, 데이터 증식 기술을 적용하면 보유한 데이터를 최대한 활용할 수 있다.

실제 현장에 필요한 성능에 도달하려면 모델, 하드웨어, 소프트웨어에 걸친 반복적 개선 작업이 필요하다. 문제 해결을 위한 방법은 다른 기술적 문제와 크게 다르지 않다. 문제에 과학적으로 접근하여 가능한 요소를 제거하고 데이터를 분석하여 무엇이 잘못됐는지 파악하자.

3.3 마치며

이제 머신러닝 전문가의 기본 워크플로에 익숙해졌으므로 TinyML 모험의 다음 단계로 나아가 보자

4장에서는 첫 번째 모델을 구축하고 작은 하드웨어에 배포해볼 것이다.

## CHAPTER 4

TinyML 'Hello World' 시작하기: 모델 구축과 훈련

3장에서는 머신러닝의 기본 개념과 머신러닝 프로젝트가 따르는 일반적인 절차에 대해 배웠다. 4장과 5장에서는 배운 내용을 실습한다. 모델을 처음부터 빌드하고 훈련시킨 다음 간단한 마이크로컨트롤러 프로그램에 통합할 것이다.

이 과정에서 머신러닝 전문가가 사용하는 강력한 최신 개발자 도구를 직접 사용하여 작업을 진행한다. 또한 머신러닝 모델을 C++ 프로그램에 통합하고 이를 마이크로컨트롤러에 배포하여 회로에 흐르는 전류를 제어하는 방법에 대해서도 배운다. 이번이 아마 처음으로 하드웨어와 머신러닝을 함께 다루는 흥미진진한 경험이 될 것이다.

이 장에서 작성하는 코드를 맥, 리눅스, 윈도우 시스템에서 테스트할 수 있지만 제대로 된 실습을 위해서는 2.2절에서 언급한 장치 중 하나가 필요하다.

- 아두이노 나노 33 BLE 센스
- 스파크펀 에지
- ST마이크로일렉트로닉스(이후 ST마이크로) STM32F746G 디스커버리 키트

머신러닝 모델을 만들기 위해 파이썬, 텐서플로, 구글 코랩(파이썬 실습용 클라우드 기반 대화형 노트북interactive notebook)을 사용한다. 이들은 실제 머신러닝 엔지니어에게 가장 중요한 도구이며 모두 무료로 사용할 수 있다.

이 장에서 실습할 항목은 다음과 같다.

1. 간단한 데이터셋 얻기
2. 딥러닝 모델 훈련시키기
3. 모델 성능 평가하기
4. 장치에서 실행되도록 모델 변환하기
5. 장치에서 추론하는 코드 작성하기
6. 코드를 바이너리로 빌드하기
7. 바이너리를 마이크로컨트롤러에 배포하기

책에서 사용할 모든 코드는 텐서플로의 깃허브 저장소에서 볼 수 있다.

- https://oreil.ly/TQ4CC

- https://github.com/yunho0130/tensorflow-lite

작업 수행 방법에 관한 지침을 설명할 것이기 때문에 이 장의 각 부분을 먼저 살펴본 다음에 코드를 실행하길 바란다. 본격적으로 시작하기 전에 무엇을 만들 것인지 구체화해보자.

4.1 만들고자 하는 시스템

3장에서 딥러닝 네트워크가 훈련 데이터에서 패턴을 모델링하여 예측을 수행하고 이를 학습하는 방법을 논의했다. 이제 아주 간단한 데이터를 네트워크에 훈련시킬 것이다. 삼각 함수의 일종인 사인 함수sine function (https://oreil.ly/jxAmF)를 들어봤을 것이다. 이번에 학습시킬 것이바로 사인파sine wave (https://oreil.ly/XDvJu) 데이터다. 사인파는 사인 함수의 결과를 시간에 따라 기록하여 얻은 그래프다(그림 4-1).

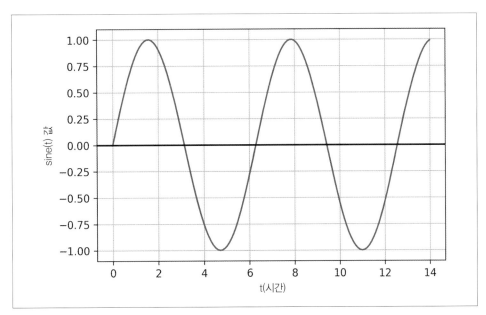

그림 4-1 사인파

우리의 목표는 x라는 값이 들어왔을 때 사인 함수의 결괏값인 y를 예측할 수 있는 모델을 학습시키는 것이다. 실제 애플리케이션에서는 x값에 대한 사인 함수의 결괏값을 직접 계산할 수 있으나 결과에 근접하도록 모델을 학습시킴으로써 머신러닝의 기본 원리를 살펴볼 수 있다.

두 번째 프로젝트는 학습시킨 모델을 하드웨어 장치에서 실행하는 것이다. 사인파는 −1에서 1까지 부드럽게 돌아가는 곡선 형태다. 이는 화려한 라이트 쇼를 제어하는 데 제격이다. 이 장의 뒷부분에서는 모델의 출력값을 사용하여 장치 기능에 따라 깜박이는 LED 또는 그래픽 애니메이션의 시간을 제어할 것이다.

사인파를 생성하는 함수 코드가 스파크펀 에지의 LED를 깜박이는 모습을 온라인에서 GIF[1]로 볼 수 있다. [그림 4−2]는 징지 이미지이며 장치의 LED 두 개가 켜져 있음을 보여준다. 이는 머신러닝에 특별히 유용한 애플리케이션은 아니지만 간단하고 재미있으며 알아야 할 기본 원칙을 보여주기 때문에 hello world 예제 정신에 걸맞는다.

기본 코드가 동작하면 스파크펀 에지, 아두이노 나노 33 BLE 센스, ST마이크로 STM32F746G 디스커버리 키트의 세 장치에 배포할 것이다.

....

1 옮긴이_ https://github.com/yunho0130/tensorflow−lite/blob/master/tensorflow/lite/micro/examples/hello_world/images/sparkfun_edge.gif

그림 4-2 스파크펀 에지에서 코드를 실행시킨 모습

4.2 머신러닝 도구

이 프로젝트의 머신러닝 부분을 구축하기 위해 실제 머신러닝 전문가가 사용하는 것과 동일한 도구를 사용할 것이며 이번 절에서는 그 도구를 소개한다.

4.2.1 파이썬과 주피터 노트북

파이썬은 머신러닝 과학자와 엔지니어가 선호하는 프로그래밍 언어다. 배우기 쉽고 다양한 애플리케이션에서 잘 동작하며 데이터, 수학과 관련된 유용한 작업을 위한 수많은 라이브러리가 존재한다. 딥러닝 연구의 대부분에 파이썬이 쓰이며 자신이 만든 모델의 파이썬 소스 코드를 공개하는 연구자도 많다.

파이썬은 특히 주피터 노트북Jupyter Notebook(https://jupyter.org/)과 함께 사용하면 좋다. 주피터 노트북이란 클릭 한 번으로 문서 작업, 그래픽, 코드를 함께 실행할 수 있는 특수 문서 형식이다. 주피터 노트북은 머신러닝 코드와 문제를 설명하고 탐색하는 도구로 널리 사용된다.

주피터 노트북에서 모델을 만들면서 데이터를 시각화하는 멋진 작업을 수행할 수 있다. 여기에는 모델의 정확성과 수렴 정도를 보여주는 그래프도 포함된다.

프로그래밍 경험이 있다면 파이썬은 읽고 배우기가 쉽다. 이 튜토리얼만 잘 따르면 문제없이 따라올 수 있을 것이다.

4.2.2 구글 코랩

노트북을 실행하기 위해 구글 코랩(https://oreil.ly/ZV7NK)이라는 도구를 사용할 것이다. 구글 코랩은 구글에서 만들었으며 무료다. 주피터 노트북을 실행하기 위한 온라인 환경을 제공하며 머신러닝 연구 개발을 장려하는 도구다.

코랩이 등장하기 전에는 자신의 컴퓨터에서 주피터 노트북 구현 환경을 만들었다. 이를 위해서는 파이썬 라이브러리와 같은 많은 종속성dependency을 설치해야 했다. 다른 버전의 종속성을 갖는 라이브러리가 있을 수 있어 주피터 노트북은 다른 사람과 공유하기 어려웠고 주피터 노트북이 예상대로 실행되지 않기도 했다. 머신러닝은 연산이 많이 필요하기 때문에 모델을 학습시킬 때 컴퓨터가 느려지는 문제도 있었다.

구글 코랩을 사용하면 구글의 강력한 하드웨어에서 무료로 노트북을 실행할 수 있다. 모든 웹 브라우저에서 주피터 노트북을 편집하고 볼 수 있으며 다른 사람들과 공유도 된다. 주피터 노트북을 실행할 때 다른 사람들과 동일한 결과를 얻을 수 있으며 일반 컴퓨터보다 더 빠른 학습이 가능한 특별 가속 하드웨어에서 코드를 실행하도록 설정할 수도 있다.

4.2.3 텐서플로와 케라스

텐서플로(https://tensorflow.org/)는 머신러닝 모델을 구축, 훈련, 평가, 배포하기 위한 도구 모음이다. 원래 구글에서 개발된 텐서플로는 이제 전 세계 수천 명의 참여자가 구축하고 유지관리하는 오픈소스 프로젝트이며 머신러닝에 가장 널리 사용되는 프레임워크다. 개발자는 대부분 파이썬 라이브러리의 형태로 텐서플로를 사용한다.

텐서플로는 여러 가지 역할을 한다. 이 장에서는 딥러닝 네트워크를 쉽게 구축하고 훈련시킬 수 있는 텐서플로의 고급 API인 케라스Keras(https://oreil.ly/JgNtS)를 사용한다. 또한 텐서플로 모델을 모바일과 임베디드 장치에 배포하는 도구 세트인 텐서플로 라이트(https://oreil.ly/LbDBK)를 사용하여 장치에서 실행한다.

텐서플로는 13장에서 더욱 자세히 설명할 것이다. 지금은 단지 초보자부터 딥러닝 전문가에 이르기까지 많은 사람의 요구 사항을 충족시키는 매우 강력한 업계 표준 도구라는 것 정도만 알면 된다.

4.3 모델 구축하기

이제 모델을 구축, 훈련, 변환하는 과정을 살펴보자. 이 장 본문에 모든 코드가 포함되어 있지만 코랩을 따라가면서 코드를 실행해도 된다.

먼저 노트북을 불러온다(https://oreil.ly/NN6Mj). 그런 다음 상단에 있는 [Run in Google Colab](구글 코랩에서 실행) 버튼을 클릭한다. 이렇게 하면 노트북이 깃허브에서 코랩으로 복사되어 노트북을 실행하고 편집할 수 있게 된다.

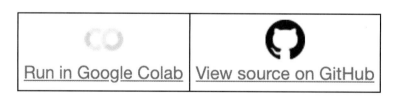

그림 4-3 [Run in Google Colab] 버튼

노트북에는 기본적으로 코드 외에 코드 실행 시 확인해야 할 출력 샘플도 포함되어 있다. 이제부터 코드를 살펴볼 것이니 노트북이 깨끗한 상태가 되도록 이 출력을 지워보자. 코랩 메뉴에서 Edit(편집)을 클릭한 다음 [그림 4-4]와 같이 Clear all outputs(모든 출력 지우기)를 선택한다.

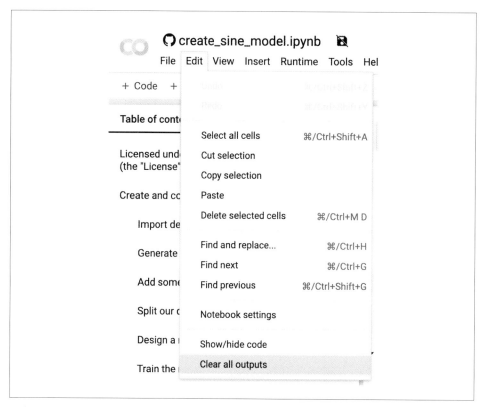

그림 4-4 모든 출력을 지우는 옵션

노트북을 사용할 준비가 끝났다.

> **TIP_** 머신러닝, 텐서플로, 케라스에 이미 익숙하다면 모델을 텐서플로 라이트와 함께 사용하도록 변환하는 내용을 다루는 4.5절로 건너뛰어도 좋다. 코랩에서는 Convert to Tensorflow Lite(텐서플로 라이트로 변환) 항목 아래로 스크롤하여 건너뛸 수 있다.

4.3.1 종속성 라이브러리 가져오기

첫 번째로 할 일은 작업에 필요한 종속성 라이브러리들을 가져오는 것이다. 주피터 노트북에서 코드와 텍스트는 셀^{cell}에 배열된다. 실행 가능한 파이썬 코드를 포함하는 코드 셀, 형식화된 텍스트를 포함하는 텍스트 셀이 있다.

첫 번째 코드 셀은 Import dependencies(종속성 가져오기) 아래에 있다. 모델을 학습하고 변환하는 데 필요한 모든 라이브러리를 설정할 것이며 그 코드는 다음과 같다.

```
# 텐서플로는 오픈소스 머신러닝 라이브러리다.
!pip install Tensorflow==2.0
import Tensorflow as tf
# 넘파이는 수학 라이브러리다.
import numpy as np
# 맷플롯립은 그래프 라이브러리다.
import matplotlib.pyplot as plt
# math는 파이썬 자체 수학 라이브러리다.
import math
```

파이썬에서 import 문은 라이브러리가 코드에서 사용될 수 있도록 라이브러리를 로드한다. 코드와 주석에서 이 셀이 다음을 수행한다는 것을 알 수 있다.

- 파이썬 패키지 관리자인 pip을 사용하여 텐서플로 2.0 라이브러리 설치

- 텐서플로, 넘파이^{NumPy}, 맷플롯립^{Matplotlib}, math 라이브러리 로드

라이브러리를 가져올 때 나중에 쉽게 참조할 수 있게 별칭^{alias}을 부여할 수 있다. 예를 들어 앞의 코드에서는 넘파이를 가져오고 별칭을 np로 지정한다. 이렇게 하면 코드에서 해당 라이브러리를 사용할 때 np라 부를 수 있다.

코드 셀 코드는 셀을 선택할 때 왼쪽 상단에 나타나는 버튼을 클릭하여 실행할 수 있다. Import dependencies 아래의 첫 번째 코드 셀에서 아무 곳이나 클릭하여 선택한다. 선택된 셀의 모습은 [그림 4-5]와 같다.

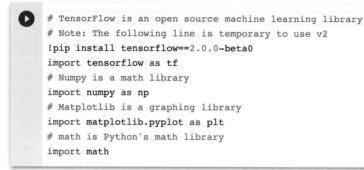

그림 4-5 Import dependencies 셀을 선택한 상태

코드를 실행하려면 왼쪽 상단의 버튼을 클릭한다. 코드가 실행되는 동안 버튼에 [그림 4-6]처럼 원형 애니메이션이 나타난다.

종속성 설치를 시작하면 해당 과정이 텍스트로 나타난다. 결과적으로 라이브러리가 성공적으로 설치됐음을 나타내는 다음 문구가 표시될 것이다.

Successfully installed tensorboard-2.0.0 Tensorflow-2.0.0 Tensorflow-estimator-2.0.0

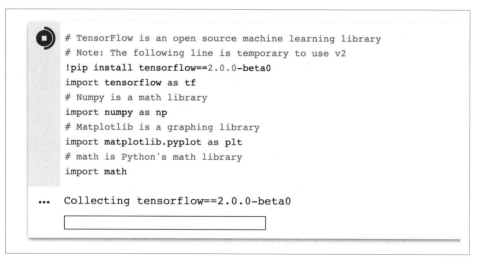

그림 4-6 Import dependencies 셀이 실행 중인 상태

코랩에서 셀을 실행한 후 해당 셀을 선택하지 않은 상태에서는 [그림 4-7]처럼 [1]이 셀 왼쪽 상단에 표시된다. 이 숫자는 셀이 실행될 때마다 증가하는 카운터다.

```
[1]    # TensorFlow is an open source machine learning library
       # Note: The following line is temporary to use v2
       !pip install tensorflow==2.0.0-beta0
       import tensorflow as tf
       # Numpy is a math library
       import numpy as np
       # Matplotlib is a graphing library
       import matplotlib.pyplot as plt
       # math is Python's math library
       import math
```

그림 4-7 왼쪽 상단의 셀 실행 카운터

이를 사용하여 어떤 셀이 실행됐는지 몇 번 실행됐는지 알 수 있다.

4.3.2 데이터 생성

딥러닝 네트워크는 기본 데이터의 패턴을 모델링하는 방법을 배우게 된다. 앞에서 언급했듯 사인 함수로 생성된 데이터를 모델링하도록 네트워크를 훈련시킬 것이다. 이를 통해 값 x를 취하고 사인 y를 예측할 수 있는 모델이 생성된다.

더 진행하기 전에 데이터가 필요하다. 실제 상황에서는 센서와 실제 제품 로그에서 데이터를 수집할 수 있다. 그러나 예제에서는 간단한 코드를 사용하여 데이터셋을 생성할 것이다.

다음 셀이 데이터셋을 생성할 셀이다. 우리의 계획은 사인파를 따라 임의의 점을 나타내는 1000개의 값을 생성하는 것이다. 사인파의 모양을 상기하기 위해 [그림 4-8]을 살펴보자.

한 파동의 각 전체 주기를 파장^{period}이라 한다. 그래프에서 파장이 x축 기준으로 여섯 번째마다 완료되는 것을 볼 수 있다. 실제로 사인파의 주기는 2 × π 또는 2π이다.

훈련에 사용할 완전한 사인 값의 데이터를 위해 코드는 0에서 2π까지 임의의 x값을 생성할 것이다. 그런 다음 각 값에 대한 사인 값을 계산한다.

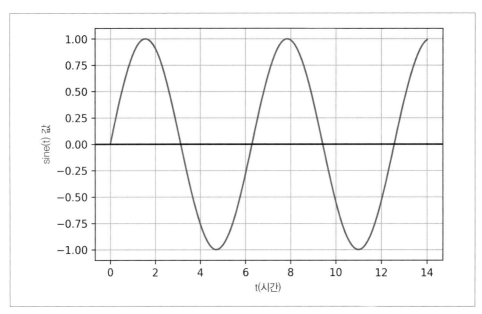

그림 4-8 사인파

넘파이(이전에 가져온 np)를 사용하여 난수를 생성하고 사인을 계산하는 이 셀의 전체 코드는 다음과 같다.

```
# 아래 값만큼 데이터 샘플을 생성할 것이다.
SAMPLES = 1000

# 시드값을 지정하여 이 노트북에서 실행할 때마다 다른 랜덤값을 얻게 한다.
# 어떤 숫자든 사용할 수 있다.
SEED = 1337
np.random.seed(SEED)
tf.random.set_seed(SEED)

# 사인파 진폭의 범위인 0~2π 내에서 균일하게 분포된 난수 집합을 생성한다.
x_values = np.random.uniform(low=0, high=2*math.pi, size=SAMPLES)

# 값을 섞어서 생성된 값들이 순서를 따르지 않도록 한다.
np.random.shuffle(x_values)
```

```
# 해당 사인 값을 계산한다
y_values = np.sin(x_values)

# 데이터를 그래프로 그린다. 'b.' 인수는 라이브러리에 점을 파란색으로 출력하도록 지시한다.
plt.plot(x_values, y_values, 'b.')
plt.show()
```

앞에서 논의한 것 외에도 이 코드에서 살펴볼 만한 것이 몇 가지 있다. 먼저 `np.random.uniform()`을 사용하여 x값을 생성한다. 이 메서드는 지정된 범위의 난수 배열을 반환하며 넘파이에는 전체 배열을 처리할 수 있는 유용한 메서드가 많이 포함되어 있으므로 데이터를 처리할 때 매우 편리하다.

두 번째 할 일은 데이터를 생성한 후 섞는 것이다. 딥러닝 훈련 과정에는 데이터가 실제로 임의의 순서로 투입되는 것이 중요하다. 만일 데이터가 순서대로 배치되어 있다면 모델의 정확도가 떨어진다.

다음으로 사인 값을 계산하기 위해 넘파이의 `sin()` 메서드를 사용할 것이다. 넘파이는 모든 x값에 대해 오직 한 번만 계산을 수행하여 결괏값을 배열로 반환해주므로 매우 편리한 도구다.

마지막으로, 맷플롯립의 별칭인 `plt`를 호출하는 신비한 코드를 살펴보자.

```
# 데이터를 그래프로 그린다. 'b.' 인수는 라이브러리에 점을 파란색으로 출력하도록 지시한다.
plt.plot(x_values, y_values, 'b.')
plt.show()
```

이 코드는 무슨 일을 할까? 데이터로 그래프를 그린다. 주피터 노트북의 훌륭한 점 가운데 하나는 코드를 실행할 때 출력되는 그래픽을 표시하는 기능이다. 맷플롯립은 데이터를 그래프로 나타내는 훌륭한 도구다. 데이터 시각화는 머신러닝 워크플로의 중요한 부분이어서 이 라이브러리는 모델을 훈련시킬 때 매우 유용하다.

데이터를 생성하고 그래프로 보여주려면 셀에서 코드를 실행해보자. 코드 셀의 실행이 끝나면 [그림 4-9]와 같이 아름다운 그래프가 나타난다.

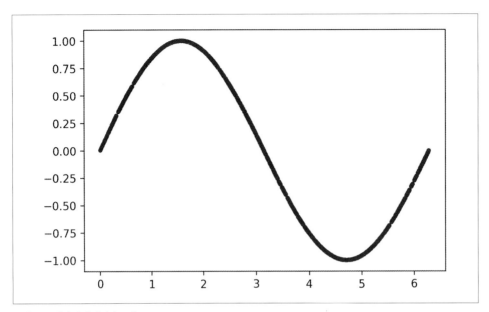

그림 4-9 생성된 데이터의 그래프

멋지고 매끄러운 사인 곡선을 따라 생성된 임의 점의 집합이 생성됐다. 이를 사용해서 모델을 학습시킬 수 있다. 그러나 이 작업은 아주 쉽다. 딥러닝 네트워크의 흥미로운 점 중 하나는 잡음 속에서 패턴을 선별하는 기능이다. 따라서 지저분한 실제 데이터를 학습할 때도 예측할 수 있다. 이를 보여주기 위해 데이터에 임의로 노이즈를 추가해서 다른 그래프를 그려보겠다.

```
# 각 y값에 임의로 작은 숫자를 추가한다.
y_values += 0.1 * np.random.randn(*y_values.shape)

# 그래프를 생성한다.
plt.plot(x_values, y_values, 'b.')
plt.show()
```

이 셀을 실행하면 결과는 [그림 4-10]과 같다.

훨씬 낫다. 노이즈를 더하고 나니 데이터는 부드럽고 완벽한 곡선 대신 사인파 주위에 분포되어 나타났다. 노이즈가 추가된 그래프는 일반적으로 매우 지저분한 실제 데이터를 훨씬 잘 반영한다.

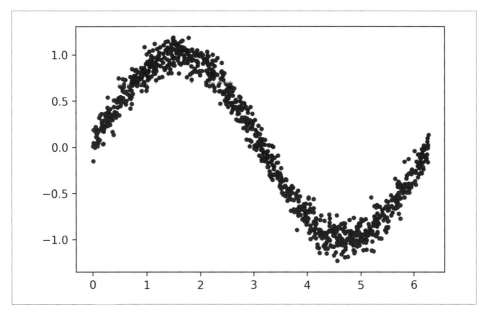

그림 4-10 노이즈가 추가된 데이터의 그래프

4.3.3 데이터 분할

이전 장에서 데이터셋을 훈련, 검증, 테스트의 세 부분으로 분할한다는 내용을 다루었다. 훈련시킬 모델의 정확성을 평가하려면 예측을 실제 데이터와 비교하고 일치하는 정도를 확인해야 한다.

이 평가 절차는 훈련 중(검증)과 훈련 후(테스트)에 발생하며 모델 훈련에 사용되지 않은 새 데이터를 사용하는 것이 중요하다.

모델 성능 평가에 사용할 데이터를 훈련 시작 전에 따로 준비한다. 검증을 위해 데이터의 20%를 사용하고 테스트를 위해 20%를 사용한다. 나머지 60%는 모델 학습에 사용한다. 모델을 훈련할 때는 일반적으로 이 분할 비율을 사용한다.

다음은 데이터를 분할한 다음 각 세트를 다른 색상으로 그래프에 표시하는 코드다.

```
# 훈련에 60%, 테스트에 20%, 검증에 20%를 사용한다.
# 각 항목의 인덱스를 계산한다.
TRAIN_SPLIT =  int(0.6 * SAMPLES)
TEST_SPLIT = int(0.2 * SAMPLES + TRAIN_SPLIT)
```

```
# np.split을 사용하여 데이터를 세 부분으로 자른다.
# np.split의 두 번째 인수는 데이터가 분할되는 인덱스 배열이며
# 우리는 두 개의 인덱스를 제공하므로 데이터는 세 개의 덩어리로 나뉠 것이다.
x_train, x_validate, x_test = np.split(x_values, [TRAIN_SPLIT, TEST_SPLIT])
y_train, y_validate, y_test = np.split(y_values, [TRAIN_SPLIT, TEST_SPLIT])

# 분할한 데이터를 합쳤을 때 원래 사이즈와 같은지 다시 확인한다.
assert (x_train.size + x_validate.size + x_test.size) ==  SAMPLES

# 분할된 각 데이터들을 다른 색상으로 그래프에 표시한다.
plt.plot(x_train, y_train, 'b.', label="Train")
plt.plot(x_validate, y_validate, 'y.', label="Validate")
plt.plot(x_test, y_test, 'r.', label="Test")
plt.legend()
plt.show()
```

데이터를 나누기 위해 넘파이의 또 다른 편리한 메서드인 split()을 사용할 것이다. 이 방법은 데이터 배열과 인덱스 배열을 가져와서 제공된 인덱스를 기준으로 데이터를 여러 부분으로 자른다.

이 셀을 실행해 분할 결과를 보자. [그림 4-11]에 설명된 것처럼 각 데이터 유형은 서로 다른 색상(흑백 그림일 경우 음영)으로 표시된다.

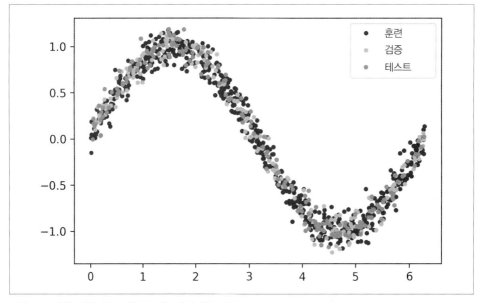

그림 4-11 훈련, 검증, 테스트 셋으로 나눈 데이터의 그래프

4.3.4 기본 모델 정의하기

이제 데이터를 확보했으므로 훈련시킬 모델을 만들어보자.

입력값(이 경우 x)을 사용하여 수자 축력값(사인 x)을 예측하는 모델을 구축한 것이다. 이러한 유형의 문제를 회귀regression라 한다. 숫자 출력이 필요한 대부분의 작업에 회귀 모델을 사용할 수 있다. 이를테면 가속도계의 데이터를 기반으로 사람의 주행 속도를 예측하는 데에도 회귀 모델을 사용할 수 있다.

모델을 만들기 위해 간단한 신경망을 설계하고 여러 레이어에 걸친 뉴런을 사용하여 훈련 데이터의 기초가 되는 패턴을 학습하는 예측 모델도 만들 것이다.

이를 수행하는 코드는 실제로 매우 간단하다. 딥러닝 네트워크를 구축하기 위해 텐서플로의 고수준 API인 케라스(https://oreil.ly/IpFqC)를 사용하겠다.

```
# 간단한 모델 구조를 만들기 위해 케라스를 사용한다.
from tf.keras import layers
model_1 = tf.keras.Sequential()

# 첫 번째 레이어는 뉴런 16개로 스칼라 입력을 받아 다음 레이어에 전달한다.
# 뉴런은 'relu' 활성화 함수에 따라 값을 전달할지 말지를 결정한다.
model_1.add(layers.Dense(16, activation = 'relu', input_shape = (1,)))

# 마지막 레이어는 뉴런이 하나다. 원하는 결괏값이 하나이기 때문이다.
model_1.add(layers.Dense(1))

# 표준 옵티마이저와 손실을 사용하여 회귀 모델을 컴파일한다.
model_1.compile(optimizer = 'rmsprop', loss = 'mse', metrics = ['mae'])

# 요약된 모델 설계를 출력한다.
model_1.summary()
```

먼저 케라스를 사용하여 순차적sequential 모델을 만든다. 이는 [그림 3-1]에서 보듯이 뉴런의 각 레이어가 다음 레이어 위에 쌓이는 모델을 의미한다. 다음으로 두 개의 레이어를 정의한다. 첫 번째 레이어가 정의된 위치는 다음과 같다.

```
model_1.add(layers.Dense(16, activation='relu', input_shape=(1,)))
```

첫 번째 레이어에는 단일 입력(x값)과 16개의 뉴런이 있다. 이것은 Dense 레이어(fully connected 레이어라고도 함)로, 예측할 때 입력이 뉴런의 모든 단일 뉴런으로 전달됨을 의미한다. 그런 다음 각 뉴런은 어느 정도 활성화^{activated}된다. 각 뉴런의 활성화 정도는 훈련 중 학습된 가중치, 편향과 활성화 함수^{activation function}를 기준으로 한다. 뉴런의 활성화는 숫자로 출력된다.

활성화는 파이썬의 간단한 공식으로 계산한다. 케라스와 텐서플로가 처리하므로 직접 코딩할 필요는 없지만 딥러닝을 진행할 때 알아두면 도움될 것이다.

```
activation = activation_function((input * weight) + bias)
```

뉴런의 활성화 정도를 계산하기 위해 입력에 가중치를 곱하고 결과에 편향을 더한다. 계산된 값은 활성화 함수로 전달되며 결과로 나오는 숫자가 뉴런의 활성화 정도다.

활성화 함수는 뉴런의 출력을 형성하는 데 사용되는 수학적 함수다. 네트워크에서는 '정류 선형 유닛^{rectified linear unit}' 또는 '렐루^{ReLU}'라 불리는 활성화 함수를 사용한다. 이것은 케라스에서 activation = relu 인수로 지정된다.

렐루는 간단한 함수이며 파이썬으로는 다음과 같이 표현한다.

```
def relu(input):
    return max(0.0, input)
```

렐루는 입력값이 0보다 크면 입력값을, 입력값이 0보다 작으면 0을 반환한다.

[그림 4-12]는 입력값 범위에 대한 렐루 출력을 보여준다.

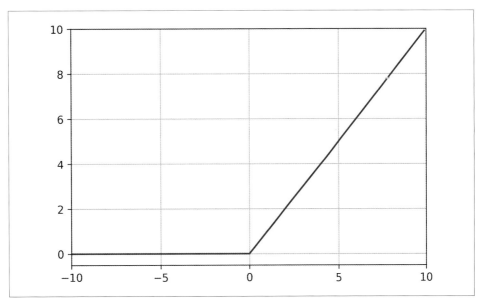

그림 4-12 −10에서 10까지의 입력값을 출력한 렐루 함수 그래프

활성화 함수가 없다면 뉴런 출력은 항상 입력의 선형 함수로 나타난다. 이것은 네트워크가 x와 y 사이의 비율이 전체 값 범위에서 동일하게 유지되는 선형 관계만 모델링할 수 있음을 의미한다. 사인파는 비선형이기 때문에 이러한 네트워크는 사인파를 모델링할 수 없다.

렐루는 비선형 함수이기 때문에 뉴런이 여러 층이고 복잡한 비선형 관계를 모델링할 수 있다. 여기서 y값은 x가 증가할 때마다 같은 양만큼 증가하지는 않는다.

> **NOTE_** 다른 활성화 함수도 많지만 렐루가 가장 일반적으로 사용된다. 활성화 함수에 관한 위키피디아 글(https://oreil.ly/Yxe-N)을 보면 다른 함수도 볼 수 있다. 각 활성화 함수에는 서로 다른 절충점[trade-off]이 있다. 머신러닝 엔지니어는 실험을 반복해서 주어진 아키텍처에 가장 적합한 옵션을 찾아간다.

첫 번째 레이어에서 출력된 활성화 값은 다음 행에 정의된 두 번째 레이어의 입력으로 공급된다.

```
model_1.add(layers.Dense(1))
```

이 레이어는 단일 뉴런이므로 이전 레이어의 각 뉴런마다 하나씩 16개의 입력을 받는다. 목적은 이전 레이어의 모든 활성화 값을 단일 출력으로 결합하는 것이다. 이 레이어는 출력 레이어이므로 활성화 함수를 지정하지 않고 결괏값을 그대로 출력한다.

이 뉴런에는 여러 입력이 있기 때문에 각각에 해당하는 가중치 값이 있다. 뉴런 출력은 다음과 같은 파이썬 코드로 계산된다.

```python
# 여기서 'inputs'와 'weights'는 각각 16개의 요소를 가진 넘파이 배열이다.
output = sum((inputs * weights)) + bias
```

출력값은 각 입력에 해당 가중치를 곱하고 결과를 합한 다음 편향을 더해서 계산한다.

훈련 과정에서 네트워크 가중치와 편향을 학습할 것이다. 이 장의 앞부분에서 보여준 코드의 compile() 단계는 학습 과정에서 사용되는 몇 가지 중요한 인수를 설정하고 훈련할 모델을 준비한다.

```python
model_1.compile(optimizer='rmsprop', loss='mse', metrics=['mae'])
```

optimizer 인수는 훈련 중에 네트워크가 입력을 모델링하도록 조정하는 알고리즘을 지정한다. 몇 가지 선택 가능한 옵션이 있으며 가장 좋은 것을 찾기 위해서는 실험이 필요하다. 케라스 문서(https://oreil.ly/oT-pU)에서 옵션에 관한 상세 내용을 확인할 수 있다.

손실 인수loss argument는 훈련 과정에서 네트워크 예측이 실젯값에서 얼마나 멀리 떨어져 있는지 계산하기 위해 사용할 방법을 지정한다. 이 방법을 손실 함수loss function라 한다. 여기에서는 mse, 즉 평균 제곱 오차법Mean Squared Error을 사용한다. 이 손실 함수는 숫자를 예측하는 회귀 문제에 주로 쓰인다. 케라스에는 다양한 손실 함수가 있다. 케라스 문서(https://keras.io/losses)에서 몇 가지 옵션을 확인할 수 있다.

metric 인수로는 모델의 성능을 판단하는 데 사용되는 함수를 지정한다. 여기에서는 회귀 모형의 성능을 측정하는 데 유용한 함수인 mae, 즉 평균 절대 오차법Mean Absolute Error을 사용한다. 훈련 중에 측정한 결과를 훈련 완료 후 확인할 수 있다.

모델을 컴파일한 후 다음 코드를 사용하여 해당 아키텍처의 요약 정보를 출력한다.

```
# 모델 아키텍처 요약 출력
model_1.summary()
```

코랩에서 셀을 실행하여 모델을 정의하자. 다음과 같은 출력 결과를 확인하게 될 것이다.

```
Model: "sequential"
_____
Layer (type)                 Output Shape              Param #
=================================================================
dense (Dense)                (None, 16)                32
_____
dense_1 (Dense)              (None, 1)                 17
=================================================================
Total params: 49
Trainable params: 49
Non-trainable params: 0
_____
```

이 결과는 네트워크 레이어, 출력 형태, 파라미터 수를 보여준다. 네트워크 크기(메모리 용량)는 대부분의 파라미터 수에 따라 달라지며 총가중치와 편향 수를 의미한다. 이는 모델 크기와 복잡성에 유용한 지표다. 예제같이 간단한 모델에서는 모델의 뉴런 간 연결 수를 계산하여 가중치 수를 알 수 있다.

방금 설계한 네트워크는 두 개의 레이어로 구성된다. 첫 번째 레이어에는 입력과 각 뉴런 사이에 하나씩 연결이 총 16개다. 두 번째 레이어에는 뉴런이 하나 있으며 첫 번째 레이어의 각 뉴런에 하나씩 연결되는 연결이 총 16개다. 모두 합하면 이 네트워크에는 연결이 32개다.

모든 뉴런에는 편향이 있어서 네트워크 전체에는 17개의 편향이 있다. 즉, 32개에 17개를 더해 파라미터가 총 49개다.

모델을 정의하는 코드를 살펴보았으니 다음으로 훈련을 시작하자.

4.4 모델 학습시키기

모델을 정의한 후에는 모델을 훈련시켜서 모델이 얼마나 잘 작동하는지 성능을 평가하는 과정
이 이어진다. 평가 지표를 보고 신경망 아키텍처 설계를 변경해서 다시 훈련시켜야 할지, 충분
히 괜찮은 모델이 만들어졌는지 결정할 수 있다.

케라스에서 모델을 훈련시키기 위해서는 fit() 함수를 호출하면서 데이터와 다른 중요한 인수
들을 전달하면 된다. 다음 셀은 이를 어떻게 코드로 작성하는지 보여준다.

```
history_1 = model_1.fit(x_train, y_train, epochs=1000, batch_size=16,
                        validation_data=(x_validate, y_validate))
```

셀에서 코드를 실행하여 훈련을 시작하자. 몇 가지 로그가 나타나기 시작할 것이다.

```
Train on 600 samples, validate on 200 samples
Epoch 1/1000
600/600 [==============================] - 1s 1ms/sample - loss: 0.7887 - mae: 0.7848
- val_loss: 0.5824 - val_mae: 0.6867
Epoch 2/1000
600/600 [==============================] - 0s 155us/sample - loss: 0.4883 - mae:
0.6194 - val_loss: 0.4742 - val_mae: 0.6056
```

모델이 훈련 중이다. 시간이 조금 걸리므로 기다리면서 fit() 호출을 자세히 살펴보자.

```
history_1 = model_1.fit(x_train, y_train, epochs=1000, batch_size=16,
                        validation_data=(x_validate, y_validate))
```

먼저 fit()의 반환값은 history_1이라는 변수에 할당된다. 이 변수에는 학습 실행에 관한 수
많은 정보가 포함되어 있다. 나중에 이를 사용하여 진행 상황을 살펴볼 것이다.

앞의 fit() 함수 인수를 살펴보자.

- **x_train, y_train**

  fit()에 대한 처음 두 가지 인수는 훈련 데이터의 x와 y값이다. 데이터 일부는 검증과 테스트를 위해 따로 보
  관되므로 훈련 데이터셋만 네트워크의 훈련에 사용된다.

- **epochs**

  그다음 인수는 전체 훈련 데이터셋이 훈련 중 네트워크를 통해 몇 번이나 실행될 것인지 지정한다. 에폭이 클수록 학습을 더 많이 한다. 학습을 많이 할수록 네트워크가 더 좋아질 것이라 생각할 수도 있다. 그러나 일부 네트워크는 특정 수의 에폭 이후에 훈련 데이터에 과적합되기 시작하므로 얼마만큼 훈련을 진행할지 제한해야 할 수도 있다.

  또한 과적합이 없는 경우에도 일정량의 훈련 후에 네트워크 개선이 중단된다. 학습에는 시간과 연산 자원이 필요하므로 네트워크가 나아지지 않으면 훈련하지 않는 것이 가장 좋다.

  우리는 에폭을 1000으로 설정하여 훈련을 시작할 것이다. 훈련이 완료되면 성능 평가 지표를 통해 이 에폭이 적절한 숫자인지 알 수 있다.

- **batch_size**

  batch_size(배치 크기) 인수는 정확도를 측정하고 가중치와 편향을 업데이트하기 전에 네트워크에 공급할 훈련 데이터의 수를 지정한다. 원한다면 batch_size를 1로 지정할 수 있다. 즉, 단일 데이터로 추론을 실행하고 네트워크 예측 손실을 측정한 뒤 가중치와 편향를 업데이트하여 다음 번에 더 정확한 예측을 하는 방식이다. 나머지 데이터에도 이 과정을 반복할 것이다.

  우리는 600개의 데이터를 가지고 있기 때문에 각 에폭은 네트워크를 600번 업데이트하게 될 것이다. 연산할 것이 많아서 훈련에 시간이 더 걸린다. 그 대안으로 더 큰 배치 크기로 추론을 진행하고 총손실을 측정한 뒤에 네트워크를 업데이트하는 방법도 고려할 수 있다.

  batch_size를 600으로 설정하면 각 배치에 모든 훈련 데이터가 포함될 것이다. 그럼 에폭마다 네트워크를 한 번만 업데이트하면 되기 때문에 훨씬 빨라진다. 문제는 이로 인해 모델 정확도가 떨어진다는 점인데 연구에 따르면 배치 크기가 큰 상태에서 훈련시킨 모델은 새로운 데이터가 주어졌을 때 일반화할 수 있는 능력이 떨어지며 과적합될 가능성이 높은 경향이 있다고 한다.

  절충안은 중간 정도의 배치 크기를 사용하는 것이다. 예제 코드의 배치 크기는 16이다. 즉, 16개의 데이터를 임의로 선택하여 추론을 실행해서 총 손실을 계산하고 배치당 한 번 네트워크를 업데이트하는 것이다. 600개의 훈련 데이터가 있는 경우 네트워크는 에폭당 약 38회 업데이트된다. 600보다 훨씬 낫다.

  배치 크기를 선택할 때는 훈련 효율성과 모델 정확도 사이를 절충한다. 이상적인 배치 크기는 모델마다 다르며 배치 크기를 16 또는 32로 시작하여 가장 효과적인 것이 무엇인지 실험해보는 것이 좋다.

- **validation_data**

  검증 데이터셋을 지정하는 인수다. 검증 데이터셋의 데이터는 전체 훈련 과정을 마친 네트워크에 투입되어 네트워크의 예측값과 기대 출력값을 비교할 것이다. 로그에서 확인 결과를 history_1 객체의 일부로 볼 수 있다.

4.4.1 훈련 지표

바라건대 지금쯤이면 학습 과정이 끝났을 것이다. 아직이라면 완료될 때까지 잠시 기다리자.

이제 네트워크가 얼마나 잘 학습했는지 확인하기 위해 다양한 지표를 점검할 것이다. 먼저 훈련 중에 기록된 로그를 살펴보자. 무작위 초기 상태에서 훈련하는 동안 네트워크가 어떻게 개선됐는지 알 수 있다.

첫 번째와 마지막 에폭에 대한 로그는 다음과 같다.

```
Epoch 1/1000
600/600 [==============================] - 1s 1ms/sample - loss: 0.7887 - mae: 0.7848
 - val_loss: 0.5824 - val_mae: 0.6867
Epoch 1000/1000
600/600 [==============================] - 0s 124us/sample - loss: 0.1524 - mae:
0.3039 - val_loss: 0.1737 - val_mae: 0.3249
```

loss, mae, val_loss, val_mae는 우리에게 여러 가지를 알려준다.

- **loss**

  손실(loss) 함수의 출력값이다. 양의 숫자로 표현되는 평균 제곱 오차를 사용하며 일반적으로 손실 값이 작을수록 좋다. 따라서 네트워크를 평가할 때 확인하는 것이 좋다.

  첫 번째와 마지막 에폭을 비교할 때 네트워크의 손실은 ∼0.7에서 ∼0.1로 줄어 훈련 중에 명확하게 개선됐다. 이 개선이 충분한지 알아보기 위해 다른 숫자를 살펴보자.

- **mae**

  훈련 데이터의 평균 절대 오차다. 네트워크 예측과 훈련 데이터 예상 값 사이의 평균 차이를 보여준다.

  최초 오류는 훈련되지 않은 네트워크를 기반으로 하기 때문에 매우 크다. 네트워크의 예측값은 평균 ∼0.78까지 떨어져 있다. mae 값의 범위가 −1에서 1까지이므로 이는 매우 큰 수다.

  그러나 훈련 후에도 평균 절대 오차는 ∼0.30이다. 이것은 네트워크의 예측이 평균 ∼0.30만큼 벗어났음을 의미하며 광장히 저조한 성적이다.

- **val_loss**

  검증 데이터에 대한 손실 함수 출력이다. 마지막 에폭에서 훈련 손실(∼0.15)은 검증 손실(∼0.17)보다 약간 낮다. 이는 이전에 보지 못한 데이터에서 성능이 저하되어 네트워크가 과적합될 수 있음을 암시한다.

- **val_mae**

  검증 데이터의 평균 절대 오차다. ∼0.32의 값으로, 훈련 데이터셋의 평균 절대 오차보다 크다. 이는 네트워크가 과적합되고 있다는 또 다른 신호다.

4.4.2 히스토리 개체 그래프로 나타내기

지금까지 만들어진 모델이 예측을 정확하게 하지 못하는 것이 분명하다. 이제 임무는 그 이유를 알아내는 것이다. 이를 위해 history_1 객체에서 수집한 데이터를 활용해보자.

다음 셀은 히스토리 객체에서 훈련 손실과 검증 손실 데이터를 추출하여 차트에 표시한다.

```
loss = history_1.history['loss']
val_loss = history_1.history['val_loss']

epochs = range(1, len(loss) + 1)

plt.plot(epochs, loss, 'g.', label='Training loss')
plt.plot(epochs, val_loss, 'b', label='Validation loss')
plt.title('Training and validation loss')
plt.xlabel('Epochs')
plt.ylabel('Loss')
plt.legend()
plt.show()
```

history_1 객체에는 history_1.history라는 속성이 있다. 이 속성은 훈련 과정과 검증 과정 중 측정한 지표를 기록하는 사전이다. 이를 사용하여 그래프로 나타낼 데이터를 수집할 것이다. x축에는 에폭 번호를 사용하는데, 이는 손실 데이터 수를 확인하여 결정한다. 셀을 실행하면 [그림 4-13]과 같은 그래프가 표시된다.

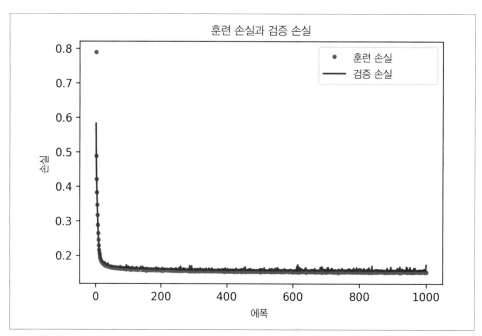

그림 4-13 훈련 손실과 검증 손실 그래프

보다시피 손실량은 그래프가 평평해지기 전 처음 50에폭 동안 급격히 감소한다. 이는 모델이 더욱 정확한 예측을 생성하며 개선되고 있음을 의미한다.

목표는 모델이 더 이상 개선되지 않거나 훈련 손실이 검증 손실보다 작을 때 훈련을 중단하는 것이다. 훈련 손실이 더 작아진다는 것은 검증 데이터보다 훈련 데이터를 더 잘 예측하는 방법을 배워서 새로운 데이터가 들어와도 더 이상 일반화시키기 어려워짐을 의미한다.

처음 몇 에폭 동안 손실이 급격히 떨어지기 때문에 그래프의 나머지 부분을 읽기가 매우 어렵다. 다음 셀을 실행하여 처음 100개의 에폭을 건너뛰어보자.

```
# 처음 100개의 에폭을 건너뛰어 그래프를 더 읽기 쉽게 만든다.
SKIP = 100

plt.plot(epochs[SKIP:], loss[SKIP:], 'g.', label = 'Training loss')
plt.plot(epochs[SKIP:], val_loss[SKIP:], 'b.', label = 'Validation loss')
plt.title('Training and validation loss')
plt.xlabel('Epochs')
plt.ylabel('Loss')
```

```
plt.legend()
plt.show()
```

[그림 4-14]는 이 셀에 의해 생성된 그래프를 나타낸다.

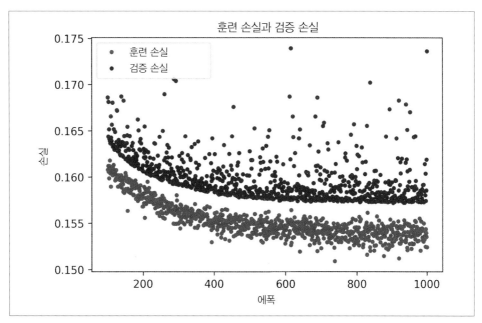

그림 4-14 처음 100개의 에폭을 건너뛴 훈련 손실과 검증 손실의 그래프

확대해서 보니 약 600에폭까지 손실이 계속 줄어드는 것을 알 수 있다. 이는 네트워크를 오랫동안 훈련시킬 필요가 없다는 것을 의미한다.

그러나 가장 낮은 손실 값이 여전히 약 0.15다. 이 수치는 비교적 높은 편이며 검증 데이터셋의 손실 값이 지속적으로 더 높은 것을 확인할 수 있다.

모델 성능에 대한 통찰력을 얻기 위해 더 많은 그래프를 그려볼 수 있다. 이번에는 평균 절대 오차를 그래프에 나타낼 것이다. 다음 셀을 실행해보자.

```
# 예측에서 오차를 측정하는 또 다른 방법인 평균 절대 오차 그래프를 그려보자.
mae = history_1.history['mae']
val_mae = history_1.history['val_mae']
```

```
plt.plot(epochs[SKIP:], mae[SKIP:], 'g.', label = 'Training MAE')
plt.plot(epochs[SKIP:], val_mae[SKIP:], 'b.', label = 'Validation MAE')
plt.title('Training and validation mean absolute error')
plt.xlabel('Epochs')
plt.ylabel('MAE')
plt.legend()
plt.show()
```

결과 그래프는 [그림 4-15]와 같다.

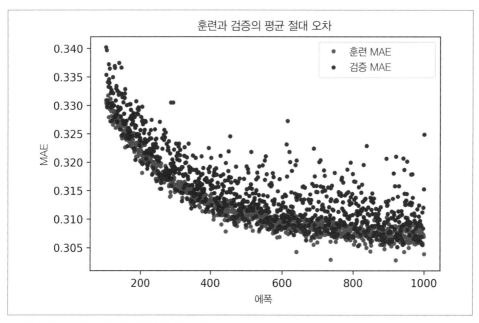

그림 4-15 훈련과 검증 과정의 평균 절대 오차 그래프

평균 절대 오차 그래프는 몇 가지 단서를 제공한다. 평균적으로 훈련 데이터가 검증 데이터보다 오류가 낮다는 것을 알 수 있다. 즉 네트워크가 과적합됐거나 훈련 데이터를 너무 학습하여 새로운 데이터를 효과적으로 예측할 수 없음을 의미한다.

또한 평균 절대 오차 값은 약 0.31 정도로 상당히 높으며 이는 모델의 일부 예측이 0.31 이상 잘못됐음을 나타낸다. 예상 값의 크기는 −1에서 +1까지이므로 0.31의 오차는 사인파를 정확하게 모델링할 수 없다는 것을 뜻한다.

무슨 일이 일어나고 있는지 파악하기 위해 다음 셀에서 훈련 데이터에 대한 네트워크 예측을 기댓값과 비교해보자.

```python
# 모델을 사용하여 검증 데이터로부터 예측값 생선
predictions = model_1.predict(x_train)

# 테스트 데이터와 함께 예측값을 그래프로 표현
plt.clf()
plt.title('Training data predicted vs actual values')
plt.plot(x_test, y_test, 'b.', label = 'Actual')
plt.plot(x_train, predictions, 'r.', label = 'Predicted')
plt.legend()
plt.show()
```

model_1.predict(x_train)을 호출하여 훈련 데이터의 모든 x값을 추론한다. 이 메서드는 예측값 배열을 반환한다. 이를 훈련 세트의 실제 y값과 함께 그래프로 그려보자. 셀을 실행하면 [그림 4-16]과 같은 그래프를 확인할 수 있다.

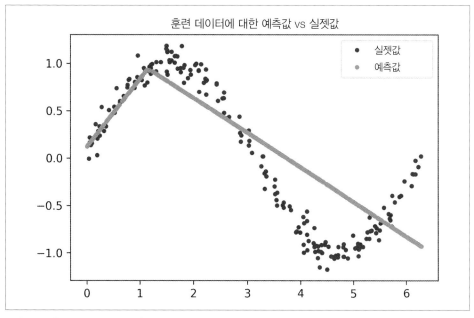

그림 4-16 훈련 데이터에 대한 예측과 실제 값의 그래프

네트워크가 사인 함수를 매우 제한된 방식으로만 근사한다는 사실이 그래프를 통해 명확해졌다. 예측은 매우 선형적이며 데이터에 매우 대략적으로만 모델이 생성되고 있음을 알 수 있다.

이 정도의 모델 적합도로는 사인파 함수의 전체 복잡성을 학습할 수 없다. 그래서 지나치게 단순한 방식으로만 근사할 수 있던 것이다. 모델을 더 크게 만들면 성능을 향상시킬 수 있을 것이다.

4.4.3 모델 개선하기

원래 모델이 너무 작아서 데이터의 복잡성을 배우기 어렵다는 사실을 바탕으로 더 나은 결과를 만들 수 있다. 이는 모델 설계, 성능 평가, 모델 변경에 이르는 머신러닝 워크플로에서 일반적이다.

네트워크를 더 크게 만드는 쉬운 방법은 다른 뉴런 레이어를 추가하는 것이다. 뉴런의 각 레이어는 입력을 변환하여 예상 출력에 더 가깝게 만든다. 네트워크의 뉴런 층이 많을수록 이러한 변환이 더 복잡해질 수 있다.

다음 셀은 이전과 같은 방식으로 모델을 재정의하지만 중간에 16개의 뉴런을 추가했다.

```
model_2 = tf.keras.Sequential()

# 첫 번째 레이어는 스칼라 입력을 받아 16개의 뉴런을 통해 전달하고
# 뉴런은 'relu' 활성화 함수에 따라 활성화 여부를 결정한다.
model_2.add(layers.Dense(16, activation='relu', input_shape=(1,)))

# 새로운 두 번째 레이어는 네트워크가 더 복잡한 표현을 배우는 데 도움을 준다.
model_2.add(layers.Dense(16, activation='relu'))

# 단일 값을 출력해야 하기 때문에 최종 레이어는 단일 뉴런으로 구성된다.
model_2.add(layers.Dense(1))

# 표준 옵티마이저와 손실 함수를 사용하여 회귀 모델을 컴파일한다.
model_2.compile(optimizer='rmsprop', loss='mse', metrics=['mae'])

# 모델 요약
model_2.summary()
```

보다시피 코드는 기본적으로 첫 번째 모델과 동일하지만 Dense 레이어가 하나 더 추가됐다. 셀을 실행하여 summary()의 결과를 보자.

```
Model: "sequential_1"
_____
Layer (type)                 Output Shape              Param #
=================================================================
dense_2 (Dense)              (None, 16)                32
_____
dense_3 (Dense)              (None, 16)                272
_____
dense_4 (Dense)              (None, 1)                 17
=================================================================
Total params: 321
Trainable params: 321
Non-trainable params: 0
_____
```

뉴런 16개로 구성된 레이어 두 개 덕분에 모델 크기는 훨씬 더 커졌다. 총 321개의 파라미터 내에 (1 * 16) + (16 * 16) + (16 * 1) = 288개의 가중치와 16 + 16 + 1 = 33개의 편향이 존재한다. 원래 모델의 총 파라미터는 49개뿐이므로 모델 크기가 555% 증가한 것이다. 바라건대 이 추가 수용량capacity이 데이터 복잡성을 나타내는 데 도움이 됐으면 한다.

다음 셀로 이 새로운 모델을 훈련시킨다. 첫 번째 모델이 빨리 개선되지 않고 멈췄으므로 이번에는 더 적은 에폭으로 학습할 것이다. 셀을 실행하여 학습을 시작해보자.

```
history_2 = model_2.fit(x_train, y_train, epochs = 600, batch_size = 16,
                    validation_data = (x_validate, y_validate))
```

훈련이 완료되면 최종 로그를 살펴보고 상황이 개선됐는지 빠르게 알 수 있다.

```
Epoch 600/600
600/600 [==============================] - 0s 150us/sample - loss: 0.0115 -
mae: 0.0859 - val_loss: 0.0104 - val_mae: 0.0806
```

검증 손실이 0.17에서 0.01로, 검증 평균 절대 오차가 0.32에서 0.08로 크게 개선됐음을 확인할 수 있다.

상황이 어떻게 진행되는지 보기 위해 다음 셀을 실행한다. 앞에서 사용한 것과 동일한 그래프를 그리도록 설정했으며 먼저 손실에 대한 그래프를 그린다.

```
# 훈련과 검증 과정에서 예측값과 실젯값 사이의 거리인 손실 그래프를 그린다.
loss = history_2.history['loss']
val_loss = history_2.history['val_loss']

epochs = range(1, len(loss) + 1)

plt.plot(epochs, loss, 'g.', label = 'Training loss')
plt.plot(epochs, val_loss, 'b', label = 'Validation loss')
plt.title('Training and validation loss')
plt.xlabel('Epochs')
plt.ylabel('Loss')
plt.legend()
plt.show()
```

[그림 4-17]은 손실 그래프 결과다.

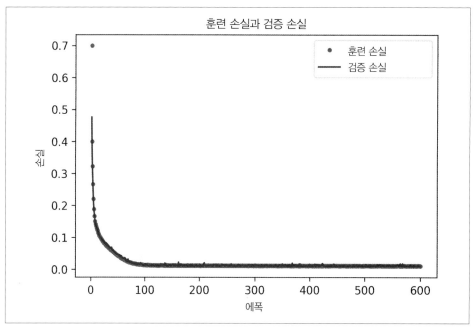

그림 4-17 훈련 손실과 검증 손실 그래프

다음으로 동일한 손실 그래프를 그리지만 처음 100개의 에폭을 건너뛰어 세부사항을 더 잘 확인할 수 있다.

```
# 그래프를 보기 쉽도록 처음 몇 에폭을 계외
SKIP = 100

plt.clf()

plt.plot(epochs[SKIP:], loss[SKIP:], 'g.', label = 'Training loss')
plt.plot(epochs[SKIP:], val_loss[SKIP:], 'b.', label = 'Validation loss')
plt.title('Training and validation loss')
plt.xlabel('Epochs')
plt.ylabel('Loss')
plt.legend()
plt.show()
```

출력은 [그림 4-18]과 같다.

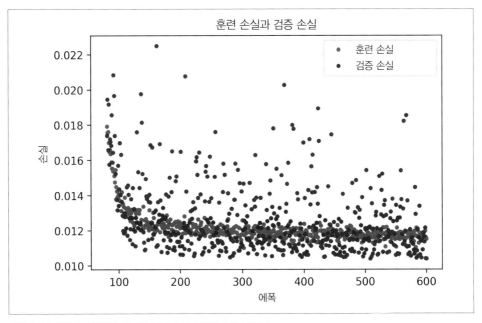

그림 4-18 처음 100에폭을 건너뛴 훈련 손실과 검증 손실 그래프

마지막으로 동일한 에폭에 대한 평균 절대 오차를 그려본다.

```
plt.clf()

# 예측에서 오차의 양을 측정하는 또 다른 방법인 평균 절대 오차 그래프를 그린다.

mae = history_2.history['mae']
val_mae = history_2.history['val_mae']

plt.plot(epochs[SKIP:], mae[SKIP:], 'g.', label = 'Training MAE')
plt.plot(epochs[SKIP:], val_mae[SKIP:], 'b.', label = 'Validation MAE')
plt.title('Training and validation mean absolute error')
plt.xlabel('Epochs')
plt.ylabel('MAE')
plt.legend()
plt.show()
```

[그림 4-19]와 같은 그래프가 나타난다.

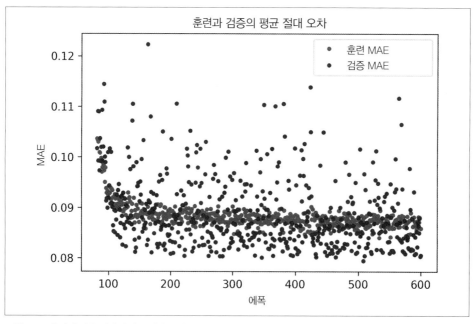

그림 4-19 훈련과 검증 과정의 평균 절대 오차 그래프

결과가 좋다. 이 그래프에서 우리는 두 가지 흥미로운 점을 살펴볼 수 있다.

- 훈련보다 검증의 지표가 훨씬 더 좋다. 즉, 네트워크가 과적합되지 않았다.

- 전체 손실과 평균 절대 오차가 이전 네트워크보다 훨씬 나아졌다.

검증 지표가 훈련 지표와 동일한 정도가 아니라 더 나은 이유가 궁금할 것이다. 그 이유는 검증 지표는 각 에폭 끝에 값이 계산되는 반면 훈련 지표는 훈련 에폭이 여전히 진행되고 있는 와중에도 값이 계산되기 때문이다. 이는 약간 더 오래 훈련된 모델에서 검증이 이루어짐을 의미한다.

검증 데이터만 보면 모델이 훌륭하게 작동하는 것처럼 보인다. 그러나 이를 확인하려면 최종 테스트를 실행해야 한다.

4.4.4 테스트

앞서 테스트에 사용할 데이터 20%를 따로 설정해두었다. 별도의 검증, 평가 데이터를 보유하는 것은 매우 중요하다. 검증 데이터셋의 성능을 기반으로 네트워크를 미세 조정$^{fine-tune}$하기 때문에 실수로 검증 데이터셋에 맞게 모델을 조정하고 새로운 데이터로 일반화하지 못할 위험이 있다. 최신 데이터를 유지하고 이를 모델의 최종 테스트에 사용함으로써 이러한 상황이 발생하지 않았음을 확인할 수 있다.

테스트 데이터를 사용한 후에는 모델을 더 조정하려는 충동을 이겨내야 한다. 평가 성능 향상을 목표로 변경한 경우 테스트 데이터셋에 과적합할 수 있기 때문이다. 이렇게 하면 테스트를 위한 새로운 데이터가 남아 있지 않으므로 모델 성능을 제대로 알 수 없게 된다.

테스트 데이터에서 모델이 제대로 작동하지 않으면 초기 레이어 설계 단계로 돌아가야 한다. 현재 모델 최적화를 중단하고 완전히 새로운 아키텍처를 만들어야 하는 것이다.

이를 염두에 두고 다음 셀로 테스트 데이터와 비교하여 모델을 평가한다.

```
# 테스트 데이터셋의 손실 계산과 출력
loss = model_2.evaluate(x_test, y_test)

# 테스트 데이터셋 기반으로 예측
predictions = model_2.predict(x_test)
```

```
# 실젯값 예측 그래프
plt.clf()
plt.title('Comparison of predictions and actual values')
plt.plot(x_test, y_test, 'b.', label='Actual')
plt.plot(x_test, predictions, 'r.', label='Predicted')
plt.legend()
plt.show()
```

먼저 테스트 데이터와 함께 모델의 evaluate() 메서드를 호출한다. 그러면 손실과 평균 절대 오차 지표를 계산하고 출력하여 모델 예측값이 실젯값과 얼마나 차이나는지 알 수 있다. 이후에 예측값을 만들어 실젯값과 함께 그래프에 그려낸다.

이제 셀을 실행하여 모델의 성능을 학습할 수 있다. 먼저 evaluate()의 결과를 보자.

```
200/200 [==============================] - 0s 71us/sample - loss: 0.0103 - mae:
0.0718
```

이는 전체 테스트 데이터셋 200개의 데이터 포인트를 테스트했음을 나타낸다. 모델의 각 예측에 71마이크로 초가 걸린 것을 확인할 수 있다. 손실 지표는 0.0103으로 우수하며 0.0104의 검증 손실과 매우 유사한 수준이다. 평균 절대 오차도 0.0718로 매우 작으며 검증 데이터셋의 0.0806과 거의 비슷하게 나왔다.

이는 모델이 훌륭하게 작동하고 있으며 과적합되지 않았다는 것을 의미한다. 모델이 검증 데이터에 과적합하면 테스트 데이터셋의 지표가 검증 데이터셋보다 훨씬 더 나쁠 것이라고 예상 가능하다.

[그림 4-20]에 표시된 실젯값에 대한 예측 그래프를 통해 모델의 성능을 명확하게 알 수 있다.

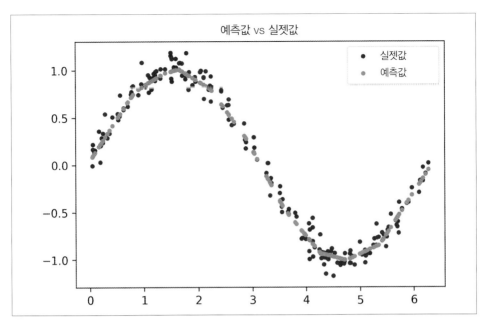

그림 4-20 테스트 데이터의 예측값과 실젯값 그래프

예측값을 나타내는 점 대부분이 실젯값 분포 중심을 따라 부드러운 곡선을 형성하고 있는 것을 볼 수 있다. 이를 통해 네트워크가 데이터셋에 노이즈가 있어도 사인 곡선에 근접하는 법을 학습했음을 확인할 수 있다.

그러나 자세히 살펴보면 약간의 결함이 있다. 예측된 사인파의 최고점과 최저점은 실제 사인파처럼 완벽하게 매끄럽지 않기 때문이다. 모델이 무작위로 분포된 훈련 데이터의 변형을 학습했고 이로 인해 부드러운 사인 함수를 배우는 대신 정확한 데이터 형태를 복제하는 법을 배운 것이다.

이 과적합은 큰 문제는 아니다. 우리 목표는 모델이 LED를 부드럽게 켜고 끄는 것이다. 이를 위해 완벽히 매끄럽게 할 필요는 없다. 과적합 수준에 문제가 있다고 생각되면 일반화 기법을 사용하거나 더 많은 훈련 데이터를 확보하여 이를 해결할 수 있다. 이제 마음에 드는 모델을 얻었으니 장치에 배포해보자.

4.5 텐서플로 라이트용 모델 변환

이 장의 시작 부분에서 텐서플로 라이트를 간략하게 살펴보았다. 텐서플로 라이트는 휴대전화에서 마이크로컨트롤러 보드에 이르기까지 모든 것을 의미하는 에지 디바이스$^{\text{edge devices}}$에서 텐서플로 모델을 실행하는 도구 모음을 의미한다.

마이크로컨트롤러용 텐서플로 라이트는 13장에서 자세히 설명한다. 지금은 두 가지 주요 구성 요소만 짚고 넘어가자.

- **텐서플로 라이트 변환기**

  텐서플로 모델을 메모리가 제한된 장치에서 사용하기 위해 공간 활용에 효율적인 특수한 포맷으로 변환한다. 모델 크기를 줄인 뒤 작은 장치에서 더 빨리 실행하도록 최적화도 적용할 수 있다.

- **텐서플로 라이트 인터프리터**

  주어진 장치에 가장 효율적인 연산을 사용하여 적절히 변환된 텐서플로 라이트 모델을 실행한다.

모델을 텐서플로 라이트와 함께 사용하기 전에 변환을 해야 한다. 이를 위해 텐서플로 라이트 변환기^{converter}의 파이썬 API를 사용할 것이다. 구현된 케라스 모델을 공간을 효율적으로 활용할 수 있게 설계된 특수 파일 형식인 플랫버퍼^{FlatBuffer} 형식으로 디스크에 저장한다. 메모리가 제한된 장치에 배포할 것이기 때문에 이런 방식이 편리하다. 플랫버퍼는 12장에서 좀 더 자세히 살펴보도록 하겠다.

플랫버퍼를 만드는 것 외에도 텐서플로 라이트 변환기는 모델 최적화가 가능하다. 모델 최적화는 일반적으로 모델의 크기나 실행 시간 또는 둘 다를 줄인다. 이 과정에서 정확도를 떨어뜨리는 비용이 발생할 수 있지만 최적화로 얻을 수 있는 이점이 훨씬 크다. 최적화에 대한 자세한 내용은 13장에서 살펴본다.

유용한 최적화 중 하나는 양자화^{quantization}다. 기본적으로 모델 가중치와 편향은 32비트 부동소수점 숫자로 저장되므로 훈련 중에 고정밀 계산이 일어난다. 양자화를 사용하면 이 숫자의 정밀도를 8비트 정수에 맞출 수 있으며 크기가 4배 줄어든다. 또한 CPU는 부동소수점보다 정수로 계산하는 것이 더 쉽기 때문에 양자화된 모델이 더 빨리 실행된다는 점이 유용하다.

양자화는 정확도의 손실을 최소화한다는 점이 가장 훌륭하다. 메모리가 작은 장치에 배포할 때 거의 쓸 만하다는 것을 의미한다.

다음 셀에서는 변환기를 사용하여 모델의 새 버전을 두 가지 작성하고 저장한다. 첫 번째는 텐서플로 라이트 플랫버퍼 형식으로 변환되지만 최적화는 하지 않는다. 두 번째는 양자화를 진행한다. 셀을 실행하여 모델을 두 가지로 변환해보자.

```
# 양자화 없이 모델을 텐서플로 라이트 형식으로 변환
converter = tf.lite.TFLiteConverter.from_keras_model(model_2)
tflite_model = converter.convert()

# 모델을 디스크에 저장
open("sine_model.tflite," "wb").write(tflite_model)

# 양자화하여 모델을 텐서플로 라이트 형식으로 변환
converter = tf.lite.TFLiteConverter.from_keras_model(model_2)
# 양자화를 포함한 기본 최적화 수행
converter.optimizations = [tf.lite.Optimize.DEFAULT]
# 평가 데이터의 x값을 대표 데이터셋으로 제공하는 생성 함수를 정의하고
# 변환기에 이를 사용하도록 하자.
def representative_dataset_generator():
  for value in x_test:
    # 각 스칼라 값은 반드시 리스트로 쌓여 있는 2차원 배열 안에 있어야 한다.
    yield [np.array(value, dtype = np.float32, ndmin = 2)]
converter.representative_dataset = representative_dataset_generator
# 모델 변환
tflite_model = converter.convert()

# 모델을 디스크에 저장
open("sine_model_quantized.tflite," "wb").write(tflite_model)
```

양자화된 모델이 가능한 한 효율적으로 실행되게 만들려면 모델이 학습한 데이터셋의 전체 입력값 범위를 나타내는 숫자의 집합인 대표 데이터셋representative dataset을 제공해야 한다.

대표 데이터셋으로 앞의 셀에서 평가 데이터셋의 x값을 사용할 수 있다. 이후 yield 연산자를 사용하여 결괏값을 하나씩 반환하는 delegate_dataset_generator() 함수를 정의한다.

모델을 변환하고 양자화한 후에도 여전히 정확한지 입증하기 위해 두 모델을 모두 사용해 예측하고 평가 결괏값과 비교할 것이다. 해당 모델들은 텐서플로 라이트 모델이므로 텐서플로 라이트 인터프리터를 사용해야 한다.

텐서플로 라이트 인터프리터는 주로 효율성을 위해 설계됐기 때문에 케라스 API보다 사용하기가 약간 더 복잡하다. 케라스 모델로 예측하려면 입력 배열을 전달하여 `predict()` 메서드를 호출하면 되지만 텐서플로 라이트를 사용할 때는 다음을 수행해야 한다.

1. 인터프리터 객체 인스턴스화
2. 모델에 메모리를 할당하는 메서드 호출
3. 입력 텐서에 입력값 작성
4. 모델 호출
5. 출력 텐서에서 출력값 읽기

절차가 많아 보이지만 지금은 걱정하지 않아도 괜찮다. 5장에서 자세하게 살펴볼 것이다. 지금 당장은 다음 셀을 실행하여 두 모델로 예측을 수행하고 변환되지 않은 원래 모델의 결과와 함께 그래프를 그려보는 것에 집중하자.

```
# 각 모델 인터프리터 인스턴스화.
sine_model = tf.lite.Interpreter('sine_model.tflite')
sine_model_quantized = tf.lite.Interpreter('sine_model_quantized.tflite')

# 각 모델에 메모리 할당
sine_model.allocate_tensors()
sine_model_quantized.allocate_tensors()

# 입력과 결과 텐서 인덱스 가져오기
sine_model_input_index = sine_model.get_input_details()[0]["index"]
sine_model_output_index = sine_model.get_output_details()[0]["index"]
sine_model_quantized_input_index = sine_model_quantized.get_input_details()[0]
["index"]
sine_model_quantized_output_index = sine_model_quantized.get_output_details()[0]
["index"]

# 결과를 저장하기 위한 배열 생성
sine_model_predictions = []
sine_model_quantized_predictions = []

# 각 값에 대해 각 모델의 인터프리터를 실행하고 결과를 배열에 저장
for x_value in x_test:
  # 현재 x값을 감싸고 있는 2차원 텐서 생성
  x_value_tensor = tf.convert_to_tensor([[x_value]], dtype = np.float32)
  # 값을 입력 텐서에 쓰기
  sine_model.set_tensor(sine_model_input_index, x_value_tensor)
```

```
# 추론 실행
sine_model.invoke()
# 예측값을 결과 텐서에서 읽기
sine_model_predictions.append(
    sine_model.get_tensor(sine_model_output_index)[0])
# 양자화된 모델에 같은 작업 실시
sine_model_quantized.set_tensor\
(sine_model_quantized_input_index, x_value_tensor)
sine_model_quantized.invoke()
sine_model_quantized_predictions.append(
    sine_model_quantized.get_tensor(sine_model_quantized_output_index)[0])


# 데이터가 어떻게 정렬되는지 확인
plt.clf()
plt.title('Comparison of various models against actual values')
plt.plot(x_test, y_test, 'bo', label = 'Actual')
plt.plot(x_test, predictions, 'ro', label = 'Original predictions')
plt.plot(x_test, sine_model_predictions, 'bx', label = 'Lite predictions')
plt.plot(x_test, sine_model_quantized_predictions, 'gx', \
  label='Lite quantized predictions')
plt.legend()
plt.show()
```

이 셀을 실행하면 [그림 4-21]과 같은 그래프가 생성된다.

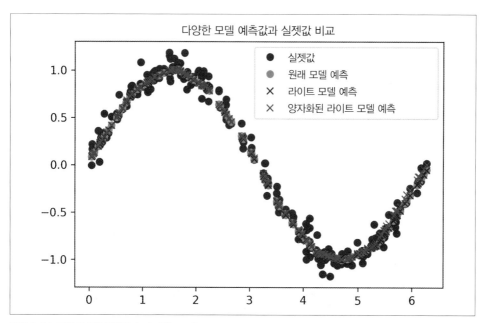

그림 4-21 모델 예측을 실젯값과 비교하는 그래프

그래프에서 원래 모델, 변환된 모델, 양자화된 모델에 대한 예측이 모두 구별할 수 없을 정도로 가깝다는 것을 알 수 있다. 좋은 상황이다.

양자화는 모형을 더 작게 만들었으므로 변환된 두 모형을 비교하여 크기 차이를 살펴보자. 다음 셀을 실행하여 크기를 계산하고 비교한다.

```python
import os
basic_model_size = os.path.getsize("sine_model.tflite")
print("Basic model is %d bytes" % basic_model_size)
quantized_model_size = os.path.getsize("sine_model_quantized.tflite")
print("Quantized model is %d bytes" % quantized_model_size)
difference = basic_model_size - quantized_model_size
print("Difference is %d bytes" % difference)
```

다음과 같은 결과가 나타난다.

```
Basic model is 2736 bytes
Quantized model is 2512 bytes
Difference is 224 bytes
```

양자화된 모델은 원본 버전보다 224바이트 더 작아졌다. 모델 사이즈가 조금밖에 안 줄어들었다. 이는 이미 약 2.4KB인 모델이 너무 작아서 무게와 편향이 전체 크기의 일부만 구성됐기 때문이다. 가중치 외에도 이 모델에는 계산 그래프computation graph라 하는 딥러닝 네트워크의 아키텍처를 구성하는 모든 논리 구조가 포함된다. 정밀도 작은 모델의 경우 모델 가중치보다 더 큰 크기가 추가될 수 있으며 이는 양자화가 모델 크기에 거의 영향을 미치지 않을 수도 있다는 것을 의미한다.

더 복잡한 모델은 더 많은 가중치를 가지므로 양자화로 인해 공간이 훨씬 더 절약된다. 가장 복잡한 모델은 4배 이상 줄어들 것으로 예상된다.

정확한 크기에 관계없이 양자화된 모델은 원래 버전보다 실행 시간이 덜 걸리며 이는 작은 마이크로컨트롤러에서 중요한 요소 중 하나다.

4.5.1 C 파일로 변환하기

마이크로컨트롤러용 텐서플로 라이트와 함께 사용할 모델을 준비하는 마지막 단계는 모델을 애플리케이션에 포함할 수 있는 C 소스 파일로 변환하는 것이다.

지금까지 이 장에서는 텐서플로의 파이썬 API를 사용했다. 이는 인터프리터 생성자를 사용하여 디스크에서 모델 파일을 읽을 수 있음을 의미한다.

그러나 대부분의 마이크로컨트롤러에는 파일 시스템이 없다. 설사 있다고 해도 디스크에서 모델을 로드하는 데 필요한 추가 코드는 제한된 공간 때문에 낭비된다. 그 대신 훌륭한 방식으로 바이너리에 포함시켜 메모리에 직접 로드할 수 있는 C 소스 파일 형식으로 모델을 제공할 수 있다.

파일에서 모델은 바이트 배열로 정의되며 xxd라는 편리한 유닉스Unix 도구가 있어 주어진 파일을 필요한 형식으로 변환할 수 있다.

다음 셀은 양자화된 모델에서 xxd를 실행하고 출력값을 sine_model_quantized.cc라는 파일에 쓴 다음 화면에 출력한다.

```
# xxd를 사용할 수 없을 때 설치한다.
!apt-get -qq install xxd
```

```
# 파일을 C 소스 파일로 저장
!xxd -i sine_model_quantized.tflite > sine_model_quantized.cc
# 소스 파일 출력
!cat sine_model_quantized.cc
```

결과물이 매우 길기 때문에 여기에 모두 수록하지는 않았지만 시작과 끝 부분 일부는 다음과
같다.

```
unsigned char sine_model_quantized_tflite[] = {
  0x1c, 0x00, 0x00, 0x00, 0x54, 0x46, 0x4c, 0x33, 0x00, 0x00, 0x12, 0x00,
  0x1c, 0x00, 0x04, 0x00, 0x08, 0x00, 0x0c, 0x00, 0x10, 0x00, 0x14, 0x00,
  // ...
  0x00, 0x00, 0x08, 0x00, 0x0a, 0x00, 0x00, 0x00, 0x00, 0x00, 0x00, 0x09,
  0x04, 0x00, 0x00, 0x00
};
unsigned int sine_model_quantized_tflite_len = 2512;
```

이 모델을 프로젝트에서 사용하려면 소스를 복사하여 붙여 넣거나 노트북에서 파일을 다운로
드하면 된다.

4.6 마치며

이제 모델을 완성했다. 0에서 2π 사이의 숫자를 취하고 사인 근사치를 충분히 출력할 수 있는
텐서플로 딥러닝 네트워크를 훈련, 평가, 변환했다.

지금까지는 맛보기 단계로 케라스를 사용하여 작은 모델을 학습시켜보았다. 향후 이어지는 예
제 프로젝트에서는 여전히 작지만 훨씬 더 정교한 모델을 학습시킬 것이다.

이제 5장으로 넘어가서 마이크로컨트롤러에서 모델을 실행하기 위한 코드를 작성해보자.

## CHAPTER 5

TinyML 'Hello World':
애플리케이션 구축

모델은 머신러닝 애플리케이션의 일부일 뿐이다. 모델 자체는 스스로 아무것도 할 수 없는 정보의 덩어리다. 모델을 사용하려면 모델을 실행하는 데 필요한 환경을 설정하고 입력을 제공하고, 출력을 사용하여 동작을 생성하는 코드로 모델을 랩핑해야 한다. [그림 5-1]은 모델이 기본 TinyML 애플리케이션에 어떻게 적용되는지 보여준다.

5장에서는 사인 모델을 사용하여 작은 라이트 쇼를 만드는 임베디드 애플리케이션을 구축할 것이다. x값을 모델에 공급하고, 추론을 실행하고, 결과를 사용하여 LED를 점멸하고 장치에 LCD 디스플레이가 있는 경우 애니메이션을 제어하는 연속 루프를 설정한다.

완성된 애플리케이션 코드는 깃허브[1]에서 볼 수 있다. 복잡한 로직을 피하면서 TinyML 애플리케이션의 전체 구현을 최소화하도록 코드를 설계한 C++ 11 프로그램이다. 필수 코드만 남겨놓은 단순성 덕에 마이크로컨트롤러에 텐서플로 라이트를 사용하는 방법을 배우는 데 유용한 예제로 쓰일 수 있다. 이 장을 읽고 나면 마이크로컨트롤러용 텐서플로 라이트 프로그램의 일반적인 구조를 이해하고 자신의 프로젝트에서 동일한 구조를 재사용할 수 있을 것이다.

애플리케이션 코드를 살펴보고 작동 방법도 설명한다. 다음 장에서는 코드를 빌드하고 여러 장치에 배포하기 위한 절차를 자세히 설명한다. C++에 익숙하지 않다고 해도 당황하지 말자. 코드는 간단하며 모든 것을 자세히 설명할 것이다. 이 장을 마칠 때쯤이면 모델을 실행하는 데 필요한 모든 코드에 익숙해지고 그 과정에서 C++도 얼마간 배울 수 있다.

---

[1] 옮긴이_ https://github.com/yunho0130/tensorflow-lite/tree/master/tensorflow/lite/micro/examples/hello_world

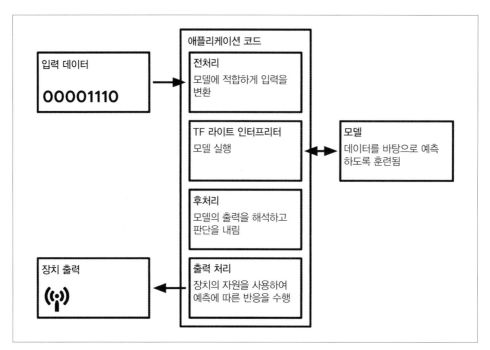

그림 5-1 기본적인 TinyML 애플리케이션 아키텍처

> **TIP_** 텐서플로는 개발이 활발하게 진행 중인 오픈소스 프로젝트이므로 책에서 안내한 코드와 온라인 코드 사이에 차이가 약간 있을 수 있다. 코드 몇 줄이 변경되더라도 기본 원칙은 동일하게 유지된다.

5.1 테스트 작성

애플리케이션 코드 전에 테스트를 작성하는 것이 좋다. 테스트는 특정 논리를 보여주는 짧은 코드 조각이다. 테스트 역시 작동하는 코드이므로 이를 실행하면 예상대로 작동한다는 것을 증명할 수 있다. 테스트를 작성한 후에는 코드가 변경되어도 프로젝트 요구 사항을 지속적으로 검증하기 위해 테스트가 자동으로 실행된다. 테스트는 현장에서의 작동에 대한 실제 예시로서도 유용하다.

hello_world 예제의 테스트는 hello_world_test.cc[2]에 정의되어 있다. 이 테스트는 모델을

---

2 옮긴이_ https://github.com/yunho0130/tensorflow-lite/blob/master/tensorflow/lite/micro/examples/hello_world/
hello_world_test.cc

로드하고 이를 써서 추론을 실행해 원하는 예측이 이루어지는지 확인한다. 필요한 알짜 코드만 포함되어 있으므로 마이크로컨트롤러용 텐서플로 라이트를 공부하기에 좋은 코드이기도 하다. 이번 절에서는 테스트를 진행하고 테스트의 각 부분이 수행하는 작업을 설명한다. 코드를 읽은 후에는 테스트를 직접 실행해볼 것이다.

이제 각 절을 통해 예제를 진행해보자. 컴퓨터가 옆에 있다면 hello_world_test.cc를 열고 코드를 직접 살펴보기를 권장한다.

5.1.1 종속성 불러오기

최상단에 있는 라이선스 헤더(아파치 2.0 오픈소스 라이선스[3]: 누구나 이 코드를 사용하거나 공유할 수 있다.)에 이어지는 코드는 다음과 같다.

```
#include "tensorflow/lite/micro/examples/hello_world/sine_model_data.h"
#include "tensorflow/lite/micro/kernels/all_ops_resolver.h"
#include "tensorflow/lite/micro/micro_error_reporter.h"
#include "tensorflow/lite/micro/micro_interpreter.h"
#include "tensorflow/lite/micro/testing/micro_test.h"
#include "tensorflow/lite/schema/schema_generated.h"
#include "tensorflow/lite/version.h"
```

#include 지시문은 C++ 코드가 의존하는 다른 코드를 지정하는 방법이다. #include로 코드 파일을 참조하면 해당 코드 파일이 정의한 모든 논리 또는 변수를 사용할 수 있다. 이 코드에서 #include를 사용하여 가져오는 항목은 다음과 같다.

- **tensorflow/lite/micro/examples/hello_world/sine_model_data.h**

  xxd를 사용하여 훈련, 변환하고 C++ 코드로 바꾼 사인 모델

- **tensorflow/lite/micro/kernels/all_ops_resolver.h**

  인터프리터가 모델에서 사용하는 Op를[4] 로드할 수 있게 하는 클래스

---

3 https://oreil.ly/Xa5_x

4 옮긴이_ Op 혹은 Ops. TensorFlow Operation의 약자로, 텐서플로에서 계산을 수행하는 핵심 노드(Core Node)를 의미한다. DevOps 등에서 자주 등장하는 Ops(운영)이나 일반적인 프로그래밍 서적에 나오는 Operation(작업)과는 다른 의미다. 자세한 내용은 아래의 링크에서 확인할 수 있다.
https://www.tensorflow.org/api_docs/cc/class/tensorflow/ops/all
https://stackoverflow.com/questions/43290373/what-is-tensorflow-op-does

- **tensorflow/lite/micro/micro_error_reporter.h**

  디버깅을 위해 오류와 출력을 기록하는 클래스

- **tensorflow/lite/micro/micro_interpreter.h**

  모델을 실행할 마이크로컨트롤러용 텐서플로 라이트

- **tensorflow/lite/micro/testing/micro_test.h**

  테스트 작성을 위한 간단한 프레임워크. 이 파일을 실행하면 테스트가 이루어진다.

- **tensorflow/lite/schema/schema_generated.h**

  sine_model_data.h의 모델 데이터를 이해하는 데 사용되는 텐서플로 라이트 플랫버퍼 데이터 구조를 정의하는 스키마

- **tensorflow/lite/version.h**

  스키마의 현재 버전 번호. 모델이 호환 가능한 버전으로 정의되어 있는지 확인할 수 있다.

이어지는 코드를 설명하며 이러한 종속성을 더 자세히 알아보겠다.

> **NOTE_** 일반적으로 **#include** 지시문과 함께 사용하도록 설계된 C++ 코드는 소스 파일이라 하는 .cc 파일과 헤더 파일이라 하는 .h 파일 두 개로 이루어진다. 헤더 파일은 코드가 프로그램의 다른 부분에 연결될 수 있는 인터페이스를 정의한다. 여기에는 변수, 클래스 선언과 같은 것이 있지만 논리는 거의 없다. 소스 파일은 계산을 수행하고 작업을 수행하는 실제 논리를 구현한다. **#include**로 종속성을 불러올 때 헤더 파일을 지정한다. 예를 들어 위 테스트에는 micro_interpreter.h[5]를 지정하여 불러온다. 해당 파일을 보면 클래스를 정의하지만 많은 논리를 포함하지는 않는 것을 알 수 있다. 대신 micro_interpreter.h의 논리 부분은 micro_interpreter.cc[6]에 포함되어 있다.

5.1.2 테스트 설정

이어지는 코드는 마이크로컨트롤러용 텐서플로 라이트의 테스트 프레임워크에서 사용되는 부분으로, 다음과 같다.

```
TF_LITE_MICRO_TESTS_BEGIN

TF_LITE_MICRO_TEST(LoadModelAndPerformInference) {
```

---

5 옮긴이_ https://github.com/yunho0130/tensorflow-lite/blob/master/tensorflow/lite/micro/micro_interpreter.h
6 옮긴이_ https://github.com/yunho0130/tensorflow-lite/blob/master/tensorflow/lite/micro/micro_interpreter.cc

C++에서는 코드 덩어리에 이름을 붙여서 다른 곳에 포함하여 재사용 가능하도록 정의할 수 있다. 이러한 코드 덩어리를 매크로macro라 한다. 예제 코드의 **TF_LITE_MICRO_TESTS_BEGIN**과 **TF_LITE_MICRO_TEST** 두 문장은 모두 매크로의 이름이다. 이들은 micro_test.h[7] 파일에 정의되어 있다.

이 매크로는 나머지 코드를 필요한 장치로 감싸서 마이크로컨트롤러용 텐서플로 라이트 테스트 프레임워크에서 실행한다. 정확히 어떻게 작동하는지는 걱정할 필요 없다. 이러한 매크로는 테스트를 설정하기 위한 일종의 지름길이다.

TF_LITE_MICRO_TEST라는 두 번째 매크로는 인수를 허용한다. 앞의 코드에서는 **LoadModelAnd PerformInference**가 인수로 전달됐다. 이 인수는 테스트 이름이며 테스트가 실행될 때 테스트 결과와 함께 출력되어 통과 여부를 알려준다.

5.1.3 데이터 기록 준비

파일의 나머지 코드는 테스트의 실제 논리다. 첫 번째 부분을 살펴보자.

```
// 로깅 설정
tflite::MicroErrorReporter micro_error_reporter;
tflite::ErrorReporter* error_reporter = &micro_error_reporter;
```

첫 번째 행에서는 **MicroErrorReporter** 인스턴스를 정의한다. **MicroErrorReporter** 클래스는 micro_error_reporter.h[8]에 정의되어 있으며 추론 중에 디버그 정보를 기록하는 메커니즘을 제공한다. 디버그 정보를 출력하기 위해 이 클래스를 호출하면 마이크로컨트롤러용 텐서플로 라이트 인터프리터가 디버그 정보를 사용하여 발생한 오류를 출력한다.

> **NOTE_** **tflite::MicroErrorReporter**와 같이 각 자료형 앞에 **tflite::** 접두어를 볼 수 있다. 이는 네임스페이스namespace라 불리며 C++ 코드를 구성하는 데 도움된다. 텐서플로 라이트는 네임스페이스 **tflite** 아래에 유용한 모든 것을 정의했다. 즉, 다른 라이브러리가 동일한 이름의 클래스를 구현한다 해도 네임스페이스 덕택에 텐서플로 라이트가 제공하는 클래스와 충돌하지 않는다.

----

7 옮긴이_ https://github.com/yunho0130/tensorflow-lite/blob/master/tensorflow/lite/micro/testing/micro_test.h
8 옮긴이_ https://github.com/yunho0130/tensorflow-lite/blob/master/tensorflow/lite/micro/micro_error_reporter.h

첫 번째 행은 간단해 보였다. *(별표)나 &(앤드) 문자가 섞여 복잡해 보이는 두 번째 행은 무슨 의미일까? MicroErrorReporter가 이미 있는데 ErrorReporter를 선언하는 이유는 무엇일까?

```
tflite::ErrorReporter* error_reporter = &micro_error_reporter;
```

여기서 일어나는 일을 설명하려면 배경 지식이 조금 필요하다.

MicroErrorReporter는 ErrorReporter 클래스의 서브 클래스다. 텐서플로 라이트에서 이러한 종류의 디버그 로깅 메커니즘이 작동하는 방식에 대한 템플릿을 제공한다. MicroErrorReporter는 ErrorReporter의 메서드 중 하나를 마이크로컨트롤러에서 사용하도록 특별히 작성된 논리로 대체한다.

이 코드 행에서는 ErrorReporter 자료형의 error_reporter라는 변수를 만들었다. 앞에 붙은 * 표시는 이 변수가 포인터라는 것을 의미하기도 한다.

포인터는 값을 할당받고 유지하는 대신 값을 찾을 수 있는 메모리 위치에 대한 참조를 보유하는 특수한 유형의 변수다. C++에서는 특정 클래스(예: ErrorReporter)의 포인터가 하위 클래스 중 하나의 값을 가리킬 수 있다(MicroErrorReporter 등).

앞에서 언급했듯 MicroErrorReporter는 ErrorReporter의 메서드 중 하나를 재정의한다. 메서드를 재정의하면 다른 메서드 중 일부를 가리는 부작용이 있다.

재정의되지 않은 ErrorReporter 메서드에 계속 접근하려면 MicroErrorReporter 인스턴스가 실제 ErrorReporter인 것처럼 처리해야 한다. 즉, ErrorReporter 포인터를 생성하고 micro_error_reporter 변수를 가리키면 된다. 할당 코드에서 micro_error_reporter 앞의 & 기호는 값이 아니라 포인터를 할당하고 있음을 의미한다.

복잡하고 어렵게 느껴질 수도 있지만 당황하지 말자. C++는 원래 조금 어렵다. 여기에서 알아야 할 것은 error_reporter가 포인터이며 디버그 정보를 출력하기 위해 쓰인다는 점이다.

5.1.4 모델 매핑하기

시작하자마자 디버그 정보 출력 메커니즘을 설정한 이유는 이를 통해 나머지 코드에서 발생하는 모든 문제를 기록할 수 있기 때문이다. 이어지는 다음 코드에서도 이 메커니즘을 사용한다.

```
// 모델을 사용 가능한 데이터 구조에 매핑한다.
// 복사나 파싱을 포함하지 않는 가벼운 작업이다.
const tflite::Model* model = ::tflite::GetModel(g_sine_model_data);
if (model->version() != TFLITE SCHEMA VERSION) {
error_reporter->Report(
    "Model provided is schema version %d not equal "
    "to supported version %d.\n",
    model->version(), TFLITE_SCHEMA_VERSION);
    return 1;
}
```

첫 번째 행에서는 모델 데이터 배열(sine_model_data.h[9] 파일에 정의)을 가져와서 GetModel()이라는 메서드에 전달한다. 이 메서드는 model이라는 변수에 지정된 Model 포인터를 반환한다. 눈치챘겠지만 이 변수가 모델에 해당한다.

Model 유형은 C++의 문법상 구조체[struct]에 해당하며 클래스와 유사한 속성을 가진다. 이 구조체는 schema_generated.h[10]에 정의되어 있다. 모델 데이터를 담고 있어 이에 대한 정보를 쿼리할 수 있다.

데이터 정렬

sine_model_data.cc[11]에서 모델의 소스 파일을 검사하면 g_sine_model_data의 정의가 DATA_ALIGN_ATTRIBUTE 매크로를 참조한다는 것을 알 수 있다.

```
const unsigned char g_sine_model_data[] DATA_ALIGN_ATTRIBUTE = {
```

프로세서는 데이터가 메모리에 정렬되어 있을 때 가장 효율적으로 데이터를 읽을 수 있다. 즉, 단일 작업에서 프로세서가 읽을 수 있는 경계와 겹치지 않도록 데이터 구조가 저장되는 것이 바람직하다. 이 매크로를 지정하면 가능한 경우 최적의 읽기 성능을 위해 모델 데이터가 올바르게 정렬된다. 더 자세한 내용은 데이터 구조 정렬에 대한 위키피디아 글(https://en.wikipedia.org/wiki/Data_structure_alignment)을 참고 바란다.

---

9 옮긴이_ https://github.com/yunho0130/tensorflow-lite/blob/master/tensorflow/lite/micro/examples/hello_world/sine_model_data.h

10 옮긴이_ https://github.com/yunho0130/tensorflow-lite/blob/master/tensorflow/lite/schema/schema_generated.h

11 옮긴이_ https://github.com/yunho0130/tensorflow-lite/blob/master/tensorflow/lite/micro/examples/hello_world/sine_model_data.cc

모델이 준비되면 모델의 버전 번호를 검색하는 메서드를 호출한다.

```
if (model->version() != TFLITE_SCHEMA_VERSION) {
```

다음으로 현재 사용 중인 텐서플로 라이트 라이브러리의 버전을 담은 **TFLITE_SCHEMA_VERSION**과 모델의 버전 번호를 비교한다. 숫자가 일치하면 모델이 호환되는 버전의 텐서플로 라이트 변환기로 변환됐다는 의미다. 버전 불일치 때문에 디버그하기 어려운 이상한 동작이 발생할 수 있으므로 모델 버전을 확인하는 것이 좋다.

> **NOTE_** 앞의 코드에서 **version()**은 **model**에 속하는 메서드다. **model**과 **version()**을 잇는 화살표 (**->**)를 주목하자. 이는 C++의 화살표 연산자^{arrow operator}로, 포인터가 있는 객체의 멤버에 접근할 때마다 사용된다. 포인터가 아닌 객체 자체가 있는 경우 점(.)을 사용하여 멤버에 접근한다.

버전 번호가 일치하지 않으면 계속 진행하기는 하지만 error_reporter를 사용하여 경고를 기록한다.

```
error_reporter->Report(
    "Model provided is schema version %d not equal "
    "to supported version %d.\n",
    model->version(), TFLITE_SCHEMA_VERSION);
```

이 경고를 기록하기 위해 error_reporter의 Report() 메서드를 호출한다. error_reporter도 포인터이므로 -> 연산자를 사용하여 Report()에 접근한다.

Report() 메서드는 텍스트를 출력하는 데 일반적으로 사용되는 C++ 메서드인 printf()와 유사하게 작동하도록 설계됐다. 첫 번째 인수로 출력하려는 문자열을 전달한다. 이 문자열에는 메시지가 출력될 때 변수가 들어갈 자리 표시자 역할을 하는 두 개의 **%d** 형식 지정자가 포함되어 있다. 다음 두 인수는 모델 버전과 텐서플로 라이트 스키마 버전이다. 이들은 문자열 내의 **%d** 문자가 위치한 자리에 삽입된다.

> **NOTE_** Report() 메서드는 다양한 유형의 변수에 대한 자리 표시자 역할을 하는 형식 지정자를 지원한다. **%d**는 정수형 변수의 자리 표시자, **%f**는 부동소수점 변수의 숫자 자리 표시자, **%s**는 문자열의 자리 표시자로 사용한다.

5.1.5 AllOpsResolver 생성하기

지금까지는 좋다. 오류를 기록할 수 있는 코드를 준비하고 모델을 구조체에 로드해 호환되는 버전인지 확인했다. C++ 개념을 일부 다루다 보니 진도가 조금 느려졌지만 이제 어느 정도 감이 잡혔을 것이다. 다음으로 AllOpsResolver의 인스턴스를 생성하자.

```
// 필요한 모든 Op(operation) 구현을 가져온다.
tflite::ops::micro::AllOpsResolver resolver;
```

all_ops_resolver.h[12]에 정의된 이 클래스는 마이크로컨트롤러용 텐서플로 라이트 인터프리터가 Op에 접근할 수 있도록 한다.

3장에서 머신러닝 모델이 입력을 출력으로 변환하기 위해 연속적으로 실행되는 다양한 수학 연산으로 구성되어 있음을 설명한 바 있다. AllOpsResolver 클래스는 마이크로컨트롤러용 텐서플로 라이트에 사용 가능한 모든 연산, 즉 Op를 알고 있으며 이를 인터프리터에 제공할 수 있다.

5.1.6 텐서 아레나 정의하기

인터프리터를 만들 준비가 거의 다 됐다. 마지막으로 모델이 실행되는 동안 필요한 작업 메모리 영역을 할당해야 한다.

```
// 입력, 출력, 중간 배열에 사용할 메모리 영역을 생성한다.
// 모델 최솟값을 찾으려면 시행착오가 필요하다.
const int tensor_arena_size = 2 × 1024;
uint8_t tensor_arena[tensor_arena_size];
```

주석에서 알 수 있듯 이 메모리 영역은 모델의 입력, 출력, 중간 텐서를 저장하는 데 사용된다. 이 영역을 텐서 아레나tensor arena라고 부른다. 여기에서는 크기가 2048바이트인 배열을 할당했다. 2 × 1024로 이 크기를 지정한다.

---

12 옮긴이_ https://github.com/yunho0130/tensorflow-lite/blob/master/tensorflow/lite/micro/kernels/all_ops_resolver.h

그렇다면 텐서 아레나는 얼마나 커야 할까? 좋은 질문이지만 불행히도 간단하게 답변하기는 어렵다. 모델 아키텍처마다 크기와 개수, 입력, 출력, 중간 텐서가 다르므로 필요한 메모리양을 알기가 어렵다. 이 숫자는 정확할 필요는 없다. 필요한 것보다 더 많은 메모리를 선점할 수도 있지만 마이크로컨트롤러는 RAM이 제한되어 있으므로 가능한 한 텐서 아레나를 작게 유지하여 나머지 프로그램을 위한 공간을 확보해야 한다.

시행착오를 겪으며 최적의 크기를 찾아갈 수 있다. 배열 크기를 n × 1024로 표시하고 n의 값만 바꾸면 숫자를 쉽게 늘리거나 줄일 수 있다. 올바른 배열 크기를 찾으려면 상당히 높은 크기로 시작하여 제대로 작동하는지 확인하자. 이 책의 예에서 사용된 가장 큰 숫자는 70 × 1024다. 그런 다음 모델이 더 이상 실행되지 않을 때까지 숫자를 줄이자. 마지막으로 작동한 숫자가 최적의 값이다.

5.1.7 인터프리터 생성하기

`tensor_arena`를 선언했으므로 이제 인터프리터를 설정할 준비가 됐다. 코드는 다음과 같다.

```
// 모델을 실행하기 위한 인터프리터를 빌드
tflite::MicroInterpreter interpreter(model, resolver, tensor_arena,
                                     tensor_arena_size, error_reporter);

// 모델의 텐서에 대한 tensor_arena의 메모리 할당
interpreter.AllocateTensors();
```

먼저 `interpreter`라는 이름의 `MicroInterpreter`를 선언한다. 이 클래스는 마이크로컨트롤러용 텐서플로 라이트의 핵심이다. 이는 우리가 제공하는 데이터에서 모델을 실행할 마법의 코드다. 지금까지 생성한 대부분의 객체를 생성자로 전달한 다음 `AllocateTensors()`를 호출한다.

앞 절에서는 `tensor_arena`라는 배열을 정의하여 메모리 영역을 별도로 설정했다. `Allocate Tensors()` 메서드는 모델이 정의한 모든 텐서를 확인한 후 `tensor_arena`에서 각 텐서로 메모리를 할당한다. 추론을 실행하기 전에 `AllocateTensors()`를 반드시 호출해야 하며 호출하지 않으면 추론이 실패한다.

5.1.8 입력 텐서 검사

인터프리터를 만든 후에는 모델 정보를 제공해야 한다. 이를 위해 다음과 같이 입력 데이터를 모델의 입력 텐서에 쓴다.

```
// 모델의 입력 텐서에 대한 포인터 얻기
TfLiteTensor* input = interpreter.input(0);
```

입력 텐서에 대한 포인터를 얻기 위해 인터프리터의 input() 메서드를 호출한다. 모델은 여러 개의 입력 텐서를 가질 수 있으므로 원하는 텐서를 지정하는 input() 메서드에 인덱스를 전달해야 한다. 이 경우 모델에는 입력 텐서가 하나만 있으므로 인덱스는 0이다.

텐서플로 라이트에서 텐서는 c_api_internal.h[13]에 정의된 TfLiteTensor 구조체로 표시된다. 이 구조체는 텐서와 상호작용하고 학습하는 API를 제공한다. 다음 코드에서는 이 기능을 사용하여 텐서 모양과 느낌이 올바른지 확인한다. 앞으로 텐서를 많이 사용할 것이기 때문에 이 코드로 TfLiteTensor 구조체의 작동 방식에 익숙해지는 것이 좋다.

```
// 입력이 예상하는 속성을 갖는지 확인
TF_LITE_MICRO_EXPECT_NE(nullptr, input);
// dims 속성은 텐서 모양을 알려준다. 각 차원마다 원소는 하나다.
// 입력은 한 개의 요소를 포함하는 2D 텐서이므로 dims의 크기는 2다.
TF_LITE_MICRO_EXPECT_EQ(2, input->dims->size);
// 각 원소의 값은 해당 텐서의 길이를 제공한다.
// 두 개의 단일 원소 텐서(하나가 다른 하나에 포함됨)를 갖는지 확인한다.
TF_LITE_MICRO_EXPECT_EQ(1, input->dims->data[0]);
TF_LITE_MICRO_EXPECT_EQ(1, input->dims->data[1]);
// 입력은 32비트 부동소수점 값이다.
TF_LITE_MICRO_EXPECT_EQ(kTfLiteFloat32, input->type);
```

가장 먼저 눈에 띄는 것은 TFLITE_MICRO_EXPECT_NE 및 TFLITE_MICRO_EXPECT_EQ 매크로다. 이 매크로는 마이크로컨트롤러용 텐서플로 라이트 테스트 프레임워크의 일부다. 변수 값에 대한 어서션^{assertion} 코드를 작성하여 특정한 값을 예상하고 있음을 증명할 수 있다.

---

13 옮긴이_ https://github.com/yunho0130/tensorflow-lite/blob/master/tensorflow/lite/c/c_api_internal.h

예를 들어 매크로 TF_LITE_MICRO_EXPECT_NE는 호출된 두 변수가 같지 않도록(_NE는 Not Equal, 즉 같지 않음을 의미) 확인하기 위한 어서션 코드다. 변수가 동일하지 않으면 코드가 계속 실행된다. 동일하면 오류가 기록되고 테스트가 실패한 것으로 표시된다.

그 밖의 어서션 코드

어서션을 위한 매크로는 micro_test.h[14]에 정의되어 있다. 파일을 읽으면 작동 방식을 확인할 수 있으며 사용 가능한 어서션은 다음과 같다.

TF_LITE_MICRO_EXPECT(x)

    x가 true로 평가되는지 확인한다.

TF_LITE_MICRO_EXPECT_EQ(x, y)

    x가 y와 같은지 확인한다.

TF_LITE_MICRO_EXPECT_NE(x, y)

    x가 y와 같지 않은지 확인한다.

TF_LITE_MICRO_EXPECT_NEAR(x, y, epsilon)

    숫자 값에 대해 x와 y의 차이가 epsilon보다 작거나 같은지 확인한다. 예를 들어 TF_LITE_MICRO_EXPECT_NEAR(5, 7, 3)은 5와 7의 차이가 2이기 때문에 통과한다.

TF_LITE_MICRO_EXPECT_GT(x, y)

    숫자 값에 대해 x가 y보다 큰지 확인한다.

TF_LITE_MICRO_EXPECT_LT(x, y)

    숫자 값에 대해 x가 y보다 작은지 확인한다.

TF_LITE_MICRO_EXPECT_GE(x, y)

    숫자 값에 대해 x가 y보다 크거나 같은지 확인한다.

TF_LITE_MICRO_EXPECT_LE(x, y)

    숫자 값에 대해 x가 y보다 작거나 같은지 확인한다.

---

[14] 옮긴이_ https://github.com/yunho0130/tensorflow-lite/blob/master/tensorflow/lite/micro/testing/micro_test.h

가장 먼저 확인해야 할 것은 입력 텐서가 실제로 존재한다는 것이다. 이를 위해 입력 텐서가 nullptr과 같지 않은지 어서션으로 확인한다. nullptr은 실제로 데이터를 가리키지 않는 포인터를 나타내는 특별한 C++ 값이다.

```
TF_LITE_MICRO_EXPECT_NE(nullptr, input);
```

다음으로 확인해야 할 것은 입력 텐서의 모양이다. 3장에서 논의한 바와 같이 모든 텐서는 형태를 가진다. 이는 차원을 설명하기 위한 방법이다. 모델에는 스칼라 값으로 입력하지만 케라스 레이어가 입력을 받아들이는 고유한 방식(https://oreil.ly/SFiRV)에 맞추려면 입력값을 하나의 숫자를 포함하는 2D 텐서로 감싸서 제공해야 한다. 즉, 입력이 0이면 경우 다음과 같은 형태가 되어야 한다.

```
[[0]]
```

입력 스칼라 0이 두 벡터 내부에 어떻게 래핑되어 2D 텐서가 되는지 주목하자.

TfLiteTensor 구조체는 텐서의 치수를 설명하는 멤버 변수 dims를 포함한다. 이 멤버는 c_api_internal.h에 정의된 TfLiteIntArray 유형의 구조체다. 그 멤버인 size는 텐서의 차원을 나타낸다. 입력 텐서가 2D여야 하므로 size 값이 2인지 어서션으로 확인하자.

```
TF_LITE_MICRO_EXPECT_EQ(2, input->dims->size);
```

텐서 구조가 원하는 대로인지 확인하려면 dims 구조체를 추가로 검사할 수 있다. dims의 데이터 변수는 각 차원마다 하나의 원소가 있는 배열이다. 각 원소는 해당 차원의 크기를 나타내는 정수다. 각 차원에 하나의 원소를 포함하는 2D 텐서가 필요하기 때문에 두 차원에 단일 원소가 포함되어 있는지 확인한다.

```
TF_LITE_MICRO_EXPECT_EQ(1, input->dims->data[0]);
TF_LITE_MICRO_EXPECT_EQ(1, input->dims->data[1]);
```

입력 텐서의 모양이 정확하다는 것을 확인할 수 있다. 마지막으로 텐서는 다양한 유형의 데이터(정수, 부동소수점 숫자, 부울 값)로 구성될 수 있으므로 입력 텐서의 유형이 올바른지 확인한다.

텐서 구조체의 type 변수는 텐서의 자료형을 알려준다. 상수 kTfLiteFloat32로 표시되는 32 비트 부동소수점 숫자를 사용할 것이기 때문에 이를 통해 자료형이 올바른지 쉽게 확인할 수 있다.

```
TF_LITE_MICRO_EXPECT_EQ(kTfLiteFloat32, input->type);
```

완벽하다. 이제 입력 텐서가 입력 데이터에 맞는 크기와 형태의 단일 부동소수점 값이라는 것을 보장할 수 있다. 추론을 실행할 준비가 됐다.

5.1.9 입력에 대해 추론 실행

추론을 실행하려면 입력 텐서에 값을 더한 다음 인터프리터에게 모델을 호출하도록 지시해야 한다. 그런 다음 모델이 성공적으로 실행됐는지 확인한다. 코드는 다음과 같다.

```
// 입력값 제공
input->data.f[0] = 0.;

// 입력값으로 모델을 실행하고 성공 여부를 확인
TfLiteStatus invoke_status = interpreter.Invoke();
if (invoke_status != kTfLiteOk) {
 error_reporter->Report("Invoke failed\n");
}
TF_LITE_MICRO_EXPECT_EQ(kTfLiteOk, invoke_status);
```

텐서플로 라이트의 TfLiteTensor 구조체에는 입력 텐서의 내용을 설정하는 데 사용할 수 있는 데이터 변수가 있다. 다음 행이 여기에 해당한다.

```
input->data.f[0] = 0.;
```

데이터 변수는 TfLitePtrUnion, 유니언union이다. 유니언은 동일한 위치의 메모리에 서로 다른 자료형을 저장할 수 있는 특수한 C++ 자료형이다. 주어진 텐서는 다양한 유형의 데이터(예: 부동소수점 숫자, 정수, 부울) 중 하나를 포함할 수 있으므로 유니언은 이를 저장하는 데 도움이 되는 완벽한 자료형이다.

TfLitePtrUnion 유니언은 c_api_internal.h[15]에 선언되어 있다. 그 코드는 다음과 같다.

```
// 주어진 텐서의 메모리를 가리키는 포인터들을 모은 유니언
typedef union {
  int32_t* i32;
  int64_t* i64;
  float* f;
  TfLiteFloat16* f16;
  char* raw;
  const char* raw_const;
  uint8_t* uint8;
  bool* b;
  int16_t* i16;
  TfLiteComplex64* c64;
  int8_t* int8;
} TfLitePtrUnion;
```

각각 특정 자료형을 나타내는 많은 멤버가 있음을 알 수 있다. 각 멤버는 포인터로서 데이터를 저장해야 하는 메모리의 위치를 가리킨다. 이전과 마찬가지로 interpreter. AllocateTensors()를 호출하면 텐서가 데이터를 저장하도록 할당된 메모리 블록을 가리키는 적절한 포인터가 설정된다. 각 텐서에는 특정 데이터 유형이 있으므로 해당 유형 포인터만 설정된다.

즉, 데이터를 저장하기 위해 TfLitePtrUnion에서 적절한 포인터를 사용할 수 있다. 예를 들어 텐서가 kTfLiteFloat32 자료형인 경우 data.f를 사용한다. 포인터가 메모리 블록을 가리키므로 다음과 같이 포인터 이름 뒤에 대괄호([])를 사용하면 프로그램에 데이터를 저장할 위치를 지시할 수 있다.

```
input->data.f[0] = 0.;
```

할당하는 값이 0.으로 표시됐다. 이는 0.0의 약어다. 소수점을 지정함으로써 이 값이 정수가 아니라 부동소수점 숫자라는 것을 C++ 컴파일러에 명시적으로 알려준다. 이 값을 data.f[0]에 할당한 것은 할당된 메모리 블록의 첫 번째 항목으로 지정한다는 의미다. 값이 하나만 있다면 이 정도만 처리하면 된다.

....

15 옮긴이| https://github.com/yunho0130/tensorflow-lite/blob/master/tensorflow/lite/c/c_api_internal.h

복잡한 입력

앞에서 살펴본 예에서는 모델이 스칼라 입력만을 허용하므로 하나의 값만 입력해야 한다 (input->data.f[0] = 0.). 모델의 입력이 여러 값으로 구성된 벡터인 경우 메모리의 이어지는 위치에 추가해야 한다.

다음은 숫자 1, 2, 3을 포함하는 벡터의 예다.

```
[1 2 3]
```

TfLiteTensor에서 이러한 값을 설정하는 방법은 다음과 같다.

```
// 세 개의 원소를 가지는 벡터
input->data.f[0] = 1.;
input->data.f[1] = 2.;
input->data.f[2] = 3.;
```

다음과 같이 여러 벡터로 구성된 행렬은 어떻게 해야 할까?

```
[[1 2 3]
 [4 5 6]]
```

TfLiteTensor에서 이것을 설정하기 위해서는 왼쪽에서 오른쪽, 위에서 아래 순서대로 값을 할당한다. 구조를 2차원에서 1차원으로 줄이는 이러한 과정을 평탄화flattening라고 한다.

```
// 여섯 개의 원소를 가지는 벡터
input->data.f[0] = 1.;
input->data.f[1] = 2.;
input->data.f[2] = 3.;
input->data.f[3] = 4.;
input->data.f[4] = 5.;
input->data.f[5] = 6.;
```

TfLiteTensor 구조체는 실제 차원의 레코드를 가지고 있기 때문에 메모리가 평평한 구조를 가지고 있음에도 메모리의 어느 위치가 다차원 형태 원소에 해당하는지 알 수 있다. 이후 장에서는 2D 입력 텐서를 사용하여 이미지와 기타 2D 데이터를 처리할 것이다.

입력 텐서 설정을 마쳤으니 다음은 추론을 실행할 차례다. 코드 한 줄이면 된다.

```
TfLiteStatus invoke_status = interpreter.Invoke();
```

Interpreter.Invoke()를 호출하면 텐서플로 라이트 인터프리터가 모델을 실행한다. 이 모델은 입력 데이터를 출력으로 변환하기 위해 인터프리터가 실행하는 수학 연산 그래프로 구성된다. 이 출력은 모델의 출력 텐서에 저장되며 출력 텐서는 뒤에서 살펴볼 것이다.

Invoke() 메서드는 TfLiteStatus 객체를 반환하여 추론의 성공 여부를 알려준다. 반환값은 kTfLiteOk 또는 kTfLiteError 중 하나다. 오류가 있는지 확인하고 오류가 있으면 보고하는 코드다.

```
if (invoke_status != kTfLiteOk) {
    error_reporter->Report("Invoke failed\n");
}
```

마지막으로 테스트를 통과하려면 상태가 kTfLiteOk임을 어서션으로 확인한다.

```
TF_LITE_MICRO_EXPECT_EQ(kTfLiteOk, invoke_status);
```

추론이 실행됐다. 다음으로 출력을 확인해보자.

5.1.10 출력 읽기

입력과 마찬가지로 모델 출력은 TfLiteTensor를 통해 접근할 수 있으며 쉽게 포인터를 얻을 수 있다.

```
TfLiteTensor* output = interpreter.output(0);
```

출력은 입력과 마찬가지로 2D 텐서 안에 포함된 부동소수점 스칼라 값이다. 테스트를 위해 출력 텐서의 크기, 차원, 자료형이 다음과 같은지 확인한다.

```
TF_LITE_MICRO_EXPECT_EQ(2, output->dims->size);
```

```
TF_LITE_MICRO_EXPECT_EQ(1, input->dims->data[0]);
TF_LITE_MICRO_EXPECT_EQ(1, input->dims->data[1]);
TF_LITE_MICRO_EXPECT_EQ(kTfLiteFloat32, output->type);
```

모두 괜찮아 보인다. 이제 출력값을 검사하여 기준을 충족하는지 확인하자. 먼저 **float** 변수에 할당한다.

```
// 텐서의 출력값을 획득
float value = output->data.f[0];
```

추론이 실행될 때마다 출력 텐서는 새로운 값으로 덮어 씌워진다. 즉, 추론을 계속 실행하면서 프로그램의 출력값을 유지하려면 출력 텐서의 값을 복사해서 보관해야 한다.

다음으로 **TF_LITE_MICRO_EXPECT_NEAR**를 사용하여 값이 예상 값과 비슷하다는 것을 증명한다.

```
// 출력값과 예상 값의 차이가 0.05 범위에 있는지 확인
TF_LITE_MICRO_EXPECT_NEAR(0., value, 0.05);
```

앞에서 보았듯이 **TF_LITE_MICRO_EXPECT_NEAR**는 첫 번째 인수와 두 번째 인수의 차이가 세 번째 인수의 값보다 작은지 확인한다. 이를 통해 출력과 $\sin(0)$의 값인 0의 차이가 0.05인지 확인할 수 있다.

> **NOTE_** 원하는 값과 동일한 값이 아닌 가까운 값을 확인하는 이유는 두 가지다. 첫 번째, 모델은 실제 사인 값에 근접할 뿐 정확하게 맞지 않을 수 있다. 두 번째, 컴퓨터의 부동소수점 계산에는 기본적으로 오차가 있다. 오류는 컴퓨터마다 다를 수 있다. 예를 들어 랩톱의 CPU가 아두이노와 약간 다른 결과를 가져올 수도 있다. 기대 오차를 유연하게 설정하면 모든 플랫폼에서 테스트를 통과할 가능성이 높아진다.

앞의 테스트를 통과하고 나면 나머지 테스트는 모델이 작동하고 있음을 추가로 검증하기 위해 추론을 몇 번 더 실행한다. 추론을 다시 실행하려면 입력 텐서에 새로운 값을 할당하고 **interpreter.Invoke()**를 호출해 출력 텐서에서 출력을 읽는다.

```
// 몇 가지 값에 대해 추론을 추가로 실행하고 결과를 확인한다.
input->data.f[0] = 1.;
```

```
interpreter.Invoke();
value = output->data.f[0];
TF_LITE_MICRO_EXPECT_NEAR(0.841, value, 0.05);

input->data.f[0] = 3.;
interpreter.Invoke();
value = output->data.f[0];
TF_LITE_MICRO_EXPECT_NEAR(0.141, value, 0.05);

input->data.f[0] = 5.;
interpreter.Invoke();
value = output->data.f[0];
TF_LITE_MICRO_EXPECT_NEAR(-0.959, value, 0.05);
```

동일한 입력과 출력 텐서 포인터를 어떻게 재사용하는지 주목하자. 포인터가 이미 있으므로 interpreter.input(0) 또는 interpreter.output(0)을 다시 호출할 필요가 없다.

테스트 시점에서 우리는 마이크로컨트롤러용 텐서플로 라이트가 모델을 성공적으로 로드하고 적절한 입력, 출력 텐서를 할당하며 추론을 실행하고 예상 결과를 반환할 수 있음을 입증했다. 마지막으로 매크로를 사용하여 테스트 끝을 나타낸다.

```
}

TF_LITE_MICRO_TESTS_END
```

이것으로 테스트 코드를 모두 훑어보았다. 이제 테스트를 실행할 차례다.

5.1.11 테스트 실행하기

이 코드는 결국 마이크로컨트롤러에서 실행되도록 되어 있지만 개발 시스템에서 테스트를 빌드하고 실행할 수도 있다. 이를 통해 코드 작성과 디버그가 훨씬 쉬워진다. 개인용 컴퓨터는 마이크로컨트롤러와 비교하여 출력을 로깅하고 코드를 검토하는 데 훨씬 편리한 도구를 제공하므로 버그를 훨씬 쉽게 파악할 수 있다. 또한 기기에 코드를 배포하는 데에도 시간이 걸리므로 로컬에서 코드를 실행하는 것이 훨씬 빠르다.

임베디드 애플리케이션(사실상 모든 종류의 소프트웨어)을 구축하기 위한 좋은 워크플로는 일반적인 개발 시스템에서 실행할 수 있는 테스트에서 최대한 많은 로직을 작성하는 것이다. 항상 실제 하드웨어를 실행해야 하지만 로컬에서 테스트할수록 삶이 편해진다.

실질적으로 이러한 로컬 테스트를 하기 위해서는 임베디드 장치에서 작동하기 전에 입력을 전처리하고 모델로 추론을 실행하고 일련의 테스트에서 출력을 처리하는 코드를 작성해야 함을 의미한다. 7장에서 이 예보다 훨씬 복잡한 음성 인식 애플리케이션을 만드는 과정을 통해 각 구성 요소에 대한 세부 단위 테스트를 작성하는 방법을 살펴본다.

5.1.11.1 코드 둘러보기

지금까지는 코랩과 깃허브를 사용하며 클라우드에서 모든 작업을 했다. 이제 테스트를 실행하기 위해 개발 컴퓨터에 코드를 내려받아 컴파일해야 한다.

이 작업을 수행하려면 다음과 같은 소프트웨어 도구가 필요하다.

- 맥OS의 터미널과 같은 터미널 에뮬레이터
- bash 셸(카탈리나 이전 버전의 맥OS와 대부분의 리눅스 배포판의 기본값)
- Git(기본적으로 맥OS 및 대부분의 리눅스 배포판에 설치됨)[16]
- Make 버전 3.82 이상

Git과 MAKE

Git과 Make는 보통 최신 운영체제에 미리 설치되어 있다. Git과 Make가 시스템에 설치되어 있는지 확인하려면 터미널을 열고 다음 지시를 따르자.

- **Git**

  Git이 설치됐는지 확인하려면 커맨드 라인에 git을 입력한다. 사용 안내가 출력되는 것을 볼 수 있다. 모든 버전의 Git에 동작한다.

- **Make**

  설치된 Make의 버전을 확인하려면 커맨드 라인에 make --version을 입력한다. 3.82보다 큰 버전에서 동작한다.

설치되지 않은 도구가 있다면 웹에서 특정 운영체제에 대한 설치 방법을 검색해서 설치하자.

---

16 https://git-scm.com

모든 도구가 준비됐으면 터미널을 열고 다음 명령을 입력하여 텐서플로 소스 코드를 내려받자. 소스 코드에는 작업 중인 예제 코드가 포함되어 있다. 소스 코드를 내려받으면 현재 위치에 상관없이 소스 코드를 포함하는 디렉터리가 생성된다.

```
git clone https://github.com/tensorflow/tensorflow.git
```

다음으로 방금 생성된 tensorflow 디렉터리로 이동하자.

```
cd tensorflow
```

이제 코드를 실행할 준비가 됐다.

5.1.11.2 Make를 사용하여 테스트 실행하기

이제 도구 목록에서 보았던 Make라는 프로그램을 사용하여 테스트를 할 것이다. Make는 소프트웨어 빌드 작업을 자동화하는 도구다. 1976년부터 사용됐는데 컴퓨팅의 역사를 생각해보면 거의 태초부터 존재했다고 할 수 있다. 개발자는 특수한 언어로 Makefile이라는 파일을 작성해서 Make에 코드를 빌드하고 실행하는 방법을 지시한다. 마이크로컨트롤러용 텐서플로 라이트의 Makefile은 micro/tools/make/Makefile[17]에 정의되어 있다. 이에 대한 자세한 정보는 13장에 기술했다.

Make를 사용하여 테스트를 실행하려면 다음 명령을 실행하여 Git으로 내려받은 tensorflow 디렉터리의 루트에서 실행해야 한다. 먼저 사용할 Makefile을 지정하고 빌드하려는 구성 요소인 target을 지정한다.

```
make -f tensorflow/lite/micro/tools/make/Makefile test_hello_world_test
```

Makefile은 테스트를 실행하기 위해 test_ 접두어와 함께 빌드하고자 하는 대상 컴포넌트 이름을 제공한다. 이때 대상 컴포넌트는 hello_world_test이므로 Makefile 뒤에 test_hello_world_test를 입력했다.

---

17 옮긴이_ https://github.com/yunho0130/tensorflow-lite/blob/master/tensorflow/lite/micro/tools/make/Makefile

이 명령을 실행해보자. 수많은 출력이 쏟아지기 시작한다. 먼저 필요한 라이브러리와 도구가 다운로드된다. 다음으로 테스트 파일과 모든 종속성을 빌드한다. Makefile은 C++ 컴파일러에 코드를 빌드하고 바이너리를 생성하도록 지시했다.

프로세스가 완료될 때까지 잠시 기다리자. 프로세스가 끝날 때쯤이면 후반부에 다음과 같은 행이 출력될 것이다.

```
Testing LoadModelAndPerformInference
1/1 tests passed
~~~ALL TESTS PASSED~~~
```

이 결과는 테스트가 예상대로 통과했음을 나타낸다. 소스 파일 맨 위에 정의된 대로 테스트 이름 LoadModelAndPerformInference를 볼 수 있다. 아직 마이크로컨트롤러에 포팅되지 않았지만 코드는 추론을 성공적으로 실행하고 있다.

테스트가 실패할 때 어떤 일이 발생하는지 확인하려면 오류를 인위적으로 넣으면 된다. 테스트 파일 hello_world_test.cc를 열어보자. 루트 디렉터리를 기준으로 다음 경로에 있을 것이다.

```
tensorflow/lite/micro/examples/hello_world/hello_world_test.cc
```

테스트가 실패하도록 모델에 다른 입력을 제공할 것이다. 이로 인해 모델 출력이 변경되므로 출력값을 확인하는 어서션이 실패한다. 소스 파일 내에서 다음 행을 찾아보자.

```
input->data.f[0] = 0.;
```

다음과 같이 할당할 값을 변경한다.

```
input->data.f[0] = 1.;
```

이제 파일을 저장하고 다음 명령을 사용하여 테스트를 다시 실행하자(tensorflow 디렉터리 루트에서 실행해야 한다).

```
make -f tensorflow/lite/micro/tools/make/Makefile test_hello_world_test
```

이 명령은 코드를 다시 빌드하고 테스트를 실행한다. 다음과 같은 최종 출력이 나타날 것이다.

```
Testing LoadModelAndPerformInference
0.0486171 near value failed at tensorflow/lite/micro/examples/hello_world/\
   hello_world_test.cc:94
0/1 tests passed
~~~SOME TESTS FAILED~~~
```

출력에는 실패한 파일, 행 번호(hello_world_test.cc:94)를 포함하여 테스트가 실패한 이유에 대한 유용한 정보가 담겨 있다. 실제 버그 때문에 실패한 경우 이 결과는 문제를 추적하는데 큰 도움이 된다.

5.2 프로젝트 파일 구조

지금까지 테스트를 진행하면서 마이크로컨트롤러용 텐서플로 라이트 라이브러리를 사용하여 C++에서 추론을 실행하는 방법을 배웠다. 다음으로 실제 애플리케이션의 소스 코드를 살펴보자.

앞에서 논의한 바와 같이 우리가 구축하는 프로그램은 x값을 모델에 공급하고, 추론을 실행하고, 결과를 사용하여 플랫폼에서 어떠한 가시적 출력(예: 깜박이는 LED 패턴)을 생성하는 연속 루프로 구성된다.

애플리케이션은 여러 파일로 복잡하게 이루어진다. 구조를 살펴보자.

애플리케이션 루트는 tensorflow/lite/micro/examples/hello_world에 있으며 다음 파일이 포함되어 있다.

- **BUILD**

  기본 애플리케이션 바이너리. 이전에 수행한 테스트를 포함하여 애플리케이션의 소스 코드를 사용하여 빌드할 수 있는 다양한 항목을 나열하는 파일이다. 이 시점에서는 신경 쓰지 않아도 된다.

- **Makefile.inc**

  이전에 실행한 테스트인 hello_world_test와 기본 애플리케이션 바이너리인 hello_world를 포함하여 애플리케이션 내의 빌드 대상에 대한 정보가 포함된 Makefile이다. 일부 소스 파일을 정의한다.

- README.md

  애플리케이션 빌드와 실행에 대한 지시 사항을 포함하는 텍스트 파일이다.

- constants.h, constants.cc

  프로그램 동작을 정의하는 데 중요한 영향을 미치는 다양한 상수(프로그램 수명 동안 변경되지 않는 변수)를 포함하는 파일 쌍이다.

- create_sine_model.ipynb

  이전 장에서 사용된 주피터 노트북이다.

- hello_world_test.cc

  모델을 사용하여 추론을 실행하는 테스트다.

- main.cc

  애플리케이션이 장치에 배포되면 장치에서 가장 먼저 실행되는 프로그램 진입점이다.

- main_functions.h, main_functions.cc

  프로그램에 필요한 모든 초기화를 수행하는 setup ( ) 함수와 프로그램의 핵심 로직을 포함하고 루프에서 상태 머신을 무한히 순환하게 설계된 loop ( ) 함수를 정의하는 파일 쌍이다. 이 함수들은 프로그램이 시작될 때 main.cc에 의해 호출된다.

- output_handler.h, output_handler.cc

  추론이 실행될 때마다 출력을 표시하는 데 사용할 수 있는 함수를 정의하는 파일 쌍이다. output_handler. cc의 기본 구현은 결과를 화면에 출력한다. 이 구현을 재정의하면 다른 장치에서 다른 작업을 수행할 수도 있다.

- output_handler_test.cc

  output_handler.h와 output_handler.cc의 코드가 올바르게 작동하는지 증명하는 테스트다.

- sine_model_data.h, sine_model_data.cc

  이 장의 첫 부분에서 xxd를 사용하여 내보낸 모델의 데이터 배열을 정의하는 파일 쌍이다.

이 파일 외에도 디렉터리에는 다음과 같은 하위 디렉터리가 포함된다.

- arduino/

- disco_f76ng/

- sparkfun_edge/

마이크로컨트롤러 플랫폼마다 기능과 API가 다르기 때문에 애플리케이션이 특정 장치용으로 빌드된 경우 프로젝트 구조를 통해 기본값 대신 사용될 특정 장치 버전의 소스 파일을 제공할 수 있다. 예를 들어 arduino 디렉터리에는 애플리케이션이 아두이노에서 작동하도록 조정하는 main.cc, constants.cc, output_handler.cc의 커스텀 버전이 포함되어 있다. 나중에 이러한 사용자 지정 구현에 대해 알아볼 것이다.

5.3 소스 코드 살펴보기

이제 애플리케이션 소스가 어떻게 구성되어 있는지 알았으니 코드를 파헤쳐보자. 대부분의 일을 처리하는 main_functions.cc[18]로 시작하여 다른 파일로 뻗어나갈 것이다.

> NOTE_ 이 코드는 상당 부분이 앞에서 다룬 hello_world_test.cc와 비슷하다. 이미 한 번 다룬 내용은 깊이 들어가지 않고 이전에 보지 못한 내용에 중점을 두고 설명할 것이다.

5.3.1 main_functions.cc

이 파일에는 프로그램의 핵심 논리가 포함되어 있다. 익숙한 #include 문과 몇 가지 새로운 문장으로 시작한다.

```
#include "tensorflow/lite/micro/examples/hello_world/main_functions.h"
#include "tensorflow/lite/micro/examples/hello_world/constants.h"
#include "tensorflow/lite/micro/examples/hello_world/output_handler.h"
#include "tensorflow/lite/micro/examples/hello_world/sine_model_data.h"
#include "tensorflow/lite/micro/kernels/all_ops_resolver.h"
#include "tensorflow/lite/micro/micro_error_reporter.h"
#include "tensorflow/lite/micro/micro_interpreter.h"
#include "tensorflow/lite/schema/schema_generated.h"
#include "tensorflow/lite/version.h"
```

hello_world_test.cc에서 다룬 #include 문과 많은 부분이 겹친다. 새로운 것은 constants.h와 output_handler.h이며 앞의 파일 목록에서 한 번 설명했다.

---

[18] 옮긴이_ https://github.com/yunho0130/tensorflow-lite/blob/master/tensorflow/lite/micro/examples/hello_world/main_functions.cc

이어지는 코드는 main_functions.cc 내에서 사용할 전역 변수를 설정한다.

```
namespace {
tflite::ErrorReporter* error_reporter = nullptr;
const tflite::Model* model = nullptr;
tflite::MicroInterpreter* interpreter = nullptr;
TfLiteTensor* input = nullptr;
TfLiteTensor* output = nullptr;
int inference_count = 0;

// 입력, 출력, 중간 배열에 사용할 메모리 영역을 생성한다.
// 모델의 최솟값을 찾으려면 시행착오가 필요하다.
constexpr int kTensorArenaSize = 2 × 1024;
uint8_t tensor_arena[kTensorArenaSize];
} // namespace
```

이러한 변수는 네임스페이스로 묶여 있음을 알 수 있다. 즉, main_functions.cc의 어느 곳에서나 접근할 수 있지만 프로젝트 내의 다른 파일에서는 접근할 수 없다. 이렇게 하면 두 개의 서로 다른 파일이 동일한 이름의 변수를 정의할 때 생기는 문제를 방지할 수 있다.

이 코드에서 선언한 변수는 테스트에서 이미 한 번 다룬 바 있기에 익숙할 것이다. tensor_arena를 포함해서 앞에서 본 모든 텐서플로 객체를 보유하도록 변수를 설정했다. 유일하게 새로운 것은 inference_count를 보유하는 int형 변수인데 이는 프로그램이 추론을 실행한 횟수를 기록한다.

다음 코드는 setup()이라는 함수를 선언한다. 이 함수는 프로그램이 처음 시작될 때 호출되지만 그 이후에는 다시 호출되지 않는다. 이 함수는 추론을 시작하기 전에 수행해야 하는 모든 일회성 작업을 수행하기 위해 필요하다.

setup()의 첫 부분은 테스트에서와 거의 동일하다. 로깅을 설정하고, 모델을 로드하고, 인터프리터를 설정하고, 메모리를 할당한다.

```
void setup() {
  // 로깅 설정
  static tflite::MicroErrorReporter micro_error_reporter;
  error_reporter = &micro_error_reporter;

  // 모델을 사용 가능한 데이터 구조에 매핑한다.
```

```
// 이는 복사나 파싱을 포함하지 않는 매우 가벼운 작업이다.
model = tflite::GetModel(g_sine_model_data);
if (model->version() != TFLITE_SCHEMA_VERSION) {
  error_reporter->Report(
      "Model provided is schema version %d not equal "
      "to supported version %d.",
      model->version(), TFLITE_SCHEMA_VERSION);
  return;
}
// 필요한 모든 Op 구현을 가져온다.
static tflite::ops::micro::AllOpsResolver resolver;

// 모델을 실행할 인터프리터를 빌드한다.
static tflite::MicroInterpreter static_interpreter(
    model, resolver, tensor_arena, kTensorArenaSize, error_reporter);
interpreter = &static_interpreter;

// 모델 텐서를 tensor_arena의 메모리에 할당한다.
TfLiteStatus allocate_status = interpreter->AllocateTensors();
if (allocate_status != kTfLiteOk) {
  error_reporter->Report("AllocateTensors() failed");
  return;
}
```

지금까지의 코드는 익숙하다. 그러나 이 시점이 지나면 낯선 코드가 등장한다. 먼저 입력과 출력 텐서 모두에 대한 포인터를 가져온다.

```
// 모델의 입력과 출력에 대한 포인터를 획득
input = interpreter->input(0);
output = interpreter->output(0);
```

추론이 실행되기도 전에 어떻게 출력의 포인터를 가져오는지 의아할 수도 있다. 설명하자면 TfLiteTensor라는 구조체가 가진 data 멤버는 출력을 저장하기 위해 할당된 메모리 영역을 가리킬 뿐이다. 출력이 아직 작성되지 않았더라도 구조체와 그 멤버인 data는 존재할 수 있다.

마지막으로 setup() 함수를 종료하기 위해 inference_count 변수에 0을 할당한다.

```
// 추론을 실행한 횟수를 기록하기 위한 변수
inference_count = 0;
}
```

이제 모든 머신러닝 인프라가 설정되고 준비됐다. 추론을 실행하고 결과를 얻는 데 필요한 모든 도구가 마련된 것이다. 다음으로 정의할 것은 애플리케이션 로직이다. 프로그램이 실제로 무엇을 해야 할까?

앞서 모델은 사인파 전체 주기를 나타내는 0에서 2π까지의 x값에 대한 모든 사인 값을 예측하도록 훈련됐다. 모델의 동작을 선보이려면 이 범위의 숫자를 입력한 후 사인 값을 예측한 다음 출력하면 된다. 이 작업을 순서대로 실행하면 모델이 전체 범위에 작동한다는 것을 보여줄 수 있을 것이다.

이를 위해서는 루프에서 실행되는 코드를 작성해야 한다. 먼저 loop()라는 함수를 선언한다(이 함수는 다음에 자세히 살펴볼 것이다). loop() 함수에 넣은 코드는 무한히 반복해서 실행된다.

```
void loop() {
```

먼저 loop() 함수에서 모델에 전달할 값(x값)을 결정해야 한다. 지정 가능한 최대 x값을 2π로 정하는 kXrange와 0에서 2π까지 단계적으로 수행할 추론의 횟수를 정의하는 kInferencesPerCycle의 두 상수를 사용한다. 다음 코드는 x값을 계산한다.

```
// 모델에 공급할 x값을 계산한다.
// 현재 inference_count를 주기당 추론 횟수와 비교하여
// 모델이 학습된 지정 가능한 x값 범위 내에서 위치를 결정하고
// 이를 사용하여 값을 계산한다.
float position = static_cast<float>(inference_count) /
                       static_cast<float>(kInferencesPerCycle);
float x_val = position * kXrange;
```

코드의 처음 두 줄은 kInferencesPerCycle로 inference_count(지금까지 수행한 추론 횟수)를 나누어 position, 즉 범위 내의 현재 위치를 구한다. 다음 줄은 해당 position 값에 범위의 최댓값(2π)인 kXrange를 곱하여 x_val을 구한다. x_val은 모델에 전달할 값이다.

> NOTE_ static_cast<float>()는 정수 값인 inference_count 및 kInferencesPerCycle을 부동소수점 숫자로 변환하는 데 사용된다. 이를 통해 올바르게 나눗셈을 할 수 있다. C++에서 두 정수를 나누면 그 결과는 정수가 된다. 즉, 결과의 일부가 삭제된다. x값이 소수 부분을 포함하는 부동소수점 숫자가 되려면 숫자를 부동소수점으로 변환해야 한다.

여기에서 사용하는 두 상수 **kInferencesPerCycle**과 **kXrange**는 constants.h와 constants. cc 파일에 정의되어 있다. 상수 이름 앞에 k를 붙이는 것은 C++의 코딩 컨벤션으로, 이를 통해 코드에서 상수를 쉽게 식별할 수 있다. 상수를 별도의 파일로 정의하면 필요한 곳에 포함하고 사용할 수 있다.

이어지는 코드는 익숙해 보일 것이다. x값을 모델의 입력 텐서에 쓰고 추론을 실행한 다음 출력 텐서의 결과(y값)를 가져온다.

```
// 계산한 x값을 모델의 입력 텐서에 넣기
input->data.f[0] = x_val;

// 추론을 실행하고 오류가 있으면 보고
TfLiteStatus invoke_status = interpreter->Invoke();
if (invoke_status != kTfLiteOk) {
  error_reporter->Report("Invoke failed on x_val: %f\n",
                         static_cast<double>(x_val));
  return;
}

// 모델의 출력 텐서가 예상한 y값 읽기
float y_val = output->data.f[0];
```

사인 값을 얻었다. 각 숫자에 대해 추론을 실행하는 데 약간의 시간이 걸린다. 이 코드는 루프에서 실행되므로 시간이 지남에 따라 사인 값 수열이 생성된다. 이러한 출력은 깜박거리는 LED 또는 애니메이션을 제어하는 데 적합하다. 다음 작업은 어떻게든 이를 출력하는 것이다.

다음 행은 output_handler.cc에 정의된 HandleOutput() 함수를 호출한다.

```
// 결과를 출력한다. 지원하고자 하는 장비에 따라
// HandleOutput 함수를 커스텀 구현할 수 있다.
HandleOutput(error_reporter, x_val, y_val);
```

ErrorReporter 인스턴스와 함께 x와 y값을 전달하면 로그를 기록하는 데 사용할 수 있다. 다음에 어떤 일이 발생하는지 보기 위해 output_handler.cc를 살펴보자.

5.3.2 output_handler.cc의 출력 처리

output_handler.cc 파일은 HandleOutput() 함수를 정의한다. 코드는 매우 간단하다.

```
void HandleOutput(tflite::ErrorReporter* error_reporter, float x_value,
                  float y_value) {
  // 현재 x값과 y값 기록
  error_reporter->Report("x_value: %f, y_value: %f\n", x_value, y_value);
}
```

이 함수는 ErrorReporter 인스턴스를 사용하여 x값과 y값을 기록한다. 이는 개발 컴퓨터에서 애플리케이션을 실행하여 그 기본 기능을 테스트하는 데 사용할 수 있는 최소한의 구현이다.

그러나 목표는 여러 종류의 마이크로컨트롤러 플랫폼에 이 애플리케이션을 배포하고 각 플랫폼의 특수 하드웨어를 사용하여 출력을 표시하는 것이다. 아두이노 등 배포하려는 각 개별 플랫폼에 대한 output_handler.cc의 커스텀 버전을 제공하면 플랫폼의 API를 사용하여 LED를 켜는 등 출력을 제어할 수 있다.

앞에서 언급했듯이 이러한 커스텀 대체 파일은 각 플랫폼 이름을 딴 하위 디렉터리 즉 arduino/, disco_f76ng/, sparkfun_edge/에 있다. 플랫폼별 구현은 나중에 살펴보기로 하고 지금은 main_functions.cc로 돌아가자.

5.3.3 main_functions.cc 정리

loop() 함수에서 마지막으로 하는 일은 inference_count 카운터를 증가시키는 것이다. inference_count가 kInferencesPerCycle에 정의된 사이클당 최대 추론 수에 도달하면 이를 0으로 재설정한다.

```
// inference_counter를 증가시키고 사이클당 최대 추론 수에 도달하면 리셋
inference_count += 1;
if (inference_count >= kInferencesPerCycle) inference_count = 0;
```

이 코드는 루프가 반복될 때 x값을 단계적으로 이동시키고 범위 끝에 도달하면 0으로 다시 바꾸는 효과가 있다.

이제 loop() 함수 끝에 도달했다. 실행될 때마다 새로운 x값이 계산되고 추론이 실행되며 결과는 HandleOutput()로 출력된다. loop()가 계속 호출되면 0에서 2π 범위의 x값 진행에 대해 추론을 실행한 다음 반복한다.

그런데 loop() 함수를 반복해서 실행시키는 것은 무엇일까? 대답은 main.cc 파일에 있다.

5.3.4 main.cc 이해하기

C++ 표준(https://oreil.ly/BfmkW)은 모든 C++ 프로그램에 main()이라는 전역 함수가 포함되도록 지정한다. 이 함수는 프로그램이 시작될 때 실행되는 함수로, main.cc 파일에 정의되어 있다. main() 함수의 존재 덕분에 main.cc가 프로그램의 진입점 역할을 하게 된다. main()의 코드는 마이크로컨트롤러가 시작될 때마다 실행된다.

main.cc 파일은 매우 짧고 간단하다. 먼저 #include 문으로 main_functions.h를 포함시키고 여기에 정의된 setup() 및 loop() 함수를 가져온다.

```
#include "tensorflow/lite/micro/examples/hello_world/main_functions.h"
```

다음으로 main() 함수 자체를 선언한다.

```
int main(int argc, char* argv[]) {
  setup();
  while (true) {
    loop();
  }
}
```

main()을 실행하면 먼저 setup() 함수가 호출된다. setup()의 작업은 한 번만 수행된다. 그런 다음 while 루프를 시작하여 반복적으로 loop() 함수를 계속 호출한다.

이 루프는 무한히 실행된다. 서버 또는 웹 프로그래밍 기반을 다진 개발자라면 마시던 콜라를 쏟을 것 같은 아이디어다. 이 루프는 단일 실행 스레드를 차단하므로 프로그램을 종료할 방법이 없다.

하지만 마이크로컨트롤러용 소프트웨어를 작성할 때 이러한 방식의 무한 루프는 실제로 매우 일반적이다. 멀티태스킹이 없고 하나의 애플리케이션만 실행되므로 루프가 계속 진행되는 것은 문제가 되지 않는다. 마이크로컨트롤러는 전원에 연결되어 있는 한 계속 추론하고 데이터를 출력한다.

지금까지 전체 마이크로컨트롤러 애플리케이션을 살펴보았다. 다음 절에서는 개발 머신에서 애플리케이션 코드를 실행하여 테스트해보겠다.

5.3.5 애플리케이션 실행하기

애플리케이션을 실행하려면 우선 빌드해야 한다. Make 명령을 사용해서 프로그램의 실행 가능한 바이너리를 생성하자.

```
make -f tensorflow/lite/micro/tools/make/Makefile hello_world
```

빌드가 완료되면 운영체제에 따라 다음 명령을 사용하여 애플리케이션 바이너리를 실행할 수 있다.

```
# 맥OS
tensorflow/lite/micro/tools/make/gen/osx_x86_64/bin/hello_world

# 리눅스
tensorflow/lite/micro/tools/make/gen/linux_x86_64/bin/hello_world

# 윈도우
tensorflow/lite/micro/tools/make/gen/windows_x86_64/bin/hello_world
```

올바른 경로를 찾을 수 없으면 tensorflow/lite/micro/tools/make/gen/에 위치한 디렉터리를 열어서 확인하자.

바이너리를 실행하면 다음과 같은 출력이 쏟아질 것이다.

```
x_value: 1.4137159*2^1, y_value: 1.374213*2^-2
x_value: 1.5707957*2^1, y_value: -1.4249528*2^-5
x_value: 1.7278753*2^1, y_value: -1.4295994*2^-2
x_value: 1.8849551*2^1, y_value: -1.2867725*2^-1
x_value: 1.210171*2^2, y_value: -1.7542461*2^-1
```

이들은 output_handler.cc의 HandleOutput() 함수로 작성된 로그다. 추론당 하나의 로그가 있으며 x_value는 2π에 도달할 때까지 점차 증가하다가 0으로 감소하고 다시 시작한다.

흥분을 충분히 누렸다면 [Ctrl] + [C]로 프로그램을 종료할 수 있다.

> NOTE_ 숫자는 1.4137159*2^1과 같이 2의 지수로 값이 출력된다. 이는 부동소수점 연산을 위한 하드웨어 지원이 없는 마이크로컨트롤러에서 부동소수점 값을 로깅하는 효율적인 방법이다.
> 원래 값을 확인하려면 계산기를 쓰면 된다. 예를 들어 1.4137159*2^1을 계산하면 2.8274318이다. 이 숫자를 인쇄하는 코드는 debug_log_numbers.cc[19]에 있다.

5.4 마치며

개발 머신에서 프로그램이 작동하는지 확인했으니 다음 장에서 프로그램을 마이크로컨트롤러에서 실행해보자.

---

19 옮긴이_ https://github.com/yunho0130/tensorflow-lite/blob/master/tinyML_book/debug_log_numbers.cc

## CHAPTER 6

TinyML 'Hello World': 마이크로컨트롤러에 배포하기

이 장에서는 세 가지 장치에 코드를 배포할 것이다.

- 아두이노 나노 33 BLE 센스

- 스파크펀 에지

- ST마이크로 STM32F746G 디스커버리 키트

각 장치에 빌드하고 배포하는 절차를 알아보자.

> **NOTE_** 텐서플로 라이트는 정기적으로 새로운 장치 지원을 추가하므로 사용하려는 장치가 여기에 없으면 예제의 README.md를 확인하자. 이 책에서 설명하는 배포 과정에 문제가 발생했을 때에도 업데이트된 README.md를 확인하면 도움이 될 것이다.

모든 장치는 LED 뱅크에서 선체 LCD 디스플레이에 이르기까지 고유한 출력 기능이 있다. 예제 코드에는 각 장치에 맞는 HandleOutput( ) 구현이 포함됐다. 지금부터 예제를 각각 살펴보고 해당 논리의 작동 방식을 알아보자.

6.1 마이크로컨트롤러란 무엇인가

임베디드 장치를 개발한 경험이 없다면 마이크로컨트롤러가 다른 전자 부품과 상호작용하는 방식에 익숙하지 않을 수도 있다. 지금부터는 하드웨어를 다룰 것이며 그 전에 개념적인 부분을 설명하고자 한다.

아두이노, 스파크펀 에지, STM32F746G 디스커버리 키트와 같은 마이크로컨트롤러 보드에서 실제 마이크로컨트롤러는 회로 기판에 부착된 많은 전자 부품 중 하나일 뿐이다. [그림 6-1]은 스파크펀 에지의 마이크로컨트롤러 모습이다.

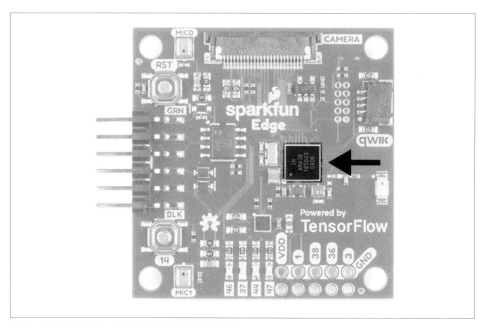

그림 6-1 스파크펀 에지 보드의 마이크로컨트롤러(화살표)

마이크로컨트롤러는 핀으로 회로 보드에 연결된다. 일반적인 마이크로컨트롤러에는 수십 개의 핀이 있으며 모두 용도가 다르다. 어떤 핀은 마이크로컨트롤러에 전원을 공급하고 어떤 핀은 다른 중요한 부품으로 연결된다. 어떤 핀은 마이크로컨트롤러에서 실행되는 프로그램에 의해 디지털 신호의 입력과 출력을 수행하는데 이러한 핀을 GPIO$^{General-Purpose Input/Output}$ (범용 입출력) 핀이라 한다. GPIO 핀은 입력으로 작동하며 전압이 외부에서 들어오는지 여부를 결정하거나, 출력으로 작동하며 다른 부품에 전원을 공급하고 통신을 수행한다.

GPIO 핀은 디지털이다. 이는 출력 모드에서 스위치가 완전히 켜지거나 완전히 꺼질 수만 있다는 것을 의미한다. 입력 모드에서는 외부에서 들어오는 전압이 특정 임곗값보다 높거나 낮은지 감지할 수 있다. GPIO 외에도 일부 마이크로컨트롤러에는 아날로그 입력 핀이 있어 정확한 입력 전압을 측정할 수 있다.

마이크로컨트롤러에서 실행되는 프로그램의 특수한 함수를 이용해 주어진 핀이 입력 모드인지 출력 모드인지 제어할 수 있다. 출력 핀을 켜고 끄거나 입력 핀의 현재 상태를 읽는 데 사용되는 함수도 있다.

다음으로 첫 번째 장치인 아두이노를 자세히 알아보자.

6.2 아두이노

아두이노 보드의 종류는 매우 다양하며 그 성능도 제각각이다. 모든 아두이노가 마이크로컨트롤러용 텐서플로 라이트를 실행할 수 있는 것은 아니다. 이 책에서 권장하는 보드는 아두이노 나노 33 BLE 센스이며 이 보드에는 텐서플로 라이트와 호환되는 것 외에도 마이크와 가속도계(책 후반에서 사용)가 포함되어 있다. 납땜 없이 다른 부품을 쉽게 연결할 수 있기 때문에 헤더가 있는 보드 버전을 구입하는 것이 좋다.

대부분의 아두이노 보드에는 LED가 내장되어 있으며 LED는 사인 값을 시각적으로 출력하는 데 사용한다. 아두이노 나노 33 BLE 센스 보드의 LED는 [그림 6-2]와 같다.

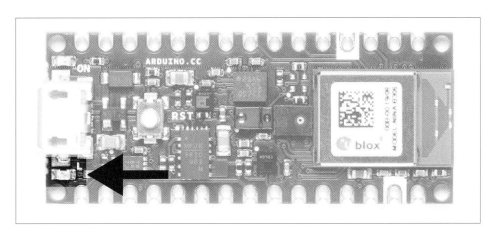

그림 6-2 아두이노 나노 33 BLE 센스 보드의 LED(화살표)

6.2.1 아두이노 출력 다루기

작동시킬 LED는 하나 뿐이므로 창의적인 접근이 필요하다. 한 가지 방법은 가장 최근에 예측된 사인 값에 따라 LED 밝기를 변경하는 것이다. 값의 범위가 −1에서 1까지이므로 0일 때는 LED가 완전히 꺼지고, −1이나 1일 때는 최고 밝기로 켜지고, 그 사이의 값에서는 중간 밝기로 켜지게 만들 수 있다. 이를 통해 프로그램이 루프에서 추론을 실행함에 따라 LED가 반복적으로 켜졌다가 꺼질 것이다.

kInferencesPerCycle 상수를 사용하여 전체 사인파 주기 동안 수행할 추론의 횟수를 변경할 수 있다. 추론을 수행할 때마다 시간이 걸리므로 constants.cc에 정의된 kInferencesPerCycle을 조정하면서 LED가 얼마나 빨리 점멸할지 조정해야 한다.

hello_world/arduino/constants.cc에 이 파일의 아두이노 버전이 있다. 파일 이름은 hello_world/constants.cc와 동일하므로 애플리케이션을 아두이노용으로 빌드할 때 원래 구현 대신 사용된다.

내장 LED의 밝기를 조절하기 위해 펄스 폭 변조Pulse Width Modulation (PWM)라는 기술을 사용할 수 있다. 출력 핀을 매우 빠르게 켜고 끄면 핀의 출력 전압이 꺼짐 상태를 유지하는 시간 그리고 켜짐 상태를 유지하는 시간 사이의 비율이 형성될 것이다. 핀이 각 상태에서 시간의 50%를 소비하면 출력 전압은 최댓값의 50%가 된다. 켜짐 상태에서 75%, 꺼짐 상태에서 25%를 소비하면 전압은 최댓값의 75%가 된다.

PWM은 특정 아두이노 장치의 특정 핀에서만 사용할 수 있지만 사용하기는 매우 쉽다. 핀의 출력 레벨을 설정하는 함수를 호출하기만 하면 된다.

아두이노 출력 처리를 구현하는 코드는 hello_world/arduino/output_handler.cc에 있으며 원본 파일 hello_world/output_handler.cc 대신 사용된다. 소스를 살펴보자.

```
#include "tensorflow/lite/micro/examples/hello_world/output_handler.h"
#include "Arduino.h"
#include "tensorflow/lite/micro/examples/hello_world/constants.h"
```

먼저 일부 헤더 파일을 포함시킨다. output_handler.h는 이 파일의 인터페이스를 지정한다. Arduino.h는 아두이노 플랫폼을 위한 인터페이스를 제공하며 이것을 사용하여 보드를 제어한다. kInferencesPerCycle에 접근해야 하므로 constants.h도 포함한다.

다음으로 함수를 정의하고 처음 실행될 때 수행할 작업을 지시한다.

```
// 현재 y값을 나타내도록 LED 밝기를 조정
void HandleOutput(tflite::ErrorReporter* error_reporter, float x_value,
                  float y_value) {
// 함수가 한 번 이상 실행됐는지 추적
static bool is_initialized = false;

// 이 작업은 한 번만 수행
if (!is_initialized) {
  // LED 핀을 출력으로 설정
  pinMode(LED_BUILTIN, OUTPUT);
  is_initialized = true;
}
```

C++에서 함수 내에서 static으로 선언된 변수는 여러 함수에 걸쳐서 값을 유지한다. 이 코드에서는 is_initialized 변수를 사용하여 if (!is_initialized)에 이어지는 블록의 코드가 이전에 실행됐는지 추적한다.

초기화 블록은 아두이노의 pinMode() 함수를 호출하며 pinMode() 함수는 주어진 핀을 입력 또는 출력 모드로 설정하도록 마이크로컨트롤러에 지시한다. 이 함수는 핀을 사용하기 전에 반드시 필요하다. 인수로는 아두이노 플랫폼에서 정의한 두 가지 상수(LED_BUILTIN과 OUTPUT)를 전달했다. LED_BUILTIN은 보드의 내장 LED에 연결된 핀을 나타내고 OUTPUT은 출력 모드를 나타낸다.

내장 LED의 핀을 출력 모드로 설정한 후 이 블록의 코드가 다시 실행되지 않도록 is_initialized를 true로 설정했다.

다음으로 원하는 LED 밝기를 계산한다.

```
// y = -1에서 완전히 꺼지고 y = 1에서 완전히 켜지도록 LED 밝기 계산
// LED 밝기 범위는 0~255
int brightness = (int)(127.5f * (y_value + 1));
```

아두이노를 사용하면 PWM 출력 레벨을 0에서 255까지의 숫자로 설정할 수 있다. 여기서 0은 완전히 꺼짐을 255는 완전히 켜짐을 의미한다. y_value는 -1과 1 사이의 숫자다. 앞의 코드는 y_value를 0에서 255 범위로 매핑하여 y = -1일 때 LED가 완전히 꺼지고 y = 0일 때

LED가 반만 켜지며 y = 1일 때 LED가 완전히 켜지게 한다.

다음 단계에서 실제로 LED 밝기를 설정한다.

```
// LED 밝기 설정. 지정된 핀이 PWM을 지원하지 않는 경우
// y > 127일 때 LED가 켜지고 그렇지 않을 때는 꺼진다.
analogWrite(LED_BUILTIN, brightness);
```

analogWrite() 함수는 아두이노 플랫폼의 고유 함수로 핀 번호(예제에서는 상수 LED_BUILTIN)와 0에서 255 사이의 값을 인수로 받는다. 예제에서는 이전 줄에서 계산된 brightness를 인수로 넣었다. 이 함수를 호출하면 LED가 켜진다.

> **NOTE_** 안타깝게도 일부 아두이노 보드 모델에서는 내장 LED가 연결된 핀으로 PWM을 사용할 수 없다. 즉, analogWrite() 함수를 통해 밝기를 변화시킬 수 없다. 대신 analogWrite()에 전달된 값이 127보다 크면 LED가 켜지고 126 이하면 꺼지게 되어 LED 밝기가 연속적으로 변화하지 않고 켜지거나 꺼지는 작동만 할 수 있다. 만족스럽진 않겠지만 여전히 사인파 예측을 보여줄 수는 있다.

마지막으로 ErrorReporter 인스턴스를 사용하여 brightness 값을 기록한다.

```
// 아두이노 플로터에 표시할 현재 brightness 값을 기록
error_reporter->Report("%d\n", brightness);
```

아두이노 플랫폼에서 ErrorReporter를 설정하면 시리얼 포트를 통해 데이터를 기록할 수 있다. 시리얼 통신은 마이크로컨트롤러가 호스트 컴퓨터와 통신하는 매우 일반적인 방법이며 디버깅에 흔히 사용된다. 시리얼 통신은 출력 핀을 켜고 끄는 방식으로 한 번에 한 비트씩 데이터를 통신하는 통신 프로토콜이며 원시 이진 데이터에서 텍스트 및 숫자에 이르기까지 무엇이든 보내고 받을 수 있다.

아두이노 IDE에는 시리얼 포트를 통해 수신된 데이터를 캡처하고 표시하기 위한 도구가 포함되어 있다. 도구 중 하나인 시리얼 플로터Serial Plotter는 시리얼을 통해 받은 값의 그래프를 표시할 수 있다. 코드에서 brightness 값의 스트림을 출력하면 그래프가 나타난다(그림 6-3).

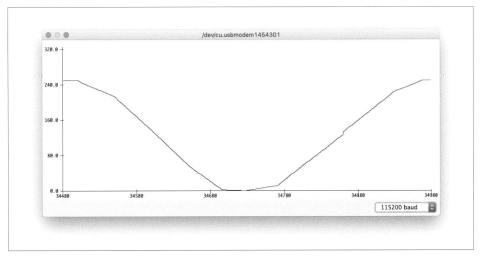

그림 6-3 아두이노 IDE의 시리얼 플로터

이 절 후반부에서 시리얼 플로터 사용 방법을 자세히 알아볼 것이다.

NOTE_ ErrorReporter가 어떻게 아두이노의 시리얼 인터페이스를 통해 데이터를 출력할 수 있는지 궁금할 것이다. micro/arduino/debug_log.cc에서 코드 구현을 찾을 수 있으며 이는 micro/debug_log.cc의 원래 구현을 대체한다. output_handler.cc를 덮어 쓰는 방법과 마찬가지로 플랫폼 이름이 있는 디렉터리에 소스 파일을 추가하는 방식으로 마이크로컨트롤러용 텐서플로 라이트에서 모든 소스 파일의 플랫폼별 구현을 얻을 수 있다.

6.2.2 예제 실행하기

다음으로 할 일은 아두이노용 프로젝트를 빌드하고 장치에 배포하는 것이다.

TIP_ 이 책이 출간된 후 빌드 절차가 변경됐을 가능성이 있으므로 README.md에서 최신 업데이트를 확인하자.

배포에 필요한 것은 다음과 같다.

- 지원되는 아두이노 보드(아두이노 나노 33 BLE 센스 권장)

- 적절한 USB 케이블

- 아두이노 IDE(컴퓨터에 없다면 내려받아 설치)

이 책의 프로젝트는 텐서플로 라이트 아두이노 라이브러리에서 예제 코드로 제공되며 아두이노 IDE를 통해 쉽게 설치하고 Tools 메뉴에서 라이브러리 관리를 선택할 수 있다. 나타나는 창에서 Arduino_TensorFlowLite라는 라이브러리를 검색하여 설치한다. 최신 버전 사용을 권장하지만 문제가 발생할 경우 이 책에서 테스트한 버전이 1.14-ALPHA라는 점을 참고 바란다.

NOTE_ .zip 파일로 라이브러리를 설치할 수도 있다. 이 파일은 텐서플로 라이트 웹사이트에서 다운로드 (https://oreil.ly/blgB8)할 수도 있고 마이크로컨트롤러용 텐서플로 라이트의 Makefile을 사용하여 생성할 수도 있다. 자세한 내용은 22장에서 다룬다.

라이브러리를 설치하면 [그림 6-4]와 같이 File → Examples → Arduino_TensorFlowLite 하위 메뉴에 hello_world 예제가 표시된다.

예제를 로드하려면 hello_world를 클릭한다. 각 소스 파일에 대한 탭이 있는 새 창이 나타나며 첫 번째 탭인 hello_world 파일은 앞에서 살펴본 main_functions.cc와 같다.

그림 6-4 예제 메뉴

아두이노 예제 코드의 차이점

아두이노 라이브러리가 생성되면 아두이노 IDE와 맞게 작동하도록 코드가 일부 변경된다. 이는 아두이노 예제와 텐서플로 깃허브 저장소의 코드 사이에 약간의 차이가 있음을 의미한다. 예를 들어 hello_world 파일에서 setup()과 loop() 함수는 아두이노 환경에 의해 자동으로 호출되므로 main.cc 파일과 main() 함수는 필요하지 않다.

아두이노 IDE는 소스 파일이 .cc 대신 .cpp 확장자를 가질 것으로 예상한다. 또한 아두이노 IDE는 하위 폴더를 지원하지 않기 때문에 아두이노 예제의 각 파일 이름 앞에는 원래 하위 폴더 이름이 붙는다. 예를 들어 arduino_constants.cpp는 원래 이름이 arduino/constants.cc인 파일과 같다.

그러나 몇 가지 사소한 차이점 외에는 코드가 거의 변하지 않는다.

예제를 실행하려면 USB로 두이노 장치를 연결하자. [그림 6-5]와 같이 Tools 메뉴의 Board 드롭다운 목록에서 올바른 장치 유형을 선택했는지 확인한다.

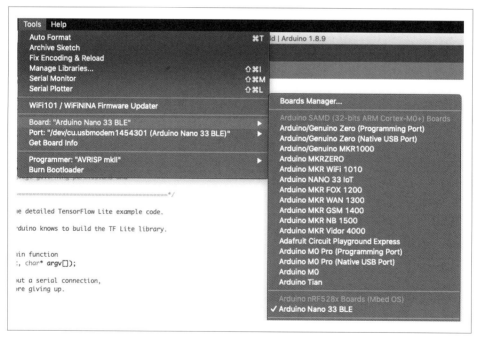

그림 6-5 Board 드롭다운 목록

장치 이름이 목록에 없으면 지원 패키지를 설치해야 한다. Boards Manager(보드 관리자)를 클릭하여 나타나는 창에서 장치를 검색하고 해당 지원 패키지의 최신 버전을 설치한다.

그런 다음 [그림 6-6]과 같이 Tools → Port(포트)의 드롭다운 목록에 장치 포트가 선택되어 있는지 확인한다.

그림 6-6 포트 드롭다운 리스트

마지막으로 아두이노 창에서 업로드 버튼(그림 6-7의 오른쪽 방향 화살표)을 클릭하여 코드를 컴파일하고 아두이노 장치에 업로드한다.

그림 6-7 오른쪽을 가리키는 화살표 모양이 업로드 버튼

업로드가 성공적으로 완료되면 아두이노 보드 내장 LED 핀의 PWM 지원 여부에 따라 부드러운 점멸 또는 0과 1 형태의 점멸이 시작된다. 이렇게 처음으로 임베디드 장치에서 머신러닝을 실행했다.

> **NOTE_** 아두이노 보드 모델마다 하드웨어가 다르며 다양한 속도로 추론을 실행한다. LED가 켜진 상태만을 유지하는 경우 주기당 추론 수를 늘려야 할 수도 있다. arduino_constants.cpp의 **kInferences PerCycle** 상수를 변경하며 이를 조절한다. 예제 코드를 편집하는 방법은 6.2.3절에서 설명할 것이다.

그래프에 표시된 brightness 값을 볼 수도 있다. [그림 6–8]과 같이 아두이노 IDE의 Tools 메뉴에서 Serial Plotter를 선택하여 연다.

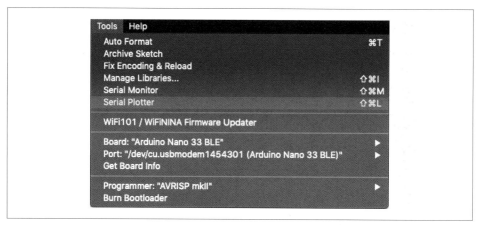

그림 6-8 시리얼 플로터 메뉴

시리얼 플로터는 시간이 지남에 따라 변화하는 값을 보여준다(그림 6–9).

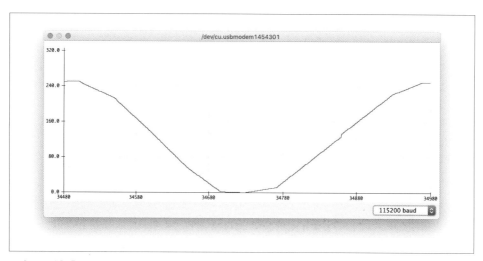

그림 6-9 값을 출력하는 시리얼 플로터

아두이노의 시리얼 포트에서 수신한 원시 데이터를 보려면 Tools 메뉴에서 시리얼 모니터를 연다. [그림 6–10]과 같이 일련의 숫자가 지나가는 것을 볼 수 있다.

그림 6-10 원시 데이터를 출력하는 시리얼 모니터

6.2.3 커스텀 버전 만들기

애플리케이션을 배포했으므로 코드를 변경하며 새로운 도전을 즐겨보자. 아두이노 IDE에서 소스 파일을 편집할 수 있다. 저장하면 예제를 새 위치에 다시 저장하라는 메시지가 나타난다. 변경이 끝나면 아두이노 IDE에서 업로드 버튼을 클릭하여 빌드하고 배포할 수 있다. 시도해 볼 수 있는 몇 가지 실험은 다음과 같다.

- 사이클당 추론 수를 조정하여 LED가 느리게 깜박이도록 만든다.

- 시리얼 포트에 텍스트 기반 애니메이션을 기록하도록 output_handler.cc를 수정한다.

- 사인파를 사용하여 추가 LED나 사운드 제너레이터와 같은 다른 구성 요소를 제어한다.

6.3 스파크펀 에지

스파크펀 에지 개발 보드는 소형 장치에서 머신러닝을 실험하기 위한 플랫폼으로 특별히 설계됐으며 ARM Cortex M4 프로세서 코어가 장착된 저전력 Ambiq Apollo 3 마이크로컨트롤러가 탑재되어 있다.

[그림 6-11]과 같이 이 보드에는 네 개의 LED 뱅크가 있다. 이 LED로 사인 값을 시각적으로 출력할 수 있다.

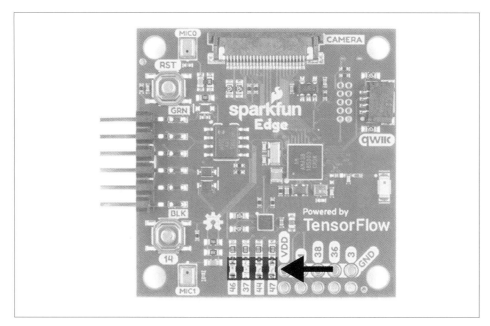

그림 6-11 스파크펀 에지의 LED 네 개

6.3.1 스파크펀 에지에서 출력 처리하기

최첨단 AI로 LED 깜박이를 만들지 말라는 법은 없다. 이제부터 보드의 LED 뱅크를 사용하여 간단한 애니메이션을 만들어보자.

네 개의 LED(빨간색, 초록색, 파란색, 노란색)는 다음과 같은 순서로 위치하고 있다.

    [R G B Y]

다음 표는 서로 다른 y값으로 LED를 켜는 방법을 나타낸다.

범위	LED 점등 패턴
0.75 <= y <= 1	[0 0 1 1]
0 < y < 0.75	[0 0 1 0]
y = 0	[0 0 0 0]
-0.75 < y < 0	[0 1 0 0]
-1 <= y <= 0.75	[1 1 0 0]

각 추론에는 일정 시간이 걸리므로 constants.cc에 정의된 `kInferencesPerCycle`을 조정하면 LED 사이클 속도가 조정된다.

[그림 6-12]는 이후에 소개할 예제로 구현한 LED 애니메이션이 정지된 스틸이며 애니메이션은 https://oreil.ly/cXdPY에서 확인할 수 있다.

그림 6-12 스파크펀 에지 LED로 구현한 애니메이션의 스틸

스파크펀 에지 버전의 출력 처리를 구현하는 코드는 hello_world/sparkfun_edge/output_handler.cc에 있으며 원본 파일 hello_world/output_handler.cc 대신 사용된다. 그럼 이제 코드를 살펴보자.

```
#include "tensorflow/lite/micro/examples/hello_world/output_handler.h"
#include "am_bsp.h"
```

먼저 `#include` 문으로 헤더 파일을 포함시킨다. output_handler.h는 이 파일의 인터페이스를 지정한다. 다른 파일인 am_bsp.h는 Ambiq Apollo3 SDK라는 파일에서 가져온다. 앰비크는 스파크펀 에지 마이크로컨트롤러, Apollo3의 제조업체다. SDK^{Software Development Kit}(소프트웨어 개발 키트)는 마이크로컨트롤러의 기능을 제어하는 데 사용할 수 있는 상수와 함수를 정의하는 소스 파일을 모은 것이다.

보드 LED를 제어하려면 마이크로컨트롤러의 핀을 켜거나 끌 수 있어야 하는데 이는 모두 SDK에 포함된 함수로 가능하다.

> **NOTE_** Makefile은 프로젝트를 최종 빌드할 때 SDK를 자동으로 다운로드한다. 궁금한 점은 스파크펀 웹사이트(https://oreil.ly/RHHql)에서 자세한 내용을 읽거나 코드를 다운로드해 더 알아보자.

다음은 HandleOutput() 함수를 정의하고 첫 번째 실행에서 수행할 작업이다.

```
void HandleOutput(tflite::ErrorReporter* error_reporter, float x_value,
                  float y_value) {
  // 메서드를 최초로 실행할 때 LED를 설정
  static bool is_initialized = false;
  if (!is_initialized) {
    // LED를 출력으로 설정
    am_hal_gpio_pinconfig(AM_BSP_GPIO_LED_RED, g_AM_HAL_GPIO_OUTPUT_12);
    am_hal_gpio_pinconfig(AM_BSP_GPIO_LED_BLUE, g_AM_HAL_GPIO_OUTPUT_12);
    am_hal_gpio_pinconfig(AM_BSP_GPIO_LED_GREEN, g_AM_HAL_GPIO_OUTPUT_12);
    am_hal_gpio_pinconfig(AM_BSP_GPIO_LED_YELLOW, g_AM_HAL_GPIO_OUTPUT_12);
    // 모든 핀의 출력 초기화
    am_hal_gpio_output_clear(AM_BSP_GPIO_LED_RED);
    am_hal_gpio_output_clear(AM_BSP_GPIO_LED_BLUE);
    am_hal_gpio_output_clear(AM_BSP_GPIO_LED_GREEN);
    am_hal_gpio_output_clear(AM_BSP_GPIO_LED_YELLOW);
    is_initialized = true;
  }
```

am_bsp.h에 있는 am_hal_gpio_pinconfig() 함수를 사용하여 보드의 내장 LED에 연결된 핀을 출력 모드(상수 g_AM_HAL_GPIO_OUTPUT_12)로 설정한다. 각 LED의 핀 번호는 AM_BSP_GPIO_LED_RED와 같은 상수로 표시된다.

다음으로 am_hal_gpio_output_clear()를 사용해 모든 출력을 초기화하면 LED가 모두 꺼진다. 아두이노 구현에서와 같이 이 블록의 코드가 한 번만 실행되도록 is_initialized라는 static 변수를 사용한다. 다음으로 y값이 음수면 어떤 LED를 켜야 하는지 결정한다.

```
// 음수 값에 대해 LED가 출력할 색을 설정
if (y_value < 0) {
  // 불필요한 LED 출력 초기화
  am_hal_gpio_output_clear(AM_BSP_GPIO_LED_GREEN);
  am_hal_gpio_output_clear(AM_BSP_GPIO_LED_YELLOW);
  // 음수에는 파란색 LED 점등
  am_hal_gpio_output_set(AM_BSP_GPIO_LED_BLUE);
  // 일부 값에는 빨간색 LED 점등
  if (y_value <= -0.75) {
    am_hal_gpio_output_set(AM_BSP_GPIO_LED_RED);
  } else {
    am_hal_gpio_output_clear(AM_BSP_GPIO_LED_RED);
  }
```

먼저 y값만 음수인 경우 양수 값을 나타내는 데 사용되는 두 개의 LED를 초기화한다. 다음으로 am_hal_gpio_output_set()을 호출하여 값이 음수일 때 항상 켜지도록 파란색 LED를 점등한다. 마지막으로 값이 −0.75보다 작으면 빨간색 LED를 켜고 그렇지 않으면 빨간색 LED를 끈다.

다음으로 y의 양수 값에도 동일한 작업을 수행한다.

```
// 양수 값에 LED가 출력할 색을 설정
} else if (y_value > 0) {
  // 불필요한 LED 출력 초기화
  am_hal_gpio_output_clear(AM_BSP_GPIO_LED_RED);
  am_hal_gpio_output_clear(AM_BSP_GPIO_LED_BLUE);
  // 양수에는 초록색 LED 점등
  am_hal_gpio_output_set(AM_BSP_GPIO_LED_GREEN);
  // 일부 값에는 노란색 LED 점등
  if (y_value >= 0.75) {
    am_hal_gpio_output_set(AM_BSP_GPIO_LED_YELLOW);
  } else {
    am_hal_gpio_output_clear(AM_BSP_GPIO_LED_YELLOW);
  }
}
```

LED에 대해서는 여기까지다. 마지막으로 현재 출력값을 시리얼 포트로 기록한다.

```
// 현재 X값과 Y값 기록
error_reporter->Report("x_value: %f, y_value: %f\n", x_value, y_value);
```

6.3.2 예제 실행하기

이제 예제 코드를 빌드하고 스파크펀 에지에 배포하자.

코드를 빌드하고 배포하려면 다음이 필요하다.

- 스파크펀 에지 보드
- USB 프로그래머: 마이크로-B USB(https://oreil.ly/A6oDw)와 USB-C(https://oreil.ly/3REjg)
  용 스파크펀 시리얼 확장 보드 권장
- 일치하는 USB 케이블
- 파이썬 3과 일부 종속성

파이썬과 종속성

예제 프로세스에는 파이썬 스크립트 실행이 일부 포함된다. 계속하기 전에 파이썬 3이 시스템에
설치됐는지 확인해야 한다. 터미널을 열고 다음 명령을 입력하자.

```
python --version
```

파이썬 3이 설치되어 있다면 다음이 출력될 것이다(x, y는 부차적인 버전 번호이며 크게 중요하
지 않다).

```
Python 3.x.y
```

위 출력이 나타났다면 python 명령을 사용하여 파이썬 스크립트를 실행할 수 있다. 다른 출력이
나타났다면 다음 명령을 시도한다.

```
python3 --version
```

동일한 결과를 볼 것이다.

```
Python 3.x.y
```

이 경우 python3 명령을 사용하여 필요할 때 파이썬 스크립트를 실행할 수 있다.

두 방법 다 통하지 않았다면 시스템에 파이썬 3을 설치해야 한다. 특정 운영체제에 맞는 설치 방법을 웹에서 검색해 설치한다.

파이썬 3을 설치한 후 몇 가지 종속성을 설치한다. 명령어는 다음과 같다(명령이 python3인 경우 pip 대신 pip3 명령을 사용한다).

```
pip install pycrypto pyserial --user
```

시작하려면 터미널을 열고 텐서플로 저장소를 복제한 다음 디렉터리로 변경한다.

```
git clone https://github.com/tensorflow/tensorflow.git
cd tensorflow
```

다음으로 바이너리를 빌드하고 장치에 심을 수 있도록 몇 가지 명령을 실행한다. 타이핑을 줄이려면 README.md에서 이러한 명령을 복사하여 붙여 넣어도 된다.

6.3.2.1 바이너리 빌드하기

다음 명령은 필요한 모든 종속성을 다운로드한 다음 스파크펀 에지의 바이너리를 컴파일한다.

```
make -f tensorflow/lite/micro/tools/make/Makefile \
    TARGET=sparkfun_edge hello_world_bin
```

NOTE_ 바이너리는 스파크펀 에지 하드웨어에서 직접 실행할 수 있는 형식의 프로그램을 포함하는 파일이다.

바이너리는 다음 위치에 .bin 파일로 생성된다.

```
tensorflow/lite/micro/tools/make/gen/ \
  sparkfun_edge_cortex-m4/bin/hello_world.bin
```

파일이 존재하는지 확인하기 위해 다음 명령을 사용한다.

```
test -f tensorflow/lite/micro/tools/make/gen/ \
  sparkfun_edge_cortex-m4/bin/hello_world.bin \
  &&  echo "Binary was successfully created" ¦¦ echo "Binary is missing"
```

해당 명령을 실행하면 바이너리가 콘솔에 성공적으로 생성되고 출력된다.

바이너리가 없으면 빌드 프로세스에 문제가 있는 것이다. 그렇다면 make 명령 출력에서 무엇이 잘못됐는지 단서를 찾아야 한다.

6.3.2.2 바이너리 서명하기

바이너리를 장치에 배포하려면 암호화 키로 서명해야 한다. 바이너리를 서명하는 몇 가지 명령을 실행해서 스파크펀 에지에 플래시해보자. 여기에 사용된 스크립트는 Ambiq SDK에서 제공되며 Makefile이 실행될 때 다운로드된다.

개발에 사용할 수 있는 더미 암호화 키를 설정하려면 다음 명령을 입력한다.

```
cp tensorflow/lite/micro/tools/make/downloads/AmbiqSuite-Rel2.0.0/ \
  tools/apollo3_scripts/keys_info0.py \
  tensorflow/lite/micro/tools/make/downloads/AmbiqSuite-Rel2.0.0/ \
  tools/apollo3_scripts/keys_info.py
```

그러고 나서 다음 명령을 실행하여 서명된 바이너리를 생성한다. 개발 환경에 따라 명령 내의 python3을 python으로 대체해야 할 수도 있다.

```
python3 tensorflow/lite/micro/tools/make/downloads/ \
  AmbiqSuite-Rel2.0.0/tools/apollo3_scripts/create_cust_image_blob.py \
  --bin tensorflow/lite/micro/tools/make/gen/ \
  sparkfun_edge_cortex-m4/bin/hello_world.bin \
  --load-address 0xC000 \
  --magic-num 0xCB -o main_nonsecure_ota \
  --version 0x0
```

이 명령은 main_nonsecure_ota.bin 파일을 생성한다. 이제 이 명령을 실행하여 최종 버전 파일을 만든다. 생성된 파일은 다음 단계에서 사용할 스크립트를 사용하여 장치를 플래시하는 데 쓰인다.

```
python3 tensorflow/lite/micro/tools/make/downloads/ \
  AmbiqSuite-Rel2.0.0/tools/apollo3_scripts/create_cust_wireupdate_blob.py \
  --load-address 0x20000 \
  --bin main_nonsecure_ota.bin \
  -i 6 \
  -o main_nonsecure_wire \
  --options 0x1
```

명령을 실행한 디렉터리에 main_nonsecure_wire.bin이라는 파일이 생성됐을 것이다. 이 파일이 앞으로 장치에 플래싱^{flashing}할 파일이다. 그럼 플래싱은 무엇일까?

6.3.2.3 바이너리 플래시하기

스파크펀 에지는 현재 실행 중인 프로그램을 1MB의 플래시 메모리에 저장한다. 보드에서 새 프로그램을 실행하려면 프로그램을 보드에 보내서 플래시 메모리에 저장해야 하며 이 절차는 이전에 플래시 메모리에 저장된 모든 프로그램을 덮어 쓴다. 이 과정을 플래싱이라 한다. 한 단계씩 진행해보자.

프로그래머를 보드에 연결

보드에 새 프로그램을 플래싱하려면 스파크펀 USB-C 시리얼 기본 베이직 프로그래머를 사용한다. 이 장치를 사용하면 컴퓨터가 USB를 통해 마이크로컨트롤러와 통신할 수 있다. 시리얼 프로그래머를 보드에 연결하려면 다음 단계를 수행한다.

1. 스파크펀 에지 측면의 6핀 헤더를 찾는다.
2. 스파크펀 USB-C 시리얼 베이직 프로그래머를 핀에 꽂고 각 장치에서 BLK와 GRN으로 표시된 핀이 올바르게 정렬됐는지 확인한다.

[그림 6-13]에서 올바른 정렬 상태를 볼 수 있다.

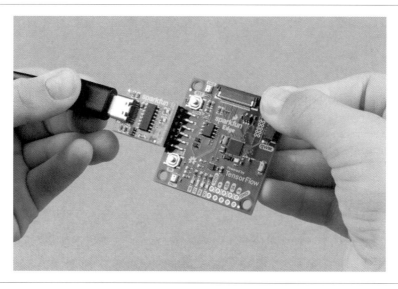

그림 6-13 스파크펀 에지와 USB-C 시리얼 베이직 연결하기(출처: 스파크펀)

프로그래머를 컴퓨터에 연결

다음으로 USB를 통해 보드를 컴퓨터에 연결한다. 보드를 프로그래밍하려면 컴퓨터가 장치에 부여한 이름을 결정해야 한다. 가장 좋은 방법은 보드를 연결하기 전에 장치 목록을 확인한 다음 보드를 연결한 후 목록에 나타나는 새로운 장치를 확인하는 것이다.

> **WARNING_** 프로그래머의 운영체제 기본 드라이버가 문제인 경우도 있으니 계속하기 전에 드라이버를 설치하는 것이 좋다.

USB를 통해 장치를 연결하기 전에 다음 명령을 실행한다.

```
# 맥OS
ls /dev/cu*

# 리눅스
ls /dev/tty*
```

다음과 같이 연결된 장치 목록이 출력된다.

```
/dev/cu.Bluetooth-Incoming-Port
/dev/cu.MALS
/dev/cu.SOC
```

이제 프로그래머를 컴퓨터 USB 포트에 연결하고 명령을 다시 실행한다.

```
# 맥OS
ls /dev/cu*

# 리눅스
ls /dev/tty*
```

다음같이 새로운 항목이 출력에 추가되어야 하며 새 항목의 이름이 다를 수도 있다. 여기에서
나타나는 이름이 새로운 장치의 이름이다.

```
/dev/cu.Bluetooth-Incoming-Port
/dev/cu.MALS
/dev/cu.SOC
/dev/cu.wchusbserial-1450
```

이 이름은 장치를 나타내는 데 사용된다. 그러나 프로그래머가 어느 USB 포트 연결되는지에
따라 이름이 변경되기도 하니 컴퓨터에서 보드를 분리했다가 다시 연결하면 장치 이름을 다시
찾아야 할 수도 있다.

> **TIP_** 목록에 새로운 장치가 두 개 나타난다는 일부 사례도 발견됐다. 장치가 두 개 표시될 경우 둘 중 올
> 바른 장치는 wch로 시작하는 장치인 것으로 확인됐다. 이를테면 '/dev/wchusbserial-14410'을 선택하면
> 된다.

장치 이름을 식별한 후 나중에 사용할 수 있도록 셸 변수에 넣는다.

```
export DEVICENAME=<your device name here>
```

이 변수는 프로세스 후반에 장치 이름이 필요한 명령을 실행할 때 사용할 수 있다.

스크립트를 실행하여 보드를 플래시

보드를 플래싱해서 새로운 바이너리를 받게 만들기 위해서는 보드를 특수한 부트로더^{bootloader} 상태로 만들어야 한다. 그런 다음 스크립트를 실행하면 바이너리를 보드로 보낼 수 있다.

먼저 환경 변수를 생성하여 전송 속도를 지정한다. 이 속도는 데이터가 장치로 전송되는 속도다.

```
export BAUD_RATE=921600
```

다음 명령을 터미널에 붙여 넣고 엔터 키는 아직 누르지 않는다. 명령의 ${DEVICENAME}과 ${BAUD_RATE}를 앞에서 설정한 값으로 바꾸어야 한다. 필요하다면 python3을 python으로 대체한다.

```
python3 tensorflow/lite/micro/tools/make/downloads/ \
  AmbiqSuite-Rel2.0.0/tools/apollo3_scripts/ \
  uart_wired_update.py -b ${BAUD_RATE} \
  ${DEVICENAME} -r 1 -f main_nonsecure_wire.bin -i 6
```

다음으로 보드를 부트로더 상태로 재설정하고 보드를 플래시한다. 보드에서 [그림 6-14]와 같이 RST 버튼과 14 버튼을 찾는다.

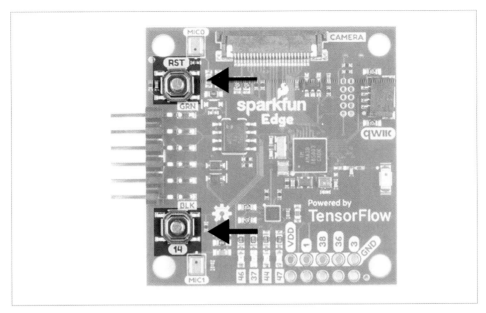

그림 6-14 스파크펀 에지의 버튼

다음 단계를 수행한다.

1. 보드가 프로그래머에 연결되어 있고 모든 것이 USB를 통해 컴퓨터에 연결되어 있는지 확인한다.
2. 보드의 14 버튼을 길게 누르고 그 상태를 유지한다.
3. 14 버튼을 계속 누른 상태에서 RST가 표시된 버튼을 눌러 보드를 리셋한다.
4. 컴퓨터에서 엔터 키를 눌러 스크립트를 실행한다. 계속 14 버튼을 누른 상태를 유지한다.

이제 화면에 다음과 같이 출력될 것이다.

```
Connecting with Corvette over serial port /dev/cu.usbserial-1440...
Sending Hello.
Received response for Hello
Received Status
length =  0x58
version =  0x3
Max Storage =  0x4ffa0
Status =  0x2
State =  0x7
```

```
AMInfo =
0x1
0xff2da3ff
0x55fff
0x1
0x49f40003
0xffffffff
[...lots more 0xffffffff...]
Sending OTA Descriptor =  0xfe000
Sending Update Command.
number of updates needed =  1
Sending block of size  0x158b0  from  0x0  to  0x158b0
Sending Data Packet of length  8180
Sending Data Packet of length  8180
[...lots more Sending Data Packet of length  8180...]
```

'Sending Data Packet of length 8180' 메시지가 나타날 때까지 14 버튼을 누르고 있어야
한다. 해당 메시지가 나타나면 버튼에서 손을 떼어도 된다(계속 누르고 있어도 문제는 없다).
프로그램은 터미널에서 계속 출력을 쏟아내고 마지막에는 다음과 같은 내용이 나타날 것이다.

```
[...lots more Sending Data Packet of length  8180...]
Sending Data Packet of length  8180
Sending Data Packet of length  6440
Sending Reset Command.
Done.
```

이로써 플래싱이 성공적으로 끝났다.

> **TIP**_ 프로그램 출력에 오류가 발생하면 'Sending Reset Command.' 메시지가 출력됐는지 확인한다. 이
> 메시지가 나타났다면 오류에도 불구하고 플래싱이 성공적으로 끝났을 가능성이 있다. 그렇지 않으면 플래
> 싱이 실패했다는 의미이므로 다시 시도한다(환경 변수 설정은 건너뛰어도 된다).

6.3.3 프로그램 테스트하기

이제 바이너리가 장치에 배포됐을 것이다. RST 버튼을 눌러 보드를 재부팅하면 기기의 LED
네 개가 순서대로 깜박이는 것을 볼 수 있다.

> ### 잘 동작하지 않을 경우
>
> 발생할 수 있는 문제와 디버깅 방법은 다음과 같다.
>
> **문제**: 플래싱 과정에서 'Sending Hello.'를 출력하고 스크립트가 잠시 중단된다. 이후 오류가
> 출력된다.
>
> **해결 방법**: 스크립트를 실행하는 동안 보드의 14 버튼을 누른다. 14 버튼을 누른 상태에서 RST
> 버튼을 누른 다음 스크립트를 실행하고 14 버튼을 누른 상태를 유지한다.
>
> **문제**: 플래싱 완료 이후 LED가 켜지지 않는다.
>
> **해결 방법**: RST 버튼을 누르거나 프로그래머에서 보드를 분리했다가 다시 연결한다. 어느 방법
> 으로도 작동하지 않으면 플래싱을 다시 진행한다.

6.3.4 디버그 데이터 보기

프로그램이 실행되는 동안 보드는 디버그 데이터를 기록한다. 디버그 데이터를 보려면 보 레이 트$^{baud\ rate}$를 115200으로 설정하고 보드의 시리얼 포트 출력을 모니터링한다. 맥OS, 리눅스 명령은 다음과 같다.

```
screen ${DEVICENAME} 115200
```

수많은 출력이 쏟아진다. 스크롤을 중지하려면 [Ctrl]+[A]를 누른 직후 [Esc]를 누른다. 그런 다음 화살표 키를 사용하여 출력을 탐색할 수 있으며 다양한 x값에 대한 추론 실행 결과를 볼 수 있다.

```
x_value: 1.1843798*2^2, y_value: -1.9542645*2^-1
```

화면에서 디버그 출력 보기를 중지하려면 [Ctrl]+[A]를 누른 다음 바로 [K] 키를 누르고 [Y] 키를 누른다.

> **NOTE_** screen 프로그램은 다른 컴퓨터를 연결할 때 쓸 수 있는 유용한 유틸리티다. 여기에서는 시리얼 포트를 통해 스파크펀 에지 보드가 로깅하는 데이터를 모니터링하는 데에 사용했다. 윈도우OS를 사용하는 경우 CoolTerm 프로그램(https://oreil.ly/sPWQP)을 사용하면 된다.

6.3.5 커스텀 버전 만들기

기본 애플리케이션을 배포했으니 이를 변경하고 자신만의 버전을 만들어볼 수 있다. 애플리케이션 코드는 tensorflow/lite/micro/examples/hello_world 폴더에서 찾을 수 있다. 수정하고 저장한 다음 앞의 절차를 반복하여 수정된 코드를 장치에 배포해보자.

자신만의 버전을 만들면서 다음과 같은 변화를 시도할 수 있다.

- 사이클당 추론 수를 조정하여 LED가 느리게 깜박이게 만든다.
- 시리얼 포트에 텍스트 기반 애니메이션을 기록하도록 output_handler.cc를 수정한다.
- 사인파를 사용하여 추가 LED 또는 사운드 제너레이터와 같은 다른 구성 요소를 제어한다.

6.4 ST마이크로 STM32F746G 디스커버리 키트

STM32F746G는 비교적 강력한 ARM Cortex-M7 프로세서 코어를 갖춘 마이크로컨트롤러 개발 보드다.

STM32F746G는 임베디드 애플리케이션을 더욱 쉽게 구축하고 배포할 수 있도록 설계된 임베디드 운영체제인 ARM의 Mbed OS를 실행한다. 즉, 이 절의 가이드를 숙지하면 다른 Mbed 장치에 응용할 수 있다.

STM32F746G에는 LCD 화면이 부착되어 있어서 더 정교한 디스플레이를 만들 수 있다.

6.4.1 STM32F746G의 출력 처리

이제 제대로 된 LCD가 보드에 달려 있으니 진짜 멋진 애니메이션을 그릴 수 있다. 화면의 x축을 사용하여 추론 횟수를 나타내고 y축을 사용하여 예측의 현재 값을 나타내보자.

예측의 현재 값이 있어야 할 곳에 점을 그리고 0에서 2π의 입력 범위를 반복하면서 점이 화면 주위를 움직이게 할 것이다. [그림 6-15]는 그리고자 하는 애니메이션의 와이어프레임을 보여준다.

각 추론에는 일정 시간이 걸리므로 constants.cc에 정의된 **kInferencesPerCycle**을 조정하면 점이 움직이는 속도와 부드러움을 조정할 수 있다.

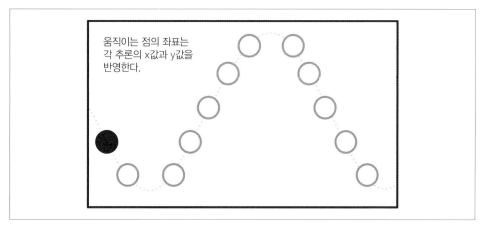

움직이는 점의 좌표는
각 추론의 x값과 y값을
반영한다.

그림 6-15 LCD 디스플레이에 그릴 애니메이션

[그림 6-16]은 실제로 실행 중인 애니메이션의 스틸이며 애니메이션의 GIF는 깃허브[1]에서 확인할 수 있다.

그림 6-16 LCD 디스플레이가 장착된 STM32F746G 디스커버리 키트에서 애니메이션을 구동하는 모습

----

1 옮긴이_ https://github.com/yunho0130/tensorflow-lite/blob/master/tensorflow/lite/micro/examples/hello_world/
images/STM32F746.gif

STM32F746G의 출력 처리를 구현하는 코드는 hello_world/disco_f746ng/output_handler.cc에 있으며 원래의 hello_world/output_handler.cc를 대체한다. 코드를 살펴보자.

```
#include "tensorflow/lite/micro/examples/hello_world/output_handler.h"
#include "LCD_DISCO_F746NG.h"
#include "tensorflow/lite/micro/examples/hello_world/constants.h"
```

먼저 헤더 파일을 불러온다. output_handler.h는 이 파일의 인터페이스를 지정한다. 보드 제조업체에서 제공하는 LCD_DISCO_F74NG.h는 LCD 화면을 제어하는 데 사용할 인터페이스를 선언한다. kInferencesPerCycle, kXrange를 담고 있는 constants.h도 필요하다.

변수를 선언한다. 먼저 LCD 제어를 위해 LCD_DISCO_F74NG.h에 정의된 LCD_DISCO_F746NG 인스턴스를 선언한다.

```
// LCD 드라이버
LCD_DISCO_F746NG lcd;
```

LCD_DISCO_F746NG 클래스에 대한 자세한 내용은 Mbed 사이트(https://oreil.ly/yiPHS)에서 확인할 수 있다.

그리고자 하는 대상의 외형을 제어하는 상수를 정의한다.

```
// 그림에 사용할 색상
const uint32_t background_color = 0xFFF4B400;  // 노란색
const uint32_t foreground_color = 0xFFDB4437;  // 빨간색
// 그릴 점의 크기
const int dot_radius = 10;
```

색상은 0xFFF4B400과 같은 16진수 값으로 제공된다. AARRGGBB 형식이며 여기서 AA는 알파 값(불투명도. FF가 완전히 불투명한 상태)을 나타내고 RR, GG, BB는 각각 빨간색, 초록색, 파란색의 양을 나타낸다.

> **TIP_** 어느 정도 연습을 거치면 16진수 값만 보고도 색상을 읽을 수 있다. 이를테면 0xFFF4B400은 완전히 불투명하고 빨간색과 초록색의 양이 많으므로 주황색~노란색 사이의 색을 나타낼 것이다. 물론 구글에서 검색해 색상을 빠르게 찾을 수도 있다.

애니메이션의 모양과 크기를 정의하는 몇 가지 변수를 추가로 선언한다.

```
// 그림 영역 크기
int width;
int height;
// y축의 중간점
int midpoint;
// x값에 따라 추가될 픽셀 값
int x_increment;
```

Handle Output() 함수를 정의하고 첫 번째 실행에서 수행할 작업을 선언한다.

```
// 현재 x값과 y값을 나타내기 위해 화면에서 점을 움직인다.
void HandleOutput(tflite::ErrorReporter* error_reporter, float x_value,
                  float y_value) {
  // 함수가 한 번만 실행되도록 보장
  static bool is_initialized = false;

  // 한 번만 수행
  if (!is_initialized) {
    // 배경색과 전경색 설정
    lcd.Clear(background_color);
    lcd.SetTextColor(foreground_color);
    // 가장자리에서 벗어나지 않도록 그림 출력 영역 계산
    width = lcd.GetXSize() - (dot_radius * 2);
    height = lcd.GetYSize() - (dot_radius * 2);
    // y축 중간점 계산
    midpoint = height / 2;
    // x_value 단위당 분수 픽셀 계산
    x_increment = static_cast<float>(width) / kXrange;
    is_initialized = true;
  }
```

꽤 많은 코드가 보인다. 하나씩 살펴보자. 먼저 lcd에 속하는 메서드를 사용하여 배경색과 전경색을 설정한다. lcd.SetTextColor() 함수는 텍스트뿐 아니라 그리고자 하는 객체의 색상을 설정한다.

```
// 배경색과 전경색 설정
lcd.Clear(background_color);
lcd.SetTextColor(foreground_color);
```

실제로 그릴 수 있는 화면의 크기를 계산하여 원을 그릴 위치 범위를 설정한다. 이 부분에 문제가 있으면 화면 가장자리를 넘겨서 그림을 출력하다가 예기치 않은 결과가 발생한다.

```
width = lcd.GetXSize() - (dot_radius * 2);
height = lcd.GetYSize() - (dot_radius * 2);
```

이어서 y값 0에 해당하는 화면 중간 위치를 결정한다. 또한 x값 단위당 화면 픽셀 수를 계산한다. static_cast를 사용하여 부동소수점 결과를 얻는 방법에 주목하자.

```
// y축 중간점 계산
midpoint = height / 2;
// x_value 단위당 분수 픽셀 계산
x_increment = static_cast<float>(width) / kXrange;
```

앞의 예제와 마찬가지로 블록의 코드가 한 번만 실행되도록 is_initialized라는 정적 변수를 사용한다.

초기화가 완료되면 출력을 시작할 수 있다. 먼저 이전 그림을 삭제한다.

```
// 이전 그림 삭제
lcd.Clear(background_color);
```

다음으로 x_value를 사용하여 디스플레이의 x축을 따라 점을 그릴 위치를 계산한다.

```
// 점이 화면을 벗어나지 않도록 x의 위치 계산
int x_pos = dot_radius + static_cast<int>(x_value * x_increment);
```

y값에도 같은 작업이 필요하다. 중간점 위에는 양수 값을 중간점 아래에는 음수 값을 표시해야 하기 때문에 처리가 조금 더 복잡하다.

```
// 점이 화면을 벗어나지 않도록 y 위치 계산
int y_pos;
if (y_value >= 0) {
  // 디스플레이의 y가 위에서 아래로 증가하므로 y_value를 반전
  y_pos = dot_radius + static_cast<int>(midpoint * (1.f - y_value));
} else {
```

```
  // 음의 y_value는 중간점에서 그리기 시작
  y_pos =
      dot_radius + midpoint + static_cast<int>(midpoint * (0.f - y_value));
}
```

위치를 결정하고 나면 점을 그릴 수 있다.

```
// 점 그리기
lcd.FillCircle(x_pos, y_pos, dot_radius);
```

마지막으로 ErrorReporter를 사용하여 x값과 y값을 시리얼 포트에 기록한다.

```
// 현재 x값과 y값을 로깅
error_reporter->Report("x_value: %f, y_value: %f\n", x_value, y_value);
```

> **NOTE_** 원래 구현인 micro/debug_log.cc를 커스텀 구현인 micro/disco_f746ng/debug_log.cc로 대체
> 함으로써 ErrorReporter가 STM32F746G의 시리얼 인터페이스를 통해 데이터를 출력하게 할 수 있다.

6.4.2 예제 실행하기

다음으로 프로젝트를 빌드하자. STM32F746G는 ARM의 Mbed OS를 실행하므로 Mbed 툴
체인을 사용하여 애플리케이션을 장치에 배포해야 한다.

> **TIP_** 이 책이 출간된 후 빌드 절차가 변경됐을 가능성이 있으므로 README.md에서 최신 업데이트를
> 확인하자.

시작하기 전에 다음과 같은 준비가 필요하다.

- STM32F746G 디스커버리 키트 보드

- 미니 USB 케이블

- ARM Mbed CLI(https://oreil.ly/TkRwd의 Mbed 설정 가이드 참고)

- 파이썬 3과 pip

아두이노 IDE와 마찬가지로 Mbed도 특정 방식으로 소스 파일을 구성해야 한다. 마이크로컨 트롤러용 텐서플로 라이트 Makefile은 이를 수행하는 방법을 알고 있으며 Mbed에 적합한 디렉터리를 생성 할 수 있다. 다음 명령을 실행하자.

```
make -f tensorflow/lite/micro/tools/make/Makefile \
  TARGET=mbed TAGS="CMSIS disco_f746ng" generate_hello_world_mbed_project
```

새로운 디렉터리가 생성된다.

```
tensorflow/lite/micro/tools/make/gen/mbed_cortex-m4/prj/ \
  hello_world/mbed
```

이 디렉터리에는 Mbed가 빌드할 수 있는 올바른 방식으로 구성된 모든 예제 종속성이 포함되어 있다. 먼저 디렉터리로 이동한다.

```
cd tensorflow/lite/micro/tools/make/gen/mbed_cortex-m4/prj/ \
  hello_world/mbed
```

이제 Mbed를 사용하여 종속성을 다운로드하고 프로젝트를 빌드할 차례다.

다음 명령을 사용하여 현재 디렉터리가 Mbed 프로젝트의 루트임을 지정한다.

```
mbed config root .
```

Mbed에 종속성을 다운로드하고 빌드를 준비하도록 지시한다.

```
mbed deploy
```

기본적으로 Mbed는 C++98을 사용하여 프로젝트를 빌드한다. 그러나 텐서플로 라이트에는 C++11이 필요하다. 다음 파이썬 코드를 실행하여 C++11을 사용하도록 Mbed 설정 파일을 수정한다. 커맨드 라인에 입력하거나 붙여 넣으면 된다.

```
python -c 'import fileinput, glob;
for filename in glob.glob("mbed-os/tools/profiles/*.json"):
```

```
for line in fileinput.input(filename, inplace=True):
  print(line.replace("\"-std=gnu++98\"","","\"-std=c++11\", \"-fpermissive\""))'
```

마지막으로 다음 명령을 실행하여 컴파일을 진행한다.

```
mbed compile -m DISCO_F746NG -t GCC_ARM
```

다음 경로에 바이너리가 생성될 것이다.

```
cp ./BUILD/DISCO_F746NG/GCC_ARM/mbed.bin
```

STM32F746G와 같은 Mbed 지원 보드를 사용했을 때 좋은 점 가운데 하나는 배포가 정말 쉽다는 것이다. 배포하려면 STM 보드를 연결하고 파일을 복사한다. 맥OS에서는 다음 명령을 사용하면 된다.

```
cp ./BUILD/DISCO_F746NG/GCC_ARM/mbed.bin /Volumes/DIS_F746NG/
```

또는 파일 브라우저에서 **DIS_F746NG** 볼륨을 찾아서 파일을 드래그해도 된다. 파일을 복사하면 플래싱 프로세스가 시작된다. 완료되면 기기 화면에 애니메이션이 표시될 것이다.

이 애니메이션 외에도 프로그램이 실행되는 동안 디버그 정보가 보드에 의해 기록된다. 이를 보려면 보 레이트 9600을 사용하여 보드에 시리얼 통신을 연결한다.

맥OS, 리눅스에서는 다음 명령을 실행하면 장치 목록이 출력된다.

```
ls /dev/tty*
```

다음과 같은 출력이 나타날 것이다.

```
/dev/tty.usbmodem1454203
```

장치를 식별한 후 다음 명령을 사용하여 장치에 연결한다. 이 때 **</dev/tty.devicename>**을 앞의 /dev에 나타나는 장치 이름으로 대체한다.

```
screen /<dev/tty.devicename> 9600
```

많은 로그가 출력될 것이다. 스크롤을 중지하려면 [Ctrl]+[A]를 누른 다음 바로 [Esc]를 누른다. 그런 다음 화살표 키를 사용하여 출력을 탐색할 수 있으며 여기에는 다양한 x값에 대한 추론 실행 결과가 포함된다.

```
x_value: 1.1843798*2^2, y_value: -1.9542645*2^-1
```

화면에서 디버그 출력 보기를 중지하려면 [Ctrl]+[A]를 누른 다음 바로 [K] 키를 누르고 [Y] 키를 누른다.

6.4.3 커스텀 버전 만들기

기본 애플리케이션을 배포했으니 이를 변경하고 자신만의 버전을 만들어볼 수 있다. 애플리케이션 코드는 tensorflow/lite/micro/tools/make/gen/mbed_cortex-m4/prj/hello_world/mbed 폴더에서 찾을 수 있다. 수정하고 저장한 다음 앞의 절차를 반복하여 수정된 코드를 장치에 배포해보자.

자신만의 버전을 만들면서 다음과 같은 변화를 시도할 수 있을 것이다.

- 사이클당 추론 수를 조정하여 점이 더 느리게 또는 더 빠르게 이동하게 한다.
- 시리얼 포트에 텍스트 기반 애니메이션을 기록하도록 output_handler.cc를 수정한다.
- 사인파를 사용하여 LED 또는 음향 발생기와 같은 다른 구성 요소를 제어한다.

6.5 마치며

지난 장에서 모델 훈련, 텐서플로 라이트용 변환, 애플리케이션 작성, 임베디드 장치 배포를 알아보았다. 다음 장부터는 임베디드 머신러닝을 활용하는 정교하고 흥미로운 예를 살펴볼 것이다.

첫 번째는 18KB 모델을 사용해 음성 명령을 인식하는 애플리케이션이다.

호출어 감지: 애플리케이션 만들기

TinyML은 새로운 기술 분야이지만 대표적인 애플리케이션은 이미 가정, 자동차 또는 심지어 주머니 속에서 작동하고 있다.

지난 몇 년간 수많은 음성 인식 비서 제품이 등장했다. 이러한 제품은 화면이나 키보드 없이도 정보에 즉시 접근할 수 있도록 설계된 음성 UI(사용자 인터페이스)를 제공한다. 구글 어시스턴트, 애플 시리, 아마존 알렉사 등의 음성 인식 비서는 요즘 주변에서 흔히 볼 수 있다. 스마트폰도 마찬가지로 플래그십 모델에서 신흥국 공략을 위한 보급형 제품에 이르기까지 대부분의 스마트폰에 음성 인식 비서가 내장된다. 스마트 스피커, 컴퓨터, 차량 역시 마찬가지다.

대부분은 큰 규모의 머신러닝 모델을 실행하는 강력한 서버가 음성 인식, 자연어 처리, 사용자 쿼리에 대한 응답 생성을 수행한다. 사용자가 질문을 하면 오디오 스트림으로 서버에 전송되고 서버는 의미를 파악하여 필요한 정보를 찾은 다음 적절한 응답을 보낸다.

그러나 비서는 항상 도움을 주는 존재가 아니던가. "헤이 구글(Hey Google)" 또는 "알렉사(Alexa)"라고 부르면 버튼을 누르지 않아도 비서를 깨우고 필요한 것을 말할 수 있다. 즉, 이러한 음성 인식 비서는 사용자가 거실에 앉아 있거나 고속도로를 주행하거나 스마트폰을 들고 야외에서 대화를 나눌 때에도 24시간 내내 목소리를 들을 수 있어야 한다.

서버에서 음성 인식을 수행하기는 쉽지만 장치에서 데이터 센터로 일정한 오디오 스트림을 보내는 것은 불가능하다. 프라이버시 관점에서 볼 때도 초마다 오디오를 캡처하여 원격 서버로 보내는 행위는 재앙이나 마찬가지다. 프라이버시 문제가 어떻게든 해결되더라도 이 기술에는 엄청난 양의 대역폭이 필요하고 몇 시간 만에 모바일 데이터 월 사용량을 소모해버릴 것이다. 또한 네트워크 통신은 에너지를 사용하므로 데이터 스트림을 이렇게 지속적으로 전송하면 장치 배터리도 빨리 소모된다. 더구나 서버가 온갖 요청을 받아 처리하다 보면 음성 인식 비서는 느리게 응답할 것이다.

음성 인식 비서가 실제로 필요한 오디오는 호출어(예: Hey Google) 뒤에 나오는 문구다. 데이터를 보내지 않으면서도 해당 단어를 감지하고 들을 때 스트리밍을 시작하려면 어떻게 해야할까? 이것이 가능하다면 사용자 개인 정보를 보호하고 배터리 수명과 대역폭을 절약하고 네트워크를 기다리지 않고도 비서를 깨울 수 있을 것이다.

이때 TinyML이 등장한다. 호출어를 인식하는 작은 모델을 훈련시켜 저전력 칩에서 실행할 수 있으며 이 모델을 스마트폰에 내장하면 항상 호출어를 들을 수 있다. 호출어가 들리면 스마트폰 운영체제(OS)에서 오디오를 캡처해서 서버로 전송 가능하다.

TinyML로 완벽한 호출어 감지 애플리케이션을 만들 수 있다. TinyML을 통해 개인 정보 보호, 효율성, 속도, 오프라인 추론을 제공할 수 있다. 작고 효율적인 모델이 더 크고 더 많은 자원이 필요한 모델을 '깨우는' 접근법을 캐스케이딩^{cascading}이라고 한다.

이번 장에서는 사전 훈련된 음성 인식 모델을 초소형 마이크로컨트롤러에 탑재하여 호출어 감지 기능을 상시 제공하는 방법을 살펴본다. 8장에서는 모델을 훈련하는 방법과 자체 모델 생성 방법을 알아볼 것이다.

7.1 만들고자 하는 시스템

이제부터 음성 명령 데이터셋에 훈련된 18KB 모델을 사용하여 음성 오디오를 분류하는 임베디드 애플리케이션을 구축할 것이다. 모델은 'yes(예)'와 'no(아니오)'라는 단어를 인식하도록 훈련됐으며 알 수 없는 단어와 무음, 배경 소음을 구별할 수도 있다.

구축할 애플리케이션은 마이크로 주변 환경을 듣고 장치 기능에 따라 LED를 켜거나 화면에 데이터를 표시하여 단어를 감지한 시기를 나타낸다. 코드를 이해하고 나면 음성 명령으로 전자 프로젝트를 제어할 수 있게 될 것이다.

5장과 유사한 패턴으로 테스트를 진행한 다음 애플리케이션 코드와 다양한 장치에서 샘플을 작동시키는 논리를 살펴볼 것이다.

다음 장치에 애플리케이션을 배포하는 방법을 설명한다.

- 아두이노 나노 33 BLE 센스
- 스파크펀 에지
- ST마이크로 STM32F746G 디스커버리 키트

7.2 애플리케이션 아키텍처

앞서 머신러닝 애플리케이션은 다음과 같은 작업을 수행한다고 배웠다.

1. 입력을 얻는다.
2. 입력을 전처리해 모델에 공급하기 적합한 특징을 추출한다.
3. 처리된 입력에 대한 추론을 실행한다.
4. 모델의 출력을 후처리한다.
5. 결과 정보를 사용하여 작업을 수행한다.

hello world 예제는 이러한 단계를 매우 간단하게 수행했다. 간단한 카운터에 의해 생성된 단일 부동소수점 숫자를 입력으로 사용했고 모델의 출력에 해당하는 부동소수점 숫자로는 시각적 출력을 제어했다.

이번에 다룰 호출어 인식은 훨씬 복잡한데 그 이유는 다음과 같다.

- 오디오 데이터를 입력으로 받는다. 모델에 공급되기 전에 많은 전처리가 필요하다.

- 모델은 분류기의 일종으로 클래스에 속할 확률을 출력한다. 이 결과를 파싱하고 이해 가능하도록 가공해야 한다.

- 라이브 데이터에서 지속적으로 추론을 수행해야 한다. 즉, 추론의 흐름을 이해하도록 코드를 작성한다.

- 모델이 더 크고 복잡하다. 하드웨어 기능을 한계까지 사용하게 될 것이다.

이 복잡성 중 상당수는 이번에 사용할 모델에서 비롯된 것이기도 하다. 그럼 모델에 대해 알아보자.

7.2.1 모델 소개

앞에서 언급했듯 이 장에서 사용하는 모델은 yes와 no라는 단어를 인식하도록 훈련됐으며 알 수 없는 단어, 무음, 배경 소음을 구별할 수 있다.

이 모델은 Speech Commands라는 데이터셋으로 훈련됐다. 이 데이터셋은 온라인으로 크라우드소싱된 30개의 짧은 단어(1초 길이) 묶음 6만 5000개로 이루어져 있다.

데이터셋에는 30개의 서로 다른 단어가 포함되어 있지만 모델은 yes, no, 알 수 없음, 무음의 네 가지 클래스만 분류할 수 있게 훈련됐다.

모델은 한 번에 1초 분량의 데이터를 사용하며 네 개의 클래스 중 하나를 나타낼 가능성을 예측하여 각 클래스에 하나씩 네 개의 확률 점수를 출력한다.

이 모델은 원시 오디오 샘플 데이터를 사용하지 않는다. 대신 스펙트로그램spectrogram을 사용한다. 스펙트로그램은 각각 다른 시간 창에서 가져온 주파수 정보 조각으로 구성된 2차원 배열이다.

[그림 7-1]은 yes를 발음한 1초짜리 오디오 클립에서 생성된 스펙트로그램을 시각적으로 나타낸 것이다. [그림 7-2]는 no라는 단어의 스펙트로그램을 시각적으로 나타낸 것이다.

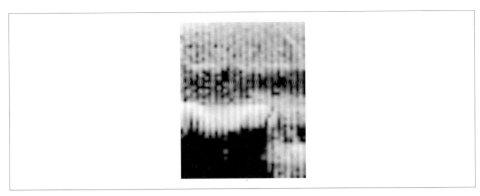

그림 7-1 yes의 스펙트로그램

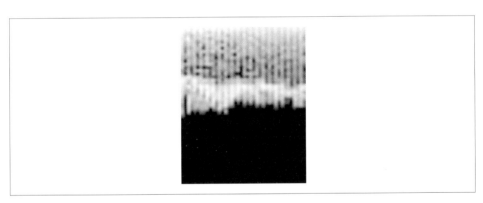

그림 7-2 no의 스펙트로그램

전처리 과정에서 주파수 정보를 분리하면 모델이 할 일을 줄일 수 있다. 즉, 훈련 중에는 원시 오디오 데이터를 해석하는 방법을 배울 필요가 없다. 대신 가장 유용한 정보를 추출하여 상위 계층으로 추상화한 후 작업하게 된다.

스펙트로그램을 만드는 방법은 이 장의 뒷부분에서 살펴볼 것이다. 지금은 모델이 스펙트로그램을 입력으로 사용한다는 점만 알아두자. 스펙트로그램은 2차원 배열이므로 2D 텐서로 모델에 공급된다.

이제 어떤 아키텍처를 사용할지 본격적으로 이야기해보자. 신명망 아키텍처 가운데 인접한 값 그룹 사이의 관계 정보가 포함된 다차원 텐서에 잘 작동하도록 특별히 설계된 아키텍처가 있다. 이를 CNN^{Convolutional Neural Network}(합성곱 신경망)이라 한다.

CNN이 쓰이는 가장 일반적인 예는 인접한 픽셀 그룹이 모양, 패턴, 질감을 나타낼 수 있는 이미지 데이터다. 훈련 과정에서 CNN은 이러한 특징을 식별하고 특징이 나타내는 요소를 익힐 수 있다.

간단한 이미지 특징(예: 선 또는 가장자리)이 더 복잡한 특징(예: 눈 또는 귀)에 어떻게 부합하는지, 이러한 특징이 모여서 어떻게 사람 사진과 같은 입력 이미지를 형성하는지도 배울 수 있다. 이것은 CNN이 서로 다른 종류의 입력 이미지를 구별하는 법, 이를테면 사람 사진과 강아지 사진을 구별하는 법을 배울 수 있음을 의미한다.

CNN은 보통 픽셀의 2D 격자 이미지에 적용되지만 다차원 벡터 입력에도 사용할 수 있다. 즉, 스펙트로그램 데이터 작업에도 적용 가능하다.

모델이 어떻게 훈련됐는지는 8장에서 살펴본다.

7.2.2 구성 요소

앞에서 언급했듯 호출어 인식 애플리케이션은 hello world 예제보다 더 복잡하다. [그림 7-3]은 호출어 인식 애플리케이션을 이루는 구성 요소를 보여준다.

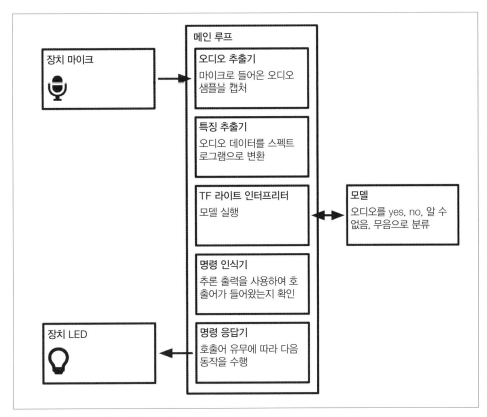

그림 7-3 호출어 인식 애플리케이션 구성 요소

각 구성 요소의 역할을 알아보자.

- **메인 루프**

  hello world 예제와 마찬가지로 호출어 인식 애플리케이션도 연속 루프로 실행된다. 모든 후속 프로세스는 루프 안에 포함되어 있으며 마이크로컨트롤러가 실행할 수 있는 속도로 계속 실행된다.

- **오디오 추출기**

  오디오 추출기는 마이크에서 원시 오디오 데이터를 캡처한다. 오디오 캡처 방법은 장치마다 다르기 때문에 이 구성 요소를 커스텀 버전으로 재정의할 수 있다.

- **특징 추출기**

  특징 추출기는 원시 오디오 데이터를 모델에 필요한 스펙트로그램 형식으로 변환한다. 메인 루프의 일부로 인터프리터에 1초 간격의 겹치는 시퀀스를 제공한다.

- **TF 라이트 인터프리터**

  인터프리터는 텐서플로 라이트 모델을 실행하여 입력 스펙트로그램을 확률 세트로 변환한다.

- **모델**

  모델은 데이터 배열로 포함되며 인터프리터로 실행된다. 이 배열은 tiny_conv_micro_features_model_data.cc에 있다.

- **명령 인식기**

  추론은 초당 여러 번 실행되므로 RecognizeCommands 클래스는 결과를 집계하고 알려진 단어가 들렸는지 평균적으로 결정한다.

- **명령 응답기**

  명령이 들리면 명령 응답기는 장치의 출력 기능으로 사용자에게 알린다. 장치에 따라 LED가 깜박이거나 LCD 디스플레이에 데이터가 표시될 수 있다. 다른 장치 유형에 따라 이 모듈을 재정의할 수도 있다.

깃허브 예제 파일에는 각 구성 요소에 대한 테스트가 포함되어 있다. 테스트를 진행하며 각 구성 요소가 어떻게 작동하는지 살펴보자.

7.3 테스트 코드

5장처럼 테스트를 사용하여 애플리케이션 작동 방식을 배울 수 있다. 앞에서 이미 C++ 및 텐서플로 라이트 기본 사항을 많이 다루었으므로 모든 코드를 설명하지는 않는다. 그 대신 각 테스트에서 가장 중요한 부분에 초점을 맞추고 설명하겠다.

테스트 코드는 깃허브 저장소에서도 볼 수 있다.

- micro_speech_test.cc

  스펙트로그램 데이터에 대한 추론을 실행하고 결과를 해석하는 방법

- audio_provider_test.cc

  오디오 추출기를 사용하는 방법

- feature_provider_mock_test.cc

  가짜 데이터를 전달하기 위한 오디오 추출기의 모의(가짜) 구현으로 특징 추출기를 사용하는 방법

- recognize_commands_test.cc

  호출어 인식 여부를 결정하기 위해 모델 출력을 해석하는 방법

- **command_responder_test.cc**

  명령 응답기를 호출하여 출력을 트리거하는 방법

예제에 더 많은 테스트가 있지만 몇 가지만 살펴보면 주요 구성 요소를 이해할 수 있다.

7.3.1 기본 흐름

micro_speech_test.cc 테스트는 hello world 예제와 비슷한 기본 흐름을 따른다. 모델을 로드하고 인터프리터를 설정하고 텐서를 할당한다.

그러나 눈에 띄는 차이가 있다. hello world 예제에서는 `AllOpsResolver`를 사용하여 모델을 실행하는 데 필요한 Op를 가져왔다. 이 방법은 신뢰할 만한 방법이지만 특정 모델이 수십 개의 사용 가능한 Op를 모두 사용하지는 않기 때문에 자원이 낭비된다는 단점이 있다. 장치에 배포할 때 불필요한 Op는 소중한 메모리를 차지하므로 필요한 Op만 포함하는 것이 가장 좋다.

이를 위해 먼저 테스트 파일 맨 위에서 모델에 필요한 Op를 정의한다.

```
namespace tflite {
namespace ops {
namespace micro {
TfLiteRegistration* Register_DEPTHWISE_CONV_2D();
TfLiteRegistration* Register_FULLY_CONNECTED();
TfLiteRegistration* Register_SOFTMAX();
}  // namespace micro
}  // namespace ops
}  // namespace tflite
```

다음으로 로깅을 설정하고 모델을 로드한다.

```
// 로깅 설정
tflite::MicroErrorReporter micro_error_reporter;
tflite::ErrorReporter* error_reporter = &micro_error_reporter;
// 모델을 사용 가능한 데이터 구조에 매핑한다.
// 복사나 파싱을 포함하지 않는 가벼운 작업이다.
const tflite::Model* model =
```

```
    ::tflite::GetModel(g_tiny_conv_micro_features_model_data);
if(model->version() != TFLITE_SCHEMA_VERSION) {
  error_reporter->Report(
      "Model provided is schema version %d not equal "
      "to supported version %d.\n",
      model->version(), TFLITE_SCHEMA_VERSION);
}
```

모델이 로드된 후 MicroMutableOpResolver를 선언하고 AddBuiltin() 메서드를 사용하여
앞에서 나열한 Op를 추가한다.

```
tflite::MicroMutableOpResolver micro_mutable_op_resolver;
micro_mutable_op_resolver.AddBuiltin(
    tflite::BuiltinOperator_DEPTHWISE_CONV_2D,
    tflite::ops::micro::Register_DEPTHWISE_CONV_2D());
micro_mutable_op_resolver.AddBuiltin(
    tflite::BuiltinOperator_FULLY_CONNECTED,
    tflite::ops::micro::Register_FULLY_CONNECTED());
micro_mutable_op_resolver.AddBuiltin(tflite::BuiltinOperator_SOFTMAX,
                                     tflite::ops::micro::Register_SOFTMAX());
```

특정 모델에 어떤 Op를 포함시킬지 궁금할 것이다. AddBuiltin()을 전혀 호출하지 않고
MicroMutableOpResolver를 사용하여 모델을 실행하면 어떤 Op를 포함할지 알 수 있다. 추
론이 실패하고 함께 제공되는 오류 메시지에 누락된 Op와 추가해야 할 Op가 표시된다.

NOTE_ MicroMutableOpResolver는 tensorflow/lite/micro/micro_mutable_op_resolver.h에 정
의되어 있으며 include 문에 추가해야 한다.

MicroMutableOpResolver를 설정한 후에는 평소처럼 인터프리터와 작업 메모리를 설정한다.

```
// 입력, 출력, 중간 배열에 사용할 메모리 영역 생성
const int tensor_arena_size = 10 * 1024;
uint8_t tensor_arena[tensor_arena_size];
// 모델을 실행할 인터프리터 빌드
tflite::MicroInterpreter interpreter(model, micro_mutable_op_resolver, tensor_arena,
                                     tensor_arena_size, error_reporter);
interpreter.AllocateTensors();
```

hello world 애플리케이션에서는 모델이 작다는 점을 감안하여 tensor_arena에 2 * 1024 바이트만 할당했다. 이번 음성 모델은 훨씬 더 크며 더 복잡한 입력과 출력을 처리하므로 더 많은 공간이 필요하다(10 * 1024). 크기는 시행착오를 겪으며 알아냈다.

다음으로 입력 텐서 크기를 확인한다.

```
// 모델의 입력에 사용할 메모리 영역의 정보 획득
TfLiteTensor* input = interpreter.input(0);
// 입력에 예상하는 속성이 존재하는지 확인
TF_LITE_MICRO_EXPECT_NE(nullptr, input);
TF_LITE_MICRO_EXPECT_EQ(4, input->dims->size);
TF_LITE_MICRO_EXPECT_EQ(1, input->dims->data[0]);
TF_LITE_MICRO_EXPECT_EQ(49, input->dims->data[1]);
TF_LITE_MICRO_EXPECT_EQ(40, input->dims->data[2]);
TF_LITE_MICRO_EXPECT_EQ(1, input->dims->data[3]);
TF_LITE_MICRO_EXPECT_EQ(kTfLiteUInt8, input->type);
```

입력으로 스펙트로그램을 다루기 때문에 입력 텐서의 크기는 총 4다. 첫 번째 차원은 단일 요소를 포함하는 래퍼일 뿐이다. 두 번째와 세 번째는 스펙트로그램의 행과 열을 나타내며 49행 40열로 이루어진다. 크기가 1인 입력 텐서의 가장 안쪽에 있는 네 번째 차원은 스펙트로그램의 개별 픽셀을 담는다. 스펙트로그램의 구조는 뒤에서 살펴본다.

다음으로 yes에 대한 샘플 스펙트로그램을 가져온다. 이는 상수 g_yes_micro_f2e59fea_nohash_1_data에 저장되어 있으며 이 상수는 테스트에 포함된 micro_features/yes_micro_features_data.cc 파일에 정의되어 있다. 스펙트로그램은 1D 배열로 존재하며 입력 텐서에 복사하기 위해 반복문으로 읽어온다.

```
// yes의 .wav 오디오 파일에서 생성된 스펙트로그램을
// 입력을 위한 메모리 영역으로 복사한다.
const uint8_t* yes_features_data = g_yes_micro_f2e59fea_nohash_1_data;
for(int i = 0; i < input->bytes; ++i) {
  input->data.uint8[i] = yes_features_data[i];
}
```

입력이 할당되면 추론을 실행하고 출력 텐서의 크기와 모양을 검사한다.

```
// 입력 모델을 실행하고 성공했는지 확인
TfLiteStatus invoke_status = interpreter.Invoke();
if(invoke_status != kTfLiteOk) {
  error_reporter->Report("Invoke failed\n");
}
TF_LITE_MICRO_EXPECT_EQ(kTfLiteOk, invoke_status);

// 모델에서 출력을 가져와 예상 크기와 유형인지 확인
TfLiteTensor* output = interpreter.output(0);
TF_LITE_MICRO_EXPECT_EQ(2, output->dims->size);
TF_LITE_MICRO_EXPECT_EQ(1, output->dims->data[0]);
TF_LITE_MICRO_EXPECT_EQ(4, output->dims->data[1]);
TF_LITE_MICRO_EXPECT_EQ(kTfLiteUInt8, output->type);
```

출력은 2차원이다. 첫 번째 차원은 래퍼이며 두 번째 차원에는 네 가지 원소가 있는데, 원소마다 네 가지 클래스(yes, no, 알 수 없음, 무음) 각각이 일치했을 확률을 담는다.

다음 코드는 확률이 예상한 것과 같은지 확인한다. 출력 텐서의 주어진 요소는 항상 특정 클래스를 나타내므로 각 클래스에 확인할 인덱스를 알고 있다. 순서는 훈련 중에 정의된다.

```
// 출력에는 가능한 클래스가 네 개고 각 클래스에는 점수가 있다.
const int kSilenceIndex = 0;
const int kUnknownIndex = 1;
const int kYesIndex = 2;
const int kNoIndex = 3;

// 예상한 yes 점수가 다른 클래스보다 높은지 확인한다.
uint8_t silence_score = output->data.uint8[kSilenceIndex];
uint8_t unknown_score = output->data.uint8[kUnknownIndex];
uint8_t yes_score = output->data.uint8[kYesIndex];
uint8_t no_score = output->data.uint8[kNoIndex];
TF_LITE_MICRO_EXPECT_GT(yes_score, silence_score);
TF_LITE_MICRO_EXPECT_GT(yes_score, unknown_score);
TF_LITE_MICRO_EXPECT_GT(yes_score, no_score);
```

yes 스펙트로그램을 전달했으므로 yes_score 변수의 값이 silence_score, unknown_score, no_score보다 높아야 할 것이다.

yes의 결과가 괜찮다면 no 스펙트로그램으로 동일한 작업을 수행한다. 먼저 입력을 복사하고 추론을 실행한다.

```
// no를 녹음한 입력으로 테스트를 진행
const uint8_t* no_features_data = g_no_micro_f9643d42_nohash_4_data;
for(int i = 0; i < input->bytes; ++i) {
  input->data.uint8[i] = no_features_data[i];
}
// no 입력으로 모델을 실행
invoke_status = interpreter.Invoke();
if(invoke_status != kTfLiteOk) {
  error_reporter->Report("Invoke failed\n");
}
TF_LITE_MICRO_EXPECT_EQ(kTfLiteOk, invoke_status);
```

추론이 끝나면 no의 클래스가 가장 높은 점수를 얻었음을 확인한다.

```
// 예측 결과 no 클래스의 점수가 다른 클래스보다 높아야 한다.
silence_score = output->data.uint8[kSilenceIndex];
unknown_score = output->data.uint8[kUnknownIndex];
yes_score = output->data.uint8[kYesIndex];
no_score = output->data.uint8[kNoIndex];
TF_LITE_MICRO_EXPECT_GT(no_score, silence_score);
TF_LITE_MICRO_EXPECT_GT(no_score, unknown_score);
TF_LITE_MICRO_EXPECT_GT(no_score, yes_score);
```

테스트를 마쳤다. 이 테스트를 실행하려면 텐서플로 저장소의 루트에서 다음 명령을 실행한다.

```
make -f tensorflow/lite/micro/tools/make/Makefile \
  test_micro_speech_test
```

다음으로 모든 오디오 데이터의 소스인 오디오 추출기를 살펴보겠다.

7.3.2 오디오 추출기

오디오 추출기는 장치의 마이크 하드웨어를 코드와 연결하는 역할을 한다. 장치마다 오디오 캡처를 위한 메커니즘이 모두 다르기 때문에 audio_provider.h는 오디오 데이터 요청을 위한 인터페이스를 정의하며 개발자는 지원하려는 모든 플랫폼에 대한 자체적인 구현을 작성할 수 있다.

오디오 추출기의 핵심 부분은 audio_provider.h에 정의된 GetAudioSamples()라는 함수다.

```
TfLiteStatus GetAudioSamples(tflite::ErrorReporter* error_reporter,
                    int start_ms, int duration_ms,
                    int* audio_samples_size, int16_t** audio_samples);
```

audio_provider.h에 설명된 대로 GetAudioSamples() 함수는 16비트 펄스 코드 변조 (PCM) 오디오 데이터의 배열을 반환한다. 이는 디지털 오디오에서 매우 일반적인 형식이다.

GetAudioSamples() 함수를 호출할 때 인수로 ErrorReporter 인스턴스, 시작 시간(start_ms), 기간(duration_ms), 두 개의 포인터를 전달한다.

인수로 전달하는 포인터는 GetAudioSamples()가 데이터를 제공하는 메커니즘이다. 호출자는 적절한 유형의 변수를 선언한 다음 함수를 호출할 때 그 변수의 포인터를 전달한다. 함수 구현 내에서 포인터가 역참조되고 변수 값이 설정된다.

첫 번째 포인터인 audio_samples_size는 오디오 데이터에서 16비트 샘플의 총 개수를 받아온다. 두 번째 포인터인 audio_samples는 오디오 데이터 자체를 포함하는 배열을 받아온다.

테스트로 실제 작동하는 것을 볼 수 있다. audio_provider_test.cc에는 테스트가 두 가지 있지만 오디오 추출기를 사용하는 방법을 배우려면 첫 번째 테스트를 봐야 한다.

```
TF_LITE_MICRO_TEST(TestAudioProvider) {
  tflite::MicroErrorReporter micro_error_reporter;
  tflite::ErrorReporter* error_reporter = &micro_error_reporter;

  int audio_samples_size = 0;
  int16_t* audio_samples = nullptr;
  TfLiteStatus get_status =
      GetAudioSamples(error_reporter, 0, kFeatureSliceDurationMs,
                    &audio_samples_size, &audio_samples);
  TF_LITE_MICRO_EXPECT_EQ(kTfLiteOk, get_status);
  TF_LITE_MICRO_EXPECT_LE(audio_samples_size, kMaxAudioSampleSize);
  TF_LITE_MICRO_EXPECT_NE(audio_samples, nullptr);
```

```
    // 반환된 모든 메모리 위치를 읽을 수 있는지 확인
    int total = 0;
    for(int i = 0; i < audio_samples_size; ++i) {
      total += audio_samples[i];
    }
  }
```

테스트에서는 몇 개의 값과 포인터를 인수로 GetAudioSamples()를 호출하는 방법을 보여준다. 테스트는 함수가 호출된 후 포인터가 올바르게 할당됐는지 확인한다.

> **NOTE_** kFeatureSliceDurationMs와 kMaxAudioSampleSize 상수가 쓰이는 것을 볼 수 있는데 이는 모델을 학습할 때 선택한 값이며 micro_features/micro_model_settings.h에서 찾을 수 있다.

audio_provider.cc의 기본 구현은 빈 배열을 반환한다. 올바른 크기임을 증명하기 위해 예상되는 샘플 수만큼 반복문을 돌리는 테스트를 진행한다.

오디오 추출기에는 GetAudioSamples() 외에도 LatestAudioTimestamp()라는 함수가 있다. 이 함수는 오디오 데이터가 마지막으로 캡처된 시간을 밀리초(ms) 단위로 반환한다. 이 정보는 특징 추출기가 어떤 오디오 데이터를 가져올지 판별하기 위해 필요하다.

오디오 추출기 테스트를 실행하려면 다음 명령을 사용한다.

```
make -f tensorflow/lite/micro/tools/make/Makefile \
  test_audio_provider_test
```

오디오 추출기는 특징 추출기에서 새로운 오디오 샘플의 소스로 사용된다.

7.3.3 특징 추출기

특징 추출기는 오디오 추출기로부터 얻은 원시 오디오를 모델에 공급할 수 있는 스펙트로그램으로 변환하며 메인 루프 중에 호출된다.

인터페이스는 feature_provider.h에 다음과 같이 정의되어 있다.

```
class FeatureProvider {
 public:
  // 특징 추출자를 생성하고 메모리 영역에 바인딩한다.
  // 이 메모리는 추출자 객체의 수명 주기 동안 접근 가능한 상태로 유지되어야 한다.
  // 후속 호출에 특징 데이터가 필요하기 때문이다.
  // 추출자는 특징 데이터의 메모리 관리를 하지 않는다.
  FeatureProvider(int feature_size, uint8_t* feature_data);
  ~FeatureProvider();

  // 오디오 입력의 정보로 특징 데이터를 채우고 업데이트된 특징 조각 수를 반환한다.
  TfLiteStatus PopulateFeatureData(tflite::ErrorReporter* error_reporter,
                                   int32_t last_time_in_ms, int32_t time_in_ms,
                                   int* how_many_new_slices);

 private:
  int feature_size_;
  uint8_t* feature_data_;
  // 캐시된 정보가 추출기의 첫 번째 호출인 경우 캐시된 정보를 사용하지 않는다.
  bool is_first_run_;
};
```

feature_provider_mock_test.cc의 테스트 코드를 통해 자세한 사용 방법을 알 수 있다.

특징 추출기가 작업할 오디오 데이터가 필요하기 때문에 이 테스트는 mock이라고 하는 특수한 버전의 모의 오디오 추출기를 사용하여 오디오 데이터를 제공하도록 설정된다. 모의 오디오 추출기는 audio_provider_mock.cc에 정의되어 있다.

NOTE_ 모의 오디오 추출기는 테스트용 빌드에서도 실제 오디오 추출기를 대체하며 Makefile.inc 내에 FEATURE_PROVIDER_MOCK_TEST_SRCS라는 이름으로 정의되어 있다.

feature_provider_mock_test.cc 파일에는 테스트 두 가지가 포함되어 있다. 첫 번째는 다음과 같다.

```
TF_LITE_MICRO_TEST(TestFeatureProviderMockYes) {
  tflite::MicroErrorReporter micro_error_reporter;
  tflite::ErrorReporter* error_reporter = &micro_error_reporter;

  uint8_t feature_data[kFeatureElementCount];
```

```
FeatureProvider feature_provider(kFeatureElementCount, feature_data);

int how_many_new_slices = 0;
TfLiteStatus populate_status = feature_provider.PopulateFeatureData(
    error_reporter, /* last_time_in_ms= */ 0, /* time_in_ms= */ 970,
    &how_many_new_slices);
TF_LITE_MICRO_EXPECT_EQ(kTfLiteOk, populate_status);
TF_LITE_MICRO_EXPECT_EQ(kFeatureSliceCount, how_many_new_slices);

for(int i = 0; i < kFeatureElementCount; ++i) {
  TF_LITE_MICRO_EXPECT_EQ(g_yes_micro_f2e59fea_nohash_1_data[i],
                          feature_data[i]);
}
}
```

FeatureProvider를 생성하기 위해 생성자를 호출하여 feature_size, feature_data를 인수로 전달한다.

```
FeatureProvider feature_provider(kFeatureElementCount, feature_data);
```

첫 번째 인수는 스펙트로그램에 있어야 하는 데이터 원소의 전체 수를 나타낸다. 두 번째 인수는 스펙트로그램 데이터로 채울 배열에 대한 포인터다.

스펙트로그램의 원소 수는 모델을 학습할 때 결정됐으며 micro_features/micro_model_settings.h에서 kFeatureElementCount로 정의된다.

지난 1초 동안의 오디오 특징을 얻기 위해 feature_provider.PopulateFeatureData()가 호출된다.

```
TfLiteStatus populate_status = feature_provider.PopulateFeatureData(
    error_reporter, /* last_time_in_ms= */ 0, /* time_in_ms= */ 970,
    &how_many_new_slices);
```

함수의 인수로 ErrorReporter 인스턴스, 메서드가 마지막으로 호출된 시간을 나타내는 정수(last_time_in_ms), 현재 시간(time_in_ms), 새로운 특징 슬라이스 수(how_many_new_slices)를 취하여 업데이트될 정수에 대한 포인터를 전달한다. 슬라이스는 스펙트로그램의 한 행에 해당하며 일종의 시간 단위로 볼 수 있다.

항상 마지막 순간의 오디오가 필요하기 때문에 특징 추출기는 마지막으로 호출된 시간(last_time_in_ms)을 현재 시간(time_in_ms)과 비교한다. 마지막으로 호출된 시간과 현재 시간 사이에 캡처된 오디오에 대한 스펙트로그램 데이터를 생성하고 feature_data 배열을 업데이트하여 슬라이스를 추가한 뒤 1초보다 오래된 것은 삭제한다.

PopulateFeatureData()를 실행하면 모의 오디오 추출기에 오디오를 요청한다. 모의 오디오 추출기는 yes를 나타내는 오디오를 제공하고 특징 추출기는 이를 처리하여 결과를 제공한다.

PopulateFeatureData()를 호출한 후 결과가 예상한 것인지 확인할 것이다. 생성된 데이터를 모의 오디오 추출기가 제공한 yes 입력에 맞는 알려진 스펙트로그램과 비교한다.

```
TF_LITE_MICRO_EXPECT_EQ(kTfLiteOk, populate_status);
TF_LITE_MICRO_EXPECT_EQ(kFeatureSliceCount, how_many_new_slices);
for(int i = 0; i < kFeatureElementCount; ++i) {
  TF_LITE_MICRO_EXPECT_EQ(g_yes_micro_f2e59fea_nohash_1_data[i],
                          feature_data[i]);
}
```

모의 오디오 추출기는 시작 시간과 종료 시간이 전달되는 시간에 따라 yes 또는 no에 대한 오디오를 제공할 수 있다. feature_provider_mock_test.cc의 두 번째 테스트는 첫 번째와 정확히 동일하지만 no를 나타내는 오디오 테스트를 수행한다.

테스트를 실행하려면 다음 명령을 사용한다.

```
make -f tensorflow/lite/micro/tools/make/Makefile \
  test_feature_provider_mock_test
```

7.3.3.1 특징 추출기가 오디오를 스펙트럼으로 변환하는 방법

특징 추출기는 feature_provider.cc에 구현되어 있다. 작동 방식을 알아보자.

앞에서 다룬 바와 같이 특징 추출기의 역할은 1초짜리 오디오 스펙트로그램을 나타내는 배열을 채우는 것이다. 루프에서 호출되도록 설계됐기 때문에 불필요한 작업을 피하기 위해 현재 호출과 직전 호출 사이의 시간 동안만 새 특징을 생성한다. 1초가 경과되기 전에 호출된 경우 이전 출력의 일부를 유지하고 누락된 부분의 특징만 생성한다.

코드에서 각 스펙트로그램은 40열 49행의 2D 배열로 표시되며 각 행은 주파수 버킷 43개로 분할된 30ms(밀리초) 오디오 샘플을 나타낸다.

각 행을 만들기 위해 30ms 오디오 입력 슬라이스에 FFT^{Fast Fourier Transform}(고속 푸리에 변환) 알고리즘을 실행한다. 이 기술은 샘플에서 오디오 주파수 분포를 분석하고 각각 0에서 255 사이의 값을 갖는 256개의 주파수 버킷 배열을 생성한다. 주파수 버킷 배열은 여섯 개의 그룹으로 평균화되어 버킷 43개를 생성한다.

예제 코드는 micro_features/micro_features_generator.cc 파일에 있으며 특징 추출기로 호출된다.

전체 2D 배열을 구축하기 위해 오디오의 연속 30ms 슬라이스 49개에서 FFT를 실행한 각 결과 슬라이스를 인접한 슬라이스에 10ms씩 겹쳐서 합친다. [그림 7-4]는 이 과정을 보여준다.

30초 샘플 창을 이동시키며 전체 1초 샘플을 모두 처리할 때까지 20ms씩 창을 전진시키는 것을 볼 수 있다. 이로써 결과 스펙트로그램이 모델에 전달될 준비가 됐다.

feature_provider.cc를 보면 이 프로세스를 코드 수준에서 이해할 수 있다. 먼저 Populate FeatureData()가 마지막으로 호출된 시간을 기준으로 실제로 생성해야 하는 슬라이스를 결정한다.

```
// 각 창에 걸치는 시간을 양자화하여 가져와야 할 오디오 데이터를 파악
const int last_step =(last_time_in_ms/kFeatureSliceStrideMs);
const int current_step =(time_in_ms/kFeatureSliceStrideMs);

int slices_needed = current_step - last_step;
```

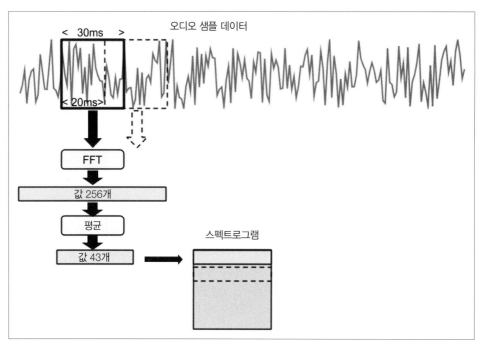

그림 7-4 처리 중인 오디오 샘플의 다이어그램

이전에 실행되지 않았거나 1초 이상 전에 실행된 경우 최대 슬라이스 수를 생성한다.

```
if(is_first_run_) {
  TfLiteStatus init_status = InitializeMicroFeatures(error_reporter);
  if(init_status != kTfLiteOk) {
    return init_status;
  }
  is_first_run_ = false;
  slices_needed = kFeatureSliceCount;
}
if(slices_needed > kFeatureSliceCount) {
  slices_needed = kFeatureSliceCount;
}
*how_many_new_slices = slices_needed;
```

결과로 나오는 값은 how_many_new_slices에 기록된다.

다음으로 기존 슬라이스 수를 계산하고 배열 데이터를 이동하여 새로운 슬라이스를 위한 공간을 만든다.

```cpp
const int slices_to_keep = kFeatureSliceCount - slices_needed;
const int slices_to_drop = kFeatureSliceCount - slices_to_keep;
// 일부 슬라이스를 다시 계산하지 않으려면 스펙트로그램에서
// 기존 데이터를 위로 이동하여 다음 작업을 수행한다.
// last time = 80ms          current time = 120ms
// +-----------+             +-----------+
// | data@20ms |       -->  | data@60ms |
// +-----------+      --     +-----------+
// | data@40ms |    -- -->  | data@80ms |
// +-----------+   -- --     +-----------+
// | data@60ms | -- --      | <empty>   |
// +-----------+   --        +-----------+
// | data@80ms | --          | <empty>   |
// +-----------+             +-----------+
if(slices_to_keep > 0) {
  for(int dest_slice = 0; dest_slice < slices_to_keep; ++dest_slice) {
    uint8_t* dest_slice_data =
        feature_data_ +(dest_slice * kFeatureSliceSize);
    const int src_slice = dest_slice + slices_to_drop;
    const uint8_t* src_slice_data =
        feature_data_ +(src_slice * kFeatureSliceSize);
    for(int i = 0; i < kFeatureSliceSize; ++i) {
      dest_slice_data[i] = src_slice_data[i];
    }
  }
}
```

> **NOTE_** 노련한 C++ 개발자라면 왜 표준 라이브러리를 사용한 데이터 복사 방법을 쓰지 않는지 의아할
> 것이다. 그 이유는 바이너리 크기를 작게 유지하기 위해 불필요한 종속성을 피하기 위해서다. 임베디드 플
> 랫폼에는 메모리가 거의 없기 때문에 애플리케이션 바이너리의 크기를 줄일수록 딥러닝 모델을 위한 공간
> 을 더 확보할 수 있다.

데이터를 이동한 후에는 새로운 슬라이스마다 한 번씩 반복되는 루프를 시작한다. 이 루프에서
는 먼저 GetAudioSamples()를 사용하여 오디오 추출기에 해당 슬라이스에 대한 오디오를 요
청한다.

```cpp
for(int new_slice = slices_to_keep; new_slice < kFeatureSliceCount;
    ++new_slice) {
```

```
    const int new_step =(current_step - kFeatureSliceCount + 1) + new_slice;
    const int32_t slice_start_ms =(new_step * kFeatureSliceStrideMs);
    int16_t* audio_samples = nullptr;
    int audio_samples_size = 0;
    GetAudioSamples(error_reporter, slice_start_ms, kFeatureSliceDurationMs,
                    &audio_samples_size, &audio_samples);
    if(audio_samples_size < kMaxAudioSampleSize) {
      error_reporter->Report("Audio data size %d too small, want %d",
                             audio_samples_size, kMaxAudioSampleSize);
      return kTfLiteError;
    }
```

루프 반복을 완료하기 위해 해당 데이터를 micro_features/micro_features_generator.h에 정의된 GenerateMicroFeatures()로 전달한다. 이 함수는 FFT를 수행하고 오디오 주파수 정보를 반환하는 함수다.

함수를 호출하며 새 데이터를 쓸 메모리 위치를 가리키는 포인터 new_slice_data를 전달한다.

```
    uint8_t* new_slice_data = feature_data_ +(new_slice * kFeatureSliceSize);
    size_t num_samples_read;
    TfLiteStatus generate_status = GenerateMicroFeatures(
        error_reporter, audio_samples, audio_samples_size, kFeatureSliceSize,
        new_slice_data, &num_samples_read);
    if(generate_status != kTfLiteOk) {
      return generate_status;
    }
  }
```

각 슬라이스에 이 작업을 수행하고 나면 최신 1초에 대한 완전한 스펙트로그램을 얻게 된다.

> **TIP_** FFT를 생성하는 함수는 GenerateMicroFeatures()다. 관심이 있다면 micro_features/micro_features_generator.cc에서 함수 정의를 확인해보자.
> 스펙트로그램을 사용하는 애플리케이션을 직접 만들 경우에도 이 코드를 그대로 재사용할 수 있다. 모델을 학습할 때 동일한 코드를 사용하여 데이터를 스펙트로그램으로 전처리해야 한다.

스펙트로그램이 있으면 모델로 추론을 실행할 수 있다. 추론을 마치고 나면 결과를 해석해야 하는데, 결과 해석은 이제부터 살펴볼 클래스인 RecognizeCommands에서 진행한다.

7.3.4 명령 인식기

마지막 오디오에서 알려진 단어가 사용됐는지 확률 세트를 모델이 출력하고 나면 이것이 성공적인 호출어 감지를 의미하는지 여부를 판별하는 것이 `RecognizeCommands` 클래스의 역할이다.

주어진 클래스의 확률이 특정 임곗값 이상이면 호출어가 쓰인 것이라고 볼 수 있지만 현실에서는 상황이 조금 더 복잡해진다.

앞서 설정한 대로 1초에 여러 번의 추론을 1초짜리 데이터 창에 실행한다. 즉, 주어진 단어에 추론을 여러 창에 걸쳐 여러 번 실행하게 되는 것이다.

[그림 7-5]는 noted라는 단어의 파형을 캡처한 것이며 1초의 창을 나타내는 상자로 둘러싸여 있다.

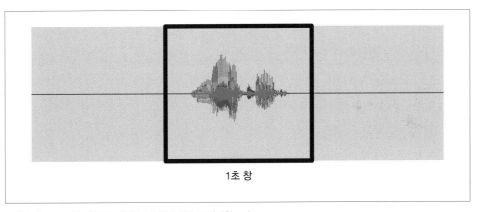

1초 창

그림 7-5 noted를 발음한 파형을 1초짜리 창으로 캡처한 모습

모델은 no라는 단어를 감지하도록 훈련됐으며 noted가 no와 다르다는 것은 알고 있을 것이다. 1초 창에 추론을 실행하면 이를 no로 분류할 가능성은 낮을 것이다. 그러나 [그림 7-6]과 같이 오디오 스트림상에서 창을 조금 앞당겨서 추론을 실행하면 어떻게 될까?

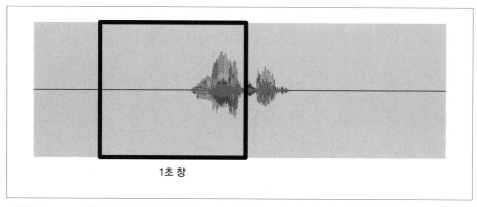

그림 7-6 noted 파형의 앞쪽 일부를 캡처한 모습

이 경우 noted라는 단어의 첫 음절이 창에 들어온다. noted의 첫 음절은 no와 같기 때문에 모델은 이것이 no일 가능성이 높은 것으로 해석할 수 있다.

이러한 문제 때문에 하나의 추론에만 의존하여 호출어의 유무를 판단해서는 안 된다. 이 시점에서 RecognizeCommands가 필요하다.

RecognizeCommands 인식기는 지난 몇 개의 추론에 대한 각 단어의 평균 점수를 계산하고, 탐지하기에 충분히 높은지 여부를 결정한다. 이를 위해 추론 결과가 나올 때마다 결과를 인식기로 전달한다.

aware_commands.h에서 해당 인터페이스를 볼 수 있으며 그 일부는 다음과 같다.

```
class RecognizeCommands {
 public:
  explicit RecognizeCommands(tflite::ErrorReporter* error_reporter,
                             int32_t average_window_duration_ms = 1000,
                             uint8_t detection_threshold = 200,
                             int32_t suppression_ms = 1500,
                             int32_t minimum_count = 3);

  // 샘플 데이터에서 모델을 실행한 결과를 전달하며 함수를 호출
  TfLiteStatus ProcessLatestResults(const TfLiteTensor* latest_results,
                                    const int32_t current_time_ms,
                                    const char** found_command, uint8_t* score,
                                    bool* is_new_command);
```

RecognizeCommands 클래스의 생성자는 몇 가지 사항에 대한 기본값을 정의한다.

- 평균화 창의 길이(average_window_duration_ms)

- 명령 탐지의 기준이 되는 최소 평균 점수(detection threshold)

- 명령을 인식한 후 두 번째 명령을 인식하기 전에 기다리는 시간(suppression_ms)

- 결과를 세는 데 필요한 최소 추론 횟수(3)

이 클래스에는 ProcessLatestResults()라는 메서드가 있으며 이는 모델 출력(latest_results)을 포함하는 TfLiteTensor에 대한 포인터와 현재 시간(current_time_ms)을 인수로 넣어 호출해야 한다.

또한 출력에 사용하는 세 개의 포인터도 인수로 필요하다. 먼저 감지한 명령의 이름(found_command), 명령의 평균 점수(score), 명령이 새로운지 또는 특정 시간대에서 추론한 명령과 같은지 여부(is_new_command)에 대한 포인터가 함께 인수로 전달된다.

여러 추론 결과의 평균을 구하는 것은 시계열 데이터를 처리할 때 유용하고 일반적인 기술이다. 다음으로 aware_commands.cc의 코드를 살펴보고 작동 방식에 대해 알아보자. 모든 코드를 이해할 필요는 없지만 자신만의 프로젝트에서 어떤 도구를 쓸 수 있을지 통찰력을 얻을 수 있다.

먼저 입력 텐서가 올바른 모양과 유형인지 확인한다.

```
TfLiteStatus RecognizeCommands::ProcessLatestResults(
    const TfLiteTensor* latest_results, const int32_t current_time_ms,
    const char** found_command, uint8_t* score, bool* is_new_command) {
  if((latest_results->dims->size != 2) ||
     (latest_results->dims->data[0] != 1) ||
     (latest_results->dims->data[1] != kCategoryCount)) {
    error_reporter_->Report(
        "The results for recognition should contain %d elements, but there are "
        "%d in an %d-dimensional shape",
        kCategoryCount, latest_results->dims->data[1],
        latest_results->dims->size);
    return kTfLiteError;
  }

  if(latest_results->type != kTfLiteUInt8) {
```

```
      error_reporter_->Report(
          "The results for recognition should be uint8 elements, but are %d",
          latest_results->type);
      return kTfLiteError;
  }
```

다음으로 current_time_ms를 검사하여 평균화 창에서 가장 최근 결과 이후인지 확인한다.

```
  if((!previous_results_.empty()) &&
     (current_time_ms < previous_results_.front().time_)) {
     error_reporter_->Report(
         "Results must be fed in increasing time order, but received a "
         "timestamp of %d that was earlier than the previous one of %d",
         current_time_ms, previous_results_.front().time_);
     return kTfLiteError;
  }
```

그런 다음 최신 결과를 평균화할 결과의 목록에 추가한다.

```
  // 최신 결과를 대기열 헤드에 추가
  previous_results_.push_back({current_time_ms, latest_results->data.uint8});
  // 평균화 창에 비해 너무 오래된 이전 결과 정리
  const int64_t time_limit = current_time_ms - average_window_duration_ms_;
  while((!previous_results_.empty()) &&
          previous_results_.front().time_ < time_limit) {
     previous_results_.pop_front();
```

평균화 창 내에 최솟값(기본적으로 3인 minimum_count_로 정의됨)보다 적은 결과가 있는 경우 유효한 평균을 제공할 수 없다. 이 경우 found_command가 가장 최근의 최상위 명령이고 점수는 0이며 명령이 새로운 명령이 아님을 나타내도록 출력 포인터를 설정한다.

```
  // 결과가 너무 적으면 결과를 신뢰할 수 없다고 보고 포인터가 이전 명령을 가리키게 한다.
  const int64_t how_many_results = previous_results_.size();
  const int64_t earliest_time = previous_results_.front().time_;
  const int64_t samples_duration = current_time_ms - earliest_time;
  if((how_many_results < minimum_count_) ||
     (samples_duration <(average_window_duration_ms_/4))) {
    *found_command = previous_top_label_;
    *score = 0;
```

```
    *is_new_command = false;
    return kTfLiteOk;
  }
```

그렇지 않으면 창에서 모든 점수를 평균화하고 다음 논리를 진행한다.

```
// 창의 모든 결과에 대한 평균 점수를 계산한다.
int32_t average_scores[kCategoryCount];
for(int offset = 0; offset < previous_results_.size(); ++offset) {
  PreviousResultsQueue::Result previous_result =
      previous_results_.from_front(offset);
  const uint8_t* scores = previous_result.scores_;
  for(int i = 0; i < kCategoryCount; ++i) {
    if(offset == 0) {
      average_scores[i] = scores[i];
    } else {
      average_scores[i] += scores[i];
    }
  }
}
for(int i = 0; i < kCategoryCount; ++i) {
  average_scores[i] /= how_many_results;
}
```

이제 어느 카테고리가 최고인지 식별하기에 충분한 정보를 얻었다.

```
// 현재 최고 점수 카테고리를 찾는다.
int current_top_index = 0;
int32_t current_top_score = 0;
for(int i = 0; i < kCategoryCount; ++i) {
  if(average_scores[i] > current_top_score) {
    current_top_score = average_scores[i];
    current_top_index = i;
  }
}
const char* current_top_label = kCategoryLabels[current_top_index];
```

마지막 논리는 결과가 유효한 탐지인지 결정한다. 이렇게 하려면 점수가 탐지 임곗값(기본적으로 200)보다 높고 마지막 유효한 탐지 후에 너무 빨리 발생하지 않았는지 확인해야 한다. 이 논리를 통해 잘못된 결과를 방지할 수 있다.

```
// 최근에 다른 레이블 트리거가 발생한 경우
// 직후에 너무 빨리 발생한 레이블은 나쁜 결과라고 가정한다.
int64_t time_since_last_top;
if((previous_top_label_ == kCategoryLabels[0]) ||
   (previous_top_label_time_ == std::numeric_limits<int32_t>::min())) {
  time_since_last_top = std::numeric_limits<int32_t>::max();
} else {
  time_since_last_top = current_time_ms - previous_top_label_time_;
}
if((current_top_score > detection_threshold_) &&
   ((current_top_label != previous_top_label_) ||
    (time_since_last_top > suppression_ms_))) {
  previous_top_label_ = current_top_label;
  previous_top_label_time_ = current_time_ms;
  *is_new_command = true;
} else {
  *is_new_command = false;
}
*found_command = current_top_label;
*score = current_top_score;
```

결과가 유효하면 is_new_command가 true로 설정된다. 이것은 함수 호출자가 실제로 명령이 감지됐는지 확인하기 위해 사용할 수 있는 변수다.

recognize_commands_test.cc의 테스트는 평균화 창에 저장된 다양한 입력과 결과의 조합을 연습한다.

RecognizeCommands 사용 방법을 보여주는 테스트 중 하나인 RecognizeCommandsTestBasic을 살펴보자. 먼저 클래스의 인스턴스를 생성한다.

```
TF_LITE_MICRO_TEST(RecognizeCommandsTestBasic) {
  tflite::MicroErrorReporter micro_error_reporter;
  tflite::ErrorReporter* error_reporter = &micro_error_reporter;

  RecognizeCommands recognize_commands(error_reporter);
```

다음으로 가짜 추론 결과가 포함된 텐서를 생성한다. 이 텐서는 ProcessLatestResults()에서 명령이 들렸는지 여부를 결정하는 데 사용된다.

```
TfLiteTensor results = tflite::testing::CreateQuantizedTensor(
    {255, 0, 0, 0}, tflite::testing::IntArrayFromInitializer({2, 1, 4}),
    "input_tensor", 0.0f, 128.0f);
```

그런 다음 ProcessLatestResults()의 출력으로 설정할 변수를 정한다.

```
const char* found_command;
uint8_t score;
bool is_new_command;
```

마지막으로 ProcessLatestResults()를 호출하여 결과를 포함하는 텐서와 함께 앞에서 설정한 변수에 대한 포인터를 인수로 전달한다. 함수가 kTfLiteOk를 반환하여 입력이 성공적으로 처리됐는지 어서션으로 검사한다.

```
TF_LITE_MICRO_EXPECT_EQ(
    kTfLiteOk, recognize_commands.ProcessLatestResults(
                    &results, 0, &found_command, &score, &is_new_command));
```

파일에 있는 다른 테스트는 함수가 올바르게 작동하는지 확인하기 위해 좀 더 철저한 검사를 수행한다. 자세한 내용은 코드를 살펴보면 알 수 있다.

모든 테스트를 실행하려면 다음 명령을 사용한다.

```
make -f tensorflow/lite/micro/tools/make/Makefile \
  test_recognize_commands_test
```

이제 명령이 감지됐는지 확인한 후 결과를 외부 세계(최소한 온보드on-board LED)와 공유할 차례다.

7.3.5 명령 응답기

퍼즐의 마지막 부분인 명령 응답기의 역할은 호출어가 감지됐음을 알려주는 출력을 생성하는 것이다.

명령 응답기는 각 유형의 장치에 따라 재정의되도록 설계됐다. 이 장의 뒷부분에서 장치별 구현을 살펴볼 것이다.

일단 지금은 탐지 결과를 텍스트로 기록하는 간단한 참조 구현을 살펴보자. command_responder.cc 파일에서 찾을 수 있다.

```
void RespondToCommand(tflite::ErrorReporter* error_reporter,
                      int32_t current_time, const char* found_command,
                      uint8_t score, bool is_new_command) {
  if(is_new_command) {
    error_reporter->Report("Heard %s(%d) @%dms", found_command, score,
                           current_time);
  }
}
```

이게 전부다. 이 파일은 RespondToCommand() 함수 하나만 구현한다. 전달할 인수는 error_reporter, 현재 시간(current_time), 마지막으로 감지된 명령(found_command), 수신한 점수(score), 명령이 새로 수신됐는지 여부(is_new_command)다.

프로그램의 메인 루프에서 명령이 감지되지 않더라도 추론이 수행될 때마다 RespondToCommand() 함수가 호출된다. 즉, 수행해야 할 작업이 있는지 확인하기 위해 is_new_command를 늘 확인해야 한다.

command_responder_test.cc에 있는 이 함수에 대한 테스트도 마찬가지로 간단하다. 함수를 호출하여 올바른 출력을 생성하는지 테스트한다.

```
TF_LITE_MICRO_TEST(TestCallability) {
  tflite::MicroErrorReporter micro_error_reporter;
  tflite::ErrorReporter* error_reporter = &micro_error_reporter;

  // 이 부분에서 디버그 콘솔 출력이나 LED 점등 등의
  // 외부 부작용이 있을 수 있다. 최소한 호출이 중단되지 않도록 하자.

  RespondToCommand(error_reporter, 0, "foo", 0, true);
}
```

이 테스트를 실행하려면 터미널에 다음을 입력한다.

```
make -f tensorflow/lite/micro/tools/make/Makefile \
  test_command_responder_test
```

지금까지 애플리케이션의 모든 구성 요소를 살펴봤다. 이제 프로그램 사체에서 이틀이 어떻게 결합되는지 살펴보자.

7.4 호출어 듣기

이제부터 소개할 코드는 main_functions.cc에서 찾을 수 있다. main_functions.cc는 프로그램의 핵심인 setup()과 loop() 함수를 정의한다.

여러분은 이미 노련한 텐서플로 라이트 전문가가 됐으니 코드의 많은 부분이 익숙할 것이다. 그러므로 새로 등장하는 코드 위주로 살펴보겠다.

먼저 사용하고자 하는 Op를 나열한다.

```
namespace tflite {
namespace ops {
namespace micro {
TfLiteRegistration* Register_DEPTHWISE_CONV_2D();
TfLiteRegistration* Register_FULLY_CONNECTED();
TfLiteRegistration* Register_SOFTMAX();
}  // namespace micro
}  // namespace ops
}  // namespace tflite
```

다음으로 전역 변수를 설정한다.

```
namespace {
tflite::ErrorReporter* error_reporter = nullptr;
const tflite::Model* model = nullptr;
tflite::MicroInterpreter* interpreter = nullptr;
TfLiteTensor* model_input = nullptr;
FeatureProvider* feature_provider = nullptr;
RecognizeCommands* recognizer = nullptr;
int32_t previous_time = 0;
```

```
// 입력, 출력, 중간 배열에 사용할 메모리 영역을 생성한다.
// 이 크기는 사용 중인 모델에 따라 다르며 실험을 통해 결정해야 할 수도 있다.
constexpr int kTensorArenaSize = 10 * 1024;
uint8_t tensor_arena[kTensorArenaSize];
}  // namespace
```

일반적인 텐서플로 요소 외에도 FeatureProvider와 RecognizeCommand를 선언하는 방법에
주목하자. 새 오디오 샘플을 받은 가장 최근 시간을 추적하기 위한 g_previous_time이라는 변
수도 선언한다.

다음으로 setup() 함수에서 모델을 로드하고 인터프리터를 설정하고 op를 추가하고 텐서를
할당한다.

```
void setup() {
  // 로깅을 설정한다.
  static tflite::MicroErrorReporter micro_error_reporter;
  error_reporter = &micro_error_reporter;

  // 모델을 사용 가능한 데이터 구조에 매핑한다.
  // 복사나 파싱을 포함하지 않는 가벼운 작업이다.
  model = tflite::GetModel(g_tiny_conv_micro_features_model_data);
  if(model->version() != TFLITE_SCHEMA_VERSION) {
    error_reporter->Report(
        "Model provided is schema version %d not equal "
        "to supported version %d.",
        model->version(), TFLITE_SCHEMA_VERSION);
    return;
  }

  // 필요한 작업 구현만 가져온다.
  static tflite::MicroMutableOpResolver micro_mutable_op_resolver;
  micro_mutable_op_resolver.AddBuiltin(
      tflite::BuiltinOperator_DEPTHWISE_CONV_2D,
      tflite::ops::micro::Register_DEPTHWISE_CONV_2D());
  micro_mutable_op_resolver.AddBuiltin(
      tflite::BuiltinOperator_FULLY_CONNECTED,
      tflite::ops::micro::Register_FULLY_CONNECTED());
  micro_mutable_op_resolver.AddBuiltin(tflite::BuiltinOperator_SOFTMAX,
                                       tflite::ops::micro::Register_SOFTMAX());
```

```
// 모델을 실행할 인터프리터를 빌드한다.
static tflite::MicroInterpreter static_interpreter(
    model, micro_mutable_op_resolver, tensor_arena, kTensorArenaSize,
    error_reporter);
interpreter = &static_interpreter;

// 모델 텐서에 tensor_arena의 메모리를 할당한다.
TfLiteStatus allocate_status = interpreter->AllocateTensors();
if(allocate_status != kTfLiteOk) {
  error_reporter->Report("AllocateTensors() failed");
  return;
}
```

텐서를 할당하고 나면 입력 텐서의 유형과 형태가 올바른지 확인한다.

```
// 모델의 입력에 사용할 메모리 영역에 대한 정보를 얻는다.
model_input = interpreter->input(0);
if((model_input->dims->size != 4) ||(model_input->dims->data[0] != 1) ||
   (model_input->dims->data[1] != kFeatureSliceCount) ||
   (model_input->dims->data[2] != kFeatureSliceSize) ||
   (model_input->type != kTfLiteUInt8)) {
  error_reporter->Report("Bad input tensor parameters in model");
  return;
}
```

이제 재미있는 부분이 이어진다. 먼저 FeatureProvider를 인스턴스화하여 입력 텐서를 가리킨다.

```
// 신경망에 입력을 제공하는 마이크 또는 기타 소스에서
// 오디오 스펙트로그램에 접근할 준비를 한다.
static FeatureProvider static_feature_provider(kFeatureElementCount,
                                               model_input->data.uint8);
feature_provider = &static_feature_provider;
```

다음으로 RecognizeCommands 인스턴스를 생성하고 previous_time 변수를 초기화한다.

```
static RecognizeCommands static_recognizer(error_reporter);
recognizer = &static_recognizer;

previous_time = 0;
}
```

loop() 함수를 사용할 차례다. 이전 예제같이 이 함수는 무한정 반복해서 호출된다. 먼저 루프 내에서 특징 추출기를 사용하여 스펙트로그램을 생성한다.

```
void loop() {
  // 현재 시간의 스펙트로그램을 가져온다.
  const int32_t current_time = LatestAudioTimestamp();
  int how_many_new_slices = 0;
  TfLiteStatus feature_status = feature_provider->PopulateFeatureData(
      error_reporter, previous_time, current_time, &how_many_new_slices);
  if(feature_status != kTfLiteOk) {
    error_reporter->Report("Feature generation failed");
    return;
  }
  previous_time = current_time;
  // 마지막 시간 이후에 새로운 오디오 샘플이 수신되지 않은 경우
  // 네트워크 모델을 실행하지 않아도 된다.
  if(how_many_new_slices == 0) {
    return;
  }
```

마지막 반복 이후 새로운 데이터가 없는 경우에는 추론을 실행하지 않는다.

입력을 받으면 인터프리터를 호출한다.

```
  // 스펙트로그램 입력에 대해 모델을 실행하고 성공했는지 확인한다.
  TfLiteStatus invoke_status = interpreter->Invoke();
  if(invoke_status != kTfLiteOk) {
    error_reporter->Report("Invoke failed");
    return;
  }
```

이제 모델의 출력 텐서가 각 카테고리의 확률로 채워졌다. 확률을 해석하기 위해 Recognize Commands 인스턴스를 사용한다. 출력 텐서에 대한 포인터를 얻은 다음 ProcessLatest Results() 출력을 수신하기 위해 몇 가지 변수를 설정한다.

```
  // 출력 텐서에 대한 포인터를 얻는다.
  TfLiteTensor* output = interpreter->output(0);
  // 추론의 출력을 기반으로 명령이 인식됐는지 확인한다.
  const char* found_command = nullptr;
```

```
uint8_t score = 0;
bool is_new_command = false;
TfLiteStatus process_status = recognizer->ProcessLatestResults(
    output, current_time, &found_command, &score, &is_new_command);
if(process_status != kTfLiteOk) {
  error_reporter->Report("RecognizeCommands::ProcessLatestResults() failed");
  return;
}
```

마지막으로, 명령 응답기의 RespondToCommand() 메서드를 호출하여 호출어가 감지되면 사용자에게 알릴 수 있다.

```
// 인식된 명령을 기반으로 동작을 수행한다.
// 기본 구현은 오류 콘솔 출력으로 대체되어 있지만
// 실제 애플리케이션의 경우 장치에 맞는 함수로 대체해야 한다.
RespondToCommand(error_reporter, current_time, found_command, score,
                 is_new_command);
}
```

RespondToCommand() 호출이 루프의 마지막 함수 호출이다. 특징 생성부터 모든 것이 루프 내에서 끝없이 반복되면서 오디오에 알려진 단어가 있는지 확인하고 확인된 경우 출력을 생성한다.

setup(), loop() 함수는 main.cc에 정의된 main() 함수에 의해 호출되며 애플리케이션이 시작될 때 루프를 시작한다.

```
int main(int argc, char* argv[]) {
  setup();
  while(true) {
    loop();
  }
}
```

7.4.1 애플리케이션 실행

예제에는 맥OS와 호환되는 오디오 추출기가 포함되어 있다. 맥 PC를 사용한다면 예제를 실행할 수 있다. 먼저 다음 명령을 사용하여 빌드한다.

```
make -f tensorflow/lite/micro/tools/make/Makefile micro_speech
```

빌드가 완료되면 다음 명령으로 예제를 실행할 수 있다.

```
tensorflow/lite/micro/tools/make/gen/osx_x86_64/bin/micro_speech
```

마이크 접근을 요청하는 팝업이 나타난다. 접근 권한을 부여하면 프로그램이 시작된다.

yes와 no를 말하면 다음과 같은 출력이 나타난다.

```
Heard yes(201) @4056ms
Heard no(205) @6448ms
Heard unknown(201) @13696ms
Heard yes(205) @15000ms
Heard yes(205) @16856ms
Heard unknown(204) @18704ms
Heard no(206) @21000ms
```

감지된 각 단어 다음의 숫자는 점수다. 명령 인식기는 점수가 200보다 큰 경우에만 일치하는 것으로 간주하므로 모든 점수가 200 이상이다.

점수 뒤의 숫자는 프로그램이 시작된 이후 경과한 시간을 밀리초 단위로 계산한 수다.

출력이 표시되지 않으면 맥 PC의 사운드 메뉴에서 맥 PC의 내장 마이크가 선택되어 있고 입력 음량이 충분히 높은지 확인한다.

프로그램을 맥에서 실행해보았으니 다음 순서로 실제 임베디드 하드웨어에서 실행해보자.

7.5 마이크로컨트롤러에 배포하기

이번 절에서는 세 가지 임베디드 장치에 코드를 배포할 것이다.

- 아두이노 나노 33 BLE 센스

- 스파크펀 에지

- ST마이크로 STM32F746G 디스커버리 키트

각 장치에 해당하는 빌드, 배포 프로세스를 알아보자.

모든 장치에는 자체적인 오디오 캡처 메커니즘이 있으므로 각 장치마다 audio_provider.cc를 별도로 구현한다. 출력도 마찬가지이므로 command_responder.cc도 장치별 버전이 있다.

audio_provider.cc 구현은 복잡하고 장치별로 다르며 머신러닝과는 직접 관련이 없다. 따라서 이 장에서는 다루지 않을 것이다. 관심이 있다면 아두이노를 설명한 부록 B를 읽어보길 바란다. 자신만의 프로젝트에서 오디오를 캡처해야 하는 경우 이 구현을 코드에 재사용할 수 있다.

배포 방법과 함께 각 장치에 대한 command_responder.cc 구현 과정도 확인해볼 것이다. 먼저 아두이노를 알아보자.

7.5.1 아두이노

이 글을 쓰는 시점에서 마이크가 내장된 유일한 아두이노 보드는 아두이노 나노 33 BLE 센스이므로 이번 절에서는 이 장치를 기준으로 한다. 다른 아두이노 보드를 사용하고 별도의 마이크를 연결하려면 audio_provider.cc를 직접 바꿔서 구현해야 한다.

아두이노 나노 33 BLE 센스에는 LED가 내장되어 있어 호출어 인식을 표시할 수 있다.

[그림 7-7]에서 아두이노 나노 33 BLE 센스 보드의 LED 위치를 볼 수 있다.

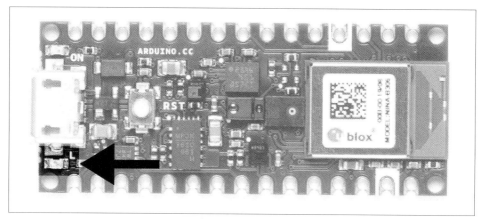

그림 7-7 아두이노 나노 33 BLE 센스 보드의 LED

이제 LED를 사용하여 단어가 감지됐음을 나타내는 방법을 살펴보자.

7.5.1.1 아두이노의 명령 반응

모든 아두이노 보드에는 LED가 내장되어 있으며 핀 번호를 얻는 데 사용할 수 있는 편리한 `LED_BUILTIN` 상수가 있다(보드마다 다름). `LED_BUILTIN` 상수를 이식 가능하게 유지하려면 보드에 내장된 단일 LED를 출력에 사용하도록 제한해야 한다.

이렇게 해보자. 추론이 실행 중임을 나타내기 위해 각 추론마다 LED를 켜거나 끄면서 LED를 깜박인다. 그리고 yes라는 단어가 들리면 몇 초 동안 LED가 켜지게 하자.

그럼 no가 들리면 어떻게 할까? 단지 시연일 뿐이므로 반드시 응답할 방법을 만들 필요는 없다. 감지된 모든 명령을 시리얼 포트에 기록하므로 장치에 연결하면 인식한 모든 호출어를 볼 수 있다.

아두이노 버전의 명령 응답기는 arduino/command_responder.cc에 있다. 소스 코드를 살펴보자. 먼저 명령 응답기의 헤더 파일과 아두이노 플랫폼의 라이브러리 헤더 파일을 포함한다.

```
#include "tensorflow/lite/micro/examples/micro_speech/command_responder.h"
#include "Arduino.h"
```

다음으로 함수 구현을 시작한다.

```
// 추론할 때마다 LED를 토글하고 yes가 들리면 3초 동안 점등 상태 유지
void RespondToCommand(tflite::ErrorReporter* error_reporter,
                      int32_t current_time, const char* found_command,
                      uint8_t score, bool is_new_command) {
```

다음 단계로 내장 LED 핀을 출력 모드로 설정하여 켜거나 끌 수 있도록 해야 한다. is_ initialized라는 static 부울 변수 덕분에 한 번만 실행되는 if 문 내에서 이 작업을 수행한 다. static 변수는 함수 호출과 무관하게 상태를 유지한다.

```
static bool is_initialized = false;
if(!is_initialized) {
  pinMode(LED_BUILTIN, OUTPUT);
  is_initialized = true;
}
```

다음으로 yes가 마지막으로 탐지된 시간과 수행된 추론 수를 추적하기 위해 또 다른 static 변수 몇 개를 설정한다.

```
static int32_t last_yes_time = 0;
static int count = 0;
```

is_new_command 인수가 true인 경우 새로운 호출어를 인식한 것이므로 ErrorReporter 인스 턴스에 이를 기록한다. found_command 문자 배열의 첫 문자를 확인하여 yes 음을 확인한 경우 현재 시간을 저장하고 LED를 켠다.

```
if(is_new_command) {
  error_reporter->Report("Heard %s(%d) @%dms", found_command, score,
                         current_time);
  // yes라고 들리면 LED를 켜고 시간을 저장한다.
  if(found_command[0] == 'y') {
    last_yes_time = current_time;
    digitalWrite(LED_BUILTIN, HIGH);
  }
}
```

다음으로 3초 후에 LED를 끄는 동작을 구현한다.

```
// last_yes_time이 0이 아니지만 3초보다 크면 0으로 초기화하고 LED를 끈다.
if(last_yes_time != 0) {
  if(last_yes_time <(current_time - 3000)) {
    last_yes_time = 0;
    digitalWrite(LED_BUILTIN, LOW);
  }
  // last_yes_time이 3초보다 작으면 아무 것도 하지 않는다.
  return;
}
```

LED가 꺼지면 last_yet_time도 0으로 설정되므로 다음에 yes가 들릴 때까지 if 문에 진입하지 않는다. return 문도 중요한 역할을 한다. 최근에 yes가 들렸으면 함수를 빠져나와 출력코드가 더 이상 실행되지 못하게 하므로 LED가 계속 켜져 있게 된다.

지금까지는 yes가 들리면 약 3초 동안 LED를 점등했다. 다음으로 3초 점등 모드에 있는 경우를 제외하고 각 추론과 함께 LED를 켜거나 끄는 논리를 구현해보겠다. 코드는 다음과 같다.

```
// 추론이 수행될 때마다 LED를 토글한다.
++count;
if(count & 1) {
  digitalWrite(LED_BUILTIN, HIGH);
} else {
  digitalWrite(LED_BUILTIN, LOW);
}
```

추론 횟수에 해당하는 count 변수에 1을 더해서 수행한 총 추론 수를 추적한다. if 조건에서 & 연산자를 사용하여 count 변수와 숫자 1에 대해 AND 연산을 수행한다.

1과 count에 AND 연산을 수행하면 최소 비트를 제외한 모든 카운트 비트를 필터링한다. 최소 비트가 0인 경우, 즉 count가 홀수인 경우 결과는 0이 된다. C++의 if 문에서는 false로 인식된다.

0이 아니면 결과는 1이며 짝수를 나타낸다. 1이 true로 평가되므로 LED가 짝수 값일 때는 켜지고 홀수 값일 때는 꺼진다.

여기까지 아두이노의 명령 응답기를 구현했다. 이제 실제로 실행해보자.

7.5.1.2 예제 실행하기

예제를 배포하려면 다음과 같은 도구가 필요하다.

- 아두이노 나노 33 BLE 센스 보드
- 마이크로 USB 케이블
- 아두이노 IDE

TIP_ 이 책이 출간된 후 빌드 절차가 변경됐을 가능성이 있으므로 README.md에서 최신 업데이트를 확인하자.

이 책의 프로젝트는 텐서플로 라이트 아두이노 라이브러리에서 예제 코드로 제공되며 아두이노 IDE를 통해 쉽게 설치하고 Tools 메뉴에서 라이브러리 관리를 선택할 수 있다. 나타나는 창에서 Arduino_TensorFlowLite라는 라이브러리를 검색하여 설치한다. 최신 버전 사용을 권하지만 문제가 발생했을 때는 이 책에서 테스트한 버전이 1.14-ALPHA라는 점을 참고하자.

NOTE_ .zip 파일로 라이브러리를 설치할 수도 있다. 이 파일은 텐서플로 라이트 웹사이트에서 다운로드 (https://oreil.ly/blgB8)할 수도 있고 마이크로컨트롤러용 텐서플로 라이트의 Makefile을 사용하여 생성할 수도 있다. 자세한 내용은 22장에서 다룬다.

라이브러리를 설치하면 [그림 7-8]과 같이 File 메뉴의 Examples → Arduino_TensorFlow Lite 아래에 micro_speech 예제가 표시된다.

예제를 로드하려면 micro_speech를 클릭한다. 각 소스 파일에 대한 탭이 있는 새 창이 나타난다. 첫 번째 탭인 micro_speech 파일은 앞에서 살펴본 main_functions.cc와 같다.

그림 7-8 예제 메뉴

NOTE_ 6.2.2절에서 이미 아두이노 예제의 구조를 설명했으므로 다시 다루지는 않는다.

예제를 실행하려면 USB를 통해 아두이노 장치를 연결한다. [그림 7-9]와 같이 Tools 메뉴의
Board 드롭다운 목록에서 올바른 장치 유형을 선택했는지 확인한다.

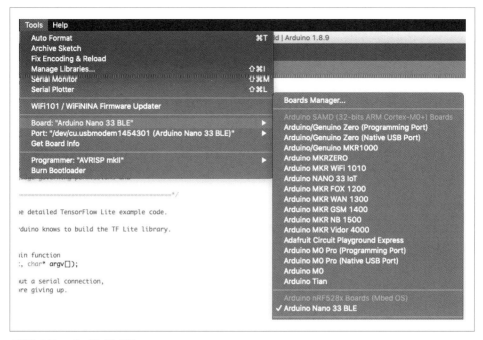

그림 7-9 Board 드롭다운 목록

장치 이름이 목록에 없으면 지원 패키지를 설치한다. Boards Manager를 클릭하여 나타나는 창에서 장치를 검색한 다음 최신 버전의 해당 지원 패키지를 설치한다. 그런 다음 [그림 7-10]에 설명된 대로 Tools 메뉴의 Port 드롭다운 목록에 장치의 포트가 선택되어 있는지 확인한다.

그림 7-10 Port 드롭다운 목록

마지막으로 아두이노 창에서 업로드 버튼을 클릭해 코드를 컴파일하여 아두이노 장치에 업로드한다.

그림 7-11 업로드 버튼

업로드가 성공적으로 완료되면 아두이노 보드의 LED가 깜박이기 시작한다.

프로그램을 테스트하기 위해 yes라고 말해보자. yes를 감지하면 약 3초 동안 LED가 계속 켜져 있을 것이다.

> **TIP_** 프로그램에서 yes를 한 번에 인식하지 못하면 몇 번 반복해서 말하자.

아두이노의 시리얼 모니터를 통해 추론 결과를 볼 수도 있다. Tools 메뉴에서 Serial Monitor를 열고 yes, no 등의 단어를 발음해보자. [그림 7-12]와 같이 나타날 것이다.

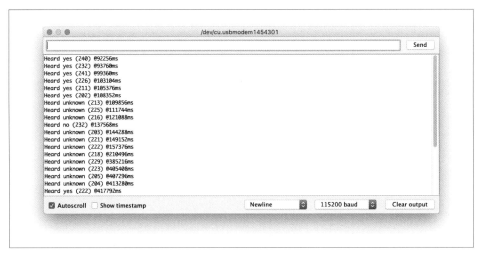

그림 7-12 탐지 여부를 출력하는 시리얼 모니터

7.5.1.3 커스텀 버전 만들기

이제 애플리케이션을 배포했으므로 코드를 가지고 놀아보자. 아두이노 IDE에서 소스 파일을 편집할 수 있다. 저장하면 예제를 새 위치에 다시 저장하라는 메시지가 표시된다. 변경한 후에 아두이노 IDE에서 업로드 버튼을 클릭하면 빌드와 배포를 진행할 수 있다.

시도해볼 수 있는 몇 가지 실험은 다음과 같다.

- yes 대신 no라고 말하면 LED가 켜지도록 예제를 바꾼다.
- 애플리케이션이 모스 부호처럼 yes와 no의 특정 순서 조합에 응답하게 만든다.
- yes와 no 명령으로 외부 LED 또는 서보servo 모터 등을 제어한다.

7.5.2 스파크펀 에지

스파크펀 에지에는 마이크와 빨간색, 파란색, 초록색, 노란색의 네 가지 LED가 있어 결과를 쉽게 표시할 수 있다. [그림 7-13]에서 스파크펀 에지의 LED 위치를 볼 수 있다.

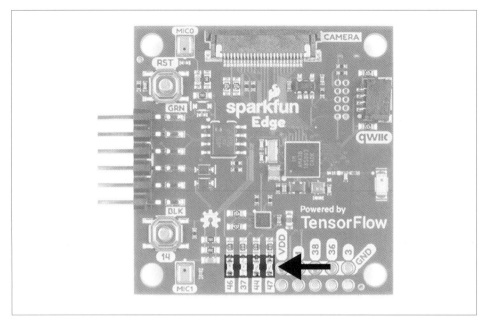

그림 7-13 스파크펀 에지의 LED 네 개

7.5.2.1 스파크펀 에지의 명령 응답

프로그램이 실행되고 있음을 분명히 하기 위해 각 추론마다 파란색 LED를 켜거나 끈다. yes가 들리면 노란색 LED, no가 들리면 빨간색 LED, 알 수 없는 명령이 들리면 초록색 LED가 켜진다.

스파크펀 에지의 명령 응답기는 sparkfun_edge/command_responder.cc에 구현되어 있다. 파일은 다음과 같이 시작된다.

```
#include "tensorflow/lite/micro/examples/micro_speech/command_responder.h"
#include "am_bsp.h"
```

command_responder.h는 이 파일의 헤더다. am_bsp.h는 이전 장에서 본 Ambiq Apollo3 SDK다.

함수 정의 내에서 가장 먼저 해야 할 일은 LED에 연결된 핀을 출력으로 설정하는 것이다.

```
// 다른 명령에 대한 응답으로 보드 LED를 점등시킨다.
void RespondToCommand(tflite::ErrorReporter* error_reporter,
                      int32_t current_time, const char* found_command,
                      uint8_t score, bool is_new_command) {
  static bool is_initialized = false;
  if(!is_initialized) {
    am_hal_gpio_pinconfig(AM_BSP_GPIO_LED_RED, g_AM_HAL_GPIO_OUTPUT_12);
    am_hal_gpio_pinconfig(AM_BSP_GPIO_LED_BLUE, g_AM_HAL_GPIO_OUTPUT_12);
    am_hal_gpio_pinconfig(AM_BSP_GPIO_LED_GREEN, g_AM_HAL_GPIO_OUTPUT_12);
    am_hal_gpio_pinconfig(AM_BSP_GPIO_LED_YELLOW, g_AM_HAL_GPIO_OUTPUT_12);
    is_initialized = true;
  }
```

먼저 Apollo3 SDK에 있는 am_hal_gpio_pinconfig() 함수를 호출하여 네 개의 모든 LED 핀을 상수 g_AM_HAL_GPIO_OUTPUT_12를 통해 출력 모드로 설정한다. static 변수인 is_initialized를 이용해 이 작업도 한 번 수행한 뒤에는 다시 수행할 필요가 없게 한다.

다음은 파란색 LED를 켜고 끄는 코드다. 아두이노 구현과 같은 방식으로 count 변수를 사용하여 이를 수행한다.

```
static int count = 0;
// 추론이 수행될 때마다 파란색 LED를 토글한다.
++count;
if(count & 1) {
  am_hal_gpio_output_set(AM_BSP_GPIO_LED_BLUE);
} else {
  am_hal_gpio_output_clear(AM_BSP_GPIO_LED_BLUE);
}
```

이 코드는 am_hal_gpio_output_set()과 am_hal_gpio_output_clear() 함수를 사용하여 파란색 LED의 핀을 켜거나 끈다.

각 추론에서 count 변수를 증가시켜 수행한 총 추론 수를 추적한다. if 조건부에서 & 연산자를 사용하여 count 변수와 숫자 1로 이진 AND 연산을 수행한다.

1과 count로 AND를 계산하면 최소 비트를 제외한 모든 카운트 비트를 필터링한다. 최소 비트가 0인 경우, 즉 count가 홀수면 결과는 0이 된다. C++ if 문에서는 false로 평가된다.

0이 아니면 결과는 1이며 짝수를 나타낸다. 1은 true이므로 짝수일 때는 LED가 켜지고 홀수일 때는 LED가 꺼지며 점멸이 계속된다.

다음으로 방금 들었던 단어에 따라 LED가 적절하게 켜지도록 하자. 기본적으로 모든 LED를 초기화하므로 최근에 들은 단어가 없으면 LED가 모두 꺼진다.

```
am_hal_gpio_output_clear(AM_BSP_GPIO_LED_RED);
am_hal_gpio_output_clear(AM_BSP_GPIO_LED_YELLOW);
am_hal_gpio_output_clear(AM_BSP_GPIO_LED_GREEN);
```

다음으로 몇 가지 간단한 if 문을 사용하여 어떤 명령이 들렸는지에 따라 적절한 LED를 켜게 한다.

```
if(is_new_command) {
  error_reporter->Report("Heard %s(%d) @%dms", found_command, score,
                         current_time);
  if(found_command[0] == 'y') {
    am_hal_gpio_output_set(AM_BSP_GPIO_LED_YELLOW);
  }
  if(found_command[0] == 'n') {
    am_hal_gpio_output_set(AM_BSP_GPIO_LED_RED);
  }
  if(found_command[0] == 'u') {
    am_hal_gpio_output_set(AM_BSP_GPIO_LED_GREEN);
  }
}
```

앞에서 본 것처럼 is_new_command는 RespondToCommand()가 완전히 새로운 명령으로 호출된 경우에만 true이므로 새 명령을 들을 수 없으면 LED가 꺼진 상태로 유지된다. 그렇지 않으면 am_hal_gpio_output_set() 함수를 사용하여 적절한 LED를 켠다.

7.5.2.2 예제 실행

지금까지 예제 코드를 통해 스파크펀에서 LED를 켜는 방법을 살펴보았다. 이제 예제를 실행해보자.

코드를 빌드하고 배포하려면 다음과 같은 도구가 필요하다.

- 스파크펀 에지 보드

- USB 프로그래머: 마이크로-B USB(https://oreil.ly/A6oDw)와 USB-C(https://oreil.ly/3REjg) 용 스파크펀 시리얼 확장 보드 권장

- 일치하는 USB 케이블

- 파이썬 3과 일부 의존성

터미널에서 텐서플로 저장소를 복제한 후 해당 디렉터리로 이동한다.

```
git clone https://github.com/tensorflow/tensorflow.git
cd tensorflow
```

다음으로 바이너리를 빌드하고 장치로 다운로드할 수 있도록 몇 가지 명령을 실행한다. 타이핑이 힘들다면 README.md에서 이러한 명령을 복사하여 붙여 넣을 수 있다.

바이너리 빌드

다음 명령은 필요한 모든 종속성을 다운로드한 다음 스파크펀 에지용 바이너리를 컴파일한다.

```
make -f tensorflow/lite/micro/tools/make/Makefile \
   TARGET=sparkfun_edge TAGS=cmsis-nn micro_speech_bin
```

바이너리는 다음 위치에 .bin 파일로 생성된다.

```
tensorflow/lite/micro/tools/make/gen/ \
   sparkfun_edge_cortex-m4/bin/micro_speech.bin
```

파일이 존재하는지 확인하려면 다음 명령을 사용한다.

```
test -f tensorflow/lite/micro/tools/make/gen/ \
  sparkfun_edge_cortex-m4/bin/micro_speech.bin \
  &&  echo "Binary was successfully created" ¦¦ echo "Binary is missing"
```

명령을 실행하면 바이너리가 콘솔에 성공적으로 생성되어 표시된다. 바이너리가 누락됐다면 빌드 프로세스에 문제가 있는 것이다. 그럴 때는 make 명령의 출력을 살펴보며 무엇이 잘못됐는지 단서를 찾아보자.

바이너리 서명

바이너리를 장치에 배포하려면 암호화 키로 서명해야 한다. 이제 바이너리를 서명하는 몇 가지 명령을 실행하여 스파크펀 에지에 플래시해보자. 여기에 사용된 스크립트는 Ambiq SDK에서 제공되며 Makefile이 실행될 때 다운로드된다.

개발에 사용할 수 있는 더미 암호화 키를 설정하려면 다음 명령을 입력한다.

```
cp tensorflow/lite/micro/tools/make/downloads/AmbiqSuite-Rel2.0.0/ \
  tools/apollo3_scripts/keys_info0.py \
  tensorflow/lite/micro/tools/make/downloads/AmbiqSuite-Rel2.0.0/ \
  tools/apollo3_scripts/keys_info.py
```

그리고 다음 명령을 실행하여 서명된 바이너리를 생성한다. 필요하다면 python3을 python으로 대체한다.

```
python3 tensorflow/lite/micro/tools/make/downloads/ \
  AmbiqSuite-Rel2.0.0/tools/apollo3_scripts/create_cust_image_blob.py \
  --bin tensorflow/lite/micro/tools/make/gen/ \
  sparkfun_edge_cortex-m4/bin/micro_speech.bin \
  --load-address 0xC000 \
  --magic-num 0xCB -o main_nonsecure_ota \
  --version 0x0
```

main_nonsecure_ota.bin 파일이 생성될 것이다. 이제 다음 명령을 실행하여 장치를 플래시하는 데 사용할 수 있는 파일의 최종 버전을 생성한다.

```
python3 tensorflow/lite/micro/tools/make/downloads/ \
  AmbiqSuite-Rel2.0.0/tools/apollo3_scripts/create_cust_wireupdate_blob.py \
  --load-address 0x20000 \
  --bin main_nonsecure_ota.bin \
  -i 6 -o main_nonsecure_wire \
  --options 0x1
```

명령을 실행한 디렉터리에 main_nonsecure_wire.bin이라는 파일이 생성됐다. 이 파일을 장치에 플래시할 것이다.

바이너리 플래시

스파크펀 에지는 현재 실행 중인 프로그램을 1MB의 플래시 메모리에 저장한다. 보드에서 새 프로그램을 실행하려면 새 프로그램을 보드로 보내야 한다. 보드를 플래시 메모리에 저장하면 이전에 저장된 모든 프로그램을 덮어 쓰게 된다.

프로그래머를 보드에 연결

보드에 새 프로그램을 다운로드하려면 스파크펀 USB-C 시리얼 베이직 프로그래머를 사용해야 한다. 이 장치를 사용하면 컴퓨터가 USB를 통해 마이크로컨트롤러와 통신할 수 있다. 장치를 보드에 연결하는 순서는 다음과 같다.

1. 스파크펀 에지의 측면에 있는 6핀 헤더를 찾는다.
2. 스파크펀 USB-C 시리얼 베이직을 이 핀에 꽂으면 [그림 7-14]와 같이 각 장치에서 BLK와 GRN으로 표시된 핀이 올바르게 정렬된다.

그림 7-14 스파크펀 에지와 USB-C 시리얼 베이직 연결하기(사진: 스파크펀 제공)

프로그래머를 컴퓨터에 연결

다음으로 USB를 통해 보드를 컴퓨터에 연결하자. 보드를 프로그래밍하려면 컴퓨터가 장치에 부여한 이름을 결정해야 한다. 가장 좋은 방법은 보드를 연결하기 전에 장치 목록을 확인한 다음 보드를 연결한 후 목록에 나타나는 새로운 장치를 확인하는 것이다.

> **WARNING_** 프로그래머의 운영체제 기본 드라이버에 문제가 있는 경우도 확인된 바가 있기 때문에 계속하기 전에 드라이버를 설치하는 것이 좋다.

USB를 통해 장치를 연결하기 전에 다음 명령을 실행한다.

```
# 맥OS
ls /dev/cu*

# 리눅스
ls /dev/tty*
```

다음과 같이 연결된 장치 목록이 출력된다.

```
/dev/cu.Bluetooth-Incoming-Port
/dev/cu.MALS
/dev/cu.SOC
```

이제 프로그래머를 컴퓨터의 USB 포트에 연결하고 다음 명령을 다시 실행한다.

```
# 맥OS
ls /dev/cu*

# 리눅스
ls /dev/tty*
```

다음같이 새로운 항목이 출력에 추가되어야 한다. 새 항목의 이름이 다를 수도 있다. 여기에서 나타나는 이름이 새로운 장치의 이름이다.

```
/dev/cu.Bluetooth-Incoming-Port
/dev/cu.MALS
/dev/cu.SOC
/dev/cu.wchusbserial-1450
```

이 이름은 장치를 나타내는 데 사용된다. 그러나 프로그래머가 어느 USB 포트 연결되는지에 따라 이름이 변경될 수 있으므로 컴퓨터에서 보드를 분리했다가 다시 연결하면 장치 이름을 다시 찾아야 할 수도 있다.

> **TIP_** 목록에 새로운 장치가 두 개 나타난다는 사례도 있다. 장치가 두 개로 표시될 경우 올바른 장치는 wch로 시작하는 장치다. 예를 들어 '/dev/wchusbserial-14410'을 선택하면 된다.

장치 이름을 식별한 후 나중에 사용할 수 있도록 셸 변수에 넣는다.

```
export DEVICENAME=<your device name here>
```

이는 프로세스 후반에 장치 이름이 필요한 명령을 실행할 때 사용할 수 있다.

스크립트를 실행하여 보드를 플래시

보드를 플래싱해서 새로운 바이너리를 받게 만들기 위해서는 보드를 특수한 부트로더 상태로 만들어야 한다. 그런 다음 스크립트를 실행하면 바이너리를 보드로 보낼 수 있다.

먼저 환경 변수를 생성하여 전송 속도를 지정한다. 이 속도는 데이터가 장치로 전송되는 속도다.

```
export BAUD_RATE=921600
```

이제 다음 명령을 터미널에 붙여 넣는다. 그러나 아직 엔터 키를 누르지는 말자. 명령의 ${DEVICENAME}이나 ${BAUD_RATE}를 앞에서 설정한 값으로 바꾸어야 한다. 필요하다면 python3을 python으로 대체한다.

```
python3 tensorflow/lite/micro/tools/make/downloads/ \
  AmbiqSuite-Rel2.0.0/tools/apollo3_scripts/uart_wired_update.py \
  -b ${BAUD_RATE} ${DEVICENAME} \
  -r 1 -f main_nonsecure_wire.bin \
  -i 6
```

다음으로 보드를 부트로더 상태로 재설정하고 보드를 플래시한다. 보드에서 [그림 7-15]와 같이 RST 버튼과 14 버튼을 찾자.

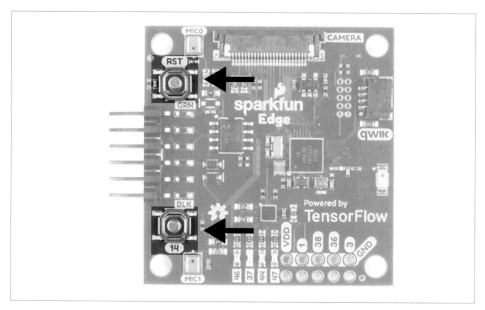

그림 7-15 스파크펀 에지의 버튼

다음 단계를 수행한다.

1. 보드가 프로그래머에 연결되어 있고 모든 것이 USB를 통해 컴퓨터에 연결되어 있는지 확인한다.

2. 보드의 14 버튼을 길게 누른다. 누른 상태를 유지한다.

3. 14 버튼을 계속 누른 상태에서 RST로 표시된 버튼을 눌러 보드를 리셋한다.

4. 컴퓨터에서 엔터 키를 눌러 스크립트를 실행한다. 14 버튼을 누른 상태를 유지한다.

이제 화면에 다음과 같은 출력이 나타날 것이다.

```
Connecting with Corvette over serial port /dev/cu.usbserial-1440...
Sending Hello.
Received response for Hello
Received Status
length =  0x58
version =  0x3
Max Storage =  0x4ffa0
Status =  0x2
State =  0x7
AMInfo =
0x1
0xff2da3ff
0x55fff
0x1
0x49f40003
0xffffffff
[...lots more 0xffffffff...]
Sending OTA Descriptor =  0xfe000
Sending Update Command.
number of updates needed =  1
Sending block of size  0x158b0  from  0x0  to  0x158b0
Sending Data Packet of length  8180
Sending Data Packet of length  8180
[...lots more Sending Data Packet of length  8180...]
```

'Sending Data Packet of length 8180' 메시지가 나타날 때까지 14 버튼을 누른 상태를 유지해야 하며 해당 메시지가 나타나면 버튼에서 손을 떼어도 된다(계속 누르고 있어도 문제는 없다). 프로그램은 터미널에서 계속 출력을 쏟아내고 마지막에는 다음과 같은 내용이 보일 것이다.

```
[...lots more Sending Data Packet of length  8180...]
Sending Data Packet of length  8180
Sending Data Packet of length  6440
Sending Reset Command.
Done.
```

이로써 플래싱이 성공적으로 끝났다.

> **TIP_** 프로그램 출력에 오류가 발생하면 'Sending Reset Command.' 메시지가 출력됐는지 확인한다. 이
> 메시지가 나타났다면 오류에도 불구하고 플래싱이 성공적으로 끝났을 가능성이 있다. 그렇지 않으면 플래
> 싱이 실패했다는 의미이므로 다시 시도해보자(환경 변수 설정은 건너뛰어도 된다).

7.5.2.3 프로그램 테스트

프로그램이 실행 중인지 확인하려면 RST 버튼을 누른다. 이제 파란색 LED가 깜박인다.

프로그램을 테스트하려면 yes라고 말한다. yes가 감지되면 주황색 LED가 깜박인다. 이 모델
은 또한 no도 감지하며 알 수 없는 단어를 말할 때도 감지한다. no에는 빨간색 LED를 깜박이
고 알 수 없는 단어는 초록색 LED를 깜박인다.

프로그램에서 yes를 인식하지 못하면 'yes, yes, yes'처럼 여러 번 연속해서 말한다.

예제에서 사용하는 모델은 작고 불완전하며 아마 no보다 yes를 더 잘 감지할 것이다. 이는 작
은 모델 크기를 최적화하면 정확도에 문제가 발생할 수 있다는 예를 보여준다. 이 주제는 8장
에서 더 자세히 다루겠다.

모델이 잘 작동하지 않으면?

발생 가능한 문제와 디버깅 방법은 다음과 같다.

문제: 플래싱 과정에서 'Sending Hello.'를 출력하고 스크립트가 잠시 중단된다. 이후 오류가
출력된다.

해결 방법: 스크립트를 실행하는 동안 보드의 14 버튼을 누르고 있어야 한다. 14 버튼을 누른
상태에서 RST 버튼을 누른 다음 스크립트를 실행하고 14 버튼을 누른 상태를 유지
한다.

> 문제: 플래싱 완료 후 LED가 켜지지 않는다.
>
> 해결 방법: RST 버튼을 누르거나 프로그래머에서 보드를 분리했다가 다시 연결해보자. 이들 중 어느 것도 작동하지 않으면 플래싱을 다시 진행한다

7.5.2.4 디버그 데이터 보기

프로그램은 또한 탐지 결과를 시리얼 포트로 기록한다. 이 데이터를 보려면 보 레이트를 115200으로 설정하고 보드의 시리얼 포트 출력을 모니터링하면 된다. 이를 위한 맥OS, 리눅스 명령은 다음과 같다.

```
screen ${DEVICENAME} 115200
```

처음에는 다음과 같은 출력이 표시될 것이다.

```
Apollo3 Burst Mode is Available
                       Apollo3 operating in Burst Mode(96MHz)
```

yes 또는 no를 발음해보자. 보드가 각 명령에 대한 디버그 정보를 출력할 것이다.

```
Heard yes(202) @65536ms
```

화면에서 디버그 출력 보기를 중지하려면 [Ctrl]+[A]를 누른 다음 곧바로 [K] 키를 누르고 [Y] 키를 누른다.

7.5.2.5 자신만의 버전 만들기

기본 애플리케이션을 배포했으니 이를 변경하고 자신만의 버전을 만들어볼 수 있다. 애플리케이션 코드는 tensorflow/lite/micro/examples/micro_speech 폴더에서 찾을 수 있다. 수정하고 저장한 다음 앞의 절차를 반복하여 수정된 코드를 장치에 배포해보자.

자신만의 버전을 만들면서 다음과 같은 변화를 시도할 수 있을 것이다.

- RespondToCommand ( )의 score 인수는 예측 점수를 보여준다. LED로 예측 점수를 표시한다.

- 애플리케이션이 모스 부호처럼 yes와 no의 특정 순서 조합에 응답하게 만든다.

- yes와 no 명령으로 외부 LED 또는 서보 모터 등을 제어한다.

7.5.3 ST마이크로 STM32F746G 디스커버리 키트

STM32F746G에는 멋진 LCD 디스플레이가 함께 제공되므로 [그림 7-16]과 같이 디스플레이를 사용하여 감지된 호출어를 표시할 수 있다.

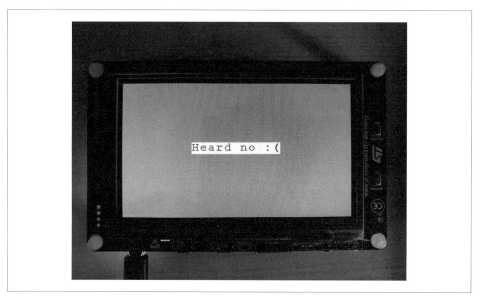

그림 7-16 STM32F746G의 디스플레이에 no를 출력하는 모습

7.5.3.1 STM32F746G의 명령 응답

STM32F746G의 LCD 드라이버는 디스플레이에 텍스트를 쓰기 위한 메서드를 제공한다. 이번 실습에서는 이러한 메서드를 사용하여 어떤 명령이 들렸는지에 따라 다음 메시지 중 하나를 표시할 것이다.

- Heard yes!
- Heard no :(

- Heard unknown

- Heard silence

또한 어떤 명령을 들었는지에 따라 배경색을 다르게 설정한다.

우선 헤더 파일을 불러온다.

```
#include "tensorflow/lite/micro/examples/micro_speech/command_responder.h"
#include "LCD_DISCO_F746NG.h"
```

첫 번째 command_responder.h는 이 파일의 인터페이스를 선언한다. 두 번째 LCD_
DISCO_F74NG.h는 장치의 LCD 디스플레이를 제어하기 위한 인터페이스를 제공한다.
Mbed 사이트에서 자세한 내용을 읽을 수 있다.

다음으로 LCD_DISCO_F746NG 객체를 인스턴스화한다. 이 객체에는 LCD를 제어하는 데 사용
하는 메서드가 포함되어 있다.

```
LCD_DISCO_F746NG lcd;
```

이어지는 행에서는 RespondToCommand() 함수를 선언하고 새 명령을 통해 호출됐는지 확인하
기 위한 인수를 삽입한다.

```
// 명령이 감지되면 디스플레이에 쓰고 시리얼 포트에 기록한다.
void RespondToCommand(tflite::ErrorReporter *error_reporter,
                      int32_t current_time, const char *found_command,
                      uint8_t score, bool is_new_command) {
  if(is_new_command) {
    error_reporter->Report("Heard %s(%d) @%dms", found_command, score,
                           current_time);
```

새로운 명령일 경우 error_reporter를 사용하여 시리얼 포트에 기록한다.

다음으로 큰 if 문을 사용하여 각 명령을 감지한 후 수행할 동작을 구현한다. 먼저 yes부터 시
작하자.

```
if(*found_command == 'y') {
  lcd.Clear(0xFF0F9D58);
  lcd.DisplayStringAt(0, LINE(5),(uint8_t *)"Heard yes!", CENTER_MODE);
```

`lcd.Clear()`를 사용하여 화면에서 이전 내용을 지우고 새로운 배경색을 설정한다. 새로운 배경색 `0xFF0F9D58`은 진한 초록색이다.

초록색 배경에 `lcd.DisplayStringAt()`을 사용하여 텍스트를 표시한다. 첫 번째 인수는 x 좌표를 지정하고 두 번째 인수는 y 좌표를 지정한다. 텍스트를 디스플레이의 중간 정도에 배치하기 위해 도우미 함수인 `LINE()`을 사용하여 화면의 다섯 번째 텍스트 줄에 해당하는 y 좌표를 결정한다.

세 번째 인수는 표시할 텍스트 문자열이며 네 번째 인수는 텍스트의 정렬 방식을 결정한다. 여기서는 상수 `CENTER_MODE`를 사용하여 텍스트가 가운데 정렬되도록 지정한다.

`else if` 문을 통해 no, 알 수 없음, 무음을 감지했을 때의 동작도 구현한다.

```
} else if(*found_command == 'n') {
  lcd.Clear(0xFFDB4437);
  lcd.DisplayStringAt(0, LINE(5),(uint8_t *)"Heard no :(", CENTER_MODE);
} else if(*found_command == 'u') {
  lcd.Clear(0xFFF4B400);
  lcd.DisplayStringAt(0, LINE(5),(uint8_t *)"Heard unknown", CENTER_MODE);
} else {
  lcd.Clear(0xFF4285F4);
  lcd.DisplayStringAt(0, LINE(5),(uint8_t *)"Heard silence", CENTER_MODE);
}
```

이게 전부다. LCD 라이브러리는 디스플레이를 쉽게 제어할 수 있기 때문에 결과를 출력하는 데 많은 코드를 사용하지 않는다. 이제 예제를 배포해서 실제로 실행해보자.

7.5.3.2 예제 실행

Mbed 툴체인을 사용하여 애플리케이션을 장치에 배포할 수 있다.

> **TIP_** 이 책이 출간된 후 빌드 절차가 변경됐을 가능성이 있으므로 README.md에서 최신 업데이트를 확인하자.

시작하기 전에 다음과 같은 도구가 필요하다.

- STM32F746G 디스커버리 키트 보드
- 미니 USB 케이블
- ARM Mbed CLI(https://oreil.ly/TkRwd의 Mbed 설정 가이드 참고)
- 파이썬 3과 pip

아두이노 IDE와 마찬가지로 Mbed도 특정 방식으로 소스 파일을 구성해야 한다. 마이크로컨트롤러용 텐서플로 라이트 Makefile은 이를 수행하는 방법을 알고 있으며 Mbed에 적합한 디렉터리를 생성 할 수 있다.

다음 명령을 실행한다.

```
make -f tensorflow/lite/micro/tools/make/Makefile \
    TARGET=mbed TAGS="cmsis-nn disco_f746ng" generate_micro_speech_mbed_project
```

새로운 디렉터리가 생성된다.

```
tensorflow/lite/micro/tools/make/gen/mbed_cortex-m4/prj/ \
    micro_speech/mbed
```

이 디렉터리에는 Mbed가 빌드할 수 있는 올바른 방식으로 구성된 모든 예제 종속성이 포함되어 있다.

먼저 디렉터리로 이동한다.

```
cd tensorflow/lite/micro/tools/make/gen/mbed_cortex-m4/prj/micro_speech/mbed
```

이제 Mbed를 사용하여 종속성을 다운로드하고 프로젝트를 빌드할 차례다.

다음 명령을 사용하여 현재 디렉터리가 Mbed 프로젝트의 루트임을 지정한다.

```
mbed config root .
```

Mbed에 종속성을 다운로드하고 빌드를 준비하도록 지시한다.

```
mbed deploy
```

기본적으로 Mbed는 C++ 98을 사용하여 프로젝트를 빌드한다. 그러나 텐서플로 라이트에는 C++ 11이 필요하다. 다음 파이썬 코드를 실행하여 C++ 11을 사용하도록 Mbed 설정 파일을 수정하자. 커맨드 라인에 입력하거나 붙여 넣으면 된다.

```
python -c 'import fileinput, glob;
for filename in glob.glob("mbed-os/tools/profiles/*.json"):
  for line in fileinput.input(filename, inplace=True):
    print(line.replace("\"-std=gnu++98\"","\"-std=c++11\", \"-fpermissive\""))'
```

마지막으로 다음 명령을 실행하여 컴파일을 진행한다.

```
mbed compile -m DISCO_F746NG -t GCC_ARM
```

다음 경로에 바이너리가 생성될 것이다.

```
./BUILD/DISCO_F746NG/GCC_ARM/mbed.bin
```

STM32F746G와 같은 Mbed 지원 보드를 사용했을 때 좋은 점 중 하나는 배포가 정말 쉽다는 것이다. 배포하려면 STM 보드를 연결하고 파일을 복사한다. 맥OS에서는 다음 명령을 사용하면 된다.

```
cp ./BUILD/DISCO_F746NG/GCC_ARM/mbed.bin /Volumes/DIS_F746NG/
```

또는 파일 브라우저에서 DIS_F746NG 볼륨을 찾아서 파일을 드래그해도 된다.

파일을 복사하면 플래싱 프로세스가 시작된다.

7.5.3.3 프로그램 테스트

플래싱이 완료되면 yes라고 말해본다. 디스플레이에 적절한 텍스트가 나타나고 배경색이 바뀔 것이다.

프로그램에서 yes를 인식하지 못하면 'yes, yes, yes'처럼 여러 번 연속해서 말한다.

예제에서 사용하는 모델은 작고 불완전하며 아마 no보다 yes를 더 잘 감지할 것이다. 이는 작은 모델 크기를 최적화하면 정확도에 문제가 발생할 수 있다는 예를 보여준다 이 주제는 8장에서 더 자세히 다룰 것이다.

7.5.3.4 디버그 데이터 보기

이 프로그램은 또한 명령을 인식하면 시리얼 포트에 기록한다. 출력을 보려면 시리얼 연결을 보 레이트 9600으로 설정해서 연결하면 된다.

맥OS와 리눅스에서 다음 명령을 실행하면 장치 목록이 나타난다.

```
ls /dev/tty*
```

다음과 같이 장치가 나타날 것이다.

```
/dev/tty.usbmodem1454203
```

장치를 식별한 후 다음 명령을 사용하여 장치에 연결하고 〈/dev/tty.devicename〉을 /dev에 나타나는 장치 이름으로 바꾼다.

```
screen /dev/<tty.devicename 9600>
```

yes 또는 no를 발음해서 명령을 인식시켜보자. 보드가 각 명령에 대한 디버그 정보를 출력할 것이다.

```
Heard yes(202) @65536ms
```

화면에서 디버그 출력 보기를 중지하려면 [Ctrl]+[A]를 누른 다음 곧바로 [K] 키를 누르고 [Y] 키를 누른다.

7.5.3.5 커스텀 버전 만들기

기본 애플리케이션을 배포했으니 이를 변경해 자신만의 버전을 만들어볼 수 있다. 애플리케이션 코드는 tensorflow/lite/micro/examples/micro_speech/mbed 폴더에서 확인 가능하다. 수정하고 저장한 다음 앞의 절차를 반복하여 수정된 코드를 장치에 배포해보자.

자신만의 버전을 만들면서 다음과 같은 변화를 시도할 수 있다.

- RespondToCommand( )의 score 인수는 예측 점수를 보여준다. LCD 디스플레이에 예측 점수를 시각적으로 표시한다.
- 애플리케이션이 모스 부호처럼 yes와 no의 특정 순서 조합에 응답하게 만든다.
- yes와 no 명령으로 외부 LED 또는 서보 모터 등을 제어한다.

7.6 마치며

지금까지 살펴본 애플리케이션 코드는 주로 하드웨어에서 데이터를 캡처한 다음 추론에 적합한 특징을 추출하는 것과 관련됐다. 실제로 모델에 데이터를 공급하고 추론을 실행하는 부분은 상대적으로 적으며 6장에서 다룬 예제와 유사하다.

이는 머신러닝 프로젝트에서 상당히 일반적인 일이다. 예제 모델은 이미 훈련을 마쳤으므로 남은 일은 적절한 데이터를 지속적으로 제공하는 것이다. 텐서플로 라이트로 작업하는 임베디드 개발자는 대부분의 프로그래밍 시간을 센서 데이터 캡처, 특징 처리, 모델 출력 응답에 소비한다. 추론 자체는 빠르고 쉽다.

그러나 임베디드 애플리케이션은 전체의 일부일 뿐이다. 정말 재미있는 부분은 모델이다. 8장에서는 다른 단어를 인식할 수 있도록 자신만의 음성 모델을 훈련시키는 방법을 배우고 작동 방식도 자세히 알아볼 것이다.

## CHAPTER 8

호출어 감지: 모델 훈련하기

7장에서는 yes와 no를 인식하도록 훈련한 모델을 중심으로 애플리케이션을 작성했다. 이 장에서는 다른 단어를 인식할 수 있는 새로운 모델을 훈련할 것이다.

우리가 작성한 코드는 일반적인 상황에서도 잘 작동한다. 오디오 데이터 수집과 처리는 물론이고 데이터를 텐서플로 라이트 모델로 전달하고 그 출력을 기반으로 작업을 수행할 수도 있다. 이는 새로운 모델을 훈련할 때 인식할 단어와 관계없이 데이터만 제대로 넣어주면 잘 동작한다는 것을 뜻한다.

새 모델을 훈련할 때 고려해야 할 사항은 다음과 같다.

- **입력**

  새로운 모델은 기존의 훈련 스크립트를 최대한 활용하기 위해 애플리케이션 코드와 동일한 전처리 과정을 거쳐야 하며 입력 데이터는 모양과 형식이 동일해야 한다.

- **출력**

  새 모델의 출력값도 같은 형식이어야 한다. 예제의 경우 클래스당 하나의 확률 텐서 타입을 갖는다.

- **훈련 데이터**

  새로운 단어를 선택해 모델을 훈련할 때마다 많은 사람의 음성 데이터가 필요하다.

- **최적화**

  메모리가 제한된 마이크로컨트롤러에서 효율적으로 실행되도록 모델을 최적화해야 한다.

기존 모델은 텐서플로 팀에서 공개한 스크립트를 사용하여 훈련했으며 이 스크립트를 사용하여 새 모델도 훈련한다. 훈련 데이터로 사용할 수 있는 공개 오디오 데이터셋도 있다.

다음 절에서는 새로운 단어를 인식하는 모델 훈련 과정을 살펴본다. 8.2절에서는 기존 애플리케이션 코드에 새로운 모델을 위한 코드를 통합하고 8.3절에서 모델 작동 방식을 살펴본다. 8.4절에서는 각자 가지고 있는 데이터셋을 사용하여 모델을 훈련하는 방법을 살펴볼 것이다.

8.1 새로운 모델 훈련

오디오 인식 모델을 구축하고 훈련하는 방법을 알아보기 위해 예제 스크립트로 텐서플로 Simple Audio Recognition(간단한 오디오 인식, https://oreil.ly/E292V)을 사용했다.

이 스크립트를 사용하면 오디오 인식 모델을 쉽게 훈련할 수 있으며 다음 작업을 수행하게 된다.

- 20개 단어로 구성된 오디오 데이터셋 다운로드
- 모델을 훈련할 단어의 하위 집합 선택
- 오디오에 사용할 전처리 타입 지정
- 모델 아키텍처 선택
- 양자화를 통한 마이크로컨트롤러 모델 최적화

스크립트를 실행하면 데이터셋을 다운로드하고 모델을 훈련한 뒤 모델 파일을 출력한다. 이후엔 모델 변환기를 통해 텐서플로 라이트에 맞는 형식으로 바꾼다.

> **NOTE_** 모델 작성자는 훈련 스크립트를 만드는 것이 일반적이다. 다양한 모델 아키텍처와 하이퍼 파라미터를 실험하고 이를 다른 사람과 쉽게 공유할 수 있기 때문이다.

다음 절에서 훈련 스크립트를 실행하는 가장 쉬운 방법을 살펴보자.

8.1.1 코랩으로 훈련하기

구글 코랩은 모델을 훈련하기에 좋은 환경이다. 클라우드의 강력한 컴퓨팅 자원을 무료로 쓸 수 있으며 훈련 프로세스를 모니터링하는 데 사용할 수 있는 도구가 제공된다.

이 절에서는 코랩 노트북을 사용하여 새 모델을 훈련한다. 우리가 사용하는 노트북은 텐서플로 저장소에서 사용할 수 있다.

노트북을 열고 [그림 8-1]과 같이 [Run in Google Colab] 버튼을 클릭한다.

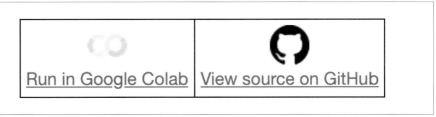

그림 8-1 [Run in Google Colab] 버튼

TIP_ 이 글을 쓰는 시점에 주피터 노트북을 표시할 때 간헐적인 오류 메시지가 표시되는 문제(https://oreil.ly/1jLJG)가 깃허브에 알려졌다. 노트북에 접근할 때 'Sorry, something went wrong. Reload?(죄송합니다. 문제가 발생했습니다. 다시 여시겠습니까?)'라는 메시지가 나타나면 4.3절 지침을 살펴보자.

노트북 파일은 모델 훈련 과정을 안내하며 다음 단계를 수행한다.

- 파라미터 설정
- 종속성 설치
- 텐서보드^{TensorBoard}로 훈련 모니터링
- 훈련 스크립트 실행
- 훈련 결과를 우리가 사용할 수 있는 모델로 변환

8.1.1.1 GPU 훈련 활성화하기

4장에서는 소량의 데이터로 매우 간단한 모델을 훈련했다. 우리가 지금 훈련하고 있는 모델은 정교하면서도 훨씬 큰 데이터셋이다. 따라서 훈련에 시간이 오래 걸리는데 일반적인 컴퓨터 CPU에서는 훈련에 서너 시간이 걸린다.

모델을 훈련하는 데 걸리는 시간을 줄이기 위해 GPU(그래픽 처리 장치) 가속을 사용해보자. GPU는 이미지 데이터를 빠르게 처리하여 화면이나 게임 등을 원활하게 렌더링할 수 있도록 설계된 하드웨어다.

이미지 처리에는 수많은 병렬 작업이 필요하며 딥러닝도 마찬가지다. 이는 GPU를 그래픽 처리 이외에 딥러닝에도 사용할 수 있음을 의미한다. CPU와 달리 GPU에서 실행할 때 일반적으로 훈련 속도가 다섯 배에서 열 배 정도 빠르다.

예제에서는 오디오 전처리 과정 때문에 속도 향상을 크게 기대할 수는 없지만 GPU에서 이전보다는 더 빨리 훈련된다. 총 한두 시간 정도면 훈련이 끝난다.

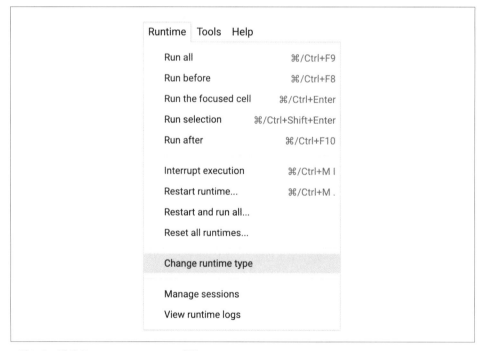

그림 8-2 코랩의 Change runtime type 옵션

코랩도 GPU를 통한 훈련을 지원한다. 기본값으로 꺼져 있지만 쉽게 켤 수 있다. GPU 가속을 켜기 위해 코랩의 Runtime(런타임) 메뉴로 이동한 다음 [그림 8-2]에 표시된 대로 Change runtime type(런타임 유형 변경)을 클릭한다.

이 옵션을 선택하면 [그림 8-3]에 표시된 Notebook settings(노트북 설정) 대화 상자가 열린다.

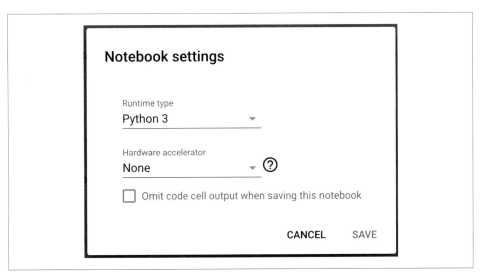

그림 8-3 Notebook settings 대화 상자

[그림 8-4]와 같이 Hardware accelerator(하드웨어 가속기) 목록에서 GPU를 선택한 다음 [SAVE]를 클릭한다.

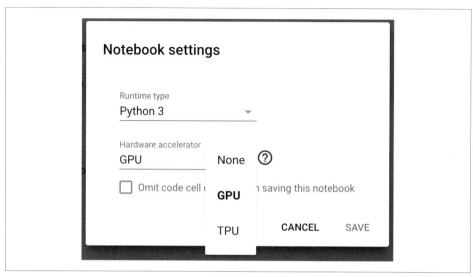

그림 8-4 Hardware accelerator 목록

코랩은 이제 GPU 백엔드(런타임)로 파이썬을 실행한다. 다음으로 훈련 단어를 설정하자.

8.1.1.2 훈련 설정

훈련 스크립트는 모델 아키텍처에서 훈련 단어 구분에 이르기까지 여러 커맨드 라인 플래그에 걸쳐 설정된다.

스크립트를 더욱 쉽게 실행할 수 있도록 노트북의 첫 번째 셀은 환경 변수 값을 저장한다. 이들은 실행될 때 스크립트의 커맨드 라인 플래그로 대체된다.

먼저 WANTED_WORDS로 모델에 훈련할 단어를 선택한다.

```
os.environ["WANTED_WORDS"] = "yes,no"
```

기본값으로 선택한 단어는 yes와 no지만 다음과 같은 단어도 지정할 수 있다.

- 일반적인 명령: yes, no, up, down, left, right, on, off, stop, go, backward, forward, follow, learn
- 0에서 9까지 숫자: zero, one, two, three, four, five, six, seven, eight, nine
- 임의 단어: bed, bird, cat, dog, happy, house, Marvin, Sheila, tree, wow

쉼표로 구분된 리스트에 단어를 추가하여 새로운 모델을 훈련할 수 있다. 이번에는 on(켜다)과 off(끄다)라는 단어를 선택해보자.

```
os.environ["WANTED_WORDS"] = "on,off"
```

목록에 없는 단어는 모델을 훈련할 때 unknown(알 수 없음)으로 구분된다.

> **NOTE_** 두 단어 이상을 추가하는 것이 좋은데 그러려면 애플리케이션 코드를 약간 수정해야 한다. 자세한 내용은 8.2절을 살펴보자.

TRAINING_STEPS와 LEARNING_RATE 변수도 살펴보자.

```
os.environ["TRAINING_STEPS"]="15000,3000"
os.environ["LEARNING_RATE"]="0.001,0.0001"
```

3장에서 모델의 출력값이 시간에 따라 원하는 값과 일치하도록 가중치와 편향이 점진적으로 조정됨을 배웠다. TRAINING_STEPS는 하나의 배치 데이터가 네트워크상에서 실행될 횟수를 나타내는데 이는 가중치와 편향이 업데이트되는 횟수를 나타낸다. LEARNING_RATE는 업데이트마다 조정이 되는 정도이며 학습률을 의미한다.

학습률이 높을수록 이터레이션iteration마다 가중치와 편향이 더 많이 조정되므로 수렴이 빠르게 발생한다. 하지만 가중치와 편향이 한 번에 많이 조정된다는 것은 최적화된 값을 건너뛸 수 있는 여지가 많다는 것을 의미한다. 반면에 학습률이 낮을수록 가중치와 편향의 조정 폭은 더 작아진다. 수렴하는 데 더 많은 계산이 필요하지만 최종 결과는 더 나을 수 있다. 주어진 모델에 대한 최상의 학습률은 수많은 시행착오를 거쳐 결정된다.

TRAINING_STEPS와 학습률은 쉼표로 구분된 리스트로 정의된다. 앞의 경우 학습률 0.001로 1만 5000번 TRAINING_STEPS를 거치고 학습률 0.0001로 3000번 TRAINING_STEPS를 거쳐 총 1만 8000번의 TRAINING_STEPS를 거쳐 훈련한다.

학습 초반에는 높은 학습률로 이터레이션을 여러 번 수행해 모델 수렴을 빠르게 진행하고 이후에는 낮은 학습률로 가중치와 편향을 미세하게 조정한다.

지금은 이 값 그대로 진행하지만 각각의 값이 어떤 의미인지 아는 편이 좋다. 셀을 실행해 결과를 살펴보자.

```
Training these words: on,off
Training steps in each stage: 15000,3000
Learning rate in each stage: 0.001,0.0001
Total number of training steps: 18000
```

이는 모델을 어떻게 훈련했는지 요약해 나타난 것이다.

8.1.1.3 의존성 설치

다음으로 스크립트 실행에 필요한 종속성을 로드하기 위해 두 개의 셀을 실행하여 다음 작업을 수행한다.

- 훈련에 필요한 Op를 제공하는 특정 버전 텐서플로 pip 패키지 설치하기
- 훈련 스크립트 사용을 위한 텐서플로 깃허브 저장소 복제하기

8.1.1.4 텐서보드 불러오기

훈련 과정을 모니터링하기 위해 텐서보드(https://oreil.ly/wginD)를 사용한다. 그래프, 통계치 등을 통해 훈련이 어떻게 진행되고 있는지 통찰력을 갖게 해주는 사용자 인터페이스다.

훈련이 완료된 뒤의 텐서보드 모습은 [그림 8-5]의 스크린샷과 같을 것이다. 그래프가 어떤 의미를 지니는지 살펴보자.

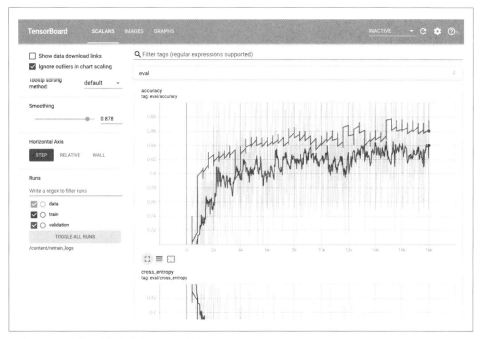

그림 8-5 훈련이 완료된 후의 텐서보드 스크린샷

다음 셀을 실행하여 텐서보드를 로드한다. 텐서보드 창이 뜨지만 훈련을 시작하기 전까지는 어떠한 데이터도 나타나지 않는다.

8.1.1.5 훈련 시작

다음 셀은 훈련 스크립트를 실행한다. 커맨드 라인 인수가 많다.

```
!python tensorflow/tensorflow/examples/speech_commands/train.py \
--model_architecture=tiny_conv --window_stride=20 --preprocess=micro \
--wanted_words=${WANTED_WORDS} --silence_percentage=25 --unknown_percentage=25 \
--quantize=1 --verbosity=WARN --how_many_training_steps=${TRAINING_STEPS} \
--learning_rate=${LEARNING_RATE} --summaries_dir=/content/retrain_logs \
--data_dir=/content/speech_dataset --train_dir=/content/speech_commands_train
```

--wanted_words=${WANTED_WORDS}와 같은 인수는 앞서 정의한 환경 변수를 사용하여 모델을 설정한다. 다른 인수는 --train_dir=/content/speech_commands_train과 같이 모델 저장 위치를 지정한다.

인수를 그대로 두고 셀을 실행해보자. 실행 결과가 출력되기 시작할 텐데 Speech Commands 데이터셋이 다운로드되는 동안은 잠시 멈추게 된다.

>> Downloading speech_commands_v0.02.tar.gz 18.1%

다운로드가 완료되면 더 많은 실행 결과가 출력된다. 셀이 실행되는 동안 무시해도 되는 경고가 뜰 것이다. 이때 텐서보드로 다시 스크롤해보면 [그림 8-6]과 같이 보인다. 그래프가 보이지 않으면 SCALARS 탭을 클릭하자.

그림 8-6 훈련 시작 시점의 텐서보드 스크린샷

텐서보드가 제대로 보인다면 훈련이 시작된 것이다. 방금 실행한 셀은 훈련하는 동안 계속 실행되고 끝날 때까지 최대 2시간이 걸린다. 셀에 더 이상 로그가 출력되지 않더라도 텐서보드를 통해 어떻게 훈련이 진행되고 있는지 확인해보자.

[그림 8-7]과 같이 텐서보드에서 정확도accuracy와 교차 엔트로피cross_entropy 그래프를 확인할 수 있는데 두 그래프 모두 x축에 현재 단계를 보여준다. 정확도 그래프는 y축에 모델의 정확도를

보여주며 이는 단어를 시간에 따라 얼마나 정확하게 감지할 수 있는지를 나타낸다. 교차 엔트로피 그래프는 모델의 손실 정도를 나타내며 모델 예측값이 실젯값과 얼마나 차이 나는지 보여준다.

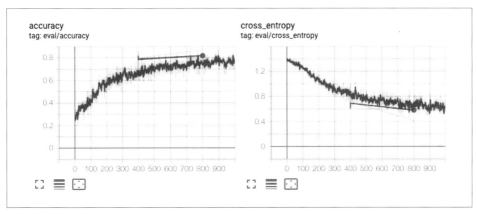

그림 8-7 정확도와 교차 엔트로피 그래프

> **NOTE_** 교차 엔트로피는 입력값의 범주를 예측하는 머신러닝 모델에서 손실을 측정하는 일반적인 방법이다.

그래프에서 들쭉날쭉한 선은 훈련 데이터셋의 성능을, 직선은 검증 데이터셋의 성능을 나타낸다. 검증 작업은 주기적으로 수행되므로 그래프에 비교적 더 적게 표시된다.

새로운 데이터는 시간이 지남에 따라 그래프에 표시되지만 이를 확인하려면 스케일을 조정해야 한다. [그림 8-8]과 같이 각 그래프에서 가장 오른쪽에 있는 버튼을 클릭해보자.

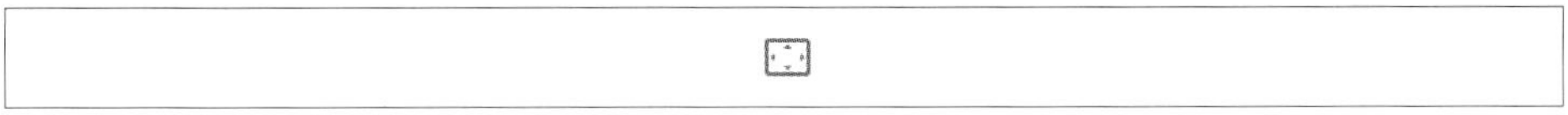

그림 8-8 사용 가능한 모든 데이터에 맞게 그래프의 배율을 조정하려면 이 버튼을 클릭하자.

[그림 8-9]에 표시된 버튼을 클릭하여 각 그래프를 더 크게 만들 수도 있다.

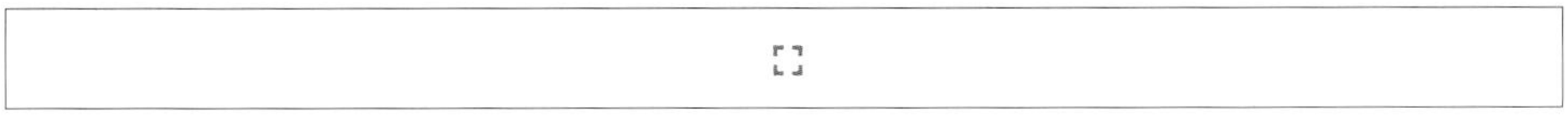

그림 8-9 이 버튼을 클릭하면 그래프가 확대된다.

텐서보드는 그래프에 입력 데이터를 표시할 수 있다. IMAGES 탭을 클릭하면 [그림 8-10]과 같은 그림이 표시된다. 다음은 훈련 중 모델에 입력되는 스펙트로그램이다.

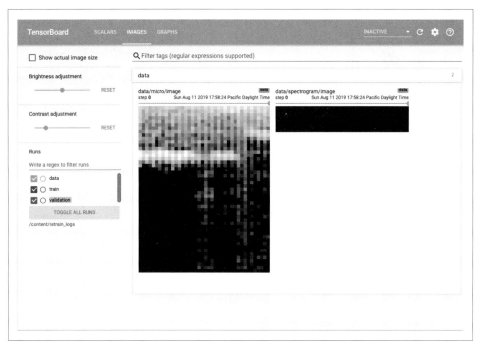

그림 8-10 텐서보드의 IMAGES 탭

8.1.1.6 훈련 완료까지 대기하기

모델 훈련에는 한 시간에서 두 시간이 걸리므로 인내심을 가지고 기다려보자. 다행히 훈련 중에 텐서보드의 멋진 그래프를 확인할 수 있다.

훈련 중 지표가 일정 범위 안에서 이동하는 경향을 보일 것이다. 이는 정상이지만 그래프가 흐릿하고 읽기 어려워 보인다. 훈련 진행 상황을 더 쉽게 확인할 수 있도록 텐서플로의 스무딩 기능을 사용해보자.

[그림 8-11]은 스무딩에 기본값을 사용한 그래프로, 얼마나 그래프가 읽기 어려운지 알 수 있다.

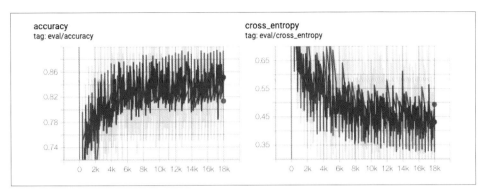

그림 8-11 기본 스무딩 값이 적용된 훈련 그래프

[그림 8-12]같은 슬라이더를 조정하면 스무딩 값을 늘려 추세를 더욱 명확하게 확인할 수 있다.

그림 8-12 텐서보드의 스무딩 슬라이더

[그림 8-13]은 위와 동일한 그래프에 스무딩 값만 높인 것으로, 추세를 더욱 쉽게 확인할 수 있다.

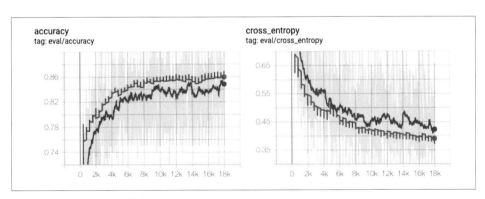

그림 8-13 스무딩 값을 높인 훈련 그래프

코랩 실행 유지하기

사용하지 않는 프로젝트가 시스템 자원을 소모하지 않도록 하기 위해 코랩은 런타임이 활성화되어 있지 않으면 자동으로 종료시킨다. 모델 훈련에는 시간이 걸리기 마련인데 런타임 강제종료를 막기 위해 몇 가지 생각할 것이 있다.

먼저 코랩 브라우저 탭과 활발하게 상호작용하지 않으면 웹 사용자 인터페이스가 백엔드 런타임 연결을 끊어버린다. 이 작업은 몇 분 정도 지나면 이루어지는데 텐서보드 그래프가 최신 훈련 지표로 업데이트되지 않을 것이다. 이런 일이 발생하더라도 당황하지 말자. 여전히 훈련은 백그라운드에서 진행되고 있다.

런타임 연결이 끊어지면 [그림 8-14]와 같이 코랩 사용자 인터페이스에 [Reconnect](다시 연결) 버튼이 표시된다. 런타임을 다시 연결하려면 이 단추를 클릭한다.

Reconnect ▾

그림 8-14 코랩의 [Reconnect] 버튼

런타임 연결이 끊어지는 것은 큰 문제가 아니지만 코랩 타임아웃은 중요하다. 연속 90분 동안 코랩과 상호작용하지 않으면 런타임 인스턴스가 다른 작업을 위해 사용된다. 이는 큰 문제이며 인스턴스에 저장된 데이터와 함께 모든 훈련 진행 상황이 사라지는 것을 의미한다.

이러한 일을 막기 위해 90분마다 한 번씩 코랩과 상호작용해야 한다. 탭을 열고 런타임이 연결되어 있는지 확인하고 그래프를 살펴보자. 90분이 지나기 전까지는 연결이 유지될 것이다.

> **WARNING_** 코랩 탭이 닫혀 있어도 런타임은 최대 90분간 백그라운드에서 실행된다. 이때 브라우저에서 원래 URL을 열면 런타임에 다시 연결할 수 있다.
> 그러나 탭을 닫으면 텐서보드는 사라진다. 탭을 다시 열었을 때 여전히 훈련이 실행 중이라면 훈련이 완료될 때까지 텐서보드를 다시 볼 수 없다.

마지막으로 코랩 런타임의 최대 수명은 12시간이다. 훈련 시간이 12시간을 초과하면 코랩은 인스턴스를 종료하고 재설정한다. 훈련 시간이 길어질 때는 코랩 대신 8.2.4절에 설명된 방법 중 하나를 사용하는 것이 좋다. 호출어 인식 모델은 12시간 이내에 훈련이 끝난다.

그래프에 1만 8000단계에 대한 데이터가 표시되면 훈련이 완료된 것이다. 이제 모델 배포를 위해 몇 가지 명령을 더 실행하자. 이 부분은 빠르게 실행될 것이므로 대기 시간에 대해서는 걱정하지 않아도 된다.

8.1.1.7 그래프 고정하기

앞에서 배운 것처럼 훈련이란 제대로 된 예측을 수행하기 위해 모델의 가중치와 편향을 반복적으로 조정하는 과정이다. 훈련 스크립트는 이러한 가중치와 편향을 체크포인트checkpoint 파일에 기록한다. 체크포인트는 100단계마다 한 번씩 기록되는데 훈련이 도중에 실패하더라도 진행률을 잃지 않고 최신 체크포인트에서 다시 시작할 수 있다.

train.py 스크립트는 --train_dir 인수와 함께 호출되어 체크포인트 파일이 작성될 경로를 지정한다. 우리가 훈련에 사용하는 코랩 스크립트에서는 경로가 /content/speech_commands_train으로 설정되어 있다.

파일 브라우저가 있는 코랩의 왼쪽 패널을 열어 체크포인트 파일을 볼 수 있다. [그림 8-15] 같은 단추를 클릭해보자.

그림 8-15 코랩 사이드바를 여는 버튼

패널에서 Files 탭을 클릭하여 런타임 파일 시스템을 확인해보자. speech_commands_train/ 디렉터리를 열면 [그림 8-16]과 같이 체크포인트 파일이 표시된다. 각 파일 이름의 숫자는 체크포인트가 저장된 단계를 나타낸다.

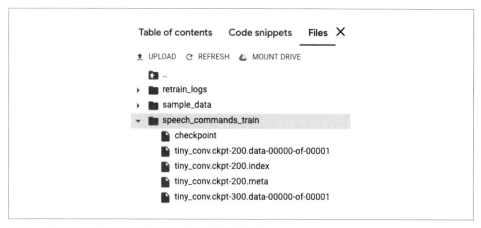

그림 8-16 체크포인트 파일 목록을 표시하는 코랩의 파일 브라우저

텐서플로 모델은 다음 두 가지 주요 요소로 구성된다.

- 훈련 결과 생성된 가중치와 편향
- 입력값을 가중치와 편향에 결합해 모델의 결괏값을 생성하는 작업 그래프

여기서 모델의 작업은 파이썬 스크립트에 정의되며 훈련된 가중치와 편향은 최신 체크포인트 파일에 기록된다. 파이썬 스크립트와 체크포인트 파일들을 하나의 모델 파일로 통합해야 추론에 사용할 수 있는데 모델 파일을 만드는 과정을 고정^{freezing}이라 한다. 이제 가중치가 고정된 정적인 그래프를 만들어보자.

모델 고정을 위해 다음의 스크립트를 실행한다. 이 스크립트는 주피터 노트북의 Freeze the graph 섹션에서 찾을 수 있다.

```
!python tensorflow/tensorflow/examples/speech_commands/freeze.py \
  --model_architecture=tiny_conv --window_stride=20 --preprocess=micro \
  --wanted_words=${WANTED_WORDS} --quantize=1 \
  --output_file=/content/tiny_conv.pb \
  --start_checkpoint=/content/speech_commands_train/tiny_conv. \
  ckpt-${TOTAL_STEPS}
```

스크립트가 올바른 작업 그래프를 참조하도록 훈련에 사용한 것과 동일한 인수를 전달한다. 또한 파일 이름이 총훈련 단계 수로 끝나는 최종 체크포인트 파일 경로도 전달한다.

이 셀을 실행하여 그래프를 고정한다. tiny_conv.pb라는 파일로 고정된 그래프가 출력된다.

이 파일은 완전히 훈련된 모델로, 텐서플로에 의해 로드되어 추론을 실행하는 데 사용된다. 다만 이는 여전히 텐서플로 라이트가 아닌 일반 텐서플로에서 사용하는 형식이다. 다음 단계에서 모델을 텐서플로 라이트 형식으로 변환해보자.

8.1.1.8 텐서플로 라이트로 변환

변환도 크게 어렵지 않다. 명령 한 줄만 실행하면 된다. 작업할 그래프 파일이 고정됐으므로 텐서플로 라이트 컨버터의 커맨드 라인 인터페이스인 toco를 사용한다.

train_speech_model.ipynb 파일의 Convert the model 항목에서 첫 번째 셀을 실행한다.

```
!toco
  --graph_def_file=/content/tiny_conv.pb --output_file= \
  /content/tiny_conv.tflite \
  --input_shapes=1,49,40,1 --input_arrays=Reshape_2
  --output_arrays='labels_softmax' \
  --inference_type=QUANTIZED_UINT8 --mean_values=0 --std_dev_values=9.8077
```

인수에 변환하려는 모델, 텐서플로 라이트 모델 파일의 출력 위치, 모델 아키텍처 값을 넘겨준다. 여기에 양자화된 모델의 낮은 정밀도를 실젯값으로 맞춰주기 위해 몇 가지 인수(inference_type, mean_values, std_dev_values)도 추가한다.

input_shape 인수의 width, height, channels 파라미터 앞 1이 궁금 할 것이다. 1은 배치 크기다. 훈련 과정에서 많은 입력을 함께 보내지만 실시간 애플리케이션에서 실행하는 경우 한 번에 하나의 샘플만 작업하므로 크기가 1로 고정된다.

작업이 완료되면 변환된 모델은 tiny_conv.tflite로 저장된다. 이 파일이 완전한 형태의 텐서플로 라이트 모델이다.

이 모델이 얼마나 작은지 다음 코드를 실행해보자.

```
import os
model_size = os.path.getsize("/content/tiny_conv.tflite")
print("Model is %d bytes" % model_size)
```

모델 크기는 18208바이트로 매우 작다.

다음 단계에서 이 모델을 마이크로컨트롤러에 배포 가능한 형태로 만들어보자.

8.1.1.9 C 배열 만들기

4.5.1절에서 xxd 커맨드를 통해 텐서플로 라이트 모델을 C 배열로 변환했다. 다음 셀에서 같은 작업을 수행해보자.

```
# xxd를 사용할 수 없는 경우 설치
!apt-get -qq install xxd
# 파일을 C 소스 파일로 저장
!xxd -i /content/tiny_conv.tflite > /content/tiny_conv.cc
# 소스 파일 출력
!cat /content/tiny_conv.cc
```

출력 마지막 부분은 다음과 같이 표시되며 이는 C 배열과 그 길이를 나타내는 정수 값이다(정확한 값은 약간 다를 수 있다).

```
unsigned char _content_tiny_conv_tflite[] = {
  0x1c, 0x00, 0x00, 0x00, 0x54, 0x46, 0x4c, 0x33, 0x00, 0x00, 0x00, 0x00,
  0x00, 0x00, 0x0e, 0x00, 0x18, 0x00, 0x04, 0x00, 0x08, 0x00, 0x0c, 0x00,
  // ...
  0x00, 0x09, 0x06, 0x00, 0x08, 0x00, 0x07, 0x00, 0x06, 0x00, 0x00, 0x00,
  0x00, 0x00, 0x00, 0x04
};
unsigned int _content_tiny_conv_tflite_len = 18208;
```

이 코드는 tiny_conv.cc 파일에도 쓰이며 코랩의 파일 브라우저로 다운로드할 수 있다. 코랩 런타임은 12시간 후에 만료되므로 지금 컴퓨터에 다운로드하자.

다음 절에서는 하드웨어 배포를 위해 새로 훈련된 모델을 micro_speech 프로젝트와 통합한다.

8.2 프로젝트에서 모델 사용

새 모델을 사용하려면 다음 3단계 작업을 거쳐야 한다.

1. micro_features/tiny_conv_micro_features_model_data.cc에서 원래 모델 데이터를 새 모델로 변경한다.

2. micro_features/micro_model_settings.c에서 레이블 이름을 on, off 레이블로 업데이트한다.

3. 특정 기기에 특화된 command_responder.cc 파일을 업데이트한다.

8.2.1 모델 교체

모델을 바꾸려면 텍스트 편집기에서 micro_features/tiny_conv_micro_features_model_data.cc를 연다.

> **NOTE_** 아두이노 예제를 사용하고 있다면 IDE에서 micro_features_tiny_conv_micro_features_model_data.cpp 파일을 탭에서 확인하자. 스파크펀 에지로 작업 중이면 로컬 텐서플로 저장소 사본에서 파일을 직접 편집할 수 있다. STM32F746G로 작업하는 경우 Mbed 프로젝트 디렉터리에서 파일을 편집해야 한다.

tiny_conv_micro_features_model_data.cc 파일은 다음 배열 선언을 포함한다.

```
const unsigned char
    g_tiny_conv_micro_features_model_data[] DATA_ALIGN_ATTRIBUTE = {
        0x18, 0x00, 0x00, 0x00, 0x54, 0x46, 0x4c, 0x33, 0x00, 0x00, 0x0e, 0x00,
        0x18, 0x00, 0x04, 0x00, 0x08, 0x00, 0x0c, 0x00, 0x10, 0x00, 0x14, 0x00,
        //...
        0x00, 0x09, 0x06, 0x00, 0x08, 0x00, 0x07, 0x00, 0x06, 0x00, 0x00, 0x00,
        0x00, 0x00, 0x00, 0x04};
const int g_tiny_conv_micro_features_model_data_len = 18208;
```

배열과 상수 `g_tiny_conv_micro_features_model_data_len`의 값은 여기에서 바꿔줘야 한다.

새로운 값으로 변경하기 위해 이전 절에서 다운로드한 tiny_conv.cc 파일을 열어보자. 배열 내용을 복사한 후 tiny_conv_micro_features_model_data.cc에 정의된 배열에 붙여 넣는다. 배열 내용을 덮어 쓰지만 배열 선언을 바꾸어서는 안 된다.

tiny_conv.cc 맨 아랫줄의 _content_tiny_conv_tflite_len은 배열 길이를 나타낸다. tiny_conv_micro_features_model_data.cc로 돌아가서 g_tiny_conv_micro_features_model_data_len의 값을 이 변수의 값으로 바꿔보자. 바꾼 다음 파일을 저장하면 업데이트가 완료된다.

8.2.2 레이블 업데이트

다음으로 micro_features/micro_model_settings.cc를 열어 클래스 레이블 배열을 확인한다.

```
const char* kCategoryLabels[kCategoryCount] = {
    "silence",
    "unknown",
    yes,
    no,
};
```

새 모델에 맞게 레이블을 조정하려면 yes와 no를 on과 off로 바꾸면 된다. 훈련 스크립트의 레이블 순서대로 모델의 출력 텐서 요소와 일치시키므로 동일한 순서로 나열하는 것이 중요하다. 변경한 코드는 다음과 같다.

```
const char* kCategoryLabels[kCategoryCount] = {
    "silence",
    "unknown",
    on,
    off,
};
```

레이블이 세 개 이상인 모델을 훈련한 경우 모두 목록에 추가한다. 이제 모델을 교체했으니 다음으로 출력 코드를 업데이트하자.

8.2.3 command_responder.cc 업데이트

프로젝트에는 아두이노, 스파크펀 에지, STM32F746G에 대한 장치별 command_responder.
cc 구현이 포함되어 있다. 다음 절에서 이들 각각을 업데이트하는 방법을 살펴보자.

8.2.3.1 아두이노

아두이노는 yes라는 단어를 듣고 3초 동안 LED를 켠다. 이를 on, off가 들릴 때 LED를 켜고
끄도록 업데이트해보자. 먼저 arduino/command_responder.cc 파일에 있는 if 문을 살펴
보겠다.

```
// yes라고 들리면 LED를 켜고 현재 시간을 저장해둔다.
if (found_command[0] == 'y') {
  last_yes_time = current_time;
  digitalWrite(LED_BUILTIN, HIGH);
}
```

if 문 첫 줄은 yes를 인식하기 위해 y로 시작되는지 체크한다. y를 o로 변경하면 LED가 on
또는 off로 켜진다. 둘 다 o로 시작하기 때문이다.

```
if (found_command[0] == 'o') {
  last_yes_time = current_time;
  digitalWrite(LED_BUILTIN, HIGH);
}
```

프로젝트 아이디어

off라고 말했는데 LED가 켜지면 안 된다. on을 말한 뒤에 off로 끌 수 있도록 코드를 변경하자.

found_command[1]에서 각 명령의 두 번째 문자를 사용하면 on과 off를 명확하게 구분할 수
있다.

```
if (found_command[0] == 'o' && found_command[1] == 'n') {
```

코드를 변경했으면 기기에 배포하고 사용해보자.

8.2.3.2 스파크펀 에지

스파크펀 에지는 명령어가 yes인지 no인지에 따라 다른 LED를 켠다. sparkfun_edge/command_responder.cc 파일에서 다음 if 문을 찾아보자.

```
if (found_command[0] == 'y') {
  am_hal_gpio_output_set(AM_BSP_GPIO_LED_YELLOW);
}
if (found_command[0] == 'n') {
  am_hal_gpio_output_set(AM_BSP_GPIO_LED_RED);
}
if (found_command[0] == 'u') {
  am_hal_gpio_output_set(AM_BSP_GPIO_LED_GREEN);
}
```

on, off가 각각 다른 LED를 켤 수 있도록 업데이트한다.

```
if (found_command[0] == 'o' && found_command[1] == 'n') {
  am_hal_gpio_output_set(AM_BSP_GPIO_LED_YELLOW);
}
if (found_command[0] == 'o' && found_command[1] == 'f') {
  am_hal_gpio_output_set(AM_BSP_GPIO_LED_RED);
}
if (found_command[0] == 'u') {
  am_hal_gpio_output_set(AM_BSP_GPIO_LED_GREEN);
}
```

두 명령은 모두 o로 시작하므로 두 번째 문자를 체크하도록 했다. 이제 on이라고 말하면 노란색 LED가 켜지고 off라고 말하면 빨간색이 켜진다.

프로젝트 아이디어

on으로 LED를 켜고 off로 LED를 끄도록 코드를 변경해보자.

변경을 마치면 7.5.2.2절 '예제 실행'에서 수행한 동일한 절차를 통해 코드를 배포하고 실행한다.

8.2.3.3 STM32F746G

STM32F746G는 수신한 명령에 따라 다른 단어를 표시한다. disco_f746ng/command_responder.cc 파일에서 다음 if 문을 찾아보자.

```
if (*found_command == 'y') {
  lcd.Clear(0xFF0F9D58);
  lcd.DisplayStringAt(0, LINE(5), (uint8_t *)"Heard yes!", CENTER_MODE);
} else if (*found_command == 'n') {
  lcd.Clear(0xFFDB4437);
  lcd.DisplayStringAt(0, LINE(5), (uint8_t *)"Heard no :(", CENTER_MODE);
} else if (*found_command == 'u') {
  lcd.Clear(0xFFF4B400);
  lcd.DisplayStringAt(0, LINE(5), (uint8_t *)"Heard unknown", CENTER_MODE);
} else {
  lcd.Clear(0xFF4285F4);
  lcd.DisplayStringAt(0, LINE(5), (uint8_t *)"Heard silence", CENTER_MODE);
}
```

on, off에 응답하도록 업데이트한다.

```
if (found_command[0] == 'o' && found_command[1] == 'n') {
  lcd.Clear(0xFF0F9D58);
  lcd.DisplayStringAt(0, LINE(5), (uint8_t *)"Heard on!", CENTER_MODE);
} else if (found_command[0] == 'o' && found_command[1] == 'f') {
  lcd.Clear(0xFFDB4437);
  lcd.DisplayStringAt(0, LINE(5), (uint8_t *)"Heard off", CENTER_MODE);
} else if (*found_command == 'u') {
  lcd.Clear(0xFFF4B400);
  lcd.DisplayStringAt(0, LINE(5), (uint8_t *)"Heard unknown", CENTER_MODE);
} else {
  lcd.Clear(0xFF4285F4);
  lcd.DisplayStringAt(0, LINE(5), (uint8_t *)"Heard silence", CENTER_MODE);
}
```

다시 말하지만 두 명령은 모두 같은 문자로 시작하기 때문에 두 번째 문자를 체크해서 명확하게 구분할 수 있다. 이제 각 명령에 적합한 텍스트를 표시한다.

> **프로젝트 아이디어**
>
> on이라고 말하면 비밀 메시지를 표시하고 off라고 말하면 숨기도록 코드를 변경해보자.

8.2.4 스크립트를 실행하는 다른 방법

모델을 훈련할 때 코랩을 사용할 수 없는 경우 다음 두 가지 방법을 추천한다.

- GPU가 있는 클라우드 가상머신(VM)

- 로컬 워크스테이션

GPU 가속을 위한 드라이버는 책을 집필하는 시점 기준으로 리눅스에만 제공한다.[1] 리눅스가 없으면 훈련에는 약 4시간이 걸리기 때문에 GPU가 포함된 클라우드 VM이나 리눅스 워크스테이션을 사용하는 편이 좋다.

VM 또는 워크스테이션 설정은 이 책의 범위를 넘어서지만 추천하는 설정 방법이 몇 가지 있다. VM을 사용하는 경우 GPU 사용을 위한 각종 종속성이 사전에 설정된 구글 클라우드 딥러닝 VM 이미지(https://oreil.ly/PVRtP)를 사용할 수 있다. 리눅스 워크스테이션을 사용하는 경우 실습에 필요한 모든 것이 준비된 텐서플로 GPU 도커 이미지(https://oreil.ly/PFYVr)를 사용할 수 있다.

GPU를 사용하여 모델을 훈련시키려면 최신 빌드의 텐서플로를 설치해야 한다. 기존 버전을 제거하고 최신 버전으로 다시 설치하려면 다음 명령을 사용한다.

```
pip uninstall -y tensorflow tensorflow_estimator
pip install -q tf-estimator-nightly==1.14.0.dev2019072901 \
  tf-nightly-gpu==1.15.0.dev20190729
```

다음으로 작동이 확인된 특정 텐서플로 버전을 커맨드 라인 창을 통해 로컬에 받아 연다.

---

1 옮긴이_ 현재 윈도우에서 GPU 가속을 지원하는 드라이버는 다음 링크에서 확인할 수 있다.
- NVIDIA CUDA Toolkit 10.2 다운로드
  https://developer.nvidia.com/cuda-downloads?target_os=Windows&target_arch=x86_64&target_version=10
- NVIDIA CUDA 윈도우용 설치 가이드
  https://docs.nvidia.com/cuda/cuda-installation-guide-microsoft-windows/index.html

```
git clone -q https://github.com/tensorflow/tensorflow
git -c advice.detachedHead=false -C tensorflow checkout 17ce384df70
```

이제 train.py 스크립트를 실행하여 모델을 훈련할 수 있다. 다음 코드로 모델이 yes와 no를 인식하도록 훈련하고 체크포인트 파일을 /tmp에 저장한다.

```
python tensorflow/tensorflow/examples/speech_commands/train.py \
   --model_architecture=tiny_conv --window_stride=20 --preprocess=micro \
   --wanted_words="on,off" --silence_percentage=25 --unknown_percentage=25 \
   --quantize=1 --verbosity=INFO --how_many_training_steps="15000,3000" \
   --learning_rate="0.001,0.0001" --summaries_dir=/tmp/retrain_logs \
   --data_dir=/tmp/speech_dataset --train_dir=/tmp/speech_commands_train
```

훈련 후 다음 스크립트를 실행하여 모델을 고정한다.

```
python tensorflow/tensorflow/examples/speech_commands/freeze.py \
   --model_architecture=tiny_conv --window_stride=20 --preprocess=micro \
   --wanted_words="on,off" --quantize=1 --output_file=/tmp/tiny_conv.pb \
   --start_checkpoint=/tmp/speech_commands_train/tiny_conv.ckpt-18000
```

다음으로 모델을 텐서플로 라이트 형식으로 변환한다.

```
toco
   --graph_def_file=/tmp/tiny_conv.pb --output_file=/tmp/tiny_conv.tflite \
   --input_shapes=1,49,40,1 --input_arrays=Reshape_2 \
   --output_arrays='labels_softmax' \
   --inference_type=QUANTIZED_UINT8 --mean_values=0 --std_dev_values=9.8077
```

끝으로 텐서플로 라이트 파일을 임베디드 환경으로 컴파일하기 위해 C 소스 파일로 변환한다.

```
xxd -i /tmp/tiny_conv.tflite > /tmp/tiny_conv_micro_features_model_data.cc
```

8.3 모델 작동 방식

이로써 모델을 어떻게 훈련해야 하는지 살펴보았다. 이제는 작동 방식을 알아보자. 지금까지는 머신러닝 모델을 훈련 데이터를 넣으면 결과를 예측해주는 블랙박스로 여겼다. 모델이 어떻게 동작하는지 이해하는 것은 필수는 아니지만 디버깅에 도움이 되며 원리를 이해하는 과정 그 자체도 흥미롭다. 이 절에서는 모델이 어떻게 예측을 수행하는지 생각해보자.

8.3.1 입력 시각화

[그림 8-17]은 실제로 신경망에 입력되는 데이터를 보여준다. 단일 채널의 2차원 배열이므로 단색 이미지로 시각화할 수 있다. 우리는 16kHz(킬로헤르츠) 오디오 데이터로 작업하고 있는데 이미지로 어떻게 표현된 것일까? 머신러닝의 특징 생성feature generation 과정을 거쳐 오디오 데이터가 이미지화된 것이다. 특징 생성 과정은 머신러닝 모델이 상대적으로 이해하기 어려운 입력 형식(이 경우 오디오 1초를 나타내는 1만 6000개의 숫자 값)을 더 이해하기 쉬운 표현형으

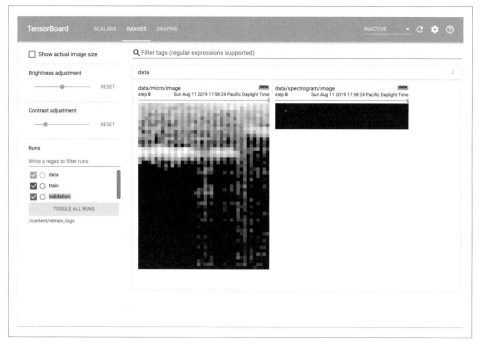

그림 8-17 텐서보드의 IMAGES 탭

로 변환하는 것이다. 이미지 인식 분야 모델을 구축한 경험이 있다면 많은 딥러닝 모델에서 이미지는 전처리 없이 곧바로 입력으로 사용할 수 있었을 것이다. 그러나 오디오나 자연어 처리와 같은 영역에서는 모델에 데이터를 입력하기 전에 머신러닝이 이해하기 쉬운 형태로 변환하는 것이 일반적이다.

왜 모델 입장에서 전처리된 입력 데이터가 다루기 쉬운지 직관적으로 이해하기 위해 [그림 8-18]에서 [그림 8-21]까지 제시된 일부 오디오 데이터의 표현형을 살펴보자.

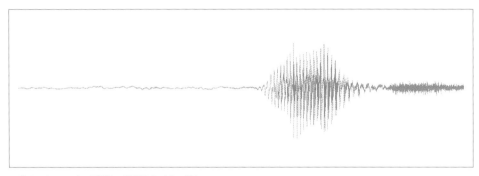

그림 8-18 yes라고 말하는 사람의 오디오 파형

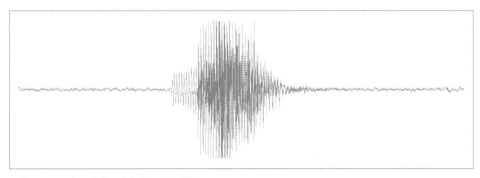

그림 8-19 no라고 말하는 사람의 오디오 파형

그림 8-20 yes라고 말하는 사람의 다른 오디오 파형

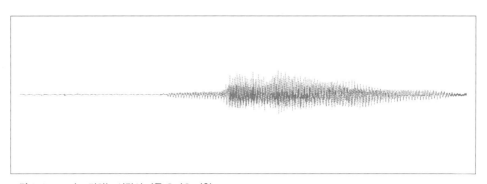

그림 8-21 no라고 말하는 사람의 다른 오디오 파형

레이블이 없으면 동일한 단어를 나타내는 파형의 쌍을 구별하기 어렵다. 이제 특징 생성을 통해 생성된 이미지를 살펴보자.

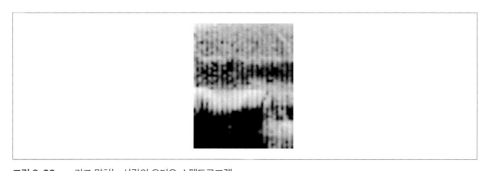

그림 8-22 yes라고 말하는 사람의 오디오 스펙트로그램

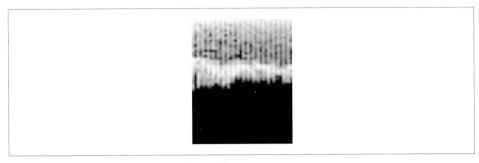

그림 8-23 no라고 말하는 사람의 오디오 스펙트로그램

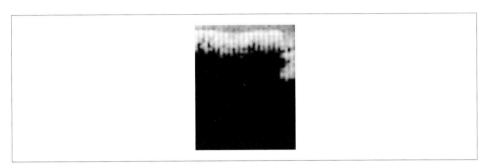

그림 8-24 yes라고 말하는 사람의 다른 오디오 스펙트로그램

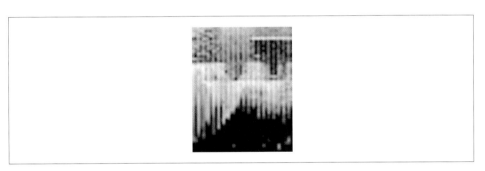

그림 8-25 no라고 밀하는 사람의 다른 오디오 스펙트로그램

여전히 해석하기 어렵지만 yes 스펙트로그램은 뒤집어진 L 모양이고 no는 다른 모양을 나타 낸다. 사람도 원래의 파형보다 스펙트로그램으로 볼 때 차이를 더 쉽게 식별할 수 있으며 직관 적으로 생각했을 때 모델도 마찬가지일 것이다.

또 다른 측면으로 생성된 스펙트로그램이 기존 파형 데이터보다 훨씬 작다. 각 스펙트로그램은 1960개의 숫자 값으로 구성된 반면 파형은 1만 6000개다. 이는 오디오 데이터를 압축한 효과가 있어 신경망에서 이루어져야 하는 연산량을 줄여주는 효과가 있다. 실제로 딥마인드^{DeepMind}의 WaveNet(https://oreil.ly/IH9J3)과 같이 특별히 설계된 모델은 원시 샘플 데이터를 입력으로 사용할 수도 있다. 하지만 특징 생성으로 전처리한 경우보다 더 많은 계산이 필요하다. 임베디드 시스템처럼 리소스가 제한된 환경에서는 이 접근 방식을 선호한다.

8.3.2 특징 생성의 동작 원리

오디오 처리 경험이 있다면 MFCC$^{Mel-Frequency\ Cepstral\ Coefficient}$(https://oreil.ly/HTAev) 접근법에 익숙할 것이다. MFCC는 스펙트로그램을 생성하는 일반적인 방법이지만 예제에서는 다른 방법을 사용할 것이다. 이 방법은 구글의 프로덕션 환경에서 사용하는 방법으로 실무 수준에서의 많은 검증이 이루어졌지만 아직 저널에 관련 논문이 게재되지는 않았다. 그 때문에 여기서는 대략 어떻게 작동하는지 정도로만 설명하겠다(가장 좋은 참조 문헌은 코드[2] 그 자체다).

먼저 30ms 오디오 데이터에 고속 푸리에 변환(FFT)을 시작한다. FFT를 거친 30ms 데이터에 종 모양 함수인 Hann window(https://oreil.ly/jhn8c)로 필터링을 진행하여 샘플링에 따른 영향을 줄인다. 푸리에 변환은 모든 주파수에 실수와 허수의 복소수를 생성하지만 우리의 관심사는 전체 에너지뿐이다. 두 성분의 제곱을 합한 다음 제곱근을 적용하여 각 주파수 버킷의 크기를 얻어낸다.

N개의 샘플을 주면 푸리에 변환은 N/2 주파수에 대한 정보를 생성한다. 초당 1만 6000개의 샘플 속도는 30ms당 480개의 샘플이 필요하다. 여기서 FFT 알고리즘은 입력값에 대해 2의 제곱 값을 전제하므로 나머지를 0으로 채운 512개의 샘플로 256개의 주파수 버킷을 채운다. 이는 필요한 것보다 큰 데이터이므로 비선형 함수를 사용해 인접 주파수를 다운샘플링한 40개의 버킷으로 평균화한다. 여기에 사용된 멜 주파수 스케일은 사람의 소리 인식에 기반하며 낮은 주파수에는 가중치를 부여해 더 많은 버킷을 사용할 수 있게 하고 높은 주파수는 병합한다. [그림 8-26]은 지금까지의 과정을 다이어그램으로 나타낸 것이다.

----

2 옮긴이_ https://github.com/yunho0130/tensorflow-lite/blob/master/tinyML_book/frontend.cc

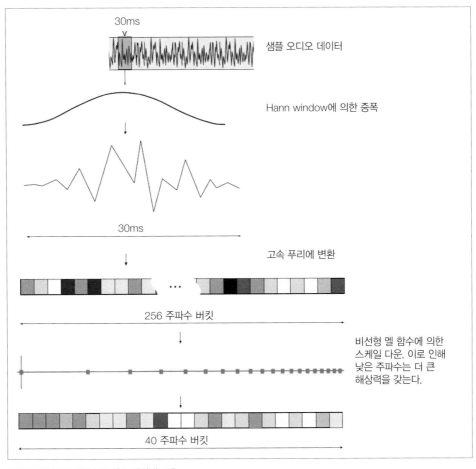

그림 8-26 특징 생성 프로세스 다이어그램

앞에 살펴본 특징 생성에서 한 가지 특이한 점은 노이즈 제거 단계를 포함한다는 것이다. 현재 입력값에서 각 주파수 버킷 값의 평균을 빼서 작동하는데, 원리는 배경 소음이 시간에 따라 일정하고 특정 주파수에서 나타남을 전제로 하고 있다. 이 값을 사용하면 노이즈 영향을 일부 제거하고 우리가 관심 있는 음성에 집중할 수 있다. 까다로운 부분은 특징 생성 과정에서 각 버킷의 실행 평균을 추적하기 위해 상태를 유지하는 부분이다(https://oreil.ly/HtPve). 따라서 테스트처럼 주어진 입력에 동일한 스펙트로그램 출력을 재현하려는 경우에는 상태를 재설정해야 한다. 올바른 값으로 상태를 지정해보자.

소음 감소의 또 다른 놀라운 부분은 홀수와 짝수 주파수 버킷에 대해 각각 다른 계수를 사용한다는 점이다. 결과적으로 최종 생성된 이미지에서 볼 수 있는 독특한 빗살 패턴이 나타난다(그림 8-22~25). 처음에는 버그라고 생각했지만 구현자들과 대화하면서 실제로 성능을 향상하기 위해 의도적으로 추가된 것을 알게 됐다. 이에 대한 깊이 있는 논의는 위쉬안 왕[Yuxuan Wang] 등이 Arxiv에 공개한 논문 「Trainable Frontend for Robust and Far-Field Keyword Spotting」(https://oreil.ly/QZ4Yb)의 4.3절에서 찾아볼 수 있다. 특징 생성 파이프라인에 포함된 다른 디자인 결정에 대한 배경도 포함되어 있으니 확인해보길 바란다. 또한 경험적으로도 테스트할 때 홀수와 짝수 버킷의 차이를 제거하면 평가 정확도가 눈에 띄게 감소했다.

이후 채널별 진폭 정규화[Per-Channel Amplitude Normalization](PCAN) 자동 게인[auto-gain]을 사용하여 노이즈를 제거하고 신호를 증폭시켰다. 끝으로 후속 모델의 특징 처리에 도움을 주기 위해 모든 버킷 값에 로그 스케일을 적용하여 큰 주파수가 작은 주파수에 영향을 주지 않도록 처리했다.

1초의 오디오 입력 데이터를 모두 처리하기 위해 이 과정은 총 49회 반복된다. 30ms 데이터 구간은 반복할 때마다 20ms씩 앞으로 이동하여 너비가 40(주파수 버킷당 한 개), 높이가 49(타임 슬라이스당 1행)인 2차원 배열이 생성된다.

구현 방법이 너무 복잡하게 들릴지라도 걱정할 필요는 없다. 모두 오픈소스이므로 각자의 오디오 프로젝트에서 가져다 쓰기만 하면 된다.

8.3.3 모델 아키텍처 이해

책에서 사용하는 신경망 모델은 작은 작업 그래프로 정의되는데 `create_tiny_conv_model()` 함수를 통해 이를 알아볼 수 있다(https://oreil.ly/fMARv). [그림 8-27]은 함수 실행 결과를 시각화한 것이다.

신경망 모델은 컨볼루션 레이어[convolutional layer], 완전히 연결된 레이어[fully connected layer], 소프트맥스 레이어[softmax layer]로 구성된다. 그림에서 컨볼루션 레이어는 DepthwiseConv2D로 표시됐지만 이는 텐서플로 라이트 컨버터의 특징이다(단일 채널 입력 이미지가 있는 컨볼루션 레이어는 DepthwiseConv2D로 표현될 수 있음). Reshape_1 레이어는 데이터 입력 단계를 나타낸다.

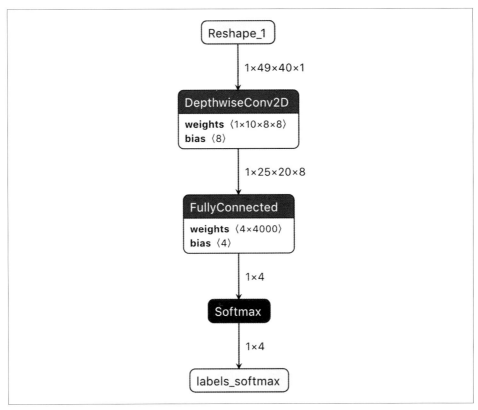

그림 8-27 Netron 도구를 사용하여 만들어진 음성 인식 모델 그래프 시각화

컨볼루션 레이어는 입력 이미지에서 2차원 패턴을 발견하는 데 사용한다. 각 필터는 입력된 이미지를 훑고 지나가는 직사각형 배열이고 출력 이미지는 각 지점에서 입력과 필터가 얼마나 밀접하게 일치하는지 나타낸다. 다시 말해 컨볼루션 연산은 이미지에서 일련의 직사각형 필터를 움직이는 것이며 필터의 각 픽셀에 대한 결과는 필터가 이미지와 얼마나 유사한지에 해당한다. 각 필터의 너비는 8픽셀, 높이는 10픽셀이며 총 여덟 개의 필터가 있다. 그림으로 필터 모양을 확인해보자(그림 8-28~그림 8-35).

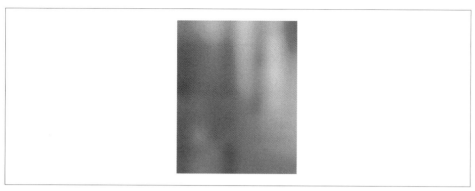

그림 8-28 첫 번째 필터 이미지

그림 8-29 두 번째 필터 이미지

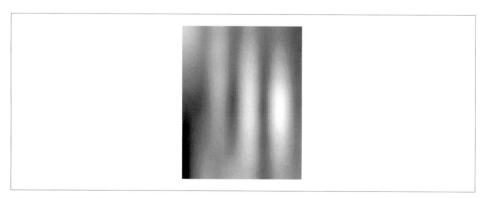

그림 8-30 세 번째 필터 이미지

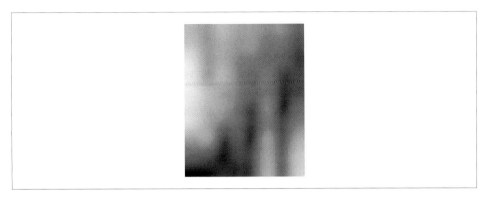

그림 8-31 네 번째 필터 이미지

그림 8-32 다섯 번째 필터 이미지

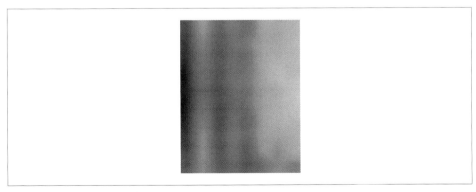

그림 8-33 여섯 번째 필터 이미지

그림 8-34 일곱 번째 필터 이미지

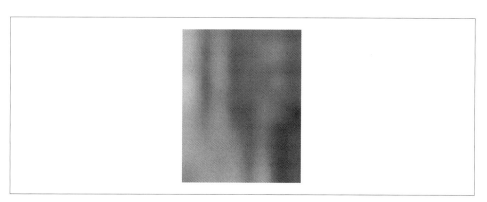

그림 8-35 여덟 번째 필터 이미지

각 필터를 입력 이미지의 작은 조각으로 생각해보자. 이 작은 조각을 입력 이미지와 비교하여 유사한 부분이 있을 경우 출력 이미지에 높은 값을 기록한다. 각 필터는 입력 이미지의 특정 범주를 구별하는 데 도움이 되는 패턴 역할을 한다.

우리는 필터가 여덟 개이기 때문에 출력 이미지 여덟 개가 생성된다. 각 출력 이미지는 입력 이미지와 필터의 일치 값에 해당하고 이렇게 생성된 출력 이미지는 채널이 여덟 개 있는 하나의 출력 이미지로 결합한다. 스트라이드stride 값을 양방향 2로 설정했으므로 각 필터는 입력 이미지를 2픽셀씩 건너뛴다. 이 과정에서 확인되지 않은 부분은 생략하기 때문에 최종 결과 이미지 사이즈는 입력 이미지의 절반이다.

입력 데이터는 높이가 49픽셀, 너비가 40픽셀인 단일 채널로 이루어진 이미지로, 이전 절에서 살펴본 특징 스펙트로그램이 연상된다. 입력 이미지에 각 컨볼루션 필터를 사용하면 스트라이드 값이 2이므로 출력 이미지의 높이는 25픽셀, 너비는 20픽셀이 되고 여덟 개의 필터가 적용되면서 8채널 깊이의 이미지를 생성한다.

다음 작업은 완전히 연결된 레이어다. 이는 앞에서 살펴본 것과는 다른 종류의 패턴 매칭 프로세스이며 입력 텐서의 모든 값에 대해 가중치가 있다. 완전히 연결된 레이어 작업을 통해 모든 입력값과 가중치를 비교하여 일치하는 정도를 결괏값으로 출력한다. 이를 전역 패턴 일치로 생각할 수 있는데 입력은 정답을 의미하고 출력은 정답(가중치로 유지)이 실제 입력이 얼마나 근접하는지를 나타낸다. 모델의 각 클래스에는 자체 가중치가 있으므로 silence(침묵), unknown(알 수 없음), yes(예), no(아니오)에 대한 정답 패턴으로 네 개의 출력값이 생성된다. 입력에 값(25*20*8)이 4000개 있으니 각 클래스 가중치도 4000개로 표현된다.

마지막은 소프트맥스 레이어로, 최종 결괏값을 도출하는 과정에서 각 값의 차이를 효과적으로 증가시킨다. 이는 값의 상대적 순서를 변경하지 않으면서도(완전히 연결된 레이어에서 가장 큰 값을 도출한 클래스가 가장 높은 값을 유지하는) 유용한 값을 생성하게 도와준다. 이 값은 비공식적으로 종종 확률^{probability}이라고도 하지만 실제로 어떤 값을 의미하는지 추가 작업이 필요하다. 예를 들어 단어 인식 모델이 antidisestablishmentarianism(국교 폐지 조례 반대론)처럼 흔하지 않은 단어를 okay보다는 덜 감지할 것이므로 훈련 데이터의 분포에 따라 원점수^{raw score}는 반영되지 않기도 한다.

완전히 연결된 컨볼루션 레이어는 결괏값을 조정하는 데 도움을 주며 이후에 렐루 활성화 함수가 적용된다. 렐루는 출력이 0보다 작지 않은지 확인하여 음수 값을 0으로 만든다. 이는 딥러닝을 훨씬 더 효과적으로 만들어주며 훈련 과정에서 네트워크가 훨씬 더 빨리 수렴되도록 돕는 역할을 한다.

8.3.4 모델 출력 이해하기

모델의 최종 결과는 소프트맥스 레이어의 출력값이며 silence, unknown, yes, no 각각에 대응하는 네 개의 숫자다. 네 개의 숫자 중 가장 높은 값을 갖는 클래스가 최종 결과로 나타나고 숫자 크기는 결괏값의 신뢰도를 나타낸다. 예를 들어 모델 출력이 [10, 4, 231, 80]인 경우 출력값이 가장 높은 세 번째 클래스인 yes가 모델의 최종 결과이며 231 값 자체는 결괏값의 신뢰도를 나타낸다(출력값은 0에서 255 사이의 양자화된 숫자이지만 이는 상대적 점수이고 다시 실젯값으로 변환할 필요는 없다).

현재 결괏값은 오디오의 마지막 초를 분석한 것이기 때문에 초당 1회만 실행하면 이전 초의 절반, 현재 초의 절반을 인식할 가능성이 있다. 대부분의 모델이 단어를 일부만 들으면 잘 인식하지 못하며 단어 인식에 실패한다. 이를 방지하고 단어 전체를 인식할 가능성을 높이기 위해 초당 1회 이상 모델을 자주 실행해야 한다. 실제로 우수한 결과를 얻으려면 초당 10회 또는 15회 정도 실행해야 한다.

초당 여러 번 실행되며 결괏값이 도출되기 때문에 점수가 충분히 높은 시점을 결정해야 하는 문제가 남아 있다. 구글은 시간에 따른 평균화 점수를 사용하며 일정 시간 동안 같은 단어에 대해 다수의 높은 점수를 얻은 경우에만 인식 결과를 반환하도록 처리 클래스를 구현했다. RecognizeCommands 클래스에서 이 구현체를 볼 수 있는데 모델의 원래 결괏값에 누적 및 평균화 알고리즘을 사용하여 임곗값을 초과했는지 여부를 판별한다. 그런 다음 처리 결과는 플랫폼의 출력에 따라 CommandResponder에 전달한다.

모델 파라미터는 모두 훈련 데이터에서 도출됐지만 명령 인식기가 사용하는 알고리즘은 수동으로 작성됐다. 다시 말해 인식하는 데 필요한 점숫값이나 필요한 시간과 같은 임곗값은 사람이 작성했으므로 최적의 결과를 보장할 수는 없다. 따라서 자신의 애플리케이션에서 결과가 좋지 않은 경우 직접 조정해보는 것도 생각해봐야 한다.

정교한 음성 인식 모델은 앞에서 살펴본 단일 레이어 컨볼루션 네트워크 대신 스트리밍 데이터를 사용할 수 있는 재귀 신경망Recursive Neural Network을 사용한다.[3] 이를 사용하면 정확한 결과를 얻기 위해 후처리할 필요가 없지만 훈련 과정이 훨씬 더 복잡해진다.

8.4 나만의 데이터로 훈련하기

제품이 yes, no만 응답해야 할 가능성은 크지 않으니 다양한 단어를 인식할 수 있는 모델을 훈련하고 싶을 것이다. 앞에서 사용한 훈련 스크립트는 자체 데이터를 사용하여 사용자 지정 모델을 만들도록 설계됐다. 모델을 훈련하는 프로세스에서 가장 어려운 부분은 충분한 데이터셋

---

[3] 옮긴이_ 일반적으로 딥러닝 모델의 앞글자를 따서 ANN, DNN, CNN 등으로 많이 부른다. 재귀 신경망과 반복 신경망(Recurrent Neural Network)은 축약어가 RNN으로 같아 혼동할 수 있으나 다른 모델이다. 차이점을 자세하게 알고 싶다면 다음 글을 참고 바란다.
「Recurrent vs Recursive Neural Networks」 https://stats.stackexchange.com/questions/153599/recurrent-vs-recursive-neural-networks-which-is-better-for-nlp

을 수집하여 문제에 적합한지 확인하는 과정이다(이는 16장에서 자세히 다룬다). 이 절에서는 사용자 지정 모델 훈련 방법을 몇 가지 알아보자.

8.4.1 음성 명령 데이터셋

train.py 스크립트는 기본적으로 Speech Commands 데이터셋을 다운받는다. 이는 1초 길이 WAV 파일 10만 개 이상으로 구성된 오픈소스 데이터셋으로, 다수의 화자가 발음한 짧은 단어 여럿을 포함한다. 구글에서 배포하지만 전 세계 지원자의 발언이 수집됐으며 아캉샤 초혜리Aakanksha Chowdhery 등이 작성한 「Visual Wake Words Dataset」(https://oreil.ly/EC6nd) 에서 자세한 내용을 제공한다.

데이터셋은 yes, no뿐만 아니라 여덟 개의 다른 명령 단어(on, off, up, down, left, right, stop, go)와 0에서 9까지의 숫자를 포함한다. 일반적인 명령어에는 각각 수천 개의 파일이 있으며 비교적 낮은 빈도로 나타나는 Marvin과 같은 단어는 파일 수가 더 적다. Speech Commands 데이터셋은 명령어를 적절하게 인식하도록 충분한 발화량을 학습하게끔 고안됐다. 또한 훈련되지 않은 단어가 실수로 명령으로 인지되지 않도록 다른 단어들은 unknown 클래스를 채우는 데 사용된다.

훈련 스크립트는 Speech Commands 데이터셋을 사용하므로 기존 데이터로부터 단어를 추가하여 모델을 쉽게 훈련할 수 있다. 훈련 세트에 있는 쉼표로 구분된 단어 목록으로 --wanted_words 인수를 업데이트하고 훈련을 실행하면 유용한 모델을 만들 수 있다. 이때 주의해야 할 점은 다음과 같다. 먼저 명령어나 숫자가 열 개를 넘어가지 않도록 한다. 다음으로 훈련하려는 명령어 데이터가 충분한지 확인한다. 끝으로 훈련하는 단어가 두 개 이상이면 --silence_propage와 --nown_propage 값을 하향 조정한다. 마지막 두 인수는 훈련 중에 얼마나 많은 silence 샘플과 unknown 샘플을 혼합할지를 제어한다. 데이터셋에서 silence 샘플은 학습할 때 그대로 사용되지 않는다. 데이터셋의 background 폴더에 있는 WAV 파일에서 가져온 1초의 녹음된 배경 소음 스니펫을 무작위로 선택하여 합성해 사용한다. unknown 샘플은 훈련 데이터셋에는 있지만 want_wordslist에 없는 단어에서 뽑는다. 이것이 데이터셋에서 비교적 발화가 적은 단어도 선택하는 이유이며 이 단어들이 실제로 우리가 찾고 있는 단어가 아님을 인식할 수 있게 한다. unknown 샘플은 음성과 오디오 인식에서 중요한 부분이다. 제품은 훈련 과정에서 접할 수 없는 단어와 소음이 많은 환경에서 작동해야 한다. 영어에는 일반적으로 표시될 수 있는 수천 개의 단어가 있으며 모델이 잘 작동하기 위해 훈련되지 않은 단어를 무시할 수 있어야 하므로 unknown 클래스는 중요한 역할을 수행한다.

기존 데이터셋에서 다른 단어를 훈련하는 예제는 다음과 같다.

```
python tensorflow/examples/speech_commands/train.py \
  --model_architecture=tiny_conv --window_stride=20 --preprocess=micro \
  --wanted_words="up,down,left,right" --silence_percentage=15 \
  --unknown_percentage=15 --quantize=1
```

8.4.2 나만의 데이터셋으로 훈련하기

훈련 스크립트는 기본 음성 명령어를 사용하도록 되어 있으나 훈련시킬 수 있는 데이터셋이 있다면 --data_dir 인수를 사용하여 훈련할 수 있다. 디렉터리는 음성 명령어 설정과 함께 진행하고 명령어 클래스당 하나의 하위 폴더를 만들고 WAV 파일 세트를 둔다. 여기에 추가로 애플리케이션이 실행될 환경에 예상되는 배경 소음을 녹음한 WAV 파일 세트를 background 하위 폴더에 추가한다. 만일 기본 인식 구간 설정이 1초일 때 작동하지 않는다면 --sample_duration_ms 인수를 통해 다른 인식 구간을 선택해보자. 또한 --wanted_words 인수를 사용하여 인식하려는 클래스를 설정할 수 있다. 인수 이름과는 달리 클래스별 데이터가 충분하다면 유리 깨지는 소리에서 웃음 소리에 이르기까지 모든 종류의 오디오 이벤트를 훈련할 수 있다.

root/tmp/my_wavs 디렉터리 안에 glass와 laughter라는 이름의 WAV 폴더가 있다고 가정하면 다음과 같이 모델 훈련이 가능하다.

```
python tensorflow/examples/speech_commands/train.py \
  --model_architecture=tiny_conv --window_stride=20 --preprocess=micro \
  --data_url="" --data_dir=/tmp/my_wavs/ --wanted_words="laughter,glass" \
  --silence_percentage=25 --unknown_percentage=25 --quantize=1
```

가장 어려운 부분은 충분한 데이터를 수집하는 것이다. 예를 들어 실제로 유리가 깨지는 소리는 우리가 영화에서 듣는 음향 효과와는 매우 다른 종류의 소리다. 즉, 실제 녹음된 파일을 찾거나 직접 녹음해야 한다. 훈련 과정에는 클래스마다 수천 개의 파일이 필요할 수 있으며 실제 애플리케이션에서 발생할 수 있는 모든 변형을 다루어야 한다. 그렇기 때문에 데이터 수집은 시간과 비용이 많이 드는 어려운 과정이기 마련이다.

이미지 모델에서 이를 해결하기 위한 일반적인 방법은 전이학습^{transfer learning}을 사용하는 것이다. 전이학습은 대규모 공개 데이터셋으로 훈련된 모델에 다른 데이터를 사용하여 클래스의 가중치를 미세 조정하는 것이다. 이를 통해 처음 모델을 구축할 때 요구되는 양의 데이터가 없이도 높은 정확도를 기록할 수 있다. 아쉽게도 음성 모델에 대한 전이학습은 여전히 연구되고 있는 분야다. 직접 적용해볼 수는 없으나 대안으로 다음 절을 살펴보자.

8.4.3 나만의 오디오를 녹음하는 방법

특정한 음성 단어 파일을 수집해야 하는 경우 화자와 내용을 표시하고 그 결과를 레이블이 지정된 파일로 분할하는 도구가 있으면 훨씬 더 작업이 쉬워진다. Speech Commands 데이터셋은 일반적인 웹브라우저를 통해 발화를 녹음할 수 있는 Open Speech Recording 앱 (https://oreil.ly/UWsG3)을 사용하여 수집했다. 처음 사용자가 페이지에 접속하면 오디오 데이터 수집에 관한 구글 약관 동의 요청 웹페이지가 표시된다. 동의하면 녹음 컨트롤이 있는 새 페이지로 보내지며 녹음 버튼을 누르면 단어가 나타나고 각 단어를 말한 오디오가 녹음된다. 요청한 단어가 모두 기록되면 결과를 서버에 제출하는 메시지가 표시된다.

README에는 구글 클라우드에서 실행하기 위한 지침이 있지만 파이썬으로 작성된 플라스크 ^{Flask} 앱이므로 다른 환경에서도 실행된다. 구글 클라우드를 사용하는 경우 계정의 스토리지 버킷을 가리키도록 app.yaml (https://oreil.ly/dV2kv) 파일을 업데이트하고 임의의 세션 키를 제공해야 한다(해시값을 얻는 용도로만 사용되므로 어떠한 값도 될 수 있다). 기록할 단어를 사용자 정의하려면 클라이언트 측 자바스크립트에서 자주 반복되는 주요 단어와 보조 단어에 대한 배열을 편집해야 한다(https://oreil.ly/XcJIe).

녹음된 파일은 구글 클라우드 버킷에 OGG 압축 오디오로 저장되지만 훈련에는 WAV가 필요하므로 변환해야 한다. 또한 가끔 사람들이 단어를 말하는 것을 잊거나 너무 조용히 말하는 것과 같은 오류가 포함되어 있을 수 있으므로 되도록 자동으로 필터링하면 좋다. BUCKET_NAME 변수에 버킷 이름을 설정했다면 다음 bash 명령을 사용하여 파일을 로컬 시스템에 복사하여 시작해보자.

```
mkdir oggs
gsutil -m cp gs://${BUCKET_NAME}/* oggs/
```

압축된 OGG 형식의 괜찮은 특성 중 하나는 조용하거나 무음이면 매우 작은 파일을 생성한다는 것이다.

```
find ${BASEDIR}/oggs -iname "*.ogg" -size -5k -delete
```

OGG를 WAV로 변환하는 가장 쉬운 방법은 커맨드 라인 도구를 제공하는 FFmpeg 프로젝트(https://ffmpeg.org/)를 사용하는 것이다. 다음은 OGG 파일의 전체 디렉터리를 필요한 형식으로 변환할 수 있는 명령이다.

```
mkdir -p ${BASEDIR}/wavs
find ${BASEDIR}/oggs -iname "*.ogg" -print0 | \
  xargs -0 basename -s .ogg | \
  xargs -I {} ffmpeg -i ${BASEDIR}/oggs/{}.ogg -ar 16000 ${BASEDIR}/wavs/{}.wav
```

Open Speech Recording 애플리케이션은 각 단어를 1초 이상 기록한다. 이렇게 하면 타이밍이 예상보다 약간 빠르거나 늦어도 사용자의 음성을 수집할 수 있지만 추가로 후처리가 필요하다. 다시 말해 훈련에 필요한 1초의 음성 파일로 만들기 위해 각 음성 파일을 잘라내는 작업이 필요하다. 이 작업을 위해 시간에 따른 음성 파일의 볼륨을 확인하여 중앙을 맞추고 오디오를 1초로 자르는 작은 오픈소스 유틸리티를 만들었다. 터미널에 다음 명령을 입력해 사용해보자.

```
git clone https://github.com/petewarden/extract_loudest_section \
  /tmp/extract_loudest_section_github
pushd /tmp/extract_loudest_section_github
make
popd
mkdir -p ${BASEDIR}/trimmed_wavs
/tmp/extract_loudest_section/gen/bin/extract_loudest_section \
  ${BASEDIR}'/wavs/*.wav' ${BASEDIR}/trimmed_wavs/
```

이렇게 하면 올바른 형식과 필요한 길이의 파일로 가득 찬 폴더가 준비되지만 훈련에는 WAV 파일을 레이블별 하위 폴더로 정리해야 한다. 레이블은 각 파일의 이름으로 인코딩되므로 해당 파일 이름을 사용하면 적절한 폴더로 정렬이 가능하다. 다음 링크를 통해 파이썬 스크립트를 확인해보자(https://oreil.ly/BpQBJ).

8.4.4 데이터 증식

데이터 증식[data augmentation]은 훈련 데이터를 효과적으로 확대하고 정확도를 향상하는 또 다른 방법이다. 이 기법은 훈련하기 전 녹음된 음성 데이터에 오디오 변환을 적용한다. 오디오 변환에는 볼륨 믹싱, 배성 소음 합성, 파일 시작이나 끝을 약간 다듬는 것이 포함된다. 훈련 스크립트는 기본적으로 이러한 변환을 적용하지만 커맨드 라인 인수를 사용하여 사용 빈도와 적용 범위를 조정할 수 있다.

> **WARNING_** 데이터 증식은 작은 데이터 집합을 더 발전하는 데 도움이 되지만 기적적인 성능 향상이 일어나지는 않는다. 변형이 너무 강하면 입력 데이터가 더 이상 사람이 인식할 수 없을 정도로 왜곡될 수 있으며 이로 인해 모델이 의도한 카테고리와 유사하지 않은 소리를 실수로 분류하게 된다.

다음은 이러한 커맨드 라인 인수 중 일부를 사용하여 데이터 증식을 제어하는 방법이다.

```
python tensorflow/examples/speech_commands/train.py \
  --model_architecture=tiny_conv --window_stride=20 --preprocess=micro \
  --wanted_words="yes,no" --silence_percentage=25 --unknown_percentage=25 \
  --quantize=1 --background_volume=0.2 --background_frequency=0.7 \
  --time_shift_ms=200
```

8.4.5 모델 아키텍처

앞서 훈련한 yes/no 모델은 작고 빠르게 설계했다. 크기는 18KB에 불과하며 한 번 실행에 40만 회의 산술 연산만이 필요하다. 이러한 제약 조건에 맞추기 위해 정확도를 조금 희생했다. 자신만의 애플리케이션을 설계하는 경우, 특히 둘 이상의 카테고리를 인식하고자 할 때에는 더 높은 정확도를 원할 것이다. models.py 파일을 수정하고 `—model_architecture` 인수를 사용하여 고유한 모델 아키텍처를 지정할 수 있다. 이 경우 `create_tiny_conv_model0`과 같은 모델 생성 함수를 직접 작성하고 `create_model0`에서 `if` 문을 업데이트하여 아키텍처 이름을 지정해야 한다. 이렇게 지정한 이름은 커맨드 라인에서 아키텍처 인수를 전달하면서 새로 작성한 함수를 호출한다. 코드 작성 시 드롭아웃 처리 방법을 비롯하여 힌트를 얻기 위해 기존 생성 함수 중 일부를 살펴볼 수 있으며 고유 모델을 추가한 경우 다음과 같이 호출 가능하다.

```
python tensorflow/examples/speech_commands/train.py \
  --model_architecture=my_model_name --window_stride=20 --preprocess=micro \
   --wanted_words="yes,no" --silence_percentage=25 \--unknown_percentage=25 \
   --quantize=1
```

8.5 마치며

작은 메모리로 음성을 인식하는 것은 까다로운 문제이며 간단한 예제를 작성하는 데 필요한 것보다 더 많은 작업이 필요하다. 대부분의 실무 수준의 머신러닝 애플리케이션은 특징 생성, 모델 아키텍처 선택, 데이터 증식, 가장 적합한 훈련 데이터 찾기, 모델 결과를 실행 가능한 정보로 전환하는 방법과 같은 문제를 더 생각해봐야 한다.

지금까지 훈련에서 배포로 전환하는 과정에서 선택할 수 있는 옵션에 대해 살펴봤다. 제품의 실제 요구 사항에 따라 고려해야 할 수많은 절충점이 있다는 것을 잘 이해했기를 바란다.

다음 장에서는 오디오보다 복잡해 보이지만 생각보다 작업하기 쉬운 다른 유형의 데이터로 추론하는 방법을 살펴보겠다.

## CHAPTER 9

인체 감지: 애플리케이션 만들기

사람들에게 어떤 감각이 일상 생활에 가장 큰 영향을 미치는지 물으면 대부분의 사람들은 시각[1]이라고 대답할 것이다.

시각은 매우 유용한 감각이다. 시각은 수많은 생물이 환경을 탐색하고, 음식을 찾고, 위험을 피하게 해준다. 인간의 시각은 사람을 알아보고, 상징적 정보를 해석하며 주변 세계를 이해하기 위한 도구다.

얼마 전까지만 해도 기계는 시각의 힘을 사용할 수 없었다. 대부분의 로봇은 터치, 근접 센서로 외부 세계를 자극하며 발생한 충돌로부터 구조에 대한 지식을 얻었다. 사람은 한 번 눈을 깜박이고 나서 관찰 대상과의 상호작용 없이 대상의 모양, 속성, 목적을 설명할 수 있지만 로봇에게는 그런 운이 없었다. 시각적 정보는 너무 복잡하고 구조화되지 않았으며 해석하기 어려웠다.

그런데 합성곱 신경망, CNN의 발전 덕에 기계가 '볼 수 있게' 하는 프로그램을 만들기가 쉬워졌다. 포유류 시각 피질의 구조에서 영감을 얻은 CNN은 압도적으로 복잡한 입력을 필터링하여 알려진 패턴과 모양의 맵으로 변환함으로써 주변 세계를 해석한다. 알려진 패턴과 모양을 정확하게 조합하면 주어진 디지털 이미지에 존재하는 개체를 파악할 수 있다.

오늘날 시각 모델, 즉 비전 모델은 다양한 작업에 사용된다. 자율주행 차량은 비전을 사용하여 도로에서 위험을 발견한다. 공장 로봇은 카메라를 사용하여 부품 결함을 포착한다. 의료 영상

---

[1] 2018년 유고브(YouGov) 사의 설문조사에 따르면(https://oreil.ly/KvzGK), 오감 중 하나를 상실했을 때 가장 아쉬울 감각으로 70%가 시각을 꼽았다.

을 통해 질병을 진단할 수 있도록 훈련된 모델도 있다. 스마트폰으로 사진을 찍을 때 얼굴을 인식해서 초점을 완벽하게 맞출 수도 있다.

비전 인식이 가능한 기계는 기존에 기계로 할 수 없었던 많은 작업을 자동화할 수 있다. 하지만 비전 인식에 대해 경각심을 가질 수도 있다. 대부분의 사람들은 자신의 행동이 기록되거나 클라우드로 스트리밍되어 기계에 읽히는 것을 반기지 않을 것이다.

내장 카메라가 달린 가전 제품, 예를 들면 침입자를 발견할 수 있는 보안 시스템, 지켜보는 사람이 없는지 인식하는 스토브, 방에 사람이 없을 때 꺼지는 텔레비전 등을 생각해보자. 이러한 기계를 사용할 때 중요한 것은 프라이버시다. 항상 인터넷에 연결된 장치에 카메라까지 내장되어 있다면 설사 그 영상을 보는 사람이 없다 해도 보안 측면에서 소비자에게 전혀 호소력이 없는 제품이 될 것이다.

그러나 이 모든 것이 TinyML로 바뀔 수 있다. 너무 오랫동안 방치하면 버너를 차단하는 스마트 스토브를 상상해보자. 인터넷에 연결되지 않은 작은 마이크로컨트롤러를 사용하여 근처에 요리하는 사람이 있다는 것을 감지할 수 있다면 프라이버시를 포기하지 않고도 스마트 기기의 모든 장점을 취할 수 있다.

더욱이 비전 인식을 갖춘 기계는 기존 기계를 사용할 수 없는 영역에도 활용할 수 있다. 마이크로컨트롤러 기반 비전 시스템은 저전력 특성 덕분에 소형 배터리로 몇 달 또는 몇 년 동안 구동될 수 있다. 정글이나 산호초에 이런 장치를 심으면 온라인에 연결되지 않아도 멸종 위기에 처한 동물의 수를 세고 기록할 수 있다.

동일한 기술을 사용해서 비전 센서를 독립형 전자 부품으로 만들 수도 있다. 센서는 특정 물체가 보이면 1을, 그렇지 않으면 0을 출력하며 카메라가 수집한 이미지 데이터를 외부에 공유하지는 않는다. 이러한 센서는 스마트 홈 시스템에서 개인 차량에 이르기까지 모든 종류의 제품에 내장될 수 있다. 차가 뒤에 있을 때 플래시를 켜는 자전거, 집에 사람이 있는지 인식하는 에어컨 등을 만들 수 있다. 또한 이미지 데이터가 센서를 떠나지 않으므로 제품이 인터넷에 연결되어 있어도 프라이버시는 안전하다.

이 장에서 살펴볼 애플리케이션은 카메라가 장착된 마이크로컨트롤러에서 사전에 훈련된 인체 감지 모델을 실행해 시야 내에 사람이 있는지 없는지를 인식한다. 10장에서는 이 모델의 작동 방식과 자신만의 모델을 훈련시켜 원하는 대상을 감지하게 만드는 방법을 배운다.

이 장을 읽고 나면 마이크로컨트롤러에서 카메라 데이터를 다루는 방법과 비전 모델로 추론을 실행하고 출력을 해석하는 방법을 이해할 수 있다. 실제로 얼마나 쉬운지 알면 놀랄 것이다.

9.1 만들고자 하는 시스템

이제부터 모델을 사용해서 카메라로 캡처한 이미지를 분류하는 임베디드 애플리케이션을 구축할 것이다. 모델은 사람이 카메라 시야 내에 있을 때 인식하도록 훈련된다. 이는 애플리케이션이 사람의 존재 여부를 감지하고 그에 따라 출력을 생성할 수 있음을 의미한다.

사실상 이것이 조금 전에 설명한 스마트 비전 센서다. 사람이 감지되면 LED가 켜지는 간단한 애플리케이션이지만 이를 확장하면 모든 종류를 제어할 수 있다.

> **NOTE_** 7장의 애플리케이션과 마찬가지로 이 애플리케이션의 소스 코드는 텐서플로 깃허브 저장소에 있다.

이전 장처럼 먼저 테스트와 애플리케이션 코드를 살펴본 다음 다양한 장치에서 샘플을 작동시키는 논리 코드를 살펴보겠다.

다음과 같은 마이크로컨트롤러 플랫폼에 애플리케이션을 배포하기 위한 방법을 알아보자.

- 아두이노 나노 33 BLE 센스
- 스파크펀 에지

> **NOTE_** 텐서플로 라이트는 정기적으로 새로운 장치 지원을 추가하므로 사용하려는 장치가 여기에 없으면 예제의 README.md를 확인해보자. 이 책에서 설명하는 배포 과정에 문제가 발생했을 때에도 업데이트된 README.md를 확인하면 도움이 될 것이다.

이전 장과 달리 이 애플리케이션을 실행하려면 추가 하드웨어가 필요하다. 앞의 장치 중 어느 것도 내장 카메라가 없기 때문에 카메라 모듈을 별도로 구입해야 하는데 뒤에서 각 장치를 설명하며 알아보겠다.

> **카메라 모듈**
>
> 카메라 모듈은 이미지 데이터를 디지털 방식으로 캡처하는 이미지 센서image sensor 기반 전자 부품
> 이다. 이미지 센서는 렌즈 및 제어 전자 장치와 결합되어 카메라 모듈이 되고 모듈은 전자 프로
> 젝트에 부착하기 쉬운 형태로 제조된다.

애플리케이션 구조를 살펴보면서 시작하겠다. 예상보다 훨씬 간단하다.

9.2 애플리케이션 아키텍처

지금까지의 내용을 요약하면 임베디드 머신러닝 애플리케이션은 다음과 같은 작업을 수행
한다.

1. 입력을 받는다.
2. 입력을 전처리해 모델에 공급하기에 적합한 특징을 추출한다.
3. 처리된 입력의 특징에 추론을 실행한다.
4. 모델의 출력을 후처리한다.
5. 결과 정보를 사용하여 동작을 수행한다.

7장에서는 오디오를 입력으로 사용하는 호출어 인식에 이를 적용했다. 이번에는 이미지 데이
터를 입력으로 사용한다. 이미지가 더 복잡할 것 같지만 실제로는 오디오보다 훨씬 간단하게
작업할 수 있다.

이미지 데이터는 일반적으로 픽셀 값의 배열로 표현된다. 내장 카메라 모듈에서 가져오는 이
미지 데이터도 마찬가지로 픽셀 값의 배열이며 이러한 데이터 형식이 그대로 모델의 입력이 된
다. 따라서 모델에 데이터를 공급하기 전에 많은 전처리를 수행할 필요가 없다.

전처리를 많이 할 필요가 없기 때문에 애플리케이션은 비교적 간단하다. 카메라에서 데이터의
스냅숏을 찍어 모델로 공급하고, 출력 클래스를 결정하고, 간단한 방법으로 결과를 표시하는
것이 전부다.

계속 진행하기 전에 사용할 모델을 조금 더 알아보겠다.

9.2.1 모델 소개

7장에서 CNN이 다차원 텐서와 잘 작동하도록 설계된 신경망이라는 것을 배웠다. 여기에는 정보가 인접한 값 그룹 사이의 관계에 포함된다. 이미지 데이터 작업에 특히 적합하다.

이번에 사용할 인체 감지 모델은 Visual Wake Words 데이터셋(https://oreil.ly/EC6nd)을 통해 훈련된 CNN이다. 이 데이터셋은 11만 5000개의 이미지로 구성되며 각 이미지에는 사람이 포함되어 있는지 여부를 나타내는 레이블이 매겨져 있다.

이 모델은 용량이 250KB로 음성 모델보다 훨씬 크다. 용량이 커서 더 많은 메모리를 차지할 뿐 아니라 추론을 실행하는 데 시간이 더 오래 걸린다.

이 모델은 96×96 픽셀 그레이스케일 이미지를 입력으로 받는다. 각 이미지는 (96, 96, 1)의 형태를 가지는 3D 텐서로 제공되며 최종 차원에는 단일 픽셀을 나타내는 8비트 값이 들어간다. 이 값은 0(완전 검정)에서 255(완전 흰색)까지 픽셀의 음영을 지정한다.

카메라 모듈은 다양한 해상도로 이미지를 반환할 수 있으므로 모듈에서 받은 이미지를 96×96 픽셀 크기로 조정해야 한다. 또한 풀컬러 이미지를 그레이스케일로 변환해야 모델에 입력할 수 있다.

96×96 픽셀이 작은 해상도처럼 들리지만 각 이미지에서 사람을 감지하기에는 충분할 것이다. 이미지와 함께 작동하는 모델은 놀라울 정도로 작은 해상도를 받아들인다. 모델의 입력 크기를 늘리면 결과의 질이 떨어지고 입력 크기가 커짐에 따라 네트워크의 복잡성이 크게 증가한다. 이러한 이유 때문에 최신 이미지 분류 모델도 일반적으로 최대 320×320 픽셀을 받아서 작동한다.

모델은 두 가지 확률, 즉 사람이 있을 확률과 없을 확률을 출력한다. 출력되는 확률의 값은 0에서 255 사이의 범위를 가진다.

인체 감지 모델은 MobileNet 아키텍처를 사용한다. MobileNet 아키텍처는 스마트폰과 같은 장치에서 이미지를 분류하는 데 사용하는 유서 깊은 아키텍처다. 10장에서는 어떻게 이 모델의 마이크로컨트롤러 버전을 만들었는지, 어떻게 하면 커스텀 버전을 훈련시킬 수 있을지 알아본다. 지금은 애플리케이션 작동 방식을 계속 살펴보자.

9.2.2 구성 요소

[그림 9-1]은 인체 감지 애플리케이션의 구조를 보여준다.

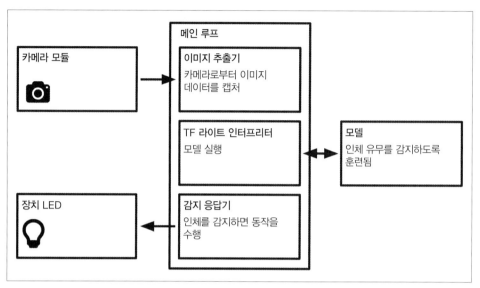

그림 9-1 인체 감지 애플리케이션의 구성 요소

앞에서 언급했듯 이미지 데이터를 모델에 직접 전달할 수 있기 때문에 전처리가 필요하지 않으며 덕분에 애플리케이션의 구조가 호출어 감지 애플리케이션보다 훨씬 간단하다.

또한 모델의 평균을 구하지 않아서 구조가 더 간단해진다. 호출어 감지 모델에서는 초당 여러 번 추론이 이루어졌기 때문에 안정적인 결과를 얻으려면 평균을 산출해야 했다. 반면 인체 감지 모델은 훨씬 더 크고 추론을 실행하는 데 더 오래 걸린다. 즉, 평균을 산출할 필요가 없다.

이 코드는 크게 다섯 가지 부분으로 나눌 수 있다.

- **메인 루프**

  다른 예제와 마찬가지로 인체 감지 애플리케이션도 연속 루프에서 실행된다. 그러나 모델이 훨씬 크고 복잡하기 때문에 추론을 실행하는 데 시간이 더 걸린다. 장치에 따라 초당 몇 개의 추론이 아니라 수 초마다 한 개의 추론을 수행할 수도 있다.

- **이미지 추출기**

  이 컴포넌트는 카메라에서 이미지 데이터를 캡처하여 입력 텐서에 쓴다. 이미지를 캡처하는 방법은 장치마다 다르므로 이 구성 요소를 재정의하고 커스텀 버전을 만들 수 있다.

- **텐서플로 라이트 인터프리터**

  인터프리터는 텐서플로 라이트 모델을 실행하여 입력 이미지를 확률 세트로 변환한다.

- **모델**

  네이터 배열 형태로 불러온 모델을 인터프리터가 실행한다. 용량이 250KB 정도이기 때문에 텐서플로 깃허브 저장소에 직접 커밋하기에는 부담스러운 크기다. 그러므로 프로젝트가 빌드될 때 Makefile로 다운로드된다. 살펴보고 싶다면 https://oreil.ly/Ylq9m에서 직접 내려받을 수도 있다.

- **감지 응답기**

  감지 응답기는 모델에서 출력된 확률을 가져와 장치의 출력 기능으로 표시한다. 이 부분은 장치에 따라 커스텀 버전을 사용할 수 있다. 예제 코드에서는 LED를 켜는 형태로 출력하지만 이를 확장하면 거의 모든 형태의 출력을 구현할 수 있다.

각 부분들이 어떻게 조화를 이루는지 이해하기 위해 테스트 코드를 먼저 살펴보자.

9.3 테스트 코드

테스트 구성은 간단한 편이며 해당 코드는 깃허브 저장소에서 찾을 수 있다.

- **person_detection_test.cc**

  단일 이미지를 나타내는 배열에서 추론을 실행하는 방법

- **image_provider_test.cc**

  이미지 추출기를 사용하여 이미지를 캡처하는 방법

- **detection_responder_test.cc**

  감지 응답기를 사용하여 감지 결과를 출력하는 방법

우선 person_detection_test.cc를 통해 이미지 데이터에서 추론이 어떻게 실행되는지 알아보자. 세 번째 프로젝트인 만큼 코드가 친숙하게 느껴질 것이다. 여러분은 임베디드 머신러닝 개발자의 길로 나아가고 있다.

9.3.1 기본 흐름

먼저 person_detection_test.cc다. 모델에 필요한 Op를 불러오며 시작한다.

```
namespace tflite {
namespace ops {
namespace micro {
TfLiteRegistration* Register_DEPTHWISE_CONV_2D();
TfLiteRegistration* Register_CONV_2D();
TfLiteRegistration* Register_AVERAGE_POOL_2D();
}  // namespace micro
}  // namespace ops
}  // namespace tflite
```

다음으로 모델에 적합한 크기의 tensor_arena를 정의한다. 마찬가지로 시행착오를 겪으며 찾아낸 크기다.

```
const int tensor_arena_size = 70 * 1024;
uint8_t tensor_arena[tensor_arena_size];
```

그런 다음 일반 설정 작업으로 인터프리터를 준비한다. MicroMutableOpResolver를 사용하여 필요한 Op를 등록하는 것도 포함된다.

```
// 로깅을 설정한다.
tflite::MicroErrorReporter micro_error_reporter;
tflite::ErrorReporter* error_reporter = &micro_error_reporter;

// 모델을 사용 가능한 데이터 구조에 매핑한다.
// 복사나 파싱을 포함하지 않는 가벼운 작업이다.
const tflite::Model* model = ::tflite::GetModel(g_person_detect_model_data);
if (model->version() != TFLITE_SCHEMA_VERSION) {
error_reporter->Report(
    "Model provided is schema version %d not equal "
    "to supported version %d.\n",
    model->version(), TFLITE_SCHEMA_VERSION);
}

// 필요한 Op 구현만 가져온다.
tflite::MicroMutableOpResolver micro_mutable_op_resolver;
micro_mutable_op_resolver.AddBuiltin(
```

```
    tflite::BuiltinOperator_DEPTHWISE_CONV_2D,
    tflite::ops::micro::Register_DEPTHWISE_CONV_2D());
micro_mutable_op_resolver.AddBuiltin(tflite::BuiltinOperator_CONV_2D,
                                     tflite::ops::micro::Register_CONV_2D());
micro_mutable_op_resolver.AddBuiltin(
    tflite::BuiltinOperator_AVERAGE_POOL_2D,
    tflite::ops::micro::Register_AVERAGE_POOL_2D());

// 모델을 실행할 인터프리터를 빌드한다.
tflite::MicroInterpreter interpreter(model, micro_mutable_op_resolver,
                                     tensor_arena, tensor_arena_size,
                                     error_reporter);
interpreter.AllocateTensors();
```

다음으로 입력 텐서를 검사한다. 차원의 수, 각 차원의 크기 등이 예상한 대로인지 확인한다.

```
// 모델의 입력에 사용할 메모리 영역에 대한 정보를 얻는다.
TfLiteTensor* input = interpreter.input(0);

// 입력에 예상한 속성이 있는지 확인한다.
TF_LITE_MICRO_EXPECT_NE(nullptr, input);
TF_LITE_MICRO_EXPECT_EQ(4, input->dims->size);
TF_LITE_MICRO_EXPECT_EQ(1, input->dims->data[0]);
TF_LITE_MICRO_EXPECT_EQ(kNumRows, input->dims->data[1]);
TF_LITE_MICRO_EXPECT_EQ(kNumCols, input->dims->data[2]);
TF_LITE_MICRO_EXPECT_EQ(kNumChannels, input->dims->data[3]);
TF_LITE_MICRO_EXPECT_EQ(kTfLiteUInt8, input->type);
```

이를 통해 입력이 기술적으로 5D 텐서임을 알 수 있다. 첫 번째 차원은 단일 요소를 포함하는 래퍼일 뿐이다. 이어지는 두 차원은 이미지 픽셀의 행과 열을 나타낸다. 마지막 차원은 각 픽셀을 나타내는 데 사용되는 색상 채널 수를 유지한다.

예상되는 크기 kNumRows, kNumCols, kNumChannels를 알려주는 상수는 model_settings.h에 다음과 같이 정의되어 있다.

```
constexpr int kNumCols = 96;
constexpr int kNumRows = 96;
constexpr int kNumChannels = 1;
```

보다시피 모델은 96×96 픽셀 비트맵을 수용할 것으로 예상된다. 이미지는 그레이스케일이며 각 픽셀마다 하나의 색상 채널이 있다.

다음 코드에서는 간단한 for 반복문을 사용하여 테스트 이미지를 입력 텐서에 복사한다.

```
// 사람이 포함된 이미지를 입력용 메모리 영역으로 복사한다.
const uint8_t* person_data = g_person_data;
for (int i = 0; i < input->bytes; ++i) {
    input->data.uint8[i] = person_data[i];
}
```

이미지 데이터 g_person_data를 저장하는 변수는 person_image_data.h에 의해 정의된다. 코드 저장소의 공간을 절약하기 위해 테스트가 처음 실행될 때 tf_lite_micro_person_data_ grayscale.zip의 일부로 모델과 함께 데이터 자체가 다운로드된다.

입력 텐서를 채운 후 추론을 실행한다. 그 어느 때보다 간단하다.

```
// 입력에 모델을 실행하고 성공했는지 확인한다.
TfLiteStatus invoke_status = interpreter.Invoke();
if (invoke_status != kTfLiteOk) {
    error_reporter->Report("Invoke failed\n");
}
TF_LITE_MICRO_EXPECT_EQ(kTfLiteOk, invoke_status);
```

다음으로 출력 텐서가 예상하는 크기와 형태를 가지는지 확인한다.

```
TfLiteTensor* output = interpreter.output(0);
TF_LITE_MICRO_EXPECT_EQ(4, output->dims->size);
TF_LITE_MICRO_EXPECT_EQ(1, output->dims->data[0]);
TF_LITE_MICRO_EXPECT_EQ(1, output->dims->data[1]);
TF_LITE_MICRO_EXPECT_EQ(1, output->dims->data[2]);
TF_LITE_MICRO_EXPECT_EQ(kCategoryCount, output->dims->data[3]);
TF_LITE_MICRO_EXPECT_EQ(kTfLiteUInt8, output->type);
```

모델 출력은 4차원이다. 처음 세 차원은 네 번째 차원을 감싸는 래퍼이며 모델을 학습한 각 카테고리에 대해 하나의 원소를 포함한다.

총 카테고리 수에 해당하는 상수 kCategoryCount는 model_settings.h에 다른 유용한 상수와 함께 정의되어 있다.

```
constexpr int kCategoryCount = 3;
constexpr int kPersonIndex = 1;
constexpr int kNotAPersonIndex = 2;
extern const char* kCategoryLabels[kCategoryCount];
```

kCategoryCount에서 알 수 있듯이 출력에는 세 가지 카테고리가 있다. 첫 번째는 사용하지 않는 카테고리로 무시해도 된다. 인덱스에서 알 수 있듯이 상수 kPersonIndex로 지정된 '사람' 카테고리가 두 번째고, 상수 kNotAPersonIndex로 지정된 '사람 없음' 카테고리가 세 번째다.

또한 카테고리 레이블의 배열인 kCategoryLabels도 있으며 그 구현은 model_settings.cc에 있다.

```
const char* kCategoryLabels[kCategoryCount] = {
    "unused",
    "person",
    "notperson",
};
```

추가 차원

출력 텐서의 구조에 중복성이 있는 점이 의아할 것이다. 각 카테고리 확률에 하나씩 세 개의 값만 보유해도 되는데 왜 네 개의 차원이 있을까? 그리고 '사람'과 '사람 없음'만을 구별하는데 왜 세 가지 카테고리가 있을까?

종종 모델에 특이한 입력, 출력 형태 또는 그다지 중요하지 않은 추가 카테고리가 있음을 알 수 있다. 이러한 요소는 아키텍처 고유 특징일 때도 있고 구현상의 디테일일 수도 있지만 어느 경우라도 걱정할 필요는 없다. 텐서의 데이터 내용은 평평한 인메모리 배열로 저장되기 때문에 불필요한 여분의 차원으로 둘러싸여 있는지에 따라 차이가 생기지 않는다. 어떤 경우라도 인덱스를 통해 주어진 원소에 쉽게 접근할 수 있다.

다음 코드는 '사람'과 '사람 없음' 점수를 기록하고 사람이 포함된 이미지를 전달할 때 '사람' 점수가 더 높은지 어서션을 통해 확인한다.

```
uint8_t person_score = output->data.uint8[kPersonIndex];
uint8_t no_person_score = output->data.uint8[kNotAPersonIndex];
error_reporter->Report(
    "person data.  person score: %d, no person score: %d\n", person_score,
    no_person_score);
TF_LITE_MICRO_EXPECT_GT(person_score, no_person_score);
```

출력 텐서의 유일한 데이터 내용은 클래스 점수를 나타내는 세 개의 uint8 값이다. 첫 번째 값은 사용되지 않으므로 output->data.uint8[kPersonIndex]와 output->data.uint8[kNotAPersonIndex]를 통해 직접 점수에 접근할 수 있다. uint8 자료형을 가지므로 점수의 최솟값은 0이고 최댓값은 255다.

NOTE_ '사람'과 '사람 없음' 점수가 비슷하면 모델이 예측을 확신하지 못한다는 것을 의미하며 이 경우 결과를 확정하지 않을 수도 있다.

다음으로 g_no_person_data가 보유한, 사람이 없는 이미지를 테스트한다.

```
const uint8_t* no_person_data = g_no_person_data;
for (int i = 0; i < input->bytes; ++i) {
    input->data.uint8[i] = no_person_data[i];
}
```

추론 실행 후 '사람 없음' 점수가 더 높은지 어서션으로 확인한다.

```
person_score = output->data.uint8[kPersonIndex];
no_person_score = output->data.uint8[kNotAPersonIndex];
error_reporter->Report(
    "no person data.  person score: %d, no person score: %d\n", person_score,
    no_person_score);
TF_LITE_MICRO_EXPECT_GT(no_person_score, person_score);
```

이전 프로젝트에서 본 코드와 큰 차이가 없다. 스칼라나 스펙트로그램 대신 이미지를 사용하기는 하지만 추론 과정 자체는 이전과 다르지 않다.

테스트 실행도 비슷하다. 텐서플로 저장소의 루트에서 다음 명령을 실행한다.

```
make -f tensorflow/lite/micro/tools/make/Makefile \
  test_person_detection_test
```

테스트가 처음 실행될 때 모델과 이미지 데이터가 다운로드된다. 다운로드한 파일은 tensor flow/lite/micro/tools/make/downloads/person_model_grayscale에서 찾을 수 있다.

다음으로 이미지 추출기의 인터페이스를 확인해보자.

9.3.2 이미지 추출기

이미지 추출기로 카메라에서 데이터를 가져와 모델의 입력 텐서에 쓰기 적합한 형식으로 반환 해야 한다. image_provider.h 파일은 해당 인터페이스를 정의한다.

```
TfLiteStatus GetImage(tflite::ErrorReporter* error_reporter, int image_width,
                      int image_height, int channels, uint8_t* image_data);
```

실제 구현은 플랫폼별로 다르므로 person_detection/image_provider.cc에는 더미 데이터 를 반환하는 기준 코드가 구현되어 있다.

image_provider_test.cc의 테스트는 이 기준 코드 구현을 호출하여 사용 방법을 보여준다. 우선 이미지 데이터를 보유할 배열을 다음과 같이 생성한다.

```
uint8_t image_data[kMaxImageSize];
```

상수 kMaxImageSize는 model_settings.h에 있다.

이 배열을 설정한 후 GetImage() 함수를 호출하여 카메라에서 이미지를 캡처한다.

```
TfLiteStatus get_status =
    GetImage(error_reporter, kNumCols, kNumRows, kNumChannels, image_data);
TF_LITE_MICRO_EXPECT_EQ(kTfLiteOk, get_status);
TF_LITE_MICRO_EXPECT_NE(image_data, nullptr);
```

호출과 함께 전달하는 인수에는 `ErrorReporter` 인스턴스, 열 개수, 행 개수, 채널 개수, `image_data` 배열에 대한 포인터가 들어 있다. 이 함수는 이미지 데이터를 `image_data` 배열에 쓴다. 함수의 반환값은 캡처 프로세스의 성공 여부를 확인하는 용도로 쓰인다. 문제가 있으면 `kTfLiteError`가 반환되고 그렇지 않으면 `kTfLiteOk`가 반환된다.

마지막으로 반환된 데이터를 살펴보고 모든 메모리 위치를 읽을 수 있음을 확인한다. 이미지에는 기술적으로 행, 열, 채널이 있지만 실제 데이터는 1D 배열로 평탄화된다.

```
uint32_t total = 0;
for (int i = 0; i < kMaxImageSize; ++i) {
    total += image_data[i];
}
```

이 테스트를 실행하려면 다음 명령을 사용한다.

```
make -f tensorflow/lite/micro/tools/make/Makefile \
  test_image_provider_test
```

이 장의 뒷부분에서 image_provider.cc의 장치별 구현을 살펴볼 것이다. 지금은 감지 응답기의 인터페이스를 살펴보겠다.

9.3.3 감지 응답기

최종 테스트는 감지 응답기가 어떻게 사용되는지 보여준다. 감지 응답기는 추론 결과를 전달하는 코드다. 인터페이스는 detection_responder.h에 정의되어 있으며 테스트는 detection_responder_test.cc에 구현되어 있다.

인터페이스는 매우 간단하다.

```
void RespondToDetection(tflite::ErrorReporter* error_reporter,
                        uint8_t person_score, uint8_t no_person_score);
```

보다시피 '사람'과 '사람 없음' 카테고리의 점수를 인수로 전달한다.

detection_responder.cc 구현은 단순히 점숫값을 기록한다. detection_responder_test. cc의 테스트는 함수를 여러 번 호출한다.

```
RespondToDetection(error_reporter, 100, 200);
RespondToDetection(error_reporter, 200, 100);
```

테스트를 실행하고 출력을 보려면 다음 명령을 사용한다.

```
make -f tensorflow/lite/micro/tools/make/Makefile \
    test_detection_responder_test
```

지금까지 전체 테스트와 인터페이스를 살펴봤다. 이제 프로그램 자체를 살펴보자.

9.4 인체 감지

애플리케이션의 핵심 함수는 main_functions.cc에 있다. 이미 테스트를 설명하며 그 논리를 다룬 바 있다.

먼저 모델에 필요한 모든 Op를 가져온다.

```
namespace tflite {
namespace ops {
namespace micro {
TfLiteRegistration* Register_DEPTHWISE_CONV_2D();
TfLiteRegistration* Register_CONV_2D();
TfLiteRegistration* Register_AVERAGE_POOL_2D();
}  // namespace micro
}  // namespace ops
}  // namespace tflite
```

다음으로 중요한 몇 개의 포인터 변수를 선언한다.

```
tflite::ErrorReporter* g_error_reporter = nullptr;
const tflite::Model* g_model = nullptr;
tflite::MicroInterpreter* g_interpreter = nullptr;
TfLiteTensor* g_input = nullptr;
```

그런 다음 텐서 연산을 위해 작업 메모리를 할당한다.

```
constexpr int g_tensor_arena_size = 70 * 1024;
static uint8_t tensor_arena[kTensorArenaSize];
```

가장 먼저 실행하는 setup() 함수에서는 오류 리포터를 작성하고, 모델을 로드하고, 인터프리터 인스턴스를 설정하고, 모델의 입력 텐서에 대한 참조를 가져온다.

```
void setup() {
  // 로깅을 설정한다.
  static tflite::MicroErrorReporter micro_error_reporter;
  g_error_reporter = &micro_error_reporter;

  // 모델을 사용 가능한 데이터 구조에 매핑한다.
  // 복사나 파싱을 포함하지 않는 가벼운 작업이다.
  g_model = tflite::GetModel(g_person_detect_model_data);
  if (g_model->version() != TFLITE_SCHEMA_VERSION) {
    g_error_reporter->Report(
        "Model provided is schema version %d not equal "
        "to supported version %d.",
        g_model->version(), TFLITE_SCHEMA_VERSION);
    return;
  }

  // 필요한 Op 구현만 가져온다.
  static tflite::MicroMutableOpResolver micro_mutable_op_resolver;
  micro_mutable_op_resolver.AddBuiltin(
      tflite::BuiltinOperator_DEPTHWISE_CONV_2D,
      tflite::ops::micro::Register_DEPTHWISE_CONV_2D());
  micro_mutable_op_resolver.AddBuiltin(tflite::BuiltinOperator_CONV_2D,
                                       tflite::ops::micro::Register_CONV_2D());
  micro_mutable_op_resolver.AddBuiltin(
      tflite::BuiltinOperator_AVERAGE_POOL_2D,
      tflite::ops::micro::Register_AVERAGE_POOL_2D());

  // 모델을 실행할 인터프리터를 빌드한다.
  static tflite::MicroInterpreter static_interpreter(
      model, micro_mutable_op_resolver, tensor_arena, kTensorArenaSize,
      error_reporter);
  interpreter = &static_interpreter;
```

```
  // 모델 텐서에 tensor_arena의 메모리를 할당한다.
  TfLiteStatus allocate_status = interpreter->AllocateTensors();
  if (allocate_status != kTfLiteOk) {
    error_reporter->Report("AllocateTensors() failed");
    return;
  }

  // 모델의 입력에 사용할 메모리 영역에 대한 정보를 얻는다.
  input = interpreter->input(0);
}
```

코드의 다음 부분은 프로그램의 메인 루프에서 지속적으로 호출된다. 먼저 이미지 추출기를 사용하여 이미지를 가져오고 참조를 입력 텐서로 전달한다.

```
void loop() {
  // 추출기로 이미지를 가져온다.
  if (kTfLiteOk != GetImage(g_error_reporter, kNumCols, kNumRows, kNumChannels,
                            g_input->data.uint8)) {
    g_error_reporter->Report("Image capture failed.");
  }
```

다음으로 추론을 실행하고 출력 텐서를 가져와서 '사람'과 '사람 없음' 점수를 읽는다. 이 점수는 감지 응답기의 RespondToDetection() 함수로 전달된다.

```
  // 입력에 대해 모델을 실행하고 성공했는지 확인한다.
  if (kTfLiteOk != g_interpreter->Invoke()) {
    g_error_reporter->Report("Invoke failed.");
  }

  TfLiteTensor* output = g_interpreter->output(0);

  // 추론 결과를 처리한다.
  uint8_t person_score = output->data.uint8[kPersonIndex];
  uint8_t no_person_score = output->data.uint8[kNotAPersonIndex];
  RespondToDetection(g_error_reporter, person_score, no_person_score);
}
```

RespondToDetection()이 결과 출력을 마치면 loop() 함수는 반환되고 프로그램 흐름은 메인 루프로 이동하여 loop()를 다시 호출할 수 있게 된다.

루프 자체는 main.cc에 있는 프로그램의 main() 함수 내에 정의되어 있다. setup() 함수를 한 번 호출한 다음 loop() 함수를 반복적으로 무한정 호출한다.

```
int main(int argc, char* argv[]) {
  setup();
  while (true) {
    loop();
  }
}
```

여기까지가 전체 프로그램이다. 이 예제는 정교한 머신러닝 모델의 응용이 놀랍도록 간단하다는 것을 대표적으로 보여준다. 모델에 모든 복잡성이 포함되어 있으므로 애플리케이션에서는 데이터를 제공하기만 하면 된다.

임베디드에서 실행하기 전에 프로그램을 로컬에서 실행하여 사용해볼 수 있다. 이미지 추출기의 기준 구현은 더미 데이터만 반환하므로 의미 있는 인식 결과를 얻지 못하지만 최소한 코드가 작동하는 것은 확인할 수 있다.

먼저 다음 명령을 사용하여 프로그램을 빌드한다.

```
make -f tensorflow/lite/micro/tools/make/Makefile person_detection
```

빌드가 완료되면 다음 명령으로 예제를 실행할 수 있다.

```
tensorflow/lite/micro/tools/make/gen/osx_x86_64/bin/ \
person_detection
```

다음과 같은 출력이 나타날 것이다. 프로그램을 종료하려면 [Ctrl]+[C]를 누른다.

```
person score:129 no person score 202
person score:129 no person score 202
person score:129 no person score 202
person score:129 no person score 202
person score:129 no person score 202
person score:129 no person score 202
```

다음 절에서는 카메라 이미지를 캡처하고 각 플랫폼에서 결과를 출력하는 장치별 코드를 살펴볼 것이다. 또한 이 코드를 배포하고 실행하는 방법도 알아본다.

9.5 마이크로컨트롤러 배포

이 절에서는 익숙한 두 가지 장치에 코드를 배포할 것이다.

- 아두이노 나노 33 BLE 센스
- 스파크펀 에지

이번 프로젝트에는 이전과 큰 차이가 있다. 이 두 장치 중 어느 것도 내장 카메라가 없기 때문에 사용 중인 장치에 맞는 카메라 모듈을 구입해야 한다. 각 장치에는 이미지를 캡처하기 위해 카메라 모듈과 이를 활용하기 위한 자체적인 image_provider.cc 구현이 있다. detection_responder.cc에는 장치별 출력 코드도 있다.

이러한 구현체는 각자의 비전 기반 머신러닝 애플리케이션을 만들기 위한 좋은 템플릿이 될 수 있을 것이다.

먼저 아두이노 구현부터 시작하자.

9.5.1 아두이노

아두이노 나노 33 BLE 센스는 아두이노 보드와 호환 가능한 수많은 타사 하드웨어 및 라이브러리와 함께 사용할 수 있다. 여기에서는 아두이노와 함께 작동하도록 설계된 타사 카메라 모듈 중 하나와 그에 해당하는 라이브러리를 사용해서 출력 데이터를 활용할 것이다.

9.5.1.1 구입할 카메라 모듈

예제에서 사용할 카메라 모듈은 아두캠 미니^{Arducam Mini} 2MP 플러스 모듈(https://oreil.ly/LAwhb)이다. 이 카메라 모듈은 아두이노 나노 33 BLE 센스에 쉽게 연결할 수 있으며 아두이노 보드의 전원 공급 장치로 전원을 쉽게 공급받을 수 있다. 렌즈도 크고 2MP(메가픽셀) 고화질 이미지를 캡처할 수 있지만 온보드 이미지 크기 조정 기능을 사용하여 더 작은 해상도를 얻을 수도 있다. 아주 저전력을 사용하지는 않지만 이미지 품질이 높아 야생 동물 녹화와 같은 이미지 캡처 애플리케이션을 구축하는 데에 적합하다.

9.5.1.2 아두이노에서 이미지 얻기

먼저 아두캠 모듈을 아두이노 보드의 핀에 연결한다. 이미지 데이터를 얻기 위해 아두이노 보드에서 아두캠으로 명령을 보내 이미지를 캡처하도록 지시한다. 아두캠은 이를 수행하여 이미지를 내부 데이터 버퍼에 저장한다. 그런 다음 아두캠의 내부 버퍼에서 이미지 데이터를 읽고 아두이노의 메모리에 저장할 수 있는 추가 명령을 보낸다. 이 모든 작업을 수행하기 위해 공식 아두캠 라이브러리를 사용한다.

아두캠 카메라 모듈에는 해상도가 1920×1080인 2MP 이미지 센서가 있다. 인체 감지 모델의 입력 크기는 96×96이므로 모든 데이터가 필요하지는 않다. 실제로 아두이노 자체에는 2MP 이미지를 저장할 메모리가 충분하지 않다.

다행히 아두캠 하드웨어는 출력 크기를 160×120 픽셀의 훨씬 작은 해상도로 조정할 수 있다. 그러면 코드가 이미지를 중간의 96×96 픽셀만 남기고 쉽게 자를 수 있다. 이때 문제가 하나 있는데 크기가 조정된 아두캠 출력은 이미지의 일반적인 압축 형식인 JPEG를 사용하여 인코딩되지만 모델은 JPEG 인코딩 이미지가 아닌 픽셀 배열이 필요하다는 점이다. 즉, 아두캠 출력을 사용하기 위해서는 이미지를 디코딩해야 한다. 이 디코딩 작업은 오픈소스 라이브러리로 가능하다.

마지막 작업은 아두캠의 컬러 이미지 출력을 인체 감지 모델이 원하는 입력 형태인 그레이스케일로 변환하는 것이다. 변환된 그레이스케일 데이터를 모델의 입력 텐서에 쓸 것이다.

이미지 추출기는 arduino/image_provider.cc에 구현되어 있다. 이 코드는 아두캠 카메라 모듈에만 적용되므로 자세한 내용은 설명하지 않고 고수준에서 일어나는 일을 단계별로 살펴보겠다.

`GetImage()` 함수는 이미지 추출기와 외부 세계의 인터페이스다. 이미지 데이터 프레임을 얻기 위해 애플리케이션의 기본 루프에서 호출된다. 처음 호출될 때 카메라를 초기화해야 하는데 이를 위해 다음과 같이 `InitCamera()` 함수를 호출한다.

```
static bool g_is_camera_initialized = false;
  if (!g_is_camera_initialized) {
    TfLiteStatus init_status = InitCamera(error_reporter);
    if (init_status != kTfLiteOk) {
      error_reporter->Report("InitCamera failed");
      return init_status;
    }
    g_is_camera_initialized = true;
  }
```

InitCamera() 함수의 전체 구현은 image_provider.cc에 정의되어 있다. 장치별로 매우 다르므로 여기서는 다루지 않으며 자신의 코드에 사용하려면 복사하여 붙여 넣기만 하면 된다. InitCamera()는 아두이노의 하드웨어가 아두캠과 통신하도록 설정하고, 통신이 작동하는지 확인한 후 아두캠에 160×120 픽셀 JPEG 이미지를 출력하도록 지시한다.

GetImage()가 호출하는 다음 함수는 PerformCapture()다.

```
TfLiteStatus capture_status = PerformCapture(error_reporter);
```

이 함수 역시 세부 구현을 설명하지는 않을 것이다. PerformCapture()는 카메라 모듈에 명령을 보내서 이미지를 캡처하고, 이미지 데이터를 내부 버퍼에 저장하도록 지시하고, 이미지가 캡처됐다는 확인을 기다린다. 이때 아두캠의 내부 버퍼에 이미지 데이터가 대기 중이지만 아직 아두이노 자체에는 이미지 데이터가 없다.

다음에 호출할 함수는 ReadData()다.

```
TfLiteStatus read_data_status = ReadData(error_reporter);
```

ReadData() 함수는 더 많은 명령을 사용하여 아두캠에서 이미지 데이터를 가져온다. 함수가 실행된 후 전역 변수 jpeg_buffer는 카메라에서 검색된 JPEG 인코딩 이미지 데이터로 채워진다.

JPEG 인코딩 이미지가 있는 경우 이를 원시 이미지 데이터로 디코딩해야 한다. 이는 DecodeAndProcessImage() 함수의 역할이다.

```
TfLiteStatus decode_status = DecodeAndProcessImage(
    error_reporter, image_width, image_height, image_data);
```

이 함수는 JPEGDecoder라는 라이브러리를 사용하여 JPEG 데이터를 디코딩하고 모델의 입력 텐서에 직접 쓴다. 이 과정에서 이미지를 잘라내어 160×120 데이터 중 일부를 버리고 중앙의 96×96 픽셀 데이터만 남긴다. 또한 이미지의 16비트 색상 표현을 8비트 그레이스케일로 줄인다.

이미지가 캡처돼 입력 텐서에 저장됨으로써 추론을 실행할 준비가 됐다. 다음으로 모델의 출력이 어떻게 표시되는지 알아보자.

9.5.1.3 아두이노의 감지 응답

아두이노 나노 33 BLE 센스에는 RGB LED가 내장되어 있으며 개별적으로 제어할 수 있는 빨간색, 초록색, 파란색 LED를 포함하고 있다. 감지 응답기는 추론이 실행될 때마다 파란색 LED를 깜박인다. 사람이 감지되면 초록색 LED를 켜고 사람이 감지되지 않으면 빨간색 LED를 켠다.

해당 소스 파일은 arduino/detection_responder.cc에 있다. 빠르게 살펴보자.

RespondToDetection() 함수는 '사람' 카테고리 점수와 '사람 없음' 카테고리 점수를 둘 다 받는다. 처음 호출될 때 출력을 위해 파란색, 초록색, 노란색 LED를 출력으로 설정한다.

```
void RespondToDetection(tflite::ErrorReporter* error_reporter,
                        uint8_t person_score, uint8_t no_person_score) {
  static bool is_initialized = false;
  if (!is_initialized) {
    pinMode(led_green, OUTPUT);
    pinMode(led_blue, OUTPUT);
    is_initialized = true;
  }
```

다음으로 추론이 완료됐음을 나타내기 위해 모든 LED를 끈 다음 파란색 LED를 매우 짧게 깜박인다.

```
// 참고: 핀이 LOW면 아두이노 나노 33 BLE 센스의
// RGB LED가 켜지고 HIGH면 꺼진다.

// 인체 감시 LED 끄기
digitalWrite(led_green, HIGH);
digitalWrite(led_red, HIGH);

// 모든 추론 후에 파란색 LED를 깜박인다.
digitalWrite(led_blue, LOW);
delay(100);
digitalWrite(led_blue, HIGH);
```

아두이노의 내장 LED와 달리 외장 LED는 LOW에 의해 켜지고 HIGH에 의해 꺼진다. 이것은 LED가 보드에 하드웨어적으로 어떻게 연결되는지에 따라 결정되는 요소다.

다음으로 카테고리 점수가 높은 카테고리에 따라 적절한 LED를 켜고 끈다.

```
// 사람이 감지되면 초록색 LED를 켜고 감지되지 않으면 빨간색 LED를 켠다
if (person_score > no_person_score) {
  digitalWrite(led_green, LOW);
  digitalWrite(led_red, HIGH);
} else {
  digitalWrite(led_green, HIGH);
  digitalWrite(led_red, LOW);
}
```

마지막으로 error_reporter 인스턴스를 사용하여 점수를 시리얼 포트에 출력한다.

```
    error_reporter->Report("Person score: %d No person score: %d", person_score,
                           no_person_score);
  }
```

여기까지다. RespondToDetection() 함수의 핵심은 기본 if 문이며 유사한 논리를 사용하여 다른 유형의 출력을 쉽게 제어할 수 있다. 복잡한 시각적 입력을 '사람' 또는 '사람 없음'의 단일 부울 값 출력으로 변환할 수 있다는 점이 놀랍지 않은가?

9.5.1.4 예제 실행

이번 예제는 다른 아두이노 예제보다 약간 더 복잡하다. 아두캠을 아두이노 보드에 연결해야 하기 때문이다. 또한 아두캠과 인터페이스하고 JPEG 출력을 디코딩하는 라이브러리를 설치하고 설정해야 한다. 걱정하지 말자. 손이 좀 가기는 하지만 어렵지는 않다.

이 예제를 배포하려면 다음 도구가 필요하다.

- 아두이노 나노 33 BLE 센스 보드
- 아두캠 미니 2MP 플러스
- 점퍼 케이블(그리고 선택 사항으로 브레드보드)
- 마이크로 USB 케이블
- 아두이노 IDE

첫 번째 작업은 점퍼 케이블을 사용하여 아두캠을 아두이노에 연결하는 것이다. 이 책은 전자 공학 책이 아니므로 케이블 사용에 대한 자세한 내용은 다루지 않는다. 그 대신 [표 9-1]에 핀을 연결하는 방법을 정리했다. 핀은 각 장치에 표시되어 있다.

표 9-1 아두캠 미니 2MP 플러스와 아두이노 나노 33 BLE 센스의 핀 연결

아두캠 핀	아두이노 핀
CS	D7(D6 바로 오른쪽 핀으로, 표기는 없음)
MOSI	D11
MISO	D12
SCK	D13
GND	GND(GND로 표시된 핀 중 하나)
VCC	3.3 V
SDA	A4
SCL	A5

하드웨어 설정이 끝났으면 소프트웨어 설치를 계속하자.

이 책의 프로젝트는 텐서플로 라이트 아두이노 라이브러리에서 예제 코드로 제공되며 아두이노 IDE를 통해 쉽게 설치하고 Tools 메뉴에서 라이브러리 관리를 선택할 수 있다. 나타나는 창에서 Arduino_TensorFlowLite라는 라이브러리를 검색하여 설치한다. 최신 버전을 사용하기 바라지만 문제가 발생할 경우 이 책에서 테스트한 버전이 1.14-ALPHA라는 점을 참고 바란다.

라이브러리를 설치하면 [그림 9-2]와 같이 File 메뉴의 Examples → Arduino_Tensor FlowLite 아래에 person_detection 예제가 표시된다.

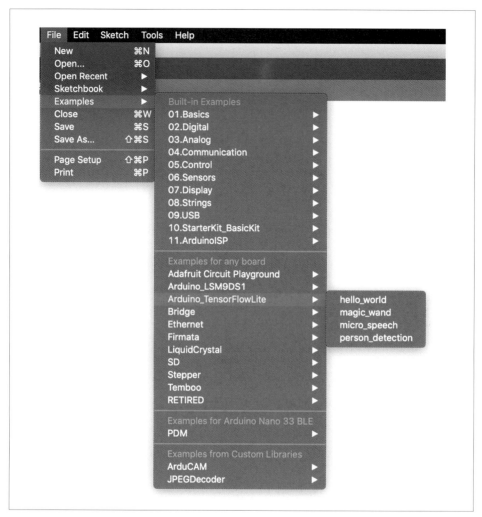

그림 9-2 예제 메뉴

person_detection을 클릭하여 예제를 로드한다. 각 소스 파일에 대한 탭이 있는 새 창이 나타난다. 첫 번째 탭인 person_detection의 파일은 앞에서 살펴본 main_functions.cc와 같다.

NOTE_ 6.2.2절에서 이미 아두이노 예제의 구조에 대해 설명했으므로 여기서는 다시 다루지 않는다.

텐서플로 라이브러리 외에도 다른 라이브러리를 두 가지 설치해야 한다.

- 코드와 하드웨어 인터페이스를 위한 Arducam 라이브러리
- JPEG 이미지를 디코딩하기 위한 JPEGDecoder 라이브러리

아두캠 아두이노 라이브러리는 깃허브(https://oreil.ly/93OKK)에서 받을 수 있다. 이를 설치하려면 저장소를 다운로드하거나 복제해야 한다. 그런 다음 ArduCAM 하위 디렉터리를 Arduino/libraries 디렉터리에 복사한다. 컴퓨터에서 라이브러리 디렉터리를 찾으려면 아두이노 IDE의 Preferences(환경 설정) 창에서 스케치북 위치를 확인한다.

라이브러리를 내려받은 후 파일 중 하나를 편집하여 아두캠 미니 2MP 플러스용으로 설정되어 있는지 확인한다. 먼저 Arduino/libraries/ArduCAM/memorysaver.h를 열자.

많은 #define 문이 나열되어 있을 것이다. 다음과 같이 #define OV2640_MINI_2MP_PLUS를 제외하고 모두 주석 처리되어 있는지 확인한다.

```
//Step 1: select the hardware platform, only one at a time
//#define OV2640_MINI_2MP
//#define OV3640_MINI_3MP
//#define OV5642_MINI_5MP
//#define OV5642_MINI_5MP_BIT_ROTATION_FIXED
#define OV2640_MINI_2MP_PLUS
//#define OV5642_MINI_5MP_PLUS
//#define OV5640_MINI_5MP_PLUS
```

파일을 저장하면 아두캠 라이브러리 설정이 완료된다.

> **TIP_** 예제는 아두캠 라이브러리 깃허브의 #e216049 커밋을 사용하여 개발됐다. 라이브러리에 문제가 발생하면 특정 커밋을 다운로드하여 동일한 코드를 사용하고 있는지 확인할 수 있다.

다음 단계는 JPEGDecoder 라이브러리를 설치하는 것이다. 아두이노 IDE 내에서 이 작업을 수행할 수 있다. Tools 메뉴에서 Manage Libraries(라이브러리 관리) 옵션을 선택하고 JPEGDecoder를 검색한다. 라이브러리 1.8.0 버전을 설치한다.

라이브러리를 설치한 후 아두이노 나노 33 BLE 센스와 호환되지 않는 일부 선택적 구성 요소

를 비활성화하도록 라이브러리를 설정한다. Arduino/libraries/JPEGDecoder/src/User_Config.h를 열고 다음과 같이 #define LOAD_SD_LIBRARY와 #define LOAD_SDFAT_LIBRARY가 모두 주석 처리되어 있는지 확인한다.

```
// JPEG를 저장하기 위해 SD 카드를 사용하지 않는 경우 다음 #define을 주석 처리한다.
// 주석 처리가 필수는 아니지만 플래시 메모리 공간을 절약할 수 있다.
// 참고: SdFat 사용은 현재 테스트되지 않았다!

//#define LOAD_SD_LIBRARY // 기본 SD 카드 라이브러리
//#define LOAD_SDFAT_LIBRARY // SdFat 라이브러리를 사용하고 SD 카드 SPI를 비활성화
```

파일을 저장하면 라이브러리 설치가 완료된다. 이제 인체 감지 애플리케이션을 실행할 준비가 됐다.

시작하려면 USB를 통해 아두이노 장치를 연결한다. [그림 9-3]과 같이 Tools 메뉴의 Board 드롭다운 목록에서 올바른 장치 유형을 선택했는지 확인한다.

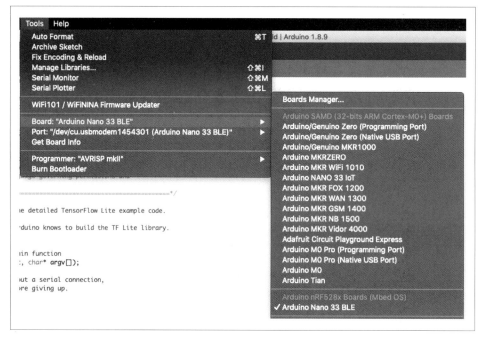

그림 9-3 Board 드롭다운 목록

장치 이름이 목록에 없으면 지원 패키지를 설치해야 한다. 먼저 Boards Manager를 클릭한다. 나타나는 창에서 장치를 검색하고 해당 지원 패키지의 최신 버전을 설치한다.

다음으로 [그림 9-4]와 같이 Tools 메뉴의 Port 드롭다운 목록에서 장치의 포트가 선택되어 있는지 확인한다.

그림 9-4 Port 드롭다운 목록

마지막으로 아두이노 창에서 업로드 버튼을 클릭하여 코드를 컴파일하고 아두이노 장치에 업로드한다.

그림 9-5 업로드 버튼

업로드가 완료되면 프로그램이 실행된다.

테스트하려면 기기의 카메라를 사람이 아닌 물체로 향하게 하거나 렌즈를 가리는 것으로 시작한다. 그다음에 파란색 LED가 깜박이면 장치가 카메라가 프레임을 캡처하여 추론을 시작한다. 인체 감지에 사용하는 비전 모델은 상대적으로 크기 때문에 추론하는 데 약 19초가 걸리지만 이 책이 출간된 이후 텐서플로 라이트가 더 빨라졌을 수도 있다.

추론이 완료되면 다른 LED도 켜진 상태가 된다. 카메라가 찍은 이미지에 사람이 없으면 빨간색 LED가 켜진다.

이제 기기의 카메라로 자신의 얼굴을 찍어보자. 파란색 LED가 깜박이면 장치가 다른 이미지를 캡처하고 추론을 시작한다. 약 19초 후에 초록색 LED가 켜질 것이다.

이미지 데이터는 각 추론 전에 파란색 LED가 깜박일 때마다 캡처된다. 그 순간 카메라가 보는 이미지가 모델에 공급되는 것이다. 다음에 이미지를 캡처할 때까지, 즉 파란색 LED가 다시 깜박일 때까지 카메라가 보는 화각은 출력에 영향을 주지 않는다.

잘못된 결과가 나오면 조명이 좋은 환경에 있는지 확인한다. 또한 카메라의 방향이 올바른지 확인한다(핀이 아래쪽을 향해야 한다). 모델은 거꾸로 뒤집힌 사람 얼굴을 인식하도록 훈련되지 않았기 때문에 캡처한 이미지가 올바른 방향이어야 한다. 이 모델은 임베디드용의 작은 모델이므로 정확도가 떨어지는 편이라는 점을 기억하자. 그럭저럭 잘 작동하지만 100% 정확하지는 않다.

아두이노의 시리얼 모니터를 통해 추론 결과를 볼 수도 있다. Tools 메뉴에서 Serial Monitor를 연다. 애플리케이션이 실행되는 동안 발생하는 상황을 보여주는 자세한 로그가 표시된다. Show timestamp(타임스탬프 표시) 박스를 체크하면 각 프로세스의 시간이 얼마나 걸리는지 확인할 수도 있다.

```
14:17:50.714 -> Starting capture
14:17:50.714 -> Image captured
14:17:50.784 -> Reading 3080 bytes from ArduCAM
14:17:50.887 -> Finished reading
14:17:50.887 -> Decoding JPEG and converting to greyscale
14:17:51.074 -> Image decoded and processed
14:18:09.710 -> Person score: 246 No person score: 66
```

이 로그로부터 카메라 모듈의 이미지 데이터를 캡처하고 읽는 데 약 170ms, JPEG를 디코딩하고 그레이스케일로 변환하는 데 180ms, 추론을 실행하는 데 18.6초가 걸린다는 것을 알 수 있다.

9.5.1.5 커스텀 버전 만들기

이제 애플리케이션을 배포했으므로 코드를 가지고 놀아보자. 아두이노 IDE에서 소스 파일을 편집할 수 있다. 저장하면 예제를 새 위치에 다시 저장하라는 메시지가 표시된다. 변경한 후에 아두이노 IDE에서 업로드 버튼을 클릭하면 빌드와 배포를 진행할 수 있다. 시도해볼 수 있는 몇 가지 실험은 다음과 같다.

- '사람'과 '사람 없음' 점수 사이에 큰 차이가 없는 모호한 입력을 무시하도록 감지 응답기를 수정한다.

- 인체 감지 결과를 사용하여 외부 LED나 서보 모터 등을 제어한다.

- 사람을 포함하는 이미지만 저장하거나 전송하는 스마트 보안 카메라를 만들어본다.

9.5.2 스파크펀 에지

스파크펀 에지 보드는 저전력 소비에 최적화되어 있다. 저전력 카메라 모듈과 함께 사용하면 배터리 전원으로 구동할 수 있는 비전 애플리케이션을 구축하기 위한 이상적인 플랫폼이 된다. 보드의 리본 케이블 어댑터를 통해 카메라 모듈을 쉽게 연결할 수도 있다.

9.5.2.1 구입해야 하는 카메라 모듈

예제에서는 스파크펀의 하이맥스^{Himax} HM01B0 브레이크 아웃 카메라 모듈을 사용한다. 초당 30프레임(FPS)으로 캡처할 때 2mW 미만의 매우 적은 양의 전력을 소비하는 320×320 픽셀 이미지 센서를 기반으로 하는 카메라 모듈이다.

9.5.2.2 스파크펀 에지로 이미지 얻기

하이맥스 HM01B0 카메라 모듈로 이미지 캡처를 시작하려면 먼저 카메라를 초기화해야 한다. 이 작업이 끝나면 새 이미지가 필요할 때마다 카메라에서 프레임을 읽을 수 있다. 프레임은 카메라가 현재 볼 수 있는 이미지를 나타내는 바이트 배열이다.

카메라 작업에는 빌드 프로세스의 일부로 다운로드되는 Ambiq Apollo3 SDK와 sparkfun_edge/himax_driver에 있는 HM01B0 드라이버가 많이 사용된다.

이미지 추출기는 sparkfun_edge/image_provider.cc에 구현되어 있다. 스파크펀 에지 보드와 하이맥스 카메라 모듈에만 특화된 코드이므로 자세한 내용은 설명하지 않을 것이다. 그 대신 전체적인 동작을 고수준에서 단계별로 살펴보겠다.

GetImage() 함수는 이미지 추출기와 외부 세계의 인터페이스다. 이미지 데이터 프레임을 얻기 위해 애플리케이션의 메인 루프에서 호출된다. 처음 호출되면 다음과 같이 InitCamera() 함수를 통해 카메라를 초기화한다.

```
// 단일 프레임을 캡처한다. 메모리 사용량을 줄이기 위해 프레임 포인터를 인수로 전달한다.
// 덕분에 사본을 추가로 만들 필요 없이 입력 텐서를 사용할 수 있다.
TfLiteStatus GetImage(tflite::ErrorReporter* error_reporter, int frame_width,
                      int frame_height, int channels, uint8_t* frame) {
  if (!g_is_camera_initialized) {
    TfLiteStatus init_status = InitCamera(error_reporter);
    if (init_status != kTfLiteOk) {
      am_hal_gpio_output_set(AM_BSP_GPIO_LED_RED);
      return init_status;
    }
}
```

InitCamera()가 kTfLiteOk 상태 이외의 것을 반환하면 am_hal_gpio_output_set(AM_BSP_GPIO_LED_RED) 코드를 통해 보드의 빨간색 LED를 켜서 문제를 나타낸다. 이를 통해 디버깅을 위한 단서를 얻을 수 있다.

InitCamera() 함수는 image_provider.cc에 추가로 정의되어 있다. 장치별로 매우 다르므로 상세 구현은 다루지 않으며 자신의 코드에서 사용하려면 복사하여 붙여 넣기만 하면 된다.

InitCamera() 함수 내에서는 카메라 모듈과 통신할 수 있도록 마이크로컨트롤러의 입력 및 출력을 구성하기 위해 많은 Apollo3 SDK 함수를 호출한다. 또한 카메라가 새 이미지 데이터를 전송하는 데 사용하는 메커니즘인 인터럽트를 활성화하고, 카메라 드라이버를 사용하여 카메라를 켜고 지속적으로 이미지 캡처를 시작하도록 설정한다.

카메라 모듈에는 자동 노출 기능이 있어 프레임을 캡처할 때 노출 설정을 자동으로 보정한다. GetImage() 함수의 다음 부분에서는 추론을 시도하기 전에 노출 설정을 보정하기 위해 카메라 드라이버의 hm01b0_blocking_read_oneframe_scaled() 함수를 사용하여 여러 프레임을 캡처한다. 캡처된 데이터는 아무것도 하지 않으며 카메라 모듈의 자동 노출 기능을 위해서만 쓰인다.

```
    // 자동 노출이 보정될 때까지 몇 프레임을 떨어뜨린다.
    for (int i = 0; i < kFramesToInitialize; ++i) {
      hm01b0_blocking_read_oneframe_scaled(frame, frame_width, frame_height,
                                           channels);
    }
    g_is_camera_initialized = true;
  }
```

나머지 GetImage() 함수는 매우 간단하다. 이미지를 캡처하기 위해 hm01b0_blocking_read_ oneframe_scaled()를 호출하는 정도가 전부다.

```
  hm01b0_blocking_read_oneframe_scaled(frame, frame_width, frame_height,
                                       channels);
```

애플리케이션의 메인 루프 중에 GetImage()가 호출되면 frame 변수는 입력 텐서에 대한 포인터이므로 카메라 드라이버는 입력 텐서에 할당된 메모리 영역에 직접 데이터를 쓴다. 또한 원하는 너비, 높이, 채널 수를 지정한다.

이 구현을 통해 카메라 모듈에서 이미지 데이터를 캡처할 수 있다. 다음으로 장치가 모델의 출력에 어떻게 응답하는지 살펴보자.

9.5.2.3 스파크펀 에지의 감지 응답

감지 응답기의 구현은 호출어 감지 프로젝트의 명령 응답기와 매우 유사하다. 추론이 실행될 때마다 장치의 파란색 LED를 토글한다. 사람이 감지되면 초록색 LED를 켜고 사람이 감지되지 않으면 노란색 LED를 켠다.

구현은 sparkfun_edge/detection_responder.cc에 있다. 빠르게 살펴보자.

RespondToDetection() 함수는 '사람' 카테고리에 대한 점수와 '사람 없음' 카테고리에 대한 점수를 둘 다 받는다. 처음 호출될 때 출력을 위해 파란색, 초록색, 노란색 LED를 출력으로 설정한다.

```
  void RespondToDetection(tflite::ErrorReporter* error_reporter,
                          uint8_t person_score, uint8_t no_person_score) {
    static bool is_initialized = false;
```

```
  if (!is_initialized) {
      // 출력으로 LED를 설정한다. 빨간색 LED는
      // image_provider의 sparkfun_edge에 대한 오류 표시기이므로 남겨둔다.
      am_hal_gpio_pinconfig(AM_BSP_GPIO_LED_BLUE, g_AM_HAL_GPIO_OUTPUT_12);
      am_hal_gpio_pinconfig(AM_BSP_GPIO_LED_GREEN, g_AM_HAL_GPIO_OUTPUT_12);
      am_hal_gpio_pinconfig(AM_BSP_GPIO_LED_YELLOW, g_AM_HAL_GPIO_OUTPUT_12);
      is_initialized = true;
  }
```

추론 1회마다 함수를 한 번씩 호출하므로 다음 코드는 각 추론마다 파란색 LED를 토글한다.

```
  // 추론이 수행될 때마다 파란색 LED를 토글한다.
  static int count = 0;
  if (++count & 1) {
      am_hal_gpio_output_set(AM_BSP_GPIO_LED_BLUE);
  } else {
      am_hal_gpio_output_clear(AM_BSP_GPIO_LED_BLUE);
  }
```

마지막으로 사람이 감지되면 초록색 LED를 켜고 그렇지 않으면 파란색 LED를 켠다. 또한
ErrorReporter 인스턴스를 사용하여 점수를 기록한다.

```
  am_hal_gpio_output_clear(AM_BSP_GPIO_LED_YELLOW);
  am_hal_gpio_output_clear(AM_BSP_GPIO_LED_GREEN);
  if (person_score > no_person_score) {
      am_hal_gpio_output_set(AM_BSP_GPIO_LED_GREEN);
  } else {
      am_hal_gpio_output_set(AM_BSP_GPIO_LED_YELLOW);
  }

  error_reporter->Report("person score:%d no person score %d", person_score,
                          no_person_score);
```

여기까지다. 함수의 핵심은 기본 if 문이며 유사한 논리를 사용해서 다른 유형의 출력을 쉽게
제어할 수 있다. 복잡한 시각적 입력이 '사람' 또는 '사람 없음'이라는 단일 부울 값 출력으로 변
환된다는 점이 다시금 놀랍게 느껴지지 않는가?

9.5.2.4 예제 실행하기

지금까지 스파크펀 에지 버전 구현의 작동 방식을 살펴봤다. 이제 실제로 실행할 차례다.

코드를 빌드하고 배포하려면 다음과 같은 도구가 필요하다.

- 하이맥스 HM01B0 확장 보드가 장착된 스파크펀 에지 보드
- USB 프로그래머: 마이크로-B USB(https://oreil.ly/A6oDw) 및 USB-C(https://oreil.ly/3REjg) 용 스파크펀 시리얼 확장 보드 권장
- 일치하는 USB 케이블
- 파이썬 3과 일부 종속성

터미널에서 텐서플로 저장소를 복제하고 해당 디렉터리로 진입한다.

```
git clone https://github.com/tensorflow/tensorflow.git
cd tensorflow
```

다음으로 바이너리를 빌드하고 장치로 다운로드할 수 있도록 몇 가지 명령을 실행한다. 타이핑이 힘들다면 README.md에서 명령을 복사하여 붙여 넣을 수 있다.

바이너리 빌드

다음 명령은 필요한 모든 종속성을 다운로드한 다음 스파크펀 에지용 바이너리를 컴파일한다.

```
make -f tensorflow/lite/micro/tools/make/Makefile \
    TARGET=sparkfun_edge person_detection_bin
```

바이너리는 다음 위치에 .bin 파일로 생성된다.

```
tensorflow/lite/micro/tools/make/gen/
  sparkfun_edge_cortex-m4/bin/person_detection.bin
```

파일이 존재하는지 확인하려면 다음 명령을 사용한다.

```
test -f tensorflow/lite/micro/tools/make/gen \
  /sparkfun_edge_cortex-m4/bin/person_detection.bin \
  &&  echo "Binary was successfully created" || echo "Binary is missing"
```

해당 명령을 실행하면 바이너리가 콘솔에 성공적으로 생성되어 표시된다.

바이너리가 누락됐다면 빌드 프로세스에 문제가 있는 것이다. make 명령의 출력을 살펴보며 무엇이 잘못됐는지 단서를 찾아보자.

바이너리 서명

바이너리를 장치에 배포하려면 암호화 키로 서명해야 한다. 이제 바이너리를 서명하는 몇 가지 명령을 실행하여 스파크펀 에지에 플래시해보자. 여기에 사용된 스크립트는 Ambiq SDK에서 제공되며 Makefile이 실행될 때 다운로드된다.

개발에 사용할 수 있는 더미 암호화 키를 설정하려면 다음 명령을 입력한다.

```
cp tensorflow/lite/micro/tools/make/downloads/AmbiqSuite-Rel2.0.0 \
  /tools/apollo3_scripts/keys_info0.py \
tensorflow/lite/micro/tools/make/downloads/AmbiqSuite-Rel2.0.0 \
  /tools/apollo3_scripts/keys_info.py
```

그리고 다음 명령을 실행하여 서명된 바이너리를 생성하자. 필요하다면 python3을 python으로 대체한다.

```
python3 tensorflow/lite/micro/tools/make/downloads/ \
  AmbiqSuite-Rel2.0.0/tools/apollo3_scripts/create_cust_image_blob.py \
  --bin tensorflow/lite/micro/tools/make/gen/ \
  sparkfun_edge_cortex-m4/bin/person_detection.bin \
  --load-address 0xC000 \
  --magic-num 0xCB \
  -o main_nonsecure_ota \
  --version 0x0
```

main_nonsecure_ota.bin 파일이 생성될 것이다. 이제 다음 명령을 실행하여 장치를 플래시 하는 데 사용할 수 있는 파일의 최종 버전을 생성한다.

```
python3 tensorflow/lite/micro/tools/make/downloads/ \
  AmbiqSuite-Rel2.0.0/tools/apollo3_scripts/create_cust_wireupdate_blob.py \
  --load-address 0x20000 \
  --bin main_nonsecure_ota.bin \
  -i 6 \
  -o main_nonsecure_wire \
  --options 0x1
```

이제 명령을 실행한 디렉터리에 main_nonsecure_wire.bin이라는 파일이 생성됐을 것이다. 이 파일을 장치에 플래시할 것이다.

바이너리 플래시

스파크펀 에지는 현재 실행 중인 프로그램을 1MB의 플래시 메모리에 저장한다. 보드에서 새 프로그램을 실행하려면 새 프로그램을 보드로 보내야 한다. 보드를 플래시 메모리에 저장하면 이전에 저장된 모든 프로그램을 덮어 쓰게 된다.

이 책의 앞부분에서 언급했듯 이 과정을 플래싱이라 부른다.

프로그래머를 보드에 연결

보드에 새 프로그램을 다운로드하려면 스파크펀 USB-C 시리얼 베이직 프로그래머를 사용해야 한다. 이 장치를 사용하면 컴퓨터가 USB를 통해 마이크로컨트롤러와 통신할 수 있다. 장치를 보드에 연결하는 순서는 다음과 같다.

1. 스파크펀 에지의 측면에 있는 6핀 헤더를 찾는다.
2. 스파크펀 USB-C 시리얼 베이직을 이 핀에 꽂으면 [그림 9-6]과 같이 각 장치에서 BLK 및 GRN으로 표시된 핀이 올바르게 정렬된다.

그림 9-6 스파크펀 에지와 USB-C 시리얼 베이직 연결하기(사진: 스파크펀 제공)

프로그래머를 컴퓨터에 연결

다음으로 USB를 통해 보드를 컴퓨터에 연결한다. 보드를 프로그래밍하려면 컴퓨터가 장치에 부여한 이름을 결정해야 한다. 이를 위한 가장 좋은 방법은 보드를 연결하기 전에 장치 목록을 확인한 다음 보드를 연결한 후 목록에 나타나는 새로운 장치를 확인하는 것이다.

> **WARNING_** 프로그래머의 운영체제 기본 드라이버에 문제가 있는 경우도 확인된 바가 있기 때문에 계속하기 전에 드라이버를 설치하는 것이 좋다.

USB로 장치를 연결하기 전에 다음 명령을 실행한다.

```
# 맥OS:
ls /dev/cu*

# 리눅스:
ls /dev/tty*
```

다음과 같이 연결된 장치 목록이 출력된다.

```
/dev/cu.Bluetooth-Incoming-Port
/dev/cu.MALS
/dev/cu.SOC
```

이제 프로그래머를 컴퓨터 USB 포트에 연결하고 다음 명령을 다시 실행한다.

```
# 맥OS:
ls /dev/cu*

# 리눅스:
ls /dev/tty*
```

다음 예와 같이 새로운 항목이 출력에 추가되어야 한다. 새 항목의 이름이 다를 수도 있다. 여기에 나타나는 이름이 새로운 장치의 이름이다.

```
/dev/cu.Bluetooth-Incoming-Port
/dev/cu.MALS
/dev/cu.SOC
/dev/cu.wchusbserial-1450
```

이 이름은 장치를 나타내는 데 사용된다. 그러나 프로그래머가 어느 USB 포트 연결되는지에 따라 이름이 변경될 수 있으므로 컴퓨터에서 보드를 분리했다가 다시 연결하면 장치 이름을 다시 찾아야 할 수도 있다.

> **TIP_** 목록에 새로운 장치가 두 개 나타나는 사례도 일부 발견됐다. 두 개의 장치가 표시될 경우 둘 중 올바른 장치는 wch로 시작하는 장치인 것으로 확인됐다. 이를테면 '/dev/wchusbserial-14410'을 선택하면 된다.

장치 이름을 식별한 후 나중에 사용할 수 있도록 셸 변수에 넣는다.

```
export DEVICENAME=<your device name here>
```

이 변수는 프로세스 후반에 장치 이름이 필요한 명령을 실행할 때 사용 가능하다.

스크립트를 실행하여 보드를 플래시

보드를 플래싱해서 새로운 바이너리를 받게 만들기 위해서는 보드를 특수한 부트로더 상태로 만들어야 한다. 그런 다음 스크립트를 실행하면 바이너리를 보드로 보낼 수 있다.

먼저 환경 변수를 생성하여 전송 속도를 지정한다.이 속도는 데이터가 장치로 전송되는 속도다.

```
export BAUD_RATE=921600
```

이제 다음 명령을 터미널에 붙여 넣는다. 그러나 아직 엔터 키를 누르지는 말자. 명령의 ${DEVICENAME}이나 ${BAUD_RATE}를 앞에서 설정한 값으로 바꾸어야 한다. 필요하다면 python3을 python으로 대체한다.

```
python3 tensorflow/lite/micro/tools/make/downloads/ \
   AmbiqSuite-Rel2.0.0/tools/apollo3_scripts/uart_wired_update.py -b \
   ${BAUD_RATE} ${DEVICENAME} -r 1 -f main_nonsecure_wire.bin -i 6
```

다음으로 보드를 부트로더 상태로 다시 설정하고 보드를 플래시한다. 보드에서 [그림 9-7]과 같이 RST 버튼과 14 버튼을 찾는다.

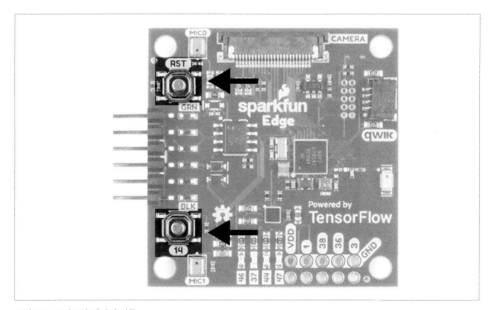

그림 9-7 스파크펀 에지의 버튼

다음 단계를 수행한다.

1. 보드가 프로그래머에 연결되어 있고 모든 것이 USB로 컴퓨터에 연결되어 있는지 확인한다.

2. 보드의 14 버튼을 길게 누르고 그 상태를 유지한다.

3. 14 버튼을 계속 누른 상태에서 RST 표시된 버튼을 눌러 보드를 리셋한다.

4. 컴퓨터에서 엔터 키를 눌러 스크립트를 실행한다. 계속 14 버튼을 누른 상태를 유지한다.

이제 화면에 다음과 같은 출력이 나타날 것이다.

```
Connecting with Corvette over serial port /dev/cu.usbserial-1440...
Sending Hello.
Received response for Hello
Received Status
length =  0x58
version =  0x3
Max Storage =  0x4ffa0
Status =  0x2
State =  0x7
AMInfo =
0x1
0xff2da3ff
0x55fff
0x1
0x49f40003
0xffffffff
[...lots more 0xffffffff...]
Sending OTA Descriptor =  0xfe000
Sending Update Command.
number of updates needed =  1
Sending block of size  0x158b0  from  0x0  to  0x158b0
Sending Data Packet of length  8180
Sending Data Packet of length  8180
[...lots more Sending Data Packet of length  8180...]
```

`Sending Data Packet of length  8180` 메시지가 나타날 때까지 14 버튼을 누른 상태를 유지해야 하며 해당 메시지가 나타나면 버튼에서 손을 떼어도 된다(계속 누르고 있어도 문제는 없다). 프로그램은 터미널에서 계속 출력을 쏟아내고 마지막에는 다음과 같은 내용이 나타날 것이다.

```
[...lots more Sending Data Packet of length  8180...]
Sending Data Packet of length  8180
Sending Data Packet of length  6440
Sending Reset Command.
Done.
```

이로써 플래싱이 성공적으로 끝났다.

> **TIP_** 프로그램 출력에 오류가 발생하면 'Sending Reset Command.' 메시지가 출력됐는지 확인하자. 이
> 메시지가 나타났다면 오류에도 불구하고 플래싱이 성공적으로 끝났을 가능성이 있다. 그렇지 않으면 플래
> 싱이 실패했다는 의미이므로 다시 시도해보자(환경 변수 설정은 건너뛰어도 된다).

9.5.2.5 프로그램 테스트

프로그램이 실행 중인지 확인하려면 RST 버튼을 누른다.

프로그램이 실행 중일 때 추론마다 파란색 LED가 켜지고 꺼진다. 인체 감지에 사용하는 비전
모델은 상대적으로 크기 때문에 추론을 실행하는 시간이 총 6초 정도로 오래 걸린다.

먼저 장치의 카메라를 사람이 아닌 물체로 향하거나 렌즈를 가리는 것으로 시작하자. 파란색
LED가 토글되면 장치는 카메라에서 프레임을 캡처하고 추론을 시작한다. 6초 정도 지나면 추
론 결과에 해당하는 LED가 켜질 것이다. 카메라가 사람이 아닌 것을 가리키면 주황색 LED가
켜져야 한다.

다음으로 장치의 카메라로 자신의 얼굴을 찍어보자. 파란색 LED가 토글되면서 장치는 다음 프
레임을 캡처하고 추론을 시작한다. 이번에는 초록색 LED가 켜질 것이다.

이미지 데이터는 각 추론 전에 파란색 LED가 깜박일 때마다 캡처된다. 그 순간 카메라가 보는
이미지가 모델에 공급되는 것이다. 다음에 이미지를 캡처할 때까지, 즉 파란색 LED가 다시 깜
박일 때까지 카메라가 보는 화각은 출력에 영향을 주지 않는다.

잘못된 결과가 나오면 조명이 좋은 환경에 있는지 확인한다. 이 모델은 임베디드용의 작은 모델
이므로 정확도가 떨어지는 편이라는 점을 기억하자. 그럭저럭 잘 작동하지만 100% 정확하지
는 않다.

9.5.2.6 디버깅 데이터 보기

프로그램은 또한 탐지 결과를 시리얼 포트로 기록한다. 이 데이터를 보려면 보 레이트를 115200으로 설정하고 보드의 시리얼 포트 출력을 모니터링하면 된다. 이를 위한 맥OS, 리눅스 명령은 다음과 같다.

```
screen ${DEVICENAME} 115200
```

처음에는 다음과 같은 출력이 표시될 것이다.

```
Apollo3 Burst Mode is Available
                          Apollo3 operating in Burst Mode (96MHz)
```

프레임을 캡처하고 추론을 실행하면서 보드가 디버그 정보를 출력하는 것을 볼 수 있다.

```
Person score: 130 No person score: 204
Person score: 220 No person score: 87
```

화면에서 디버그 출력 보기를 중지하려면 [Ctrl]+[A]를 누른 다음 곧바로 [K] 키를 누르고 [Y] 키를 누른다.

9.5.2.7 커스텀 버전 만들기

기본 애플리케이션을 배포했으니 이를 변경하고 자신만의 버전을 만들 수 있다. 애플리케이션의 코드는 tensorflow/lite/micro/examples/person_detection 폴더에서 찾을 수 있다. 수정하고 저장한 다음 앞의 절차를 반복하여 수정된 코드를 장치에 배포해보자.

자신만의 버전을 만들면서 다음과 같은 변화를 시도할 수 있을 것이다.

- '사람'과 '사람 없음'의 점수 사이에 큰 차이가 없는 모호한 입력을 무시하도록 감지 응답기를 수정한다.
- 인체 감지 결과를 사용하여 외부 LED 또는 서보 모터 등을 제어한다.
- 사람을 포함하는 이미지만 저장하거나 전송하는 스마트 보안 카메라를 만들어본다.

9.6 마치며

이 장에서 사용한 비전 모델은 놀랍다. 원시적이고 지저분한 입력을 받으면서도 전처리가 필요하지 않으며 '사람' 또는 '사람 없음'의 간결하고 아름다운 출력을 제공한다. 노이즈 속에서 정보를 필터링하여 관심 있는 신호만 남기는 이것이 바로 머신러닝의 마술이다. 개발자는 이러한 신호를 사용하여 사용자에게 놀라운 경험을 제공할 수 있다.

머신러닝 애플리케이션을 구축할 때는 이미 작업을 수행하는 데 필요한 지식이 포함된 사전에 훈련된 모델을 사용하는 것이 일반적이다. 모델은 코드 라이브러리처럼 특정 기능을 캡슐화하며 프로젝트 간에 공유할 수 있다. 자신의 작업에 적합한 모델을 외부에서 찾아서 평가한 후 사용하는 경우도 많다.

10장에서는 인체 감지 모델의 작동 방식을 살펴본다. 또한 다양한 유형의 물체를 발견하기 위해 자신만의 비전 인식 모델을 훈련시키는 방법도 다룬다.

## CHAPTER 10

인체 감지: 모델 훈련하기

9장에서는 이미지에서 사람을 인식하기 위해 미리 훈련한 모델을 배포하는 방법을 살펴봤으나 모델이 어떻게 생성됐는지는 설명하지 않았다. 이 장에서는 자신만의 모델을 훈련하는 방법과 이를 수행하는 과정을 살펴보도록 하자.

10.1 연산 환경 선택

이미지 모델을 훈련하려면 이전 예보다 훨씬 많은 컴퓨팅 성능이 필요하다. 합리적인 시간 내에 훈련을 완료하려면 고급 그래픽 처리 장치(GPU)가 장착된 기기를 사용해야 한다. 많은 훈련을 수행할 것으로 예상되지 않는 한 기기를 직접 구매하기보다는 클라우드 인스턴스를 임대하여 시작하는 것이 좋다. 안타깝게도 이전 장에서 작은 모델에 사용했던 구글의 무료 코랩 서비스는 이번 장에 적합하지 않으므로 유료 서비스를 사용해야 한다. 훌륭한 클라우드 제공 업체가 많지만 우리에게 친숙한 구글 클라우드 플랫폼을 사용하도록 하자. 이미 AWS(아마존 웹 서비스)나 마이크로소프트 애저Azure를 사용 중이라면 텐서플로 머신 설정을 위한 해당 업체의 튜토리얼을 따라 설정한다.

10.2 구글 클라우드 플랫폼 인스턴스 설정

구글 클라우드 플랫폼은 미리 설치된 텐서플로 및 엔비디아 드라이버와 주피터 노트북 웹 인터페이스를 지원하는 가상 머신을 대여할 수 있어 매우 편리하다. 그러나 이를 설정하는 과정은 약간 복잡하다. 2019년 9월 기준으로 머신을 생성하기 위해 수행해야 하는 단계는 다음과 같다.

1. console.cloud.google.com에 로그인한다. 아직 구글 계정이 없는 경우 구글 계정을 만들어야 하며 생성한 인스턴스에 결제 정보를 입력해 청구 정보를 설정한다. 아직 프로젝트가 없으면 프로젝트 또한 만들어야 한다.

2. 화면 왼쪽 상단에서 햄버거 메뉴(그림 10-1에 표시된 것처럼 아이콘으로 수평선 세 개가 있는 기본 메뉴)를 열고 ARTIFICIAL INTELLIGENCE 섹션을 찾을 때까지 아래로 스크롤한다.

3. [그림 10-1]과 같이 AI Platform → Notebooks를 선택한다.

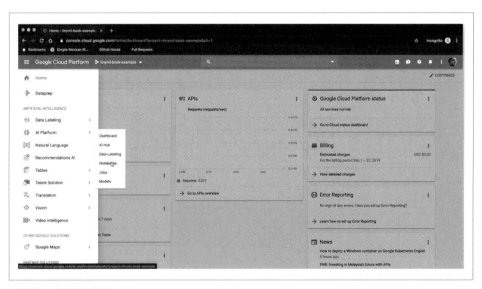

그림 10-1 AI 플랫폼 메뉴

4. [그림 10-2]에 표시된 것처럼 계속 진행하려면 Compute Engine API를 활성화하라는 메시지가 표시될 수 있다. 활성화 승인을 누른다. 이 과정은 몇 분 정도 걸린다.

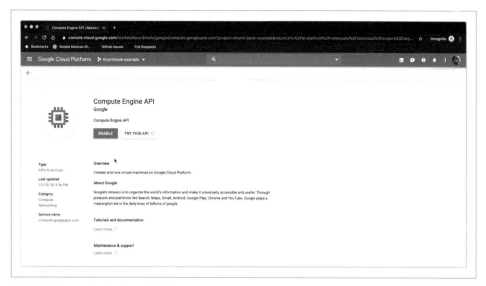

그림 10-2 Compute Engine API 화면

5. Notebook instances 화면이 열리면 상단의 메뉴 모음에서 NEW INSTANCE를 선택한다. 하위 메뉴가 열리면 [그림 10-3]에 표시된 대로 Customize instance를 선택한다.

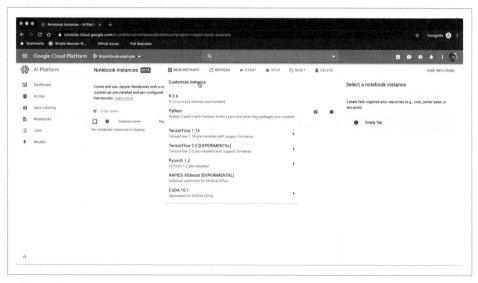

그림 10-3 인스턴스 생성 메뉴

6. New notebook instance 페이지의 instance name 상자에 [그림 10-4]와 같이 시스템 이름을 지정한 다음 아래로 스크롤하여 환경 설정을 진행한다.

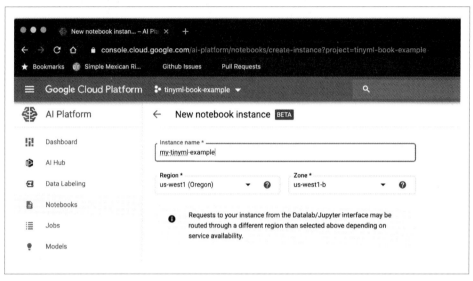

그림 10-4 이름 설정 인터페이스

7. 2019년 9월 기준으로 텐서플로 버전은 1.14다. 이 책을 읽는 시점에는 권장 버전이 2.0 이상일 수 있다. 호환성에 문제가 있을 수 있으므로 1.14나 1.x 버전을 선택해 시작하는 것을 권장한다.

8. Machine configuration에서 [그림 10-5]에 표시된 대로 최소 네 개의 CPU와 15GB의 RAM을 선택한다.

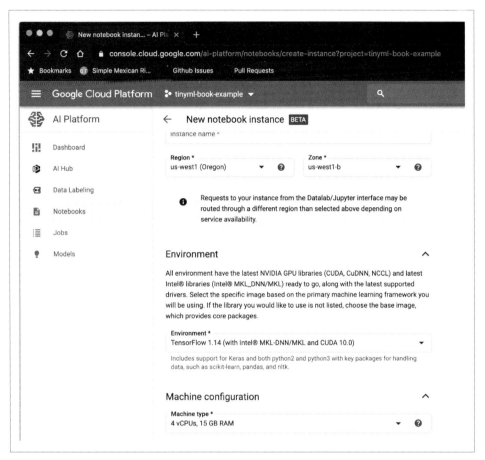

그림 10-5 CPU 및 버전 인터페이스

9. GPU 선택에 따라 훈련 속도가 가장 크게 달라지는데 동일한 하드웨어를 모든 지역^{region}에서 제공하지 않으므로 선택이 어려울 수 있다. 현재 us-west1(오리건)지역의 us-west-1b가 고급 GPU를 사용할 수 있는 옵션을 제공하므로 이를 선택하자. 가격이 궁금하면 구글 클라우드 플랫폼의 가격 계산기(https://oreil.ly/t2XO0)를 사용한다. 이번 예시에서는 [그림 10-6]에 설명된 대로 NVIDIA Tesla V100 GPU를 선택해 진행해보자. 한 달에 1300달러가 들지만 대략 하루 정도면 인체 감지 모델 훈련이 가능하므로 모델 훈련에 약 45달러가 든다.

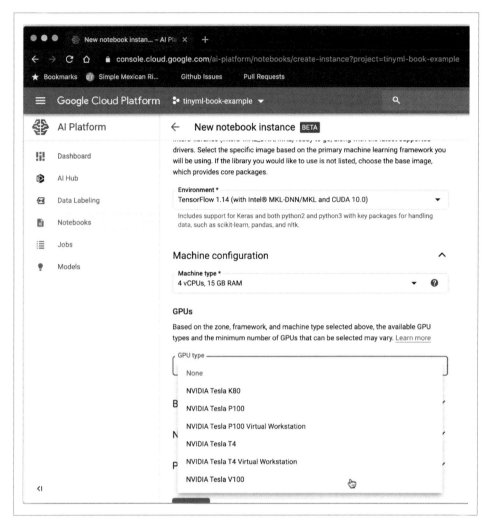

그림 10-6 GPU 선택 인터페이스

TIP_ 클라우드 기반의 고급 컴퓨터는 실행 비용이 비싸기 때문에 훈련에 사용하지 않을 때는 인스턴스를 중지해야 한다. 그렇지 않으면 사용하지 않는 유휴 자원에도 비용이 청구된다.

10. GPU 드라이버를 자동으로 설치하기 위해 [그림 10-7]처럼 체크박스를 선택한다.

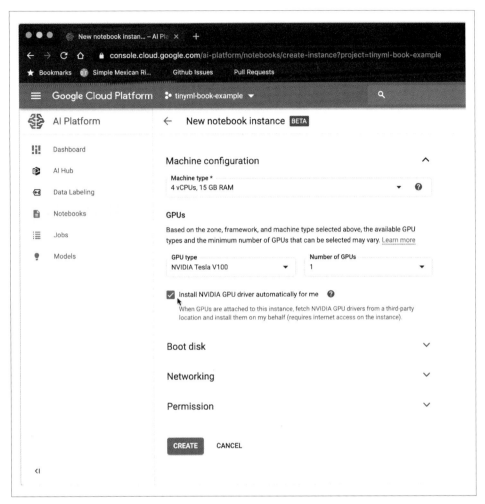

그림 10-7 GPU 드라이버 인터페이스

11. 이 인스턴스에 데이터셋을 다운로드할 예정이므로 부팅 디스크를 기본 100GB보다 약간 크게 만드는 것이 좋다. 그림 [10-8]처럼 500GB 정도 할당해보자.

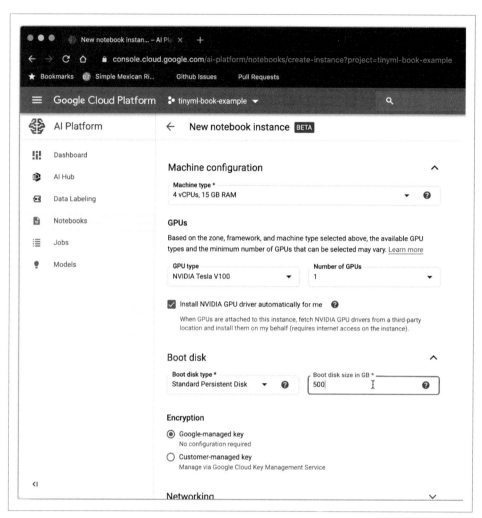

그림 10-8 부팅 디스크 크기 늘리기

12. 모든 옵션을 설정했으면 페이지 하단의 [CREATE] 버튼을 클릭하여 Notebook
    instances 화면으로 돌아간다. 인스턴스 목록에 앞에서 설정한 이름으로 새 인스턴
    스가 있어야 한다. 인스턴스가 설정되는 몇 분 동안은 기다려야 하며 완료되면 [그림
    10-9]와 같이 OPEN JUPYTERLAB 링크를 클릭한다.

그림 10-9 인스턴스 화면

13. [그림 10-10]을 참조하여 Python 3 노트북 생성을 클릭한다.

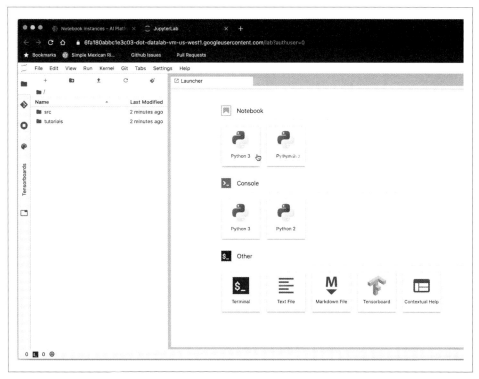

그림 10-10 노트북 선택 화면

그러면 주피터 노트북이 인스턴스에 연결된다. 주피터 노트북에 익숙하지 않다면 이번 기회에 써보는 것도 좋다. 주피터 노트북은 멋진 웹 인터페이스상에서 파이썬을 실행하고 코드와 함께 출력 결과를 저장하여 다른 사람들과 쉽게 공유하는 기능을 제공한다. 코드를 실행하려면 오른쪽 패널에서 print("Hello World!")를 입력한 다음 [Shift]+[Return](혹은 [Shift]+[Enter])을 누른다. [그림 10-11]과 같이 바로 아래에 'Hello World!'가 출력된다. 출력이 확인된다면 인스턴스가 제대로 설정된 것이다. 이 노트북을 튜토리얼의 나머지 명령을 입력하는 개발 환경으로 쓰도록 하자.

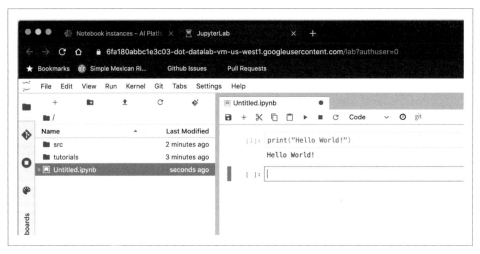

그림 10-11 hello world 예제

이후에 나올 커맨드는 주피터 노트북에서 실행 중이라고 가정하므로 !(느낌표)로 시작한다. !는 파이썬이 아닌 셸 커맨드로 실행되어야 함을 나타낸다. 터미널에서 직접 실행 중인 경우 (예: 인스턴스와 통신하기 위해 Secure Shell 연결을 연 후)에는 !를 제거한다.

10.3 훈련 프레임워크 선택

케라스는 텐서플로 모델 구축을 위해 권장하는 인터페이스지만 아직 인체 감지 모델에 필요한 모든 기능을 지원하지는 않는다. 따라서 기존 인터페이스인 tf.slim을 사용하여 모델을 훈련하는 방법을 살펴보겠다. 아직은 널리 사용되고 있지만 더 높은 버전의 텐서플로에서는 이 방법을 지원하지 않을 가능성이 있다. 케라스에서 지원할 경우 온라인으로 게시할 예정이므로 tinymlbook.com/persondetector에서 업데이트를 확인바란다.

Slim 모델은 텐서플로 모델 저장소(https://oreil.ly/iamdB)에 정의되어 있으니 깃허브를 통해 다운로드하자.

```
! cd ~
! git clone https://github.com/tensorflow/models.git
```

> **NOTE_** 이어지는 가이드에서는 별도의 언급이 없는 한 모든 명령은 홈 디렉터리에서 실행된다고 가정하므로 모델 저장소 코드 위치는 ~/models다. 저장소 위치를 수정할 수는 있지만 그러려면 모든 참조 경로를 업데이트해야 한다.

Slim을 사용하려면 파이썬이 해당 모듈을 찾아서 종속성을 설치할 수 있는지 확인해야 한다. iPython 노트북에서 이를 확인하는 방법은 다음과 같다.

```
! pip install contextlib2
import os
new_python_path = (os.environ.get("PYTHONPATH") or '') + ":models/research/slim"
%env PYTHONPATH=$new_python_path
```

EXPORT 문을 통해 PYTHONPATH를 업데이트하면 현재 주피터 세션에서만 작동하므로 bash 환경에서 이를 시작 스크립트에 추가해야 한다.

```
echo 'export PYTHONPATH=$PYTHONPATH:models/research/slim' >> ~/.bashrc
source ~/.bashrc
```

Slim 스크립트를 실행하는 도중 import errors(가져오기 오류)가 표시되면 PYTHONPATH가 제대로 설정됐는지, contextlib2가 설치되어 있는지 확인한다. tf.slim에 대한 정보는 저장소의 README(https://oreil.ly/azuvk)를 참조 바란다.

10.4 데이터셋 구축하기

인체 감지 모델 훈련을 위해서는 사람이 있는지 없는지 여부에 따라 분류된 이미지 모음이 필요하다. 이미지 분류에 널리 사용되는 ImageNet 1000 클래스 데이터셋에는 사람이 포함되어 있지 않지만 COCO 데이터셋(http://cocodataset.org/#home)에서는 찾을 수 있다.

사실 COCO 데이터셋은 사람만을 인식하기 위한 데이터가 아니므로 person(사람), not person(사람이 아님) 레이블이 달려 있지는 않다. 그 대신 각 이미지에는 모든 개체에 대한 경계 값과 더불어 개체 목록이 제공된다. 사람은 이러한 객체 카테고리 중 하나이므로 원하는 분류 레이블을 얻으려면 사람이 나온 경계가 표기된 이미지를 찾아야 한다. 인식하기에 너무 작은 개체도 제외한다. Slim은 데이터를 다운로드하고 경계 값을 레이블로 변환하는 편리한 스크립트를 가지고 있다.

```
! python download_and_convert_data.py \
  --dataset_name=visualwakewords \
  --dataset_dir=data/visualwakewords
```

COCO 데이터셋은 약 40GB의 큰 파일이므로 다운로드에 시간이 걸리며 압축을 풀려면 드라이브에 100GB 이상의 여유 공간이 있어야 한다. 프로세스가 완료되는 데는 약 20분 정도 걸리고 완료되면 data/visualwakewordsholding 경로에 레이블이 부여된 이미지 데이터셋인 TFRecords가 생성된다. 이 데이터셋은 아캉샤 초헤리가 작성했으며 Visual Wake Words 데이터셋(https://oreil.ly/EC6nd)으로 알려져 있다. 이 데이터셋은 임베디드 환경에서 컴퓨터 비전 성능을 벤치마킹하고 테스트하는 데 유용하도록 설계됐다. 개체 인식이 임베디드 환경의 엄격한 리소스 제약 조건으로 수행해야 하는 매우 일반적인 작업이기 때문이다. 우리는 이 데이터셋을 활용하여 더 나은 모델을 만들 것이다.

10.5. 모델 훈련하기

훈련에 tf.slim을 사용하면 파라미터를 커맨드 라인 인수로 사용할 수 있으며 표준 train_image_classifier.pyscript를 호출하여 모델 학습이 가능하다. 커맨드 라인을 사용해 모델을 빌드해보자.

```
! python models/research/slim/train_image_classifier.py \
    --train_dir=vww_96_grayscale \
    --dataset_name=visualwakewords \
    --dataset_split_name=train \
    --dataset_dir=data/visualwakewords \
    --model_name=mobilenet_v1_025 \
    --preprocessing_name=mobilenet_v1 \
    --train_image_size=96 \
    --use_grayscale=True \
    --save_summaries_secs=300 \
    --learning_rate=0.045 \
    --label_smoothing=0.1 \
    --learning_rate_decay_factor=0.98 \
    --num_epochs_per_decay=2.5 \
    --moving_average_decay=0.9999 \
    --batch_size=96 \
    --max_number_of_steps=1000000
```

100만 단계에 걸친 훈련을 하나의 GPU V100 인스턴스로 수행하려면 완료까지 며칠이 걸리기 마련이다. 훈련을 시작하고 몇 시간 후에 꽤 정확한 모델을 얻을 수 있는데 여기서 몇 가지 고려해볼 점이 있다.

- 체크포인트와 요약은 --train_dir 인수에 지정된 폴더에 저장되므로 그곳에서 결과를 찾아본다.

- --dataset_dir 파라미터는 Visual Wake Words 빌드 스크립트에서 TFRecords를 저장한 파라미터와 일치해야 한다.

- 아키텍처는 --model_name 인수로 정의되며 mobilenet_v1 접두사는 첫 번째 버전의 MobileNet을 사용하도록 설정한다. 이후 버전도 테스트해봤으나 중간 활성화 버퍼에 더 많은 RAM을 사용했기 때문에 지금은 첫 번째 버전으로 진행하는 편이 좋다. 025는 심도 승수$^{depth\ multiplier}$이며 가중치 파라미터 수에 영향을 준다. 낮은 심도 승수를 쓰면 모델이 250KB의 플래시 메모리에서도 실행 가능해진다.

- --preprocessing_name은 입력 이미지를 모델로 보내기 전에 수정하는 방법을 제어한다. mobilenet_v1 버전은 이미지 너비와 높이를 --train_image_size에 지정된 크기로 축소하고(예제에서는 연산을 줄이고 싶어 96픽셀로 진행했다.) 0~255 범위의 정수나 −1.0~+1.0 사이의 부동소수점 숫자를 사용하여 픽셀 크기를 조정한다(이후 양자화 진행).

- 스파크펀 에지 보드에서 사용하는 HM01B0 카메라(https://oreil.ly/RGciN)는 단색이므로 최상의 결과를 얻으려면 흑백 이미지로 모델을 훈련해야 한다. 전처리를 위해 --use_grayscale 플래그를 전달해보자.

- --learning_rate, --label_smoothing, --learning_rate_decay_factor, --num_epochs_per_decay, --moving_average_decay, --batch_size 파라미터로 훈련 중 가중치가 업데이트되는 방

식을 제어한다. 딥러닝 모델을 구축하는 것은 여전히 연구가 필요한 부분으로 각 모델마다 최적화된 값을 실험으로 얻어내야 한다. 예제에서 사용된 값은 사전에 테스트하여 도출한 값이다. 물론 훈련 속도를 높이거나 정확도를 높이기 위해 조정해볼 수 있겠으나 높은 정확도를 얻는 것은 쉽지 않다.

- `--max_number_of_steps`는 훈련을 얼마나 오래 할지 지정한다. 이 값 또한 미리 정확한 값을 설정하는 방법은 없으며 수많은 실험을 통해 모델 정확도가 더 이상 개선되지 않는 지점을 찾아야 한다. 예제 모델의 경우 실험을 통해 알아낸 100만 단계로 설정했다.

스크립트를 시작하면 다음과 같은 출력이 표시된다.

```
INFO:tensorflow:global step 4670: loss = 0.7112 (0.251 sec/step)
   I0928 00:16:21.774756 140518023943616 learning.py:507] global step 4670: loss
   = 0.7112 (0.251 sec/step)
INFO:tensorflow:global step 4680: loss = 0.6596 (0.227 sec/step)
   I0928 00:16:24.365901 140518023943616 learning.py:507] global step 4680: loss
   = 0.6596 (0.227 sec/step)
```

로그가 여러 줄에 걸쳐 나올 텐데 걱정하지 않아도 된다. 이는 텐서플로 로그 출력이 파이썬과 상호작용하는 방식에서 나타나는 부작용일 뿐이다. 각 로그 출력에서 훈련에 중요한 두 가지 정보를 찾아보자. 전역 단계는 지금까지 훈련을 얼마나 했는지 나타낸다. 한도를 100만으로 설정했으므로 5% 정도 완료됐다. 이를 활용해서 초당 몇 단계나 훈련이 되는지 알 수 있고 전체 훈련 시간이 어느 정도 걸릴지 예측 가능하다. 예제에서는 초당 약 4단계를 완료하기 때문에 100만 단계는 약 70시간이 걸리며 날짜로는 3일이 필요하다. 다른 중요한 정보는 손실 값이다. 이는 훈련 중인 모델의 예측이 정답에 얼마나 가까운지 측정한 것으로 값이 낮을수록 좋다. 훈련 중에 손실 값은 많이 변하겠지만 점차 줄어야 한다. 데이터에 노이즈가 많으면 변동 폭이 커서 추세를 보기 어려울 수 있으나 제대로 훈련을 진행했다면 1시간 정도 뒤에는 손실 값이 눈에 띄게 줄어야 한다. 손실 값의 감소 추세 확인은 텐서보드를 사용하면 된다.

10.6 텐서보드

텐서보드는 텐서플로 훈련 과정을 시각화한 웹 애플리케이션으로 대부분의 클라우드 인스턴스에서 기본으로 지원한다. 구글 클라우드 AI 플랫폼을 사용하는 경우 노트북 인터페이스 왼쪽 탭에서 커맨드 창을 연 다음 아래로 스크롤하여 Create a new tensorboard(새 텐서보드 생성)를 선택해 시작한다. 요약 로그의 위치로는 훈련 스크립트에서 --train_dir에 사용한 경로를 찾아 입력한다. 이전 예에서 폴더 이름은 vww_96_grayscale이다. 만일 경로 끝에 슬래시를 추가하면 텐서보드가 디렉터리를 찾지 못하므로 주의하자.

로컬 환경에서 커맨드 라인으로 텐서보드를 시작한다면 경로로 --logdir 인수를 지정하여 텐서보드 커맨드 라인 도구에 전달하고 브라우저로 http://localhost:6006(또는 실행 중인 컴퓨터 주소)에 접속한다.

로컬 브라우저에서 텐서보드를 사용하거나 구글 클라우드를 통해 세션을 열면 [그림 10-12]와 같은 페이지가 표시된다. 스크립트가 5분마다 저장하므로 그래프에 표시되기까지 약간의 시간이 필요하다. [그림 10-12]는 하루 이상 훈련한 결과를 보여주며 가장 중요한 그래프는 clone_loss다. 로그 출력값과 동일하게 손실 값이 표시된다. 그래프의 변동 폭이 심하지만 전체적인 추세를 보면 시간이 지남에 따라 손실 값이 감소하는 것을 확인할 수 있다. 훈련 후 몇 시간이 흘렀음에도 손실 값이 감소하지 않는다면 모델 훈련에 문제가 있는 것이니 데이터셋이나 훈련 파라미터를 수정하는 디버깅 과정을 거쳐야 한다.

텐서보드는 열릴 때 기본적으로 SCALARS 탭으로 설정되어 있지만 IMAGES 탭도 살펴보도록 하자(그림 10-13). 이 탭은 모델이 현재 학습 중인 그림을 무작위로 보여주는데 여기서 이미지 전처리가 잘 이뤄졌는지, 정확도 향상을 위해 이미지 방향 변환 등이 제대로 됐는지 확인 가능하다. 이는 손실 그래프보다 중요하지는 않지만 데이터셋이 예상한 것임을 확인하는 데 유용한 기능이다.

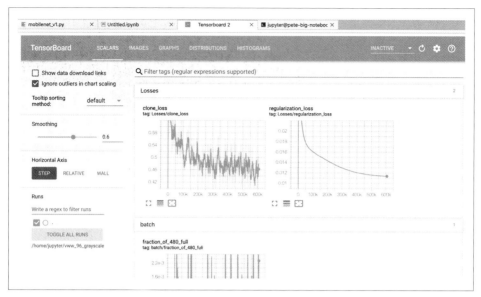

그림 10-12 텐서보드 그래프

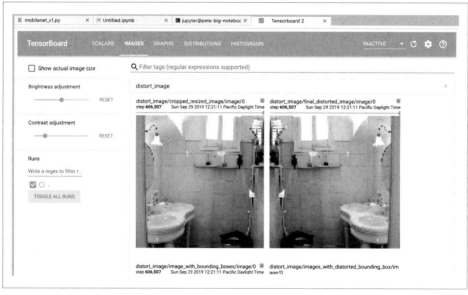

그림 10-13 텐서보드 이미지

10.7 모델 평가하기

손실 함수는 모델 훈련 수준과 관련 있지만 직관적으로 이해하기 쉬운 지표는 아니다. 모델이 얼마나 많은 사람을 정확하게 감지하는지 알아내려면 별도의 스크립트를 실행해야 한다. 모델이 완전히 훈련될 때까지 기다릴 필요는 없으며 --train_dir 폴더에 있는 체크포인트 정보를 통해 정확도accuracy를 확인할 수 있다. 다음 명령어를 실행해보자.

```
! python models/research/slim/eval_image_classifier.py \
    --alsologtostderr \
    --checkpoint_path=vww_96_grayscale/model.ckpt-698580 \
    --dataset_dir=data/visualwakewords \
    --dataset_name=visualwakewords \
    --dataset_split_name=val \
    --model_name=mobilenet_v1_025 \
    --preprocessing_name=mobilenet_v1 \
    --use_grayscale=True \
    --train_image_size=96
```

--checkpoint_path가 적절한 체크포인트 데이터셋을 참조하는지 확인해야 한다. 체크포인트는 공통된 접두사를 가진 세 개의 별도 파일에 저장된다. 예를 들어 model.ckpt-5179.data-00000-of-00001 체크포인트 파일이 있는 경우 접두사는 model.ckpt-5179이며 스크립트 실행 결과는 다음과 같이 출력될 것이다.

```
INFO:tensorflow:Evaluation [406/406]
I0929 22:52:59.936022 140225887045056 evaluation.py:167] Evaluation [406/406]
eval/Accuracy[0.717438412]eval/Recall_5[1]
```

여기서 중요한 숫자는 정확도인데 정확하게 분류된 이미지의 비율(이 경우 72%)을 백분율로 변환하여 표시한다. 스크립트를 실행하여 예제 모델을 완전히 훈련하면 100만 단계 후에 0.4의 손실 값에서 약 84%의 정확도를 달성한다.

10.8 텐서플로 라이트로 모델 내보내기

모델이 만족스러운 정확도로 훈련되면 텐서플로 훈련 환경을 임베디드 기기에서 실행할 수 있는 형태로 변환해야 한다. 이전 장에서 살펴본 바와 같이 이는 복잡한 과정이며 tf.slim을 쓰면 여기에 추가 작업이 필요하다.

10.8.1 GraphDef 프로토콜 버퍼 파일로 내보내기

Slim은 스크립트가 실행될 때마다 **model_name**에서 아키텍처를 생성하는데 이 모델을 Slim 외부에서 사용하려면 공통 형식으로 저장해야 한다. Slim과 텐서플로 환경에서 이 모델을 사용해야 하기 때문에 GraphDef 프로토콜 버퍼 형식을 사용하자.

```
! python models/research/slim/export_inference_graph.py \
    --alsologtostderr \
    --dataset_name=visualwakewords \
    --model_name=mobilenet_v1_025 \
    --image_size=96 \
    --use_grayscale=True \
    --output_file=vww_96_grayscale_graph.pb
```

위의 커맨드를 제대로 실행했다면 홈 디렉터리에 새로운 vww_96_grayscale_graph.pb 파일이 만들어진다. 이 파일에는 모델 레이아웃이 포함되어 있으나 아직 가중치 데이터는 없는 상태다.

10.8.2 가중치 고정하기

훈련된 가중치를 작업 그래프와 함께 저장하는 과정을 고정이라 한다. 고정 과정으로 체크포인트에서 값을 로드한 후 그래프의 모든 변수를 상수로 변환한다. 다음 커맨드는 100만 번째 훈련 단계에서 체크포인트를 사용하지만 원하는 훈련 단계에 체크포인트를 지정할 수도 있다. 그래프 고정 스크립트는 기본 텐서플로 저장소에 있으니 이 명령을 실행하기 전에 깃허브에서 다운로드하자.

```
! git clone https://github.com/tensorflow/tensorflow
! python tensorflow/tensorflow/python/tools/freeze_graph.py \
    --input_graph=vww_96_grayscale_graph.pb \
    --input_checkpoint=vww_96_grayscale/model.ckpt-1000000 \
    --input_binary=true --output_graph=vww_96_grayscale_frozen.pb \
    --output_node_names=MobilenetV1/Predictions/Reshape_1
```

위의 명령을 실행하면 vww_96_grayscale_frozen.pb라는 파일이 생성될 것이다.

10.8.3 양자화와 텐서플로 라이트 변환

양자화는 까다롭고 복잡한 프로세스이며 여전히 연구가 활발하게 진행되는 분야다. 지금까지 훈련한 부동소수점 그래프를 8비트 개체로 변환하려면 약간의 코드가 필요하다. 15장에서 양자화 정의와 작동 방식을 자세히 설명하며 여기서는 훈련한 모델에서 이를 사용하는 방법만 살펴본다. 다음 코드 대부분은 활성 레이어의 범위를 측정하기 위해 네트워크에 공급할 예제 이미지를 준비하는 과정이다. 양자화와 변환에는 **TFLiteConverter** 클래스가 사용된다. 모든 작업이 완료되면 텐서플로 라이트 FlatBuffer 파일이 생성된다.

```
import tensorflow as tf
import io
import PIL
import numpy as np

def representative_dataset_gen():

  record_iterator = tf.python_io.tf_record_iterator
      (path='data/visualwakewords/val.record-00000-of-00010')

  count = 0
  for string_record in record_iterator:
    example = tf.train.Example()
    example.ParseFromString(string_record)
    image_stream = io.BytesIO
        (example.features.feature['image/encoded'].bytes_list.value[0])
    image = PIL.Image.open(image_stream)
    image = image.resize((96, 96))
    image = image.convert('L')
```

```
    array = np.array(image)
    array = np.expand_dims(array, axis=2)
    array = np.expand_dims(array, axis=0)
    array = ((array / 127.5) - 1.0).astype(np.float32)
    yield([array])
    count += 1
    if count > 300:
        break

converter = tf.lite.TFLiteConverter.from_frozen_graph \
    ('vww_96_grayscale_frozen.pb', ['input'], ['MobilenetV1/Predictions/ \
    Reshape_1'])
converter.inference_input_type = tf.lite.constants.INT8
converter.inference_output_type = tf.lite.constants.INT8
converter.optimizations = [tf.lite.Optimize.DEFAULT]
converter.representative_dataset = representative_dataset_gen

tflite_quant_model = converter.convert()
open("vww_96_grayscale_quantized.tflite", "wb").write(tflite_quant_model)
```

10.8.4 C 소스 파일로 변환

변환기는 파일을 생성하지만 대부분의 임베디드 기기에는 파일 시스템이 없다. 그 때문에 데이터를 실행 파일로 컴파일하여 직렬화된 데이터로 변환한 뒤 저장해야 한다. 이전 장에서 했던 것처럼 파일을 C 데이터 배열로 변환해보자.

```
# Install xxd if it is not available
! apt-get -qq install xxd
# Save the file as a C source file
! xxd -i vww_96_grayscale_quantized.tflite > person_detect_model_data.cc
```

이제 기존 person_detect_model_data.cc 파일을 학습한 버전으로 바꿀 수 있으며 모델을 임베디드 기기에서 실행할수 있게 됐다.

10.9 다른 카테고리 훈련

COCO 데이터셋에는 60가지가 넘는 종류의 객체가 있다. 다른 카테고리를 훈련하려면 단순히 훈련 데이터셋을 사림 믈고 다른 객체로 지정하면 된다. 다음은 자동차를 감지하는 예나.

```
! python models/research/slim/datasets/build_visualwakewords_data.py \
    --logtostderr \
    --train_image_dir=coco/raw-data/train2014 \
    --val_image_dir=coco/raw-data/val2014 \
    --train_annotations_file=coco/raw-data/annotations/instances_train2014.json \
    --val_annotations_file=coco/raw-data/annotations/instances_val2014.json \
    --output_dir=coco/processed_cars \
    --small_object_area_threshold=0.005 \
    --foreground_class_of_interest='car'
```

data/visualwakewords 경로가 있던 위치에 coco/processed_cars 경로로 대체하여 앞서 진행했던 훈련 과정을 진행해보자.

원하는 객체가 COCO에 없으면 전이학습을 사용하여 적은 데이터로도 모델 훈련이 가능하다. 아직 공유할 예는 없지만 tinymlbook.com에서 향후 이 방법에 대한 업데이트를 확인해보기를 바란다.

10.10 아키텍처 이해

MobileNets(https://oreil.ly/tK57G)는 적은 가중치 파라미터와 연산량으로도 우수한 정확도를 제공하도록 설계됐다. 현재 여러 버전이 있지만 예제의 경우 실행했을 때 가장 적은 양의 램을 사용해야 하므로 v1을 사용하고 있다. 아키텍처의 핵심 개념은 분리 가능한 깊이 컨볼루션depthwise separable convolution이다. 이는 정확도를 그대로 유지하면서 훨씬 더 효율적인 방식으로 작동하는 변형된 2차원 컨볼루션이다. 일반적인 컨볼루션은 입력되는 모든 채널에 특정 크기의 필터를 적용하여 출력값을 계산한다. 즉, 각 출력에 포함된 연산량은 필터 너비에 높이를 곱한 값과 입력 채널 수를 곱한 값이 된다. 깊이 컨볼루션은 이 큰 계산을 별도의 부분으로 나눈다. 먼저 각 입력 채널은 직사각형 필터를 통해 중간값을 생성하며 이후 포인트 컨볼루션을 통해 결합한다. 이는 필요한 계산 수를 크게 줄이면서 일반적인 컨볼루션과 유사한 결과를 생성한다.

MobileNet v1은 분리 가능한 깊이 컨볼루션 레이어 14개, 완전히 연결된 레이어, 소프트맥스 레이어로 구성된다. 앞선 예제에서 0.25의 심도 승수를 지정했는데 이는 표준 모델에 비해 각 활성화 레이어의 채널수를 75% 줄여 계산 횟수를 추론당 약 6000만으로 줄인다. 본질적으로 이 과정은 일반적인 합성곱 신경망의 훈련 과정과 매우 유사하다. 이전 레이어가 마치 필터처럼 이미지에 적용되어 낮은 수준의 구조를 발견하고 다음 레이어는 해당 정보를 더욱 추상적인 패턴으로 합성하여 최종 개체 분류를 진행한다.

10.11 마치며

머신러닝을 사용한 이미지 인식에는 많은 양의 데이터와 연산 능력이 필요하다. 이 장에서는 데이터셋만 제공하고 처음부터 모델을 학습하는 방법과 해당 모델을 임베디드 기기에 최적화된 형식으로 변환하는 방법을 배웠다.

이러한 경험은 머신러닝을 실제 제품에 적용할 때 겪을 문제들을 해결해 나가는 데 좋은 기반이 된다. 컴퓨터가 주변 세계를 보고 이해할 수 있다는 점은 여전히 마법 같다고 생각할 것이다. 다음은 어떤 예제가 기다리고 있을지 살펴보자.

## CHAPTER 11

마술 지팡이: 애플리케이션 만들기

지금까지의 프로젝트는 인간이 쉽게 이해할 수 있는 데이터를 받아서 작동했다. 사람의 뇌에는 언어와 시각 이해를 관장하는 영역이 있어 시각이나 청각 데이터를 해석하고 그 의미를 파악하는 것은 어렵지 않다.

그러나 많은 데이터는 사람이 쉽게 이해할 수 없다. 기계와 센서는 인간의 감각에 쉽게 대응되지 않는 수많은 정보를 생성한다. 시각적으로 표현이 가능하더라도 데이터 내의 추세와 패턴을 뇌가 파악하기 어려울 수 있다.

예를 들어 [그림 11-1]과 [그림 11-2] 그래프는 운동하는 사람들의 주머니에 넣은 스마트폰으로 캡처한 센서 데이터를 보여준다. 이 센서는 가속도계accelerometer이며 가속도를 3차원으로 측정한다(뒤에서 자세히 설명하겠다). [그림 11-1]의 그래프는 조깅하는 사람의 가속도계 데이터를 보여주고 [그림 11-2]의 그래프는 동일한 사람이 계단을 내려갈 때의 데이터를 보여준다.

보다시피 데이터가 단순하고 관련성이 높은 활동을 나타내지만 데이터만으로 두 활동을 구분하기는 어렵다. 복잡한 산업용 기계의 작동 상태를 분류할 때는 갖가지 모호한 특성을 측정하는 수백 개의 센서가 있을 수도 있다.

다행히 이러한 유형의 데이터에 적합한 알고리즘을 찾을 수 있다. 예를 들어 보행 전문가는 계단 내려가는 행위의 패턴을 알고 있는 상태에서 이 지식을 코드 함수로 표현할 수 있다. 이러한 유형의 기능을 휴리스틱heuristic이라 하며 산업 자동화에서 의료기기에 이르기까지 다양한 애플리케이션에 사용된다.

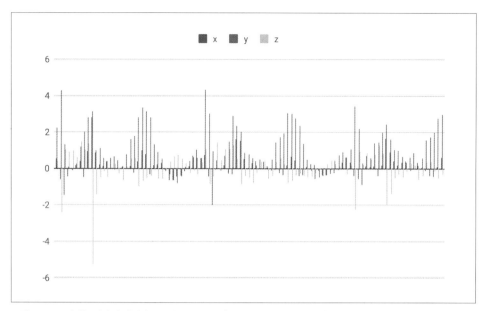

그림 11-1 조깅하는 사람의 데이터를 보여주는 그래프(MotionSense 데이터셋)

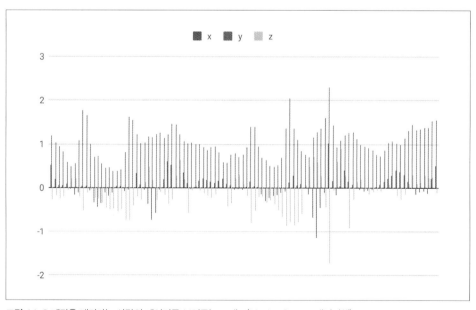

그림 11-2 계단을 내려가는 사람의 데이터를 보여주는 그래프(MotionSense 데이터셋)

휴리스틱을 만들려면 두 가지가 필요하다. 첫 번째는 도메인 지식이다. 휴리스틱 알고리즘은 인간의 지식과 이해를 표현하므로 이를 작성하려면 사전에 데이터의 의미를 이해해야 한다. 예를 들어 체온을 기준으로 감기에 걸렸는지 여부를 결정하는 휴리스틱을 생각해보자. 그것을 만든 사람은 감기에 걸렸을 때의 체온 변화 기준을 알고 있어야 한다.

휴리스틱을 만들기 위한 두 번째 요소는 프로그래밍과 수학 전문 지식이다. 체온을 바탕으로 감기를 판단하는 것은 비교적 간단하지만 다른 문제는 훨씬 더 복잡할 수 있다. 여러 데이터 스트림에서 복잡한 패턴을 기반으로 시스템 상태를 식별하려면 통계 분석 또는 신호 처리와 같은 고급 기법에 대한 지식이 필요하다. 이를테면 가속도계 데이터를 기반으로 걷기와 달리기를 구별하는 휴리스틱을 만들기 위해서는 가속도계 데이터를 수학적으로 필터링하여 걸음 빈도를 추정하는 방법을 알아야 한다.

휴리스틱은 매우 유용하지만 도메인 지식과 프로그래밍 전문 지식이 필요하다는 사실 자체가 제약이 될 수 있다. 먼저 도메인 지식을 항상 이용할 수 있는 것은 아니다. 작은 규모의 회사에는 상태를 구분하는 기본 요소가 무엇인지 아는 데 필요한 기본 연구를 수행할 자원이 없을 수 있다. 마찬가지로 도메인 지식이 있더라도 휴리스틱 알고리즘을 코드로 설계하고 구현하는 데 필요한 전문 지식을 가진 사람이 없을 수도 있다.

머신러닝으로 이러한 어려움을 우회할 수 있다. 레이블이 있는 데이터로 훈련된 모델은 특정 클래스를 나타내는 신호를 인식하는 방법을 배울 수 있으므로 심도 깊은 도메인 지식이 없어도 된다. 모델은 특정 체온과 감기의 관계에 대한 사전 지식 없이도 감기에 따른 체온 변동을 학습할 수 있다. '감기' 또는 '감기 아님'으로 표시된 온도 데이터만 있으면 된다. 게다가 머신러닝에 필요한 공학적 역량은 복잡한 휴리스틱을 구현하는 데 필요한 것보다 더 부담이 없다.

머신러닝 개발자는 처음부터 휴리스틱 알고리즘을 설계할 필요 없이 적합한 모델 아키텍처를 찾고, 데이터셋을 수집해 레이블링하고, 훈련과 평가를 통해 모델을 반복적으로 생성할 수 있다. 도메인 지식은 여전히 도움이 되지만 더 이상 전제 조건은 아니게 된다. 실제로 머신러닝 모델이 고급 휴리스틱 코딩 구현 알고리즘보다 더 정확할 때도 있다.

최근에 발행된 논문에서는 간단한 합성곱 신경망이 환자의 단일 심박동 데이터만으로 환자의 울혈성 심부전을 100% 감지하는 방법을 보여주었다.[1] 기존 진단 기술을 앞서는 성능이다. 모든 내용을 이해하지 못하더라도 흥미로운 논문임에는 분명하다.

....
1 https://oreil.ly/4HBFt

복잡한 데이터를 이해하고 이를 마이크로컨트롤러 프로그램에 포함시키기 위해 딥러닝 모델을 학습함으로써 환경의 복잡성을 이해하고 해석할 수 있는 스마트 센서를 만들 수 있다. 스마트 센서는 수많은 분야에 걸쳐 큰 영향을 미칠 수 있으며 대표적인 애플리케이션을 꼽자면 다음과 같다.

- 연결성이 좋지 않은 장소의 원격 환경 모니터링
- 실시간으로 문제에 적응하는 자동화된 산업 공정
- 복잡한 외부 자극에 반응하는 로봇
- 의료 전문가가 필요 없는 질병 진단
- 신체의 움직임을 이해하는 컴퓨터 인터페이스

이번 장에서는 위의 예 가운데 마지막 범주에 해당하는 디지털 '마술 지팡이' 프로젝트를 만들어볼 것이다. 사용자는 이 마법 지팡이를 흔들어서 다양한 주문을 시전할 수 있다. 모델의 입력은 사람은 도저히 해석할 수 없는 복잡한 다차원 센서 데이터다. 그리고 출력은 마법 지팡이를 통해 마지막으로 수행한 동작에 대한 단순한 분류다. 딥러닝이 어떻게 이상한 수치 데이터를 의미 있는 정보로 변환하여 마법의 효과로 만들 수 있는지 이제부터 살펴보자.

11.1 만들고자 하는 시스템

'마술 지팡이'는 다양한 주문을 발동하는 데 사용할 수 있다. 이를 위해 지팡이를 든 사람은 [그림 11-3]에 표시된 것처럼 날개, 링, 경사라는 세 가지 제스처 중 하나를 지팡이로 그리면 된다.

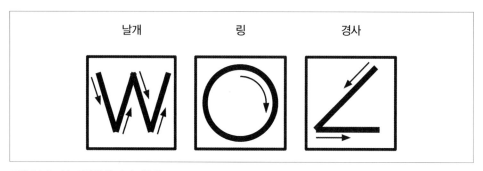

그림 11-3 마술 지팡이 세 가지 제스처

지팡이는 LED를 켜는 방식으로 각 주문에 응답한다. LED 이상의 응답을 원한다면 시리얼 포트로 정보를 출력해서 연결된 컴퓨터를 제어하는 데 사용할 수 있다.

마술 지팡이 애플리케이션은 실제 제스처를 이해하기 위해 장치의 가속도계를 사용하여 공간을 통한 동작 정보를 수집한다. 가속도계는 현재 경험하고 있는 가속도를 측정한다. 예를 들어 가속도계가 장착된 자동차가 빨간색 신호등 앞에서 대기하고 있다고 가정해보자.

신호등이 녹색으로 바뀌면 자동차는 전진하기 시작하고 속도 제한에 도달할 때까지 속도가 증가한다. 이 기간 동안 가속도계는 자동차의 가속도를 나타내는 값을 출력한다. 자동차가 정상 속도에 도달한 후에는 더 이상 가속되지 않으므로 가속도계가 0을 출력한다.

스파크펀 에지와 아두이노 나노 33 BLE 센스 보드에는 3축 가속도계가 장착되어 있다. 이는 3방향 가속도를 측정하므로 3D 공간에서 장치의 움직임을 추적하는 데 사용할 수 있다. 마술 지팡이를 만들기 위해 막대기 끝에 마이크로컨트롤러 보드를 부착하여 마술사처럼 휘두를 수 있다. 그런 다음 가속도계의 출력을 딥러닝 모델에 제공하면 모델이 분류를 수행하고 알려진 제스처를 취했는지 알려준다.

이번 장에서 애플리케이션을 배포할 마이크로컨트롤러 플랫폼은 다음과 같다.

- 아두이노 나노 33 BLE 센스
- 스파크펀 에지

ST마이크로 STM32F746G 디스커버리 키트에는 가속도계가 포함되어 있지 않기 때문에 (게다가 마술 지팡이 끝에 부착하기에는 보드가 너무 크다.) 이번 장에서는 다루지 않는다.

> **NOTE_** 텐서플로 라이트는 정기적으로 새로운 장치 지원을 추가하므로 사용하려는 장치가 여기에 없으면 예제의 README.md를 확인해보자. 이 책에서 설명하는 배포 과정에 문제가 발생했을 때에도 업데이트된 README.md를 확인하면 도움이 될 것이다.

이어지는 절에서 애플리케이션의 구조를 살펴보고 모델 작동 방식을 자세히 알아보자.

11.2 애플리케이션 아키텍처

이번 애플리케이션 역시 입력을 얻고, 추론을 실행하고, 출력을 처리하고, 결과 정보를 사용하여 상황을 발생시키는 패턴을 따를 것이다.

3축 가속도계는 장치의 x, y, z 축 가속도를 나타내는 세 개의 값을 출력한다. 스파크펀 에지보드의 가속도계는 출력을 초당 25회(25Hz의 속도) 수행할 수 있다. 모델은 이러한 가속도값을 입력으로 직접 가져오므로 전처리를 수행할 필요가 없다.

데이터가 캡처되고 추론이 실행된 다음 애플리케이션은 유효한 제스처가 감지됐는지 여부를 결정하고 터미널에 출력하며 LED를 켠다.

11.2.1 모델 소개

제스처 감지 모델은 크기가 약 20KB인 CNN으로 원시 가속도계 값을 입력으로 받아들인다. 25Hz의 속도로 샘플링한 128개의 x, y, z 값을 한 번에 가져올 수 있다. 길이가 약 5초 이상인 데이터를 읽어오는 셈이다. 각 값은 해당 방향의 가속도를 나타내는 32비트 부동소수점 값이다.

제스처 감지 모델은 수많은 사람들이 취한 네 가지 제스처를 학습했다. 각 제스처(날개, 링, 경사)를 나타내는 클래스와 인식할 수 없는 제스처를 나타내는 클래스, 총 네 가지 클래스에 대한 확률 점수를 출력한다. 확률 점수 총계는 1이며 0.8 이상의 점수는 확실한 분류로 볼 수 있다.

초당 여러 개의 추론을 실행하기 때문에 제스처가 수행되는 동안 이루어진 한 번의 잘못된 추론이 전체 결과를 왜곡하지 않도록 해야 한다. 이를 위해 제스처가 특정 횟수만큼의 추론으로 확인된 후에만 감지되는 메커니즘을 사용한다. 제스처 동작마다 다른 시간이 걸리면 필요한 추론의 수는 제스처마다 다르며 실험을 통해 최적의 숫자를 결정한다. 마찬가지로 장치마다 추론을 실행하는 속도도 다르므로 여기에 대한 임곗값도 장치마다 별도로 설정한다.

12장에서는 자체 제스처 데이터로 모델을 학습하고 모델 작동 방식을 자세히 알아볼 것이다. 그때까지 계속해서 애플리케이션을 살펴보자.

11.2.2 전반적인 구성 요소

[그림 11-4]는 마술 지팡이 애플리케이션 구조를 보여준다.

보다시피 인체 감지 애플리케이션만큼이나 간단하다. 이 모델은 원시 가속도계 데이터를 그대로 받기 때문에 전처리를 수행할 필요가 없다.

이 코드의 여섯 가지 주요 부분은 인체 감지 애플리케이션과 유사한 구조를 가진다. 차례대로 살펴보자.

- **메인 루프**

  마술 지팡이 애플리케이션도 연속 루프에서 실행된다. 모델이 작고 단순하며 전처리가 필요하지 않으므로 초당 추론을 여러 개 실행할 수 있다.

- **가속도계 핸들러**

  가속도계에서 데이터를 캡처하여 모델의 입력 텐서에 쓴다. 버퍼를 사용하여 데이터를 담는다.

- **TF 라이트 인터프리터**

  인터프리터는 이전 예제와 같이 텐서플로 라이트 모델을 실행한다.

- **모델**

  데이터 배열 형태로 불러온 모델을 인터프리터가 실행한다. 모델의 크기는 19.5KB에 불과하다.

- **제스처 예측기**

  모델의 출력을 가져와서 확률과 연속적인 긍정적 예측의 수에 대한 임곗값을 기반으로 제스처가 감지되는지 여부를 결정한다.

- **출력 핸들러**

  출력 핸들러는 인식된 제스처에 따라 LED를 켜고 시리얼 포트로 출력을 인쇄한다.

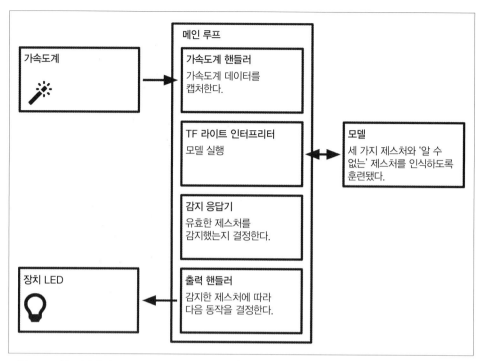

그림 11-4 마술 지팡이 애플리케이션 구성 요소

11.3 단계별 테스트

애플리케이션 테스트 코드는 깃허브 저장소에서 찾을 수 있다.

- **magic_wand_test.cc**

  가속도계 데이터 샘플에서 추론을 실행하는 방법

- **accelerometer_handler_test.cc**

  가속도계 핸들러를 사용하여 새로운 데이터를 얻는 방법

- **gesture_predictor_test.cc**

  제스처 예측기를 사용하여 추론 결과를 해석하는 방법

- **output_handler_test.cc**

  출력 핸들러를 사용하여 추론 결과를 표시하는 방법

magic_wand_test.cc를 살펴보면 모델의 전체적인 추론 과정을 파악할 수 있을 것이다.

11.3.1 기본 흐름

magic_wand_test.cc의 기본 흐름을 단계별로 살펴보자.

먼저, 모델에서 사용할 Op를 나열한다.

```
namespace tflite {
namespace ops {
namespace micro {
TfLiteRegistration* Register_DEPTHWISE_CONV_2D();
TfLiteRegistration* Register_MAX_POOL_2D();
TfLiteRegistration* Register_CONV_2D();
TfLiteRegistration* Register_FULLY_CONNECTED();
TfLiteRegistration* Register_SOFTMAX();
}  // namespace micro
}  // namespace ops
}  // namespace tflite
```

테스트 시작 부분에서는 추론에 필요한 모든 것을 설정하고 모델의 입력 텐서에 대한 포인터를
가져온다.

```
// 로깅을 설정한다.
tflite::MicroErrorReporter micro_error_reporter;
tflite::ErrorReporter* error_reporter = &micro_error_reporter;

// 모델을 사용 가능한 데이터 구조에 매핑한다.
// 복사나 파싱을 포함하지 않는 가벼운 작업이다.
const tflite::Model* model =
    ::tflite::GetModel(g_magic_wand_model_data);
if (model->version() != TFLITE_SCHEMA_VERSION) {
error_reporter->Report(
    "Model provided is schema version %d not equal "
    "to supported version %d.\n",
    model->version(), TFLITE_SCHEMA_VERSION);
}

static tflite::MicroMutableOpResolver micro_mutable_op_resolver;
micro_mutable_op_resolver.AddBuiltin(
    tflite::BuiltinOperator_DEPTHWISE_CONV_2D,
    tflite::ops::micro::Register_DEPTHWISE_CONV_2D());
micro_mutable_op_resolver.AddBuiltin(
    tflite::BuiltinOperator_MAX_POOL_2D,
```

```
        tflite::ops::micro::Register_MAX_POOL_2D());
micro_mutable_op_resolver.AddBuiltin(
        tflite::BuiltinOperator_CONV_2D,
        tflite::ops::micro::Register_CONV_2D());
micro_mutable_op_resolver.AddBuiltin(
        tflite::BuiltinOperator_FULLY_CONNECTED,
        tflite::ops::micro::Register_FULLY_CONNECTED());
micro_mutable_op_resolver.AddBuiltin(tflite::BuiltinOperator_SOFTMAX,
                                     tflite::ops::micro::Register_SOFTMAX());

// 입력, 출력, 중간 배열에 사용할 메모리 영역을 생성한다.
// 모델의 최솟값을 찾으려면 시행착오가 필요하다.
const int tensor_arena_size = 60 * 1024;
uint8_t tensor_arena[tensor_arena_size];

// 모델을 실행하기 위해 인터프리터를 빌드한다.
tflite::MicroInterpreter interpreter(model, micro_mutable_op_resolver, tensor_arena,
                                     tensor_arena_size, error_reporter);

// 모델의 텐서에 대한 tensor_arena의 메모리를 할당한다.
interpreter.AllocateTensors();

// 모델의 입력 텐서에 대한 포인터를 획득한다.
TfLiteTensor* input = interpreter.input(0);
```

다음으로 입력 텐서를 검사하여 예상되는 형태를 가지고 있는지 확인한다.

```
// 입력에 예상한 속성이 있는지 확인한다.
TF_LITE_MICRO_EXPECT_NE(nullptr, input);
TF_LITE_MICRO_EXPECT_EQ(4, input->dims->size);
// 각 요소의 값은 해당 텐서의 길이를 제공한다.
TF_LITE_MICRO_EXPECT_EQ(1, input->dims->data[0]);
TF_LITE_MICRO_EXPECT_EQ(128, input->dims->data[1]);
TF_LITE_MICRO_EXPECT_EQ(3, input->dims->data[2]);
TF_LITE_MICRO_EXPECT_EQ(1, input->dims->data[3]);
// 입력은 32비트 부동소수점 값이다.
TF_LITE_MICRO_EXPECT_EQ(kTfLiteFloat32, input->type);
```

입력의 형태는 (1, 128, 3, 1)이다. 첫 번째 차원은 두 번째 차원을 감싸는 래퍼이며 128개의 3축 가속도계 값을 담는다. 각 센서 값에는 축당 하나씩 세 개의 값이 있으며 각 값은 단일 원소 텐서 내에 래핑된다. 입력값의 자료형은 모두 32비트 부동소수점이다.

입력 형태를 확인한 후 입력 텐서에 데이터를 쓴다.

```
// 입력값 제공
const float* ring_features_data = g_circle_micro_f9643d42_nohash_4_data;
error_reporter->Report("%d", input->bytes);
for (int i = 0; i < (input->bytes / sizeof(float)); ++i) {
    input->data.f[i] = ring_features_data[i];
}
```

circle_micro_features_data.cc에 정의되어 있는 상수 g_circle_micro_f9643d42_nohash_4_data는 링 제스처를 몇 번이나 수행했는지 나타내는 부동소수점 값의 배열을 포함한다. for 루프에서 이 데이터를 단계별로 살펴보고 각 값을 입력에 쓴다. 입력 텐서가 보유할 수 있는 만큼의 부동소수점 값만 쓴다.

다음으로 추론을 실행한다.

```
// 입력에 대해 모델을 실행하고 성공했는지 확인한다.
TfLiteStatus invoke_status = interpreter.Invoke();
if (invoke_status != kTfLiteOk) {
  error_reporter->Report("Invoke failed\n");
}
TF_LITE_MICRO_EXPECT_EQ(kTfLiteOk, invoke_status);
```

그런 다음 출력 텐서가 예상되는 형태를 가졌는지 확인한다.

```
// 출력 텐서에 대한 포인터를 가져와서 원하는 속성이 있는지 확인한다.
TfLiteTensor* output = interpreter.output(0);
TF_LITE_MICRO_EXPECT_EQ(2, output->dims->size);
TF_LITE_MICRO_EXPECT_EQ(1, output->dims->data[0]);
TF_LITE_MICRO_EXPECT_EQ(4, output->dims->data[1]);
TF_LITE_MICRO_EXPECT_EQ(kTfLiteFloat32, output->type);
```

단일 원소 래퍼와 네 가지 확률(날개, 링, 경사, 알 수 없음)을 나타내는 네 개의 값 집합이 있어야 한다. 이들 각각은 32비트 부동소수점 숫자다.

다음으로 데이터를 테스트하여 추론 결과가 예상한 것인지 확인한다. 링 제스처 데이터를 전달했으므로 링 점수가 가장 높아야 할 것이다.

```
// 출력에는 클래스 네 개가 존재하며 각 클래스에는 점수가 있다.
const int kWingIndex = 0;
const int kRingIndex = 1;
const int kSlopeIndex = 2;
const int kNegativeIndex = 3;

// 예상 링 점수가 다른 클래스보다 높아야 한다.
float wing_score = output->data.f[kWingIndex];
float ring_score = output->data.f[kRingIndex];
float slope_score = output->data.f[kSlopeIndex];
float negative_score = output->data.f[kNegativeIndex];
TF_LITE_MICRO_EXPECT_GT(ring_score, wing_score);
TF_LITE_MICRO_EXPECT_GT(ring_score, slope_score);
TF_LITE_MICRO_EXPECT_GT(ring_score, negative_score);
```

그런 다음 이 과정을 경사 제스처에 반복한다.

```
// 경사 제스처 기록을 테스트한다.
const float* slope_features_data = g_angle_micro_f2e59fea_nohash_1_data;
for (int i = 0; i < (input->bytes / sizeof(float)); ++i) {
  input->data.f[i] = slope_features_data[i];
}

// 경사 입력 모델을 실행한다.
invoke_status = interpreter.Invoke();
if (invoke_status != kTfLiteOk) {
  error_reporter->Report("Invoke failed\n");
}
TF_LITE_MICRO_EXPECT_EQ(kTfLiteOk, invoke_status);

// 예상 경사 점수가 다른 클래스보다 높은지 확인한다.
wing_score = output->data.f[kWingIndex];
ring_score = output->data.f[kRingIndex];
slope_score = output->data.f[kSlopeIndex];
negative_score = output->data.f[kNegativeIndex];
TF_LITE_MICRO_EXPECT_GT(slope_score, wing_score);
TF_LITE_MICRO_EXPECT_GT(slope_score, ring_score);
TF_LITE_MICRO_EXPECT_GT(slope_score, negative_score);
```

여기까지 원시 가속도계 데이터를 받아 추론하는 방법을 살펴봤다. 이전 프로젝트와 마찬가지로 전처리를 피할 수 있어 구조가 깔끔하다.

이 테스트를 실행하려면 다음 명령을 사용한다.

```
make -f tensorflow/lite/micro/tools/make/Makefile test_magic_wand_test
```

11.3.2 가속도계 핸들러

다음 테스트에서는 가속도계 핸들러의 인터페이스를 볼 수 있다. 이 구성 요소는 각 추론의 입력 텐서에 가속도계 데이터를 채우는 역할을 한다.

장치의 가속도계 작동 방식에 따라 개별 장치마다 다른 가속도계 핸들러 구현이 제공된다. 장치별 구현은 뒤에서 알아보기로 하고 지금은 accelerometer_handler_test.cc에 있는 테스트에서 핸들러를 호출하는 방법을 살펴보자.

첫 번째 테스트는 매우 간단하다.

```
TF_LITE_MICRO_TEST(TestSetup) {
    static tflite::MicroErrorReporter micro_error_reporter;
    TfLiteStatus setup_status = SetupAccelerometer(&micro_error_reporter);
    TF_LITE_MICRO_EXPECT_EQ(kTfLiteOk, setup_status);
}
```

SetupAccelerometer() 함수는 가속도계에서 값을 얻기 위해 발생하는 일회성 설정을 수행한다. 함수를 호출할 때 전달하는 인수(ErrorReporter에 대한 포인터)를 확인할 수 있으며 설정이 성공했음을 나타내는 TfLiteStatus를 반환함을 알 수 있다.

다음 테스트는 가속도계 핸들러를 사용하여 입력 텐서를 데이터로 채우는 방법을 보여준다.

```
TF_LITE_MICRO_TEST(TestAccelerometer) {
    float input[384] = {0.0};
    tflite::MicroErrorReporter micro_error_reporter;
    // 데이터가 불충분하면 함수가 false를 반환하는지 테스트
    bool inference_flag =
        ReadAccelerometer(&micro_error_reporter, input, 384, false);
    TF_LITE_MICRO_EXPECT_EQ(inference_flag, false);
```

```
// 모델의 입력 버퍼를 채우는 데 충분한 데이터를 사용할 수 있으면
// 함수가 true를 반환하는지 테스트
for (int i = 1; i <= 128; i++) {
  inference_flag =
      ReadAccelerometer(&micro_error_reporter, input, 384, false);
}
TF_LITE_MICRO_EXPECT_EQ(inference_flag, true);
}
```

먼저 모델의 입력 텐서를 시뮬레이션하기 위해 input이라는 float 배열을 준비한다. 128개의 3축 센서 값이 있기 때문에 배열의 총 크기는 384바이트(128*3)다. 배열의 모든 값을 0.0으로 초기화한다.

다음으로 ReadAccelerometer()를 호출한다. ErrorReporter 인스턴스, 데이터를 쓰려는 배열(입력), 얻고자 하는 전체 데이터(384바이트)를 인수로 전달한다. 마지막 인수는 더 많은 데이터를 읽기 전에 버퍼를 지울지 여부를 ReadAccelerometer()에 지시하는 부울 플래그로, 제스처가 성공적으로 인식된 후에 수행해야 한다.

ReadAccelerometer() 함수가 호출되면 전달된 배열에 384바이트의 데이터를 쓰려고 시도한다. 가속도계가 방금 데이터 수집을 시작했다면 아직 전체 384바이트를 사용할 수 없다. 이 경우 함수는 아무것도 하지 않고 false 값을 반환한다. 덕분에 사용 가능한 데이터가 없는 경우 추론 실행을 피할 수 있다.

accelerometer_handler.cc에 있는 가속도계 핸들러의 더미 구현은 호출할 때마다 사용 가능한 센서 값을 시뮬레이션한다. 127번 호출하면 true를 반환하기에 충분한 데이터가 누적된다.

이 테스트를 실행하려면 다음 명령을 사용한다.

```
make -f tensorflow/lite/micro/tools/make/Makefile \
  test_gesture_accelerometer_handler_test
```

11.3.3 제스처 예측기

추론이 발생하면 어떤 제스처에 해당하는지 알려주는 확률이 출력 텐서에 채워진다. 그러나 머

신러닝은 정확한 과학이 아니어서 단일 추론만으로는 잘못된 제스처를 인식할 발생할 가능성이 있다.

잘못된 인식의 영향을 줄이기 위해 적어도 일정한 수의 연속 추론으로 제스처가 감지되어야 한다고 규정할 수 있다. 초당 여러 번 추론을 실행하면 결과가 유효한지 신속하게 확인할 수 있다. 이것이 제스처 예측기의 역할이다.

제스처 예측기에는 모델의 출력 텐서를 입력으로 사용하는 함수 PredictGesture()가 정의되어 있다. 제스처가 감지됐는지 확인하기 위해 이 함수는 다음 두 가지 작업을 수행한다.

1. 제스처 확률이 최소 임곗값을 충족하는지 확인
2. 특정 추론에 제스처가 일관되게 감지됐는지 확인

제스처마다 실제 동작에 걸리는 시간이 다르기 때문에 필요한 추론의 최소 개수도 다르다. 또한 장치의 속도가 빠를수록 더 자주 추론을 실행할 수 있다는 점도 차이를 만들어낸다. 스파크펀 에지 보드에 맞게 조정된 기본값은 constants.cc에 있다.

```
const int kConsecutiveInferenceThresholds[3] = {15, 12, 10};
```

제스처는 모델의 출력 텐서에 나타나는 순서와 동일한 순서로 정의된다. 아두이노와 같은 다른 플랫폼에는 이 파일의 장치별 버전이 있으며 장치의 성능에 맞게 조정된 값이 포함되어 있다.

gesture_predictor.cc의 코드를 보며 어떻게 사용되는지 알아보자.

먼저 마지막으로 본 제스처를 추적하고 동일한 제스처 중 몇 개가 연속으로 기록됐는지 추적하는 데 사용되는 일부 변수를 정의한다.

```
// 가장 최근 제스처가 연속으로 몇 번 일치했는가
int continuous_count = 0;
// 마지막 예측 결과
int last_predict = -1;
```

다음으로 PredictGesture() 함수를 정의하고 함수의 가장 최근 추론 내에 제스처 범주 중 0.8보다 큰 확률이 있는지 확인한다.

```
// 마지막 예측 결과를 반환
// 0: 날개("W"), 1: 링("O"), 2: 경사("angle"), 3: 알 수 없음
int PredictGesture(float* output) {
  // 확률이 0.8보다 큰 출력을 탐색(전체 확률의 합은 1)
  int this_predict = -1;
  for (int i = 0; i < 3; i++) {
    if (output[i] > 0.8) this_predict = i;
  }
```

this_predict는 예측된 제스처의 인덱스를 저장하기 위한 변수로 쓰인다.

continuous_count 변수는 가장 최근에 발견된 제스처가 연속으로 예측된 횟수를 추적하는 데 사용된다. 확률 임곗값인 0.8을 만족하는 제스처 카테고리가 없는 경우 continue_count를 0으로 설정하고 last_predict를 3으로 설정('알 수 없음' 카테고리의 인덱스)하여 진행 중인 감지 프로세스를 리셋하고 최근의 결과를 '알 수 없음'으로 결정한다.

```
// 임곗값을 초과하는 동작이 감지되지 않음
if (this_predict == -1) {
  continuous_count = 0;
  last_predict = 3;
  return 3;
}
```

다음으로 가장 최근의 예측이 이전 예측과 일치하면 continue_count를 증가시킨다. 그렇지 않으면 0으로 리셋한다. 또한 가장 최근의 예측을 last_predict에 저장한다.

```
if (last_predict == this_predict) {
  continuous_count += 1;
} else {
  continuous_count = 0;
}
last_predict = this_predict;
```

다음 단계로 should_continuous_count를 사용하여 현재 제스처가 아직 임곗값을 충족하는지 확인한다. 그렇지 않은 경우 '알 수 없음' 제스처를 나타내는 3을 반환한다.

```
    // 제스처 연속 인식 횟수가 충분하지 않은 경우 3('알 수 없음')을 반환
    if (continuous_count < kConsecutiveInferenceThresholds[this_predict]) {
      return 3;
    }
```

이 시점을 통과하면 알려진 제스처를 감지했다는 의미가 된다. 이때는 모든 변수를 리셋한다.

```
    // 제스처 감지에 성공하여 모든 변수를 리셋하고 감지 결과를 반환
    continuous_count = 0;
    last_predict = -1;
    return this_predict;
  }
```

PredictGesture() 함수는 현재 예측 결과를 반환하고 종료한다. 반환한 결과는 메인 루프에 의해 출력 핸들러로 전달되어 결과를 사용자에게 보여준다.

제스처 예측기 테스트는 gesture_predictor_test.cc에 있다. 첫 번째 테스트는 성공적인 예측을 보여준다.

```
  TF_LITE_MICRO_TEST(SuccessfulPrediction) {
    // 0번째 동작의 임곗값 사용
    int threshold = kConsecutiveInferenceThresholds[0];
    float probabilities[4] = {1.0, 0.0, 0.0, 0.0};
    int prediction;
    // 예측을 트리거하기 위해 수 회 반복
    for (int i = 0; i <= threshold - 1; i++) {
      prediction = PredictGesture(probabilities);
      TF_LITE_MICRO_EXPECT_EQ(prediction, 3);
    }
    // 1회 더 호출하여 카테고리 0에 대한 예측을 트리거
    prediction = PredictGesture(probabilities);
    TF_LITE_MICRO_EXPECT_EQ(prediction, 0);
  }
```

먼저 카테고리 0에 해당하는 확률을 PredictGesture() 함수에 전달한다. 일정한 임곗값에 해당하는 횟수만큼 PredictGesture()를 호출하기 전까지는 '알 수 없음' 결과를 나타내는 3이 반환될 것이다. 임곗값 이상의 횟수만큼 호출하고 나면 카테고리 0에 대한 긍정적 예측이 반환된다.

다음 테스트에서는 한 카테고리에 대해 높은 확률로 함수를 연속 호출하다가 다른 카테고리에 대해 높은 확률로 함수를 한 번 호출하면 어떻게 되는지 보여준다.

```
TF_LITE_MICRO_TEST(FailPartWayThere) {
  // 0번째 제스처의 임겟값 사용
  int threshold = kConsecutiveInferenceThresholds[0];
  float probabilities[4] = {1.0, 0.0, 0.0, 0.0};
  int prediction;
  // 예측을 트리거하기 위해 몇 번 반복
  for (int i = 0; i <= threshold - 1; i++) {
    prediction = PredictGesture(probabilities);
    TF_LITE_MICRO_EXPECT_EQ(prediction, 3);
  }
  // 다른 예측으로 호출하여 실패한 트리거
  probabilities[0] = 0.0;
  probabilities[2] = 1.0;
  prediction = PredictGesture(probabilities);
  TF_LITE_MICRO_EXPECT_EQ(prediction, 3);
}
```

이 경우 카테고리 0에 높은 확률을 전달하며 함수를 연속적으로 호출하지만 임겟값을 넘기지 않을 정도의 횟수만큼만 호출한다. 그런 다음 카테고리 2가 최고가 되도록 확률을 변경하여 함수를 호출하면 결국 카테고리 3에 대한 예측이 발생한다.

마지막 테스트는 PredictGesture()가 임겟값에 도달하지 못하는 확률을 어떻게 무시하는지 보여준다. 루프에서는 카테고리 0의 확률이 가장 높은 예측을 연속적으로 제공하지만, 가장 높은 확률인 카테고리 0의 확률 값은 0.7이기에 PredictGesture()의 내부 임겟값인 0.8보다 낮다. 결과적으로 카테고리 3의 '알 수 없음' 예측이 발생한다.

```
TF_LITE_MICRO_TEST(InsufficientProbability) {
  // 0번째 통직의 임겟값 사용
  int threshold = kConsecutiveInferenceThresholds[0];
  // 확률 임겟값 0.8 미만
  float probabilities[4] = {0.7, 0.0, 0.0, 0.0};
  int prediction;
  // 정확한 횟수만큼 반복
  for (int i = 0; i <= threshold; i++) {
    prediction = PredictGesture(probabilities);
    TF_LITE_MICRO_EXPECT_EQ(prediction, 3);
```

```
    }
  }
```

이 테스트를 실행하려면 다음 명령을 사용한다.

```
make -f tensorflow/lite/micro/tools/make/Makefile \
  test_gesture_predictor_test
```

11.3.4 출력 핸들러

출력 핸들러는 매우 간단하다. PredictGesture()에서 반환한 클래스 인덱스만 가져와서 결과를 사용자에게 표시한다. output_handler_test.cc의 테스트를 통해 인터페이스를 확인할 수 있다.

```
TF_LITE_MICRO_TEST(TestCallability) {
  tflite::MicroErrorReporter micro_error_reporter;
  tflite::ErrorReporter* error_reporter = &micro_error_reporter;
  HandleOutput(error_reporter, 0);
  HandleOutput(error_reporter, 1);
  HandleOutput(error_reporter, 2);
  HandleOutput(error_reporter, 3);
}
```

이 테스트를 실행하려면 다음 명령을 사용한다.

```
make -f tensorflow/lite/micro/tools/make/Makefile \
  test_gesture_output_handler_test
```

11.4 제스처 감지

지금까지 설명한 모든 구성 요소는 main_functions.cc에 프로그램의 핵심 논리와 함께 모두 포함되어 있다. main_functions.cc의 시작 부분에서는 먼저 일반적인 변수와 추가적인 변수를 함께 선언한다.

```
namespace tflite {
namespace ops {
namespace micro {
TfLiteRegistration* Register_DEPTHWISE_CONV_2D();
TfLiteRegistration* Register_MAX_POOL_2D();
TfLiteRegistration* Register_CONV_2D();
TfLiteRegistration* Register_FULLY_CONNECTED();
TfLiteRegistration* Register_SOFTMAX();
}  // namespace micro
}  // namespace ops
}  // namespace tflite

// 전역 변수: 아두이노 스타일 스케치와의 호환성에 필요
namespace {
tflite::ErrorReporter* error_reporter = nullptr;
const tflite::Model* model = nullptr;
tflite::MicroInterpreter* interpreter = nullptr;
TfLiteTensor* model_input = nullptr;
int input_length;

// 입력, 출력, 중간 배열에 사용할 메모리 영역을 생성한다.
// 배열의 크기는 사용 중인 모델에 따라 다르며 실험을 통해 결정해야 할 수도 있다.
constexpr int kTensorArenaSize = 60 * 1024;
uint8_t tensor_arena[kTensorArenaSize];

// 다음에 데이터를 가져올 때 버퍼를 지울지 결정한다.
bool should_clear_buffer = false;
}  // namespace
```

input_length 변수는 모델의 입력 텐서 길이를 저장하고 should_clear_buffer 변수는 다음에 실행될 때 가속도계 핸들러의 버퍼를 지울지 여부를 나타내는 플래그다. 이어지는 추론을 위해 성공적인 감지 결과를 출력한 후에는 버퍼를 비워서 메모리를 깨끗하게 한다.

다음으로 setup() 함수는 일반적인 설정 작업으로 추론을 실행할 준비를 한다.

```
void setup() {
  // 로깅 설정. 구글의 스타일은 전역 또는 정적인 변수를 피하지만
  // 이 경우에는 소멸자가 있으므로 괜찮다.
  static tflite::MicroErrorReporter micro_error_reporter; //NOLINT
  error_reporter = &micro_error_reporter;
```

```
// 모델을 사용 가능한 데이터 구조에 매핑한다.
// 복사나 파싱을 포함하지 않는 가벼운 작업이다.
model = tflite::GetModel(g_magic_wand_model_data);
if (model->version() != TFLITE_SCHEMA_VERSION) {
  error_reporter->Report(
      "Model provided is schema version %d not equal "
      "to supported version %d.",
      model->version(), TFLITE_SCHEMA_VERSION);
  return;
}

// 필요한 Op 구현만 가져온다. 이 그래프에 필요한 모든 Op의 목록에 의존한다.
// AllOpsResolver를 사용하는 것이 더 쉬운 방법이지만
// 그래프에 필요하지 않은 Op 구현도 가져오면 코드 공간을 일부 낭비하게 된다.
static tflite::MicroMutableOpResolver micro_mutable_op_resolver; // NOLINT
micro_mutable_op_resolver.AddBuiltin(
    tflite::BuiltinOperator_DEPTHWISE_CONV_2D,
    tflite::ops::micro::Register_DEPTHWISE_CONV_2D());
micro_mutable_op_resolver.AddBuiltin(
    tflite::BuiltinOperator_MAX_POOL_2D,
    tflite::ops::micro::Register_MAX_POOL_2D());
micro_mutable_op_resolver.AddBuiltin(
    tflite::BuiltinOperator_CONV_2D,
    tflite::ops::micro::Register_CONV_2D());
micro_mutable_op_resolver.AddBuiltin(
    tflite::BuiltinOperator_FULLY_CONNECTED,
    tflite::ops::micro::Register_FULLY_CONNECTED());
micro_mutable_op_resolver.AddBuiltin(tflite::BuiltinOperator_SOFTMAX,
                                     tflite::ops::micro::Register_SOFTMAX());

// 모델을 실행하기 위해 인터프리터를 빌드한다.
static tflite::MicroInterpreter static_interpreter(model,
                                                   micro_mutable_op_resolver,
                                                   tensor_arena,
                                                   kTensorArenaSize,
                                                   error_reporter);
interpreter = &static_interpreter;

// 모델의 텐서를 위해 tensor_arena로부터 메모리 할당한다.
interpreter->AllocateTensors();

// 모델의 입력 텐서에 대한 포인터를 획득한다.
model_input = interpreter->input(0);
if ((model_input->dims->size != 4) || (model_input->dims->data[0] != 1) ||
```

```
        (model_input->dims->data[1] != 128) ||
        (model_input->dims->data[2] != kChannelNumber) ||
        (model_input->type != kTfLiteFloat32)) {
      error_reporter->Report("Bad input tensor parameters in model");
      return;
    }

    input_length = model_input->bytes / sizeof(float);

    TfLiteStatus setup_status = SetupAccelerometer(error_reporter);
    if (setup_status != kTfLiteOk) {
      error_reporter->Report("Set up failed\n");
    }
  }
```

loop() 함수에서는 더 재미있는 내용이 담겨 있다. 코드 자체는 매우 간단하다.

```
void loop() {
  // 가속도계에서 새 데이터를 읽으려고 시도한다.
  bool got_data = ReadAccelerometer(error_reporter, model_input->data.f,
                                    input_length, should_clear_buffer);
  // 버퍼 삭제를 다시 시도하지 않는다.
  should_clear_buffer = false;
  // 새로운 데이터가 없으면 다음 시간까지 대기한다.
  if (!got_data) return;
  // 추론을 실행하고 오류를 보고한다.
  TfLiteStatus invoke_status = interpreter->Invoke();
  if (invoke_status != kTfLiteOk) {
    error_reporter->Report("Invoke failed on index: %d\n", begin_index);
    return;
  }
  // 결과를 분석하여 예측을 획득한다.
  int gesture_index = PredictGesture(interpreter->output(0)->data.f);
  // 다음에 데이터를 읽을 때 버퍼를 비운다.
  should_clear_buffer = gesture_index < 3;
  // 출력을 생성한다.
  HandleOutput(error_reporter, gesture_index);
}
```

먼저 가속도계에서 값을 읽는다. 그리고 당분간 읽은 값 버퍼를 삭제하지 않도록 should_
clear_buffer를 false로 설정한다.

새 데이터를 얻는 데 실패하면 ReadAccelerometer()는 잘못된 값을 반환하고 loop() 함수를 빠져나와 다시 진입할 준비를 한다.

ReadAccelerometer()에 의해 반환된 값이 true이면 새로 입력된 입력 텐서에 대해 추론을 실행한다. 결과를 PredictGesture()에 전달하면 어떤 제스처가 감지됐는지에 대한 인덱스가 제공된다. 인덱스가 3보다 작으면 제스처가 유효했다는 의미이므로 다음 ReadAccelerometer()가 호출될 때 버퍼를 지우기 위해 should_clear_buffer 플래그를 true로 설정한다. 그런 다음 HandleOutput()을 호출하여 결과를 사용자에게 보고한다.

main.cc에서 main() 함수는 프로그램을 시작하고 setup()을 실행하고 반복적으로 loop() 함수를 호출한다.

```
int main(int argc, char* argv[]) {
  setup();
  while (true) {
    loop();
  }
}
```

코드 설명은 여기까지다. 개발 컴퓨터에서 프로그램을 빌드하려면 다음 명령을 사용한다.

```
make -f tensorflow/lite/micro/tools/make/Makefile magic_wand
```

그런 다음 프로그램을 실행하려면 다음을 명령을 입력한다.

```
./tensorflow/lite/micro/tools/make/gen/osx_x86_64/bin/magic_wand
```

사용 가능한 가속도계 데이터가 없기 때문에 프로그램이 출력을 생성하지는 않지만 빌드나 실행을 확인할 수 있다.

다음으로 가속도계 데이터를 캡처하고 출력을 생성하는 각 플랫폼의 코드를 살펴보자. 또한 애플리케이션을 배포하고 실행하는 방법도 설명할 것이다.

11.5 마이크로컨트롤러에 배포

이 절에서는 코드를 두 가지 장치에 배포한다.

- 아두이노 나노 33 BLE 센스
- 스파크펀 에지

우선 아두이노 구현부터 시작하자.

11.5.1 아두이노

아두이노 나노 33 BLE 센스는 3축 가속도계와 블루투스를 탑재하고 있으며 작고 가벼워서 마술 지팡이를 만드는 데 이상적이다.

블루투스

이 장의 구현에서는 블루투스 사용 방법을 보여주지는 않지만 아두이노 블루투스 라이브러리에 있는 예제 코드를 응용하면 직접 구현 가능하다. 자세한 내용은 11.5.2.5절에서 확인할 수 있다.

책이 출판된 이후 블루투스 지원이 예제에 추가됐을 수 있다. 텐서플로 저장소에서 최신 버전을 확인하자.

이제부터 애플리케이션의 주요 파일 중 일부에 대한 아두이노 버전 구현을 살펴보겠다.

11.5.1.1 아두이노 상수

상수 kConsecutiveInferenceThresholds는 arduino/constants.cc 파일에서 재정의된다.

```
// 각 제스처 유형에 대해 예상되는 연속 추론 횟수다.
// 아두이노 33 BLE 센스 기준으로 설정됐다.
const int kConsecutiveInferenceThresholds[3] = {8, 5, 4};
```

앞에서 언급했듯 이 상수는 각 제스처 감지에 필요한 연속적인 긍정적 추론의 횟수를 저장한다. 상수의 값은 초당 실행되는 추론 횟수나 장치에 따라 달라진다. 기본값은 스파크펀 에지 기

준이기 때문에 아두이노 버전에는 별도의 값이 필요하다. 이러한 임곗값을 직접 수정하여 추론을 더욱 어렵거나 쉽게 트리거할 수도 있는데 너무 낮게 설정하면 잘못된 감지가 발생할 수 있다.

11.5.1.2 아두이노에서 가속도계 데이터 받기

아두이노 가속도계 핸들러는 arduino/accelerometer_handler.cc에 있으며 가속도계에서 데이터를 캡처하여 모델의 입력 버퍼에 쓰는 작업을 담당한다.

예제에서 사용하는 모델은 스파크펀 에지 보드의 데이터를 사용하여 학습됐다. 스파크펀 에지의 가속도계는 25Hz, 즉 초당 25회의 속도로 센서 값을 읽어 불러온다. 올바르게 작동하려면 동일한 속도로 캡처된 데이터를 공급해야 하지만 아두이노 나노 33 BLE 센스 보드의 가속도계는 119Hz의 속도로 센서 값을 반환한다. 이 차이를 해결하려면 데이터를 캡처하는 것 외에도 모델에 맞게 데이터를 다운샘플링해야 한다.

기술적으로 난해한 용어처럼 들리지만 다운샘플링은 어렵지 않다. 신호의 샘플링 속도를 줄이기 위해 일부 데이터를 버리는 것이 기본 개념이다. 다음 코드에서 이것이 어떻게 작동하는지 살펴보자.

먼저 각종 헤더 파일을 불러온다.

```
#include "tensorflow/lite/micro/examples/magic_wand/accelerometer_handler.h"

#include <Arduino.h>
#include <Arduino_LSM9DS1.h>

#include "tensorflow/lite/micro/examples/magic_wand/constants.h"
```

Arduino.h 파일은 아두이노 플랫폼의 일부 기본 기능에 접근하는 것을 허용한다. Arduino_LSM9DS1 파일은 보드의 가속도계와 통신하는 데 사용할 Arduino_LSM9DS1 라이브러리 (https://oreil.ly/eb3Zs)의 일부다.

다음으로 몇 가지 변수를 설정한다.

```
// 마지막 200개의 3채널 값을 보유한 버퍼
float save_data[600] = {0.0};
```

```
// save_data 버퍼의 가장 최근 위치
int begin_index = 0;
// 아직 추론을 실행할 데이터가 충분하지 않은 경우 True
bool pending_initial_data = true;
// 다운샘플링 중에 측정 값을 저장해야 하는 빈도
int sample_every_n;
// 마지막으로 저장한 이후 측정 횟수
int sample_skip_counter = 1;
```

여기에서는 데이터 버퍼 **save_data**와 버퍼 내의 현재 위치를 추적하기 위한 변수 **begin_index**, 추론을 시작하기에 충분한 데이터가 있는지 확인하기 위한 변수 **pending_initial_data**를 선언한다. **sample_every_n**과 **sample_skip_counter**는 다운샘플링에 사용된다. 다운샘플링은 뒤에서 더 자세히 살펴보겠다.

다음으로 **SetupAccelerometer()** 함수는 프로그램의 메인 루프에 의해 호출되어 보드가 데이터를 캡처할 준비를 하게 만든다.

```
TfLiteStatus SetupAccelerometer(tflite::ErrorReporter* error_reporter) {
  // 시리얼 포트가 준비될 때까지 대기
  while (!Serial) {
  }

  // IMU를 켠다.
  if (!IMU.begin()) {
    error_reporter->Report("Failed to initialize IMU");
    return kTfLiteError;
  }
```

모든 준비가 완료됐다는 메시지를 출력해야 하므로 장치의 시리얼 포트가 준비됐는지 확인한다. 그런 다음 가속도계가 포함된 전자 부품인 관성 측정 장치Inertial Measurement Unit(IMU)를 켠다. IMU 객체는 Arduino_LSM9DS1 라이브러리에서 제공한다.

다음 단계는 다운샘플링이다. 먼저 IMU 라이브러리에 쿼리하여 보드의 샘플 속도를 확인한다. 확인된 샘플 속도를 constants.h에 정의된 목표 샘플링 속도 상수 **kTargetHz**로 나눈다.

```
// kTargetHz를 만들기 위한 측정 횟수를 계산
float sample_rate = IMU.accelerationSampleRate();
sample_every_n = static_cast<int>(roundf(sample_rate / kTargetHz));
```

목표 속도는 25Hz고 보드의 샘플링 속도는 119Hz다. 따라서 나눗셈의 결과는 4.76이 된다. 즉, 119Hz로 샘플링한 데이터에서 4.76 샘플마다 한 개의 샘플을 취하면 25Hz를 달성할 수 있다.

샘플링 비율을 소수로 유지하는 것은 어려우니 roundf() 함수를 사용하여 가장 가까운 정수 5로 반올림한다. 즉, 신호를 다운샘플링하려면 샘플 다섯 개마다 샘플 한 개를 취해야 한다. 결과적으로 23.8Hz의 유효 샘플링 속도가 발생하는데 이 정도면 모델이 제대로 작동하기에 충분한 근사치다. 이 값을 나중에 사용하기 위해 sample_every_n 변수에 저장한다.

이제 다운샘플링의 파라미터를 설정했으므로 애플리케이션을 시작할 준비가 됐음을 알리고 SetupAccelerometer() 함수에서 반환하라는 메시지를 출력한다.

```
  error_reporter->Report("Magic starts!");

  return kTfLiteOk;
}
```

다음으로 ReadAccelerometer()를 정의한다. 이 함수는 새로운 데이터를 캡처하여 모델의 출력 텐서에 쓰는 작업을 수행한다. 그리고 제스처가 성공적으로 인식된 후 내부 버퍼를 지워서 후속 제스처 인식을 위해 메모리를 정리한다.

```
bool ReadAccelerometer(tflite::ErrorReporter* error_reporter, float* input,
                       int length, bool reset_buffer) {
  // 필요한 경우 버퍼를 삭제(성공적인 예측 후)
  if (reset_buffer) {
    memset(save_data, 0, 600 * sizeof(float));
    begin_index = 0;
    pending_initial_data = true;
  }
```

다음으로 IMU 라이브러리를 사용하여 루프에서 사용 가능한 데이터를 확인한다. 사용 가능한 데이터가 있으면 읽어들인다.

```
  // 새로운 데이터를 저장했는지 추적
  bool new_data = false;
  // 새로운 샘플을 반복하고 버퍼에 추가
```

```
while (IMU.accelerationAvailable()) {
  float x, y, z;
  // 각 샘플을 읽고 장치의 FIFO 버퍼에서 제거
  if (!IMU.readAcceleration(x, y, z)) {
    error_reporter->Report("Failed to read data");
    break;
  }
```

아두이노 나노 33 BLE 센스 보드의 가속도계에는 FIFO 버퍼라는 것이 장착되어 있다. 이는 가속도계 자체에 위치한 특수 메모리 버퍼로 최근 32개의 센서 값을 보유한다. 이 FIFO 버퍼는 가속도계 하드웨어의 일부이기 때문에 애플리케이션 코드가 실행되는 동안에도 계속 측정을 수행한다. FIFO 버퍼가 없으면 많은 데이터가 손실될 수 있다. 제스처의 정확한 기록을 돕는 큰 역할을 하는 셈이다.

IMU.accelerationAvailable()을 호출하면 가속도계에 쿼리하여 FIFO 버퍼에서 새 데이터를 사용할 수 있는지 확인한다. 루프를 사용하여 버퍼에서 읽을 새 데이터가 없을 때까지 데이터를 계속 읽어들인다.

다음으로 매우 간단한 다운샘플링 알고리즘을 구현한다.

```
// 샘플이 n번째가 아니라면 버린다.
if (sample_skip_counter != sample_every_n) {
  sample_skip_counter += 1;
  continue;
}
```

기본적인 접근 방식은 n번째 샘플만 남기고 버리는 것이다. 여기서 n은 sample_every_n에 저장된 숫자다. 이를 위해 sample_skip_counter 카운터를 유지한다. 이 카운터는 가장 최근 남긴 샘플 이후 몇 번째 샘플을 읽었는지 알려준다. 이 카운터로 모든 샘플에 대해 n번째인지 확인하고 n번째가 아니면 데이터를 쓰는 과정을 생략하고 루프의 처음으로 돌아간다. 이 간단한 프로세스로 데이터가 다운샘플링을 구현한다.

이렇게 다운샘플링을 마친 데이터를 save_data 버퍼에 쓴다.

```
// 모델과 호환하기 위해 단위를 mG로 변경하고
// y와 x의 순서를 뒤집어 버퍼에 샘플을 쓴다.
```

```
// (스파크펀 에지와 아두이노 나노 BLE 센스는 센서 방향이 다르다.)
save_data[begin_index++] = y * 1000;
save_data[begin_index++] = x * 1000;
save_data[begin_index++] = z * 1000;
```

모델은 x, y, z 순서로 가속도계 측정을 받는데 앞의 코드에서는 y값을 x보다 먼저 버퍼에 쓰고 있다. 이 모델이 스파크펀 보드에서 캡처한 데이터로 훈련돼서 가속도계의 축이 아두이노의 축과 다른 물리적 방향을 가리키고 있기 때문이다. 덕택에 스파크펀 에지의 x축은 아두이노의 y축과 같으며 스파크펀 에지의 y축은 아두이노의 x축과 같다. 그러므로 코드 내에서 x축과 y축의 데이터만 서로 바꾸면 아두이노 버전에서도 모델이 이해할 수 있는 데이터를 공급할 수 있다.

루프의 마지막 몇 행은 일부 상태 변수의 값을 상황에 맞게 다시 할당한다.

```
// 샘플을 가져왔으므로 카운터를 리셋한다.
sample_skip_counter = 1;
// 서클 버퍼의 끝에 도달하면 인덱스를 리셋한다.
if (begin_index >= 600) {
  begin_index = 0;
}
new_data = true;
}
```

다운샘플링 카운터를 재설정하고 인덱스가 샘플 버퍼의 끝에 도달하면 이를 벗어나지 않도록 초기화한 뒤 새 데이터가 저장됐음을 나타내는 플래그를 설정한다.

데이터를 얻은 후 더 많은 것을 확인한다. 이번에는 추론을 수행하기에 충분한 데이터가 있는지 확인하고 그렇지 않은 경우나 새 데이터가 캡처되지 않은 경우 아무 작업도 하지 않고 함수를 반환한다.

```
// 데이터가 아직 준비되지 않은 경우 함수를 반환
if (!new_data) {
  return false;
}

// 예측할 준비가 됐는지 또는 더 많은 데이터가 필요한지 확인
if (pending_initial_data && begin_index >= 200) {
```

```
    pending_initial_data = false;
  }

  // 데이터가 충분하지 않으면 반환
  if (pending_initial_data) {
    return false;
  }
```

새로운 데이터가 없을 때는 **false**를 반환함으로써 추론 실행을 방해하지 않게 한다.

이제 확실하게 새로운 데이터를 얻었다. 새 샘플을 포함하여 적절한 양의 데이터를 입력 텐서에 복사한다.

```
  // 요청된 바이트 수를 입력 텐서에 복사
  for (int i = 0; i < length; ++i) {
    int ring_array_index = begin_index + i - length;
    if (ring_array_index < 0) {
      ring_array_index += 600;
    }
    input[i] = save_data[ring_array_index];
  }

  return true;
}
```

이로써 입력 텐서를 채우고 추론을 실행할 준비가 됐다. 추론이 실행된 후 그 결과는 제스처 예측기에 전달되어 유효한 제스처가 발견됐는지 결정한다. 결과를 출력 핸들러로 전달한 다음 과정을 살펴보자.

11.5.1.3 아두이노에서 제스처 응답

출력 핸들러는 arduino/output_handler.cc에 정의되어 있다. 감지된 제스처에 따라 시리얼 포트에 정보를 기록하고 추론이 실행될 때마다 보드의 LED 상태를 바꾸는 간결한 코드다.

함수가 처음 실행될 때 다음과 같이 LED가 출력되도록 설정한다.

```
void HandleOutput(tflite::ErrorReporter* error_reporter, int kind) {
  // 최초로 실행될 때만 LED를 출력으로 설정한다.
```

```
static bool is_initialized = false;
if (!is_initialized) {
  pinMode(LED_BUILTIN, OUTPUT);
  is_initialized = true;
}
```

다음으로 추론이 이루어질 때마다 LED를 켜거나 끈다.

```
// 추론이 수행될 때마다 LED를 토글한다.
static int count = 0;
++count;
if (count & 1) {
  digitalWrite(LED_BUILTIN, HIGH);
} else {
  digitalWrite(LED_BUILTIN, LOW);
}
```

마지막으로 어떤 제스처를 감지했는지에 따라 아름다운 아스키ASCII 아트를 인쇄한다.

```
// 각 제스처에 대해 아스키 아트 인쇄
if (kind == 0) {
  error_reporter->Report(
      "WING:\n\r*         *         *\n\r *       * * "
      "*\n\r  *     *   *     *\n\r   *   *     *   *\n\r    * *       "
      "* *\n\r     *         *\n\r");
} else if (kind == 1) {
  error_reporter->Report(
      "RING:\n\r          *\n\r       *     *\n\r     *         *\n\r "
      "   *           *\n\r     *         *\n\r       *     *\n\r     "
      "     *\n\r");
} else if (kind == 2) {
  error_reporter->Report(
      "SLOPE:\n\r        *\n\r       *\n\r      *\n\r     *\n\r    "
      "*\n\r   *\n\r  *\n\r * * * * * * * *\n\r");
}
```

코드만으로는 무엇을 출력하는 것인지 알기 어렵지만 애플리케이션을 보드에 배포하면 시각적으로 결과를 확인할 수 있을 것이다.

11.5.1.4 예제 실행

이 예제를 배포하려면 다음 같은 도구가 필요하다.

- 아두이노 나노 33 BLE 센스 보드
- 마이크로 USB 케이블
- 아두이노 IDE

> **TIP_** 이 책이 출간된 후 빌드 프로세스가 변경됐을 가능성이 있으므로 README.md에서 최신 업데이트를 확인하자.

이 책의 프로젝트는 텐서플로 라이트 아두이노 라이브러리에서 예제 코드로 제공되며 아두이노 IDE를 통해 쉽게 설치하고 Tools 메뉴에서 라이브러리 관리를 선택할 수 있다. 나타나는 창에서 Arduino_TensorFlowLite라는 라이브러리를 검색하여 설치한다. 최신 버전 사용을 권하지만 문제가 발생했을 때는 이 책에서 테스트한 버전이 1.14-ALPHA라는 점을 참고 바란다.

> **NOTE_** .zip 파일로 라이브러리를 설치할 수도 있다. 이 파일은 텐서플로 라이트 웹사이트에서 다운로드 (https://oreil.ly/blgB8)할 수도 있고 마이크로컨트롤러용 텐서플로 라이트의 Makefile을 사용하여 생성할 수도 있다. 자세한 내용은 22장에서 다룬다.

라이브러리를 설치하면 [그림 11-5]와 같이 File 메뉴의 Examples → Arduino_Tensor FlowLite 아래에 `magic_wand` 예제가 표시된다.

magic_wand를 클릭하여 예제를 로드한다. 각 소스 파일에 대한 탭이 있는 새 창이 나타난다. 첫 번째 탭인 magic_wand의 파일은 앞에서 살펴본 main_functions.cc와 같다.

> **NOTE_** 6.2.2절에서 이미 아두이노 예제의 구조를 설명했으므로 여기서는 다시 다루지 않는다.

그림 11-5 예제 메뉴

텐서플로 라이브러리 외에도 Arduino_LSM9DS1 라이브러리를 설치하고 패치해야 한다. 기본적으로 라이브러리는 예제에 필요한 FIFO 버퍼를 활성화하지 않으므로 코드를 약간 수정한다.

아두이노 IDE에서 Tools → Manage Libraries를 선택한 다음 Arduino_LSM9DS1을 검색하자. 앞으로 보여줄 실습이 잘 작동하려면 드라이버 버전 1.0.0을 설치해야 한다.

드라이버는 Arduino/libraries의 하위 디렉터리인 Arduino_LSM9DS1에 설치된다.

드라이버 소스 파일 Arduino_LSM9DS1/src/LSM9DS1.cpp를 열고 LSM9DS1Class::begin() 함수로 이동한다. return 1 행의 바로 앞 함수 끝에 다음 행을 삽입하자.

```
// FIFO 활성화(문서 참조: https://www.st.com/resource/en/datasheet/DM00103319.pdf)
// writeRegister(LSM9DS1_ADDRESS, 0x23, 0x02)
// 연속 모드 설정
writeRegister(LSM9DS1_ADDRESS, 0x2E, 0xC0);
```

그런 다음 이름이 LSM9DS1Class::accelerationAvailable()인 함수를 찾으면 다음과 같은 행이 나타난다.

```
if (readRegister(LSM9DS1_ADDRESS, LSM9DS1_STATUS_REG) & 0x01) {
  return 1;
}
```

해당 행을 주석 처리한 후 다음으로 바꾼다.

```
// FIFO_SRC를 읽는다. 가장 오른쪽의 8비트 중 하나에 값이 있으면 데이터가 있는 것이다.
if (readRegister(LSM9DS1_ADDRESS, 0x2F) & 63) {
  return 1;
}
```

파일을 저장한다. 이것으로 패치가 완료됐다.

예제를 실행하려면 USB를 통해 아두이노 보드를 연결한다. [그림 11-6]과 같이 Tools 메뉴의 Board 드롭다운 목록에서 올바른 장치 유형을 선택했는지 확인한다.

장치 이름이 목록에 없으면 지원 패키지를 설치해야 한다. 먼저 Boards Manager를 클릭한다. 나타나는 창에서 장치를 검색하고 해당 지원 패키지의 최신 버전을 설치한다.

다음으로 [그림 11-7]과 같이 Tools 메뉴의 Port 드롭다운 목록에서 장치의 포트가 선택되어 있는지 확인한다.

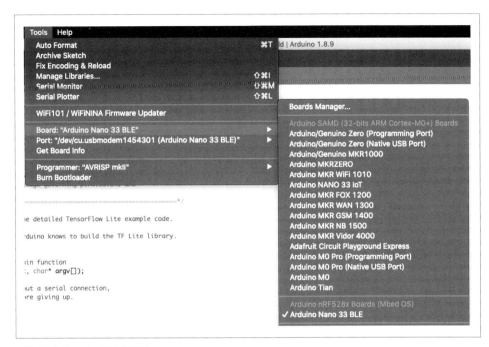

그림 11-6 Board 드롭다운 목록

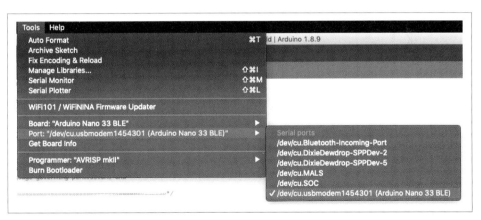

그림 11-7 Port 드롭다운 목록

마지막으로 아두이노 창에서 업로드 버튼을 클릭해 코드를 컴파일하여 아두이노 장치에 업로드한다.

그림 11-8 업로드 버튼

업로드를 성공하면 아두이노 보드의 LED가 깜박이기 시작한다.

보드를 들고 제스처를 취하기 전에 Tools 메뉴에서 시리얼 모니터를 선택한다. 처음에 나타나는 결과는 다음과 같다.

```
Magic starts!
```

이제 제스처를 취해볼 수 있다. [그림 11-9]에 표시된 대로 보드의 부품이 위를 향하고 USB 어댑터가 왼쪽을 향하도록 한 손으로 보드를 든다.

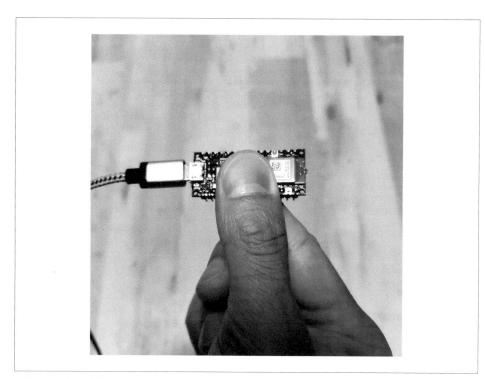

그림 11-9 제스처를 취하는 동안 보드를 잡는 방법

[그림 11-10]은 각 제스처에 해당하는 움직임을 보여주는 다이어그램이다. 모델은 보드가 막대에 부착된 상태에서 제스처를 취한 데이터를 통해 학습했기 때문에 막대가 없는 상태에서 제스처를 인식시키려면 몇 회 시도해야 할 수 있다.

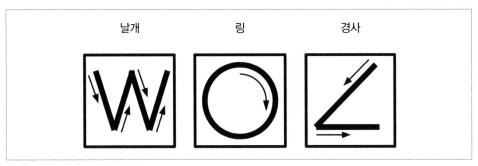

그림 11-10 마술 지팡이 제스처

가장 쉬운 제스처는 날개다. 제스처를 수행하는 데 약 1초가 정도 걸릴 정도로 손을 빠르게 움직여야 한다. 성공하면 다음과 같은 시리얼 출력이 표시되고 빨간색 LED가 켜질 것이다.

축하한다. 아두이노를 사용하여 첫 번째 마법을 시전했다.

> **NOTE_** 이 시점에서 창의력을 발휘해 보드를 손에서 가장 먼 지점에 있는 마술 지팡이 끝에 부착해보자. 길이가 약 30cm인 막대기, 자, 기타 가정 용품을 활용할 수 있을 것이다.
> 구성 요소가 위를 향하고, USB 어댑터가 왼쪽을 향하게 하고, 장치가 단단히 연결되어 있는지 확인한다. 그리고 유연한 막대가 아닌 단단한 막대를 선택하자. 막대가 흔들리면 가속도계 센서 값에 영향을 준다.

다음으로 손(또는 지팡이 끝)을 움직여서 시계 방향으로 원을 그리면서 링 제스처를 시도해보자. 다시 말하지만 제스처를 수행하는 데 1초 정도를 소요해야 인식이 잘 된다. 그러면 마술처럼 다음과 같은 출력이 나타난다.

```
RING:
        *
     *     *
    *         *
   *           *
    *         *
     *     *
        *
```

마지막 제스처로 공중에서 삼각형 모서리 모양을 그리자. 출력으로 나와야 하는 다음 아스키 아트를 보면 어떤 모양을 그려야 하는지 알 것이다.

```
SLOPE:
          *
         *
        *
       *
      *
     *
    *
   *
  * * * * * * * *
```

좋은 마법 주문이 늘 그렇듯 완벽한 제스처를 위해서는 연습이 필요할 것이다. README.md 에서 제스처의 비디오 데모를 찾을 수 있다.

잘 동작하지 않는다면?

발생 가능한 문제와 디버깅 방법은 다음과 같다.

문제: LED가 켜지지 않는다.

해결 방법: 리셋 버튼을 누르거나 USB 케이블에서 보드를 분리했다가 다시 연결해본다. 어느 방법에도 작동하지 않으면 보드를 다시 플래싱한다.

문제: LED가 켜져 있거나 꺼진 상태를 계속 유지한다.

해결 방법: 프로그램은 새로운 데이터를 충분히 사용할 수 있을 때까지 기다리기 때문에 추론 직후 LED가 깜박임을 멈추는 것이 정상이다. 하지만 LED가 몇 초 이상 깜박임을 멈추면 프로그램이 중단된 것일 수도 있다. 이 경우 리셋 버튼을 누른다.

문제: 제스처를 인식하지 못한다.

해결 방법: 먼저 LED가 깜박이는지 확인한다. 이는 추론이 발생하고 있음을 나타낸다. 그렇지 않은 경우 리셋 버튼을 누르고 앞의 그림과 같이 보드를 올바른 방향으로 잡고 있는지 확인한다.

제스처를 익히려면 연습하기 가장 쉬운 W로 시작하자. O는 원을 매우 부드럽게 그려야 하기 때문에 조금 더 어렵다. 경사 제스처는 가장 까다롭다. README.md의 비디오가 도움이 될 것이다.

11.5.1.5 커스텀 버전 만들기

이제 애플리케이션을 배포했으므로 코드를 가지고 놀아보자. 아두이노 IDE에서 소스 파일을 편집할 수 있다. 저장하면 예제를 새 위치에 다시 저장하라는 메시지가 표시된다. 변경한 후에 아두이노 IDE에서 업로드 버튼을 클릭하면 빌드와 배포를 진행할 수 있다.

시도해볼 수 있는 몇 가지 실험은 다음과 같다.

- arduino/constants.cc의 임곗값을 바꿔서 제스처 인식을 더 쉽게 또는 더 어렵게 만들어본다.
- 인식한 제스처 결과를 바탕으로 실제 작업을 수행하는 프로그램을 만들어본다.
- 제스처 인식 결과를 블루투스로 전송하게 프로그램을 수정해본다. 이를 위한 블루투스 예제는 ArduinoBLE 라이브러리(https://oreil.ly/xW4SN)에 포함되어 있으며 아두이노 IDE를 통해 다운로드할 수 있다.

11.5.2 스파크펀 에지

스파크펀 에지에는 3축 가속도계, 배터리 슬롯, 블루투스 기능이 있다. 무선으로 작동 가능하기 때문에 마술 지팡이와 궁합이 잘 맞는 장치다.

블루투스

이 장에서 블루투스 사용 방법을 보여주지는 않지만 Ambiq SDK에 블루투스 사용 방법을 보여주는 예제가 있다. 11.5.2.5절에서 관련 링크를 소개할 것이다.

책이 출판된 이후 블루투스 예제가 추가됐을 수도 있다. 텐스플로 저장소에서 최신 버전을 확인하자.

11.5.2.1 스파크펀 에지에서 가속도계 데이터 받기

가속도계 데이터를 캡처하는 코드는 sparkfun_edge/accelerometer_handler.cc에 있다. 대부분 장치에 종속적인 코드인데 지면상 자세한 구현을 설명하기보다는 중요한 사항에만 초점을 맞출 것이다.

가속도계 데이터 캡처와 관련된 첫 번째 단계는 하드웨어 설정이다. SetupAccelerometer() 함수는 가속도계에 필요한 다양한 저수준 파라미터를 설정한다.

```
TfLiteStatus SetupAccelerometer(tflite::ErrorReporter* error_reporter) {
  // 클록 주파수를 설정한다.
  am_hal_clkgen_control(AM_HAL_CLKGEN_CONTROL_SYSCLK_MAX, 0);

  // 기본 캐시 구성 설정
  am_hal_cachectrl_config(&am_hal_cachectrl_defaults);
  am_hal_cachectrl_enable();

  // 보드를 저전력 작동 모드로 설정한다.
  am_bsp_low_power_init();

  // 25Hz의 속도로 데이터를 수집한다.
  int accInitRes = initAccelerometer();
```

initAccelerometer()라는 함수를 호출하는 것을 볼 수 있다. 이 함수는 스파크펀 에지 BSP 의 가속도계 예제(https://oreil.ly/JC0b6)에 정의되어 있으며 프로젝트가 빌드될 때 종속성으로 함께 포함된다. 이 함수는 보드의 가속도계를 켜고 구성하기 위한 다양한 작업을 수행한다.

가속도계가 실행되면 FIFO 버퍼(https://oreil.ly/kFEa0)를 활성화한다. 이것은 가속도계 자체에 위치한 특수 메모리 버퍼이며 최근 32개의 데이터 포인트를 보유한다. 애플리케이션 코드를 사용하여 추론을 실행하는 동안에도 이를 활성화하여 측정된 가속도계 센서 값을 계속 수집할 수 있다. 나머지 함수는 버퍼를 설정하고 문제가 발생하면 오류를 기록한다.

```
// 가속도계의 FIFO 버퍼를 활성화한다.
// 참고: LIS2DH12에는 최대 32개의 데이터 항목을 보유하는 FIFO 버퍼가 있으며
// CPU가 사용 중인 동안 데이터를 축적한다.
// 오래된 데이터는 시간 내에 가져오지 않으면 덮어 쓰기가 되므로
// 모델의 추론 주기가 1/25Hz*32=1.28s보다 빠르도록 해야 한다.
```

```
  if (lis2dh12_fifo_set(&dev_ctx, 1)) {
    error_reporter->Report("Failed to enable FIFO buffer.");
  }

  if (lis2dh12_fifo_mode_set(&dev_ctx, LIS2DH12_BYPASS_MODE)) {
    error_reporter->Report("Failed to clear FIFO buffer.");
    return 0;
  }

  if (lis2dh12_fifo_mode_set(&dev_ctx, LIS2DH12_DYNAMIC_STREAM_MODE)) {
    error_reporter->Report("Failed to set streaming mode.");
    return 0;
  }

  error_reporter->Report("Magic starts!");

  return kTfLiteOk;
}
```

초기화가 끝나면 ReadAccelerometer() 함수를 호출하여 최신 데이터를 얻을 수 있다. 모든 추론 사이에 이 함수를 호출하고 데이터를 얻는다.

먼저 reset_buffer 인수가 true면 ReadAccelerometer()는 데이터 버퍼를 리셋한다. 이어질 제스처를 위해 메모리를 정리하는 역할이기 때문에 유효한 제스처가 감지된 후에 이루어지는 작업이다. 이 과정의 일부로 am_util_delay_ms()를 사용하여 코드가 10ms 동안 대기하도록 한다. 대기 시간이 없으면 새 데이터를 읽을 때 종종 코드가 정지된다(이 문제의 원인은 이 글을 쓰는 시점까지는 불분명하지만 텐서플로는 오픈소스 프로젝트이므로 해결책이 나오면 풀 요청을 받아들일 것이다).

```
bool ReadAccelerometer(tflite::ErrorReporter* error_reporter, float* input,
                        int length, bool reset_buffer) {
  // 필요한 경우 버퍼를 비운다(성공적인 예측 후).
  if (reset_buffer) {
    memset(save_data, 0, 600 * sizeof(float));
    begin_index = 0;
    pending_initial_data = true;
    // 정지 후 10ms 대기
    am_util_delay_ms(10);
  }
```

메인 버퍼를 리셋한 후 ReadAccelerometer()는 가속도계의 FIFO 버퍼에 사용 가능한 새 데이터가 있는지 확인하고 없으면 함수를 반환한다.

```
// FIFO 버퍼에 새로운 샘플이 있는지 확인
lis2dh12_fifo_src_reg_t status;
if (lis2dh12_fifo_status_get(&dev_ctx, &status)) {
  error_reporter->Report("Failed to get FIFO status.");
  return false;
}

int samples = status.fss;
if (status.ovrn_fifo) {
  samples++;
}

// 데이터가 아직 준비되지 않은 경우 반환
if (samples == 0) {
  return false;
}
```

애플리케이션의 메인 루프 함수는 계속해서 반복 호출되므로 반환하면 해당 지점을 건너뛰고 루프 함수의 처음부터 다시 시작할 수 있다.

함수의 다음 부분은 새 데이터를 반복하여 더 큰 버퍼에 저장한다. 먼저 가속도계 데이터를 담도록 설계된 axis3bit16_t 자료형의 특수한 구조체를 설정한다. 그런 다음 lis2dh12_acceleration_raw_get()을 호출하여 사용 가능한 다음 센서 값을 구조체에 채운다. 이 함수는 실패하면 0을 반환하며 오류를 표시한다.

```
// FIFO 버퍼에서 데이터 로드한다.
axis3bit16_t data_raw_acceleration;
for (int i = 0; i < samples; i++) {
  // 원시 가속도계 데이터가 담긴 구조체를 모두 0으로 초기화한다.
  memset(data_raw_acceleration.u8bit, 0x00, 3 * sizeof(int16_t));
  // 반환값이 0이 아닌 경우 센서 데이터를 읽는다.
  if (lis2dh12_acceleration_raw_get(&dev_ctx, data_raw_acceleration.u8bit)) {
    error_reporter->Report("Failed to get raw data.");
```

성공적으로 측정을 완료하면 센서 값을 모델이 예상하는 측정 단위인 milli-G로 변환한 다음 추론에 쓰이는 버퍼 save_data[]에 기록한다. 가속도계 각 축에 대한 값은 연속적으로 저장된다.

```
    } else {
        // 각 원시 16비트 값을 milli-G 단위의 부동소수점 값으로 변환하고
        // 버퍼의 현재 위치에 저장
        save_data[begin_index++] =
            lis2dh12_from_fs2_hr_to_mg(data_raw_acceleration.i16bit[0]);
        save_data[begin_index++] =
            lis2dh12_from_fs2_hr_to_mg(data_raw_acceleration.i16bit[1]);
        save_data[begin_index++] =
            lis2dh12_from_fs2_hr_to_mg(data_raw_acceleration.i16bit[2]);
        // 순환 배열처럼 처음부터 시작
        if (begin_index >= 600) begin_index = 0;
    }
}
```

save_data[] 배열은 3축 값 200개를 저장할 수 있으므로 begin_index 카운터가 600에 도달하면 begin_index를 다시 0으로 설정한다.

이제 새 데이터를 모두 save_data[] 버퍼에 담았다. 다음으로 예측하기에 충분한 데이터가 확보됐는지 확인해야 한다. 모델을 테스트할 때 총 버퍼 크기의 3분의 1이 신뢰할 수 있는 예측 결과를 가져 오는 최소한의 데이터 양이라는 것을 확인했다. 따라서 최소한 이 정도의 데이터가 있는지 확인하면 pending_initial_data 플래그를 false로 설정한다(기본값은 true다).

```
    // 예측할 준비가 됐는지 또는 더 많은 초기 데이터가 필요한지 확인
    if (pending_initial_data && begin_index >= 200) {
        pending_initial_data = false;
    }
```

다음으로 추론을 실행할 데이터가 여전히 충분하지 않으면 false를 반환한다.

```
    // 데이터가 충분하지 않으면 false를 반환
    if (pending_initial_data) {
        return false;
    }
```

이제 추론을 실행하기 위한 데이터가 버퍼에 충분하다. 함수 마지막 부분은 요청된 데이터를 버퍼로부터 모델의 입력 텐서에 대한 포인터, input 인수로 복사한다.

```
// 요청된 수만큼의 바이트를 제공된 입력 텐서에 복사
for (int i = 0; i < length; ++i) {
  int ring_array_index = begin_index + i - length;
  if (ring_array_index < 0) {
    ring_array_index += 600;
  }
  input[i] = save_data[ring_array_index];
}
return true;
```

ReadAccelerometer()에 전달되는 인수인 length 변수는 복사할 데이터의 양을 결정한다. 모델이 128개의 3축 센서 값을 입력으로 사용하기 때문에 main_functions.cc의 코드는 length 384(128*3)를 전달하며 ReadAccelerometer()를 호출한다.

이 시점에서 입력 텐서는 새로운 가속도계 데이터로 채워진다. 추론이 실행되고 제스처 예측기로 결과가 해석되고, 결과가 출력 핸들러로 전달되어 사용자에게 표시된다.

11.5.2.2 스파크펀 에지의 제스처 응답

sparkfun_edge/output_handler.cc에 있는 출력 핸들러는 매우 간단하다. 처음 실행되면 LED를 출력 모드로 설정한다.

```
void HandleOutput(tflite::ErrorReporter* error_reporter, int kind) {
  // 메서드를 처음 실행할 때 LED를 설정한다.
  static bool is_initialized = false;
  if (!is_initialized) {
    am_hal_gpio_pinconfig(AM_BSP_GPIO_LED_RED, g_AM_HAL_GPIO_OUTPUT_12);
    am_hal_gpio_pinconfig(AM_BSP_GPIO_LED_BLUE, g_AM_HAL_GPIO_OUTPUT_12);
    am_hal_gpio_pinconfig(AM_BSP_GPIO_LED_GREEN, g_AM_HAL_GPIO_OUTPUT_12);
    am_hal_gpio_pinconfig(AM_BSP_GPIO_LED_YELLOW, g_AM_HAL_GPIO_OUTPUT_12);
    is_initialized = true;
  }
```

다음으로 각 추론마다 노란색 LED를 토글한다.

```
// 추론이 수행될 때마다 노란색 LED를 토글한다.
static int count = 0;
++count;
if (count & 1) {
  am_hal_gpio_output_set(AM_BSP_GPIO_LED_YELLOW);
} else {
  am_hal_gpio_output_clear(AM_BSP_GPIO_LED_YELLOW);
}
```

다음으로 감지된 제스처를 확인한다. 개별 제스처에 해당하는 LED를 켜고, 다른 LED를 모두 끄고, 시리얼 포트를 통해 아름다운 아스키 아트를 출력한다. 예를 들어 날개 동작을 처리하는 코드는 다음과 같다.

```
// LED 색상을 설정하고 기호를 인쇄한다(빨간색: 날개, 파란색: 링, 초록색: 경사).
if (kind == 0) {
  error_reporter->Report(
    "WING:\n\r*          *         *\n\r *       * *        "
    "*\n\r  *    *    *   *\n\r   * *      * *\n\r    * *       "
    "* *\n\r     *          *\n\r");
  am_hal_gpio_output_set(AM_BSP_GPIO_LED_RED);
  am_hal_gpio_output_clear(AM_BSP_GPIO_LED_BLUE);
  am_hal_gpio_output_clear(AM_BSP_GPIO_LED_GREEN);
```

시리얼 포트 모니터에 나타나는 출력은 다음과 같다.

```
WING:
  *        *          *
   *      * *         *
    *    *    *       *
     *  *      *   *
      * *        * *
       *          *
```

각 제스처마다 서로 다른 시리얼이 출력되고 LED가 점등된다.

11.5.2.3 예제 실행하기

지금까지 스파크펀 에지 버전 코드의 작동 방식을 살펴보았다. 다음으로 실제 하드웨어에서 실행해보자.

> **TIP_** 이 책이 출간된 후 빌드 절차가 변경됐을 가능성이 있으므로 README.md에서 최신 업데이트를 확인하자.

코드를 빌드하고 배포하려면 다음과 같은 도구가 필요하다.

- 하이맥스 HM01B0 확장 보드가 장착된 스파크펀 에지 보드
- USB 프로그래머: 마이크로-B USB(https://oreil.ly/A6oDw)나 USB-C(https://oreil.ly/3REjg) 용 스파크펀 시리얼 확장 보드 권장
- 일치하는 USB 케이블
- 파이썬 3과 일부 종속성

> **NOTE_** 올바른 버전의 파이썬이 설치됐는지 확실하지 않으면 6.3.2절에서 확인 방법을 참고 바란다.

터미널에서 텐서플로 저장소를 복제하고 해당 디렉터리로 진입한다.

```
git clone https://github.com/tensorflow/tensorflow.git
cd tensorflow
```

다음으로 바이너리를 빌드하고 장치로 다운로드할 수 있도록 몇 가지 명령을 실행한다. 타이핑이 힘들다면 README.md에서 이러한 명령을 복사하여 붙여 넣을 수 있다.

바이너리 빌드

다음 명령은 필요한 모든 종속성을 다운로드한 다음 스파크펀 에지용 바이너리를 컴파일한다.

```
make -f tensorflow/lite/micro/tools/make/Makefile \
  TARGET=sparkfun_edge magic_wand_bin
```

바이너리는 다음 위치에 .bin 파일로 생성된다.

```
tensorflow/lite/micro/tools/make/gen/sparkfun_edge_cortex-m4/bin/magic_wand.bin
```

파일이 존재하는지 확인하려면 다음 명령을 사용한다.

```
test -f tensorflow/lite/micro/tools/make/gen/sparkfun_edge_ \
  cortex-m4/bin/magic_wand.bin &&  echo "Binary was successfully created" || \
  echo "Binary is missing"
```

해당 명령을 실행하면 바이너리가 콘솔에 성공적으로 생성되어 표시된다.

바이너리가 누락됐다면 빌드 프로세스에 문제가 있는 것이다. make 명령의 출력을 살펴보며 무엇이 잘못됐는지 단서를 찾아보자.

바이너리 서명

바이너리를 장치에 배포하려면 암호화 키로 서명해야 한다. 이제 바이너리를 서명하는 몇 가지 명령을 실행하여 스파크펀 에지에 플래시해보자. 여기에 사용된 스크립트는 Ambiq SDK에서 제공되며 Makefile이 실행될 때 다운로드된다.

개발에 사용할 수 있는 더미 암호화 키를 설정하려면 다음 명령을 입력한다.

```
cp tensorflow/lite/micro/tools/make/downloads/AmbiqSuite-Rel2.0.0/ \
  tools/apollo3_scripts/keys_info0.py
  tensorflow/lite/micro/tools/make/downloads/AmbiqSuite-Rel2.0.0/ \
  tools/apollo3_scripts/keys_info.py
```

다음 명령을 실행하여 서명된 바이너리를 생성한다. 필요하다면 python3을 python으로 대체한다.

```
python3 tensorflow/lite/micro/tools/make/downloads/ \
  AmbiqSuite-Rel2.0.0/tools/apollo3_scripts/create_cust_image_blob.py \
  --bin tensorflow/lite/micro/tools/make/gen/ \
  sparkfun_edge_cortex-m4/bin/micro_vision.bin \
  --load-address 0xC000 \
  --magic-num 0xCB \
  -o main_nonsecure_ota \
  --version 0x0
```

main_nonsecure_ota.bin 파일이 생성될 것이다. 이제 다음 명령을 실행하여 장치를 플래시하는 데 사용할 수 있는 파일의 최종 버전을 생성한다.

```
python3 tensorflow/lite/micro/tools/make/downloads/ \
AmbiqSuite-Rel2.0.0/tools/apollo3_scripts/create_cust_wireupdate_blob.py \
--load-address 0x20000 \
--bin main_nonsecure_ota.bin \
-i 6 \
-o main_nonsecure_wire \
--options 0x1
```

이제 명령을 실행한 디렉터리에 main_nonsecure_wire.bin이라는 파일이 생성됐을 것이다. 이 파일로 장치에 플래시한다.

바이너리 플래시

스파크펀 에지는 현재 실행 중인 프로그램을 1MB의 플래시 메모리에 저장한다. 보드에서 새 프로그램을 실행하려면 새 프로그램을 보드로 보내야 한다. 보드를 플래시 메모리에 저장하면 이전에 저장된 모든 프로그램을 덮어 쓰게 된다.

프로그래머를 보드에 연결

보드에 새 프로그램을 다운로드하려면 스파크펀 USB−C 시리얼 베이직 프로그래머를 사용해야 한다. 이 장치를 사용하면 컴퓨터가 USB를 통해 마이크로컨트롤러와 통신할 수 있다. 장치를 보드에 연결하는 순서는 다음과 같다.

1. 스파크펀 에지의 측면에 있는 6핀 헤더를 찾는다.
2. 스파크펀 USB−C 시리얼 베이직을 이 핀에 꽂으면 [그림 11−11]과 같이 각 장치에서 BLK, GRN으로 표시된 핀이 올바르게 정렬된다.

올바른 연결 상태는 [그림 11−11]과 같다.

그림 11-11 스파크펀 에지와 USB-C 시리얼 베이직 연결하기(사진: 스파크펀 제공)

프로그래머를 컴퓨터에 연결

다음으로 USB로 보드를 컴퓨터에 연결한다. 보드를 프로그래밍하려면 컴퓨터가 장치에 부여한 이름을 결정해야 한다. 가장 좋은 방법은 보드를 연결하기 전에 장치 목록을 확인한 다음 보드를 연결한 후 목록에 나타나는 새로운 장치를 확인하는 것이다.

> **WARNING_** 프로그래머의 운영체제 기본 드라이버에 문제가 있는 경우도 있기 때문에 계속하기 전에 드라이버를 설치하는 것이 좋다.

USB로 장치를 연결하기 전에 다음 명령을 실행한다.

```
# 맥OS
ls /dev/cu*

# 리눅스
ls /dev/tty*
```

다음과 같이 연결된 장치 목록이 출력된다.

```
/dev/cu.Bluetooth-Incoming-Port
/dev/cu.MALS
/dev/cu.SOC
```

프로그래머를 컴퓨터 USB 포트에 연결하고 명령을 다시 실행한다.

```
# 맥OS
ls /dev/cu*

# 리눅스
ls /dev/tty*
```

다음 예와 같이 새로운 항목이 출력에 추가되어야 한다. 새 항목의 이름이 다를 수도 있다. 여기에서 나타나는 이름이 새로운 장치의 이름이다.

```
/dev/cu.Bluetooth-Incoming-Port
/dev/cu.MALS
/dev/cu.SOC
/dev/cu.wchusbserial-1450
```

이 이름은 장치를 나타내는 데 사용된다. 그러나 프로그래머가 어느 USB 포트 연결되는지에 따라 이름이 변경될 수 있으므로 컴퓨터에서 보드를 분리했다가 다시 연결하면 장치 이름을 다시 찾아야 할 수도 있다.

> **TIP_** 목록에 새로운 장치가 두 개 나타나는 사례도 발견됐다. 장치가 두 개 표시될 경우 둘 중 올바른 장치는 wch로 시작하는 장치인 것으로 확인됐다. 이를테면 '/dev/wchusbserial-14410'을 선택하면 된다.

장치 이름을 식별한 후 나중에 사용할 수 있도록 셸 변수에 넣는다.

```
export DEVICENAME=<your device name here>
```

이 변수는 프로세스 후반에 장치 이름이 필요한 명령을 실행할 때 사용할 수 있다.

스크립트를 실행하여 보드를 플래시

보드를 플래싱해서 새로운 바이너리를 받게 만들기 위해서는 보드를 특수한 부트로더 상태로 만들어야 한다. 그런 다음 스크립트를 실행하면 바이너리를 보드로 보낼 수 있다.

먼저 환경 변수를 생성하여 전송 속도를 지정한다. 이 속도는 데이터가 장치로 전송되는 속도다.

```
export BAUD_RATE=921600
```

이제 다음 명령을 터미널에 붙여 넣되 아직 엔터 키는 누르지 않는다. 명령의 ${DEVICENAME} 이나 ${BAUD_RATE}를 앞에서 설정한 값으로 바꾸어야 한다. 필요하다면 python3을 python으로 대체한다.

```
python3 tensorflow/lite/micro/tools/make/downloads/ \
    AmbiqSuite-Rel2.0.0/tools/apollo3_scripts/uart_wired_update.py -b \
    ${BAUD_RATE} ${DEVICENAME} -r 1 -f main_nonsecure_wire.bin -i 6
```

다음으로 보드를 부트로더 상태로 재설정하고 보드를 플래시한다. 보드에서 [그림 11-12]와 같이 RST 버튼과 14 버튼을 찾는다.

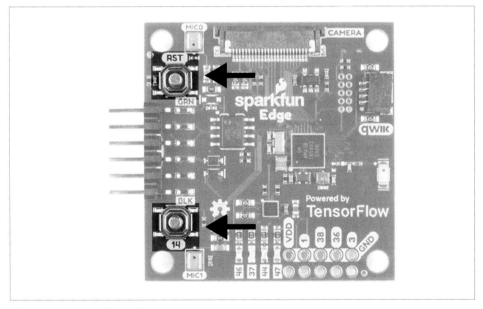

그림 11-12 스파크펀 에지의 버튼

다음 단계를 수행한다.

1. 보드가 프로그래머에 연결되어 있고 모든 것이 USB로 컴퓨터에 연결되어 있는지 확인한다.

2. 보드의 14 버튼을 길게 누른다. 누른 상태를 유지한다.

3. 14 버튼을 계속 누른 상태에서 RST로 표시된 버튼을 눌러 보드를 리셋한다.

4. 컴퓨터에서 엔터 키를 눌러 스크립트를 실행한다. 계속 14 버튼을 누른 상태를 유지한다.

이제 화면에 다음과 같은 출력이 나타날 것이다.

```
Connecting with Corvette over serial port /dev/cu.usbserial-1440...
Sending Hello.
Received response for Hello
Received Status
length =  0x58
version =  0x3
Max Storage =  0x4ffa0
Status =  0x2
State =  0x7
AMInfo =
0x1
0xff2da3ff
0x55fff
0x1
0x49f40003
0xffffffff
[...lots more 0xffffffff...]
Sending OTA Descriptor =  0xfe000
Sending Update Command.
number of updates needed =  1
Sending block of size  0x158b0  from  0x0  to  0x158b0
Sending Data Packet of length  8180
Sending Data Packet of length  8180
[...lots more Sending Data Packet of length  8180...]
```

'Sending Data Packet of length 8180' 메시지가 나타날 때까지 14 버튼을 누른 상태를 유지해야 하며 해당 메시지가 나타나면 버튼에서 손을 떼어도 된다(계속 누르고 있어도 문제는 없다). 프로그램은 터미널에서 계속 출력을 쏟아내고 마지막에는 다음과 같은 내용이 나타날 것이다.

```
[...lots more Sending Data Packet of length  8180...]
Sending Data Packet of length  8180
Sending Data Packet of length  6440
Sending Reset Command.
Done.
```

이로써 플래싱이 성공적으로 끝났다.

> **TIP_** 프로그램 출력에 오류가 발생하면 `Sending Reset Command.` 메시지가 출력됐는지 확인한다. 이
> 메시지가 나타났다면 오류에도 불구하고 플래싱이 성공적으로 끝났을 가능성이 있다. 그렇지 않으면 플래
> 싱이 실패했다는 의미이므로 다시 시도해보자(환경 변수 설정은 건너뛰어도 된다).

11.5.2.4 프로그램 테스트

프로그램이 실행 중인지 확인하려면 RST 버튼을 누른다. 프로그램이 실행 중이면 각 추론마다
노란색 LED가 토글된다.

다음 명령을 사용하여 장치의 시리얼 출력을 시작한다.

```
screen ${DEVICENAME} 115200
```

처음에는 다음과 같은 결과가 나타날 것이다.

```
Magic starts!
```

이제 제스처를 취해볼 수 있다. [그림 11-13]에 표시된 대로 보드 부품이 위를 향하고 USB 어
댑터가 왼쪽을 향하도록 보드를 한 손으로 잡는다.

그림 11-13 제스처를 취하는 동안 보드를 잡는 방법

[그림 11-14]는 각 제스처에 해당하는 움직임을 보여주는 다이어그램이다. 모델은 보드가 막대에 부착된 상태에서 제스처를 취한 데이터로 학습했기 때문에 막대가 없는 상태에서는 제스처를 인식시키기 위해 몇 회 시도해야 할 수 있다.

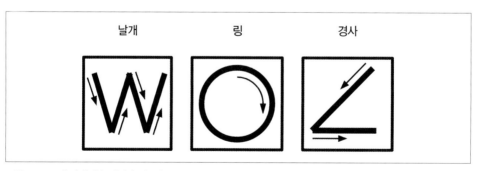

그림 11-14 세 가지 마술 지팡이 제스처

가장 쉬운 제스처는 날개다. 제스처를 수행하는 데 약 1초가 걸릴 정도로 손을 빠르게 움직여야 한다. 성공하면 다음과 같은 시리얼 출력이 표시되고 빨간색 LED가 켜질 것이다.

```
WING:
*           *               *
   *        * *              *
      *     *   *        *
        *   *       *   *
          * *           * *
             *          *
```

축하한다. 스파크펀 에지를 사용하여 첫 번째 마법을 시전했다.

> **NOTE_** 이 시점에서 창의력을 발휘해서 보드를 손에서 가장 먼 지점에 있는 마술 지팡이 끝에 부착해보자. 길이가 약 30cm인 막대기, 자, 기타 가정 용품을 활용할 수 있을 것이다.
> 보드 부품이 위를 향하고, USB 어댑터가 왼쪽을 향하게 하고, 장치가 단단히 연결되어 있는지 확인한다. 그리고 유연한 막대가 아닌 단단한 막대를 선택하자. 막대가 흔들리면 가속도계 센서 값에 영향을 미친다.

다음으로 손(또는 지팡이 끝)을 움직여서 시계 방향으로 원을 그리며 링 제스처를 시도해보자. 다시 말하지만 제스처를 수행하는 데 1초 정도 시간이 소요되어야 인식이 잘 된다. 그러면 마술처럼 다음과 같은 출력이 나타난다.

```
RING:
              *
         *        *
       *            *
      *              *
      *              *
       *            *
         *        *
              *
```

마지막으로 공중에서 삼각형 모서리 모양을 그려보자. 출력으로 나와야 하는 다음 아스키 아트를 보면 어떤 모양을 그려야 하는지 알 것이다.

```
SLOPE:
          *
         *
        *
       *
      *
     *
    *
   *
  * * * * * * * *
```

훌륭한 마법 주문이 늘 그렇듯 완벽한 제스처를 위해서는 연습이 필요할 것이다. README.md에서 제스처의 비디오 데모를 찾을 수 있다.

잘 작동하지 않는다면?

발생 가능한 문제와 디버깅 방법은 다음과 같다.

문제: 플래싱 과정에서 'Sending Hello.'를 출력하고 스크립트가 잠시 중단된다. 이후 오류가 출력된다.

해결 방법: 스크립트를 실행하는 동안 보드의 14 버튼을 누르고 있어야 한다. 14 버튼을 누른 상태에서 RST 버튼을 누른 다음 스크립트를 실행하고, 14 버튼을 누른 상태를 유지한다.

문제: 플래싱 완료 이후 LED가 켜지지 않는다.

해결 방법: RST 버튼을 누르거나 프로그래머에서 보드를 분리했다가 다시 연결해본다. 이들 중 어느 것도 작동하지 않으면 플래싱을 다시 진행한다.

문제: LED가 켜져 있거나 꺼진 상태를 계속 유지한다.

해결 방법: 프로그램은 새로운 데이터를 충분히 사용할 수 있을 때까지 기다리기 때문에 추론 직후 LED가 깜박임을 멈추는 것이 정상이다. 하지만 LED가 몇 초 이상 깜박임을 멈추면 프로그램이 중단된 것일 수도 있다. 이 경우 RST 버튼을 누른다.

문제 : 제스처를 인식하지 못한다.

해결 방법: 먼저 LED가 깜박이는지 확인한다. 이는 추론이 발생하고 있음을 나타낸다. 그렇지 않은 경우 RST 버튼을 누른다. 다음으로 앞의 그림과 같이 보드를 올바른 방향으로 잡고 있는지 확인한다.

제스처를 익히려면 연습하기 가장 쉬운 W로 시작하자. O는 원을 매우 부드럽게 그려야 하기 때문에 조금 더 어렵다. 경사 제스처는 가장 까다롭다. README.md의 비디오가 도움이 될 것이다.

11.5.2.5 커스텀 버전 만들기

기본 애플리케이션을 배포했으니 이를 변경하고 자신만의 버전을 만들어볼 수 있다. 애플리케이션 코드는 tensorflow/lite/micro/examples/magic_wand 폴더에서 찾을 수 있다. 수정하고 저장한 다음 앞의 절차를 반복하여 수정된 코드를 장치에 배포해보자.

자신만의 버전을 만들면서 다음과 같은 변화를 시도할 수 있을 것이다.

- constants.cc의 임곗값을 바꿔서 제스처 인식을 더 쉽거나 어렵게 만들어본다.

- 인식한 제스처 결과를 바탕으로 실제 작업을 수행하는 프로그램을 만들어본다.

- 제스처 인식 결과를 블루투스로 전송하게 프로그램을 수정해본다. 이를 위한 블루투스 예제는 Ambiq SDK 의 AmbiqSuite-Rel2.0.0/boards/apollo3_evb/examples/uart_ble_bridge에 포함되어 있으며 해당 SDK는 마술 지팡이 애플리케이션이 빌드될 때 tensorflow/tensorflow/lite/micro/tools/make/downloads/AmbiqSuite-Rel2.0.0으로 다운로드된다.

11.6 마치며

이 장에서는 임베디드 머신러닝 애플리케이션이 모호한 센서 데이터를 훨씬 더 유용한 형태로 해석할 수 있는 재미있는 예를 함께 살펴보았다. 임베디드 머신러닝 모델을 사용하면 노이즈의 패턴을 볼 수 있기 때문에 사람이 이해하기 힘든 원시 데이터로 장치가 주변 세계를 이해하고 그 결과를 사람에게 알릴 수 있다.

12장에서는 마술 지팡이 모델의 작동 방식을 살펴보고 데이터를 수집해서 자신만의 마술 주문을 훈련시키는 방법을 살펴볼 것이다.

## CHAPTER 12

마술 지팡이: 모델 훈련하기

11장에서는 미리 훈련한 20KB 모델로 가속도계 데이터를 해석하여 제스처를 식별했다. 이번 장에서는 어떻게 모델을 훈련하는지 알아보고 그 작동 원리를 살펴보려고 한다.

호출어, 인체 감지 모델에는 훈련에 많은 양의 데이터가 필요했다. 이는 해결하려는 문제가 복잡할수록 필요로 하는 데이터 양이 많아지기 때문이다. 이를테면 사람이 '예', '아니요'라고 말할 수 있는 방법은 매우 다양하다. 사람 목소리를 독특하게 만드는 모든 악센트, 억양, 음높이를 고려해야 하기 때문이다. 마찬가지로 사람도 이미지에 다양한 방식으로 나타나는데 이미지에 얼굴, 몸 전체가 나오기도 하지만 손만 나온 경우도 있을 것이고 자세까지 고려하면 그 경우의 수는 더 많아진다.

이렇게 입력 데이터가 다양한데 모델이 이를 정확하게 분류하려면 그만큼 다양한 훈련 데이터가 필요한 법이다. 이것이 바로 호출어 감지와 인체 감지 모델의 데이터셋이 너무 커서 훈련이 오래 걸리는 이유다.

마술 지팡이 제스처 인식 문제는 광범위한 사람의 목소리나 사람의 외형을 분류하는 것보다는 훨씬 간단하다. 몇 가지 제스처만 인식하면 되는데 사람들이 각 동작을 수행하는 방식에 약간의 차이는 있을지언정 비교적 정확하고 균일하게 동작을 수행할 것으로 예상되기 때문이다.

즉, 예상되는 유효 입력 데이터 편차가 훨씬 적기 때문에 방대한 양의 데이터가 없어도 정확한 모델을 쉽게 학습할 수 있다. 실제로 모델 학습에 사용할 데이터셋에는 각 제스처에 대해 약 150개의 예제만 포함되며 그 크기는 1.5MB다. 충분한 데이터 수집은 머신러닝 프로젝트에서 가장 어려운 부분인데 작은 데이터셋에서도 유용한 모델을 훈련할 수 있다는 것은 매우 흥미로운 부분이다.

이 장의 1절에서는 마술 지팡이 애플리케이션에 사용된 모델의 훈련 방법을 배우고, 2절에서는 모델의 동작 방식에 대해 설명한다. 끝으로 나만의 제스처를 인식하기 위해 데이터를 수집하고 새로운 모델을 훈련하는 방법을 살펴본다.

12.1 모델 훈련하기

모델 훈련을 위해 텐서플로 저장소에 있는 훈련 스크립트를 사용한다. magic_wand/train에서 찾을 수 있다.

스크립트는 다음 작업을 수행한다.

- 훈련용 원본 데이터 준비
- 합성 데이터 생성[1]
- 훈련, 검증, 테스트를 위한 데이터 분할
- 데이터 증식
- 모델 아키텍처 정의
- 훈련 실행
- 텐서플로 라이트 형식으로 모델 변환

스크립트를 쉽게 사용하도록 주피터 노트북이 함께 제공된다. GPU 런타임의 코랩에서 노트북을 실행하면 이 예제는 몇 분 만에 훈련이 끝난다.

먼저 코랩 훈련 과정부터 알아보자.

---

1 이는 새로운 용어로 나중에 다룬다.

12.1.1 코랩에서 훈련하기

주피터 노트북(magic_wand/train/train_magic_wand_model.ipynb)을 열고 [그림 12-1]과 같이 [Run in Google Colab] 버튼을 클릭한다.

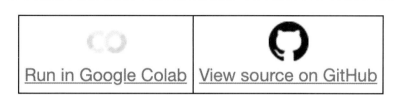

그림 12-1 [Run in Google Colab] 버튼

NOTE_ 이 글을 쓸 때 깃허브에 한 가지 문제(https://oreil.ly/1jLJG)가 알려졌다. 주피터 노트북을 표시할 때 간헐적인 오류 메시지가 표시되는 것이다. 노트북에 접근할 때 'Sorry, something went wrong. Reload?(죄송합니다. 문제가 발생했습니다. 다시 여시겠습니까?)'라는 메시지가 나타나면 4.3절을 살펴보자.

이 노트북은 모델 훈련 과정을 안내하며 다음 단계를 포함한다.

- 의존성 설치
- 데이터 다운로드 및 준비
- 훈련 과정 시각화를 위한 텐서보드 로딩
- 모델 훈련
- C 소스 파일 생성

12.1.1.1 GPU 훈련 활성화

이 예제의 경우 단시간에 훈련을 진행할 수 있으나 GPU 환경에서 훈련을 진행하면 더 빠르게 진행 가능하다. GPU를 활성화하려면 코랩 Runtime 메뉴에서 Change runtime type을 선택한다.

그러면 [그림 12-3]에 표시된 Notebook settings 대화 상자가 열리고 Hardware accelerator 드롭다운 목록에서 [그림 12-4]와 같이 GPU를 선택한 다음 [SAVE]를 클릭한다.

이제 노트북을 실행할 준비가 됐다.

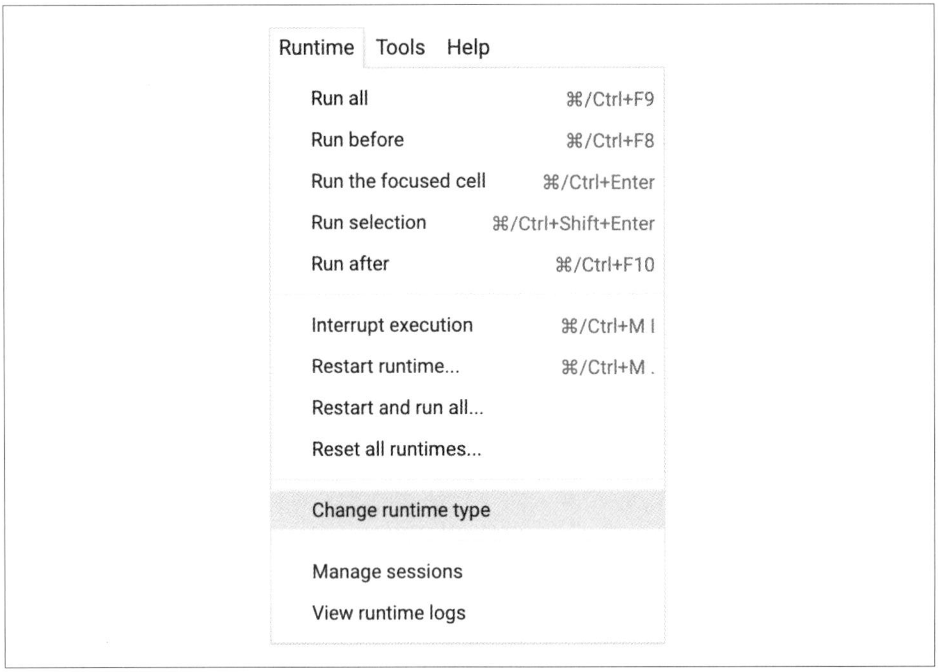

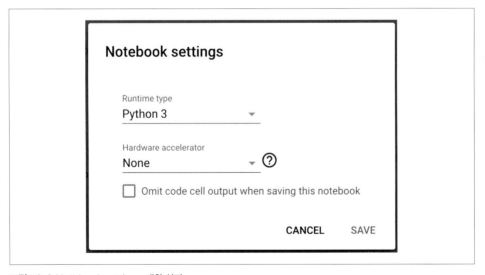

그림 12-2 코랩의 Change runtime type 옵션

그림 12-3 Notebook settings 대화 상자

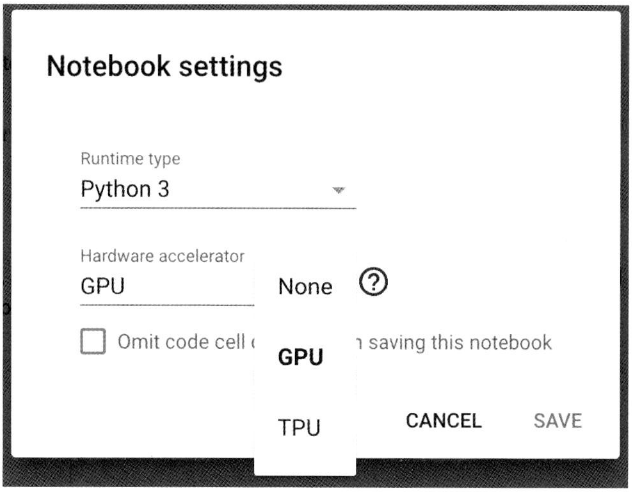

그림 12-4 Hardware accelerator 드롭다운 목록

12.1.1.2 의존성 설치

첫 번째는 필요한 의존성 라이브러리를 설치하는 단계다. 주피터 노트북의 Install dependencies 섹션에서 셀을 실행하여 올바른 버전의 텐서플로를 설치하고 학습 스크립트를 복사한다.

12.1.1.3 데이터 준비

다음으로 노트북의 Prepare the data 섹션에서 셀을 실행하여 데이터셋을 다운로드하고 이를 훈련, 검증, 테스트셋으로 분할해보자.

첫 번째 셀은 데이터셋을 훈련 스크립트의 디렉터리에 내려받는다. 데이터셋은 총 네 개의 폴더로 나뉘어 있는데 각 제스처(wing, ring, slope)와 추가로 인식되면 안 되는 제스처(negative)로 구성된다. 각 디렉터리에는 제스처에서 수집된 원데이터 파일이 있다.

```
data/
├── slope
│   ├── output_slope_dengyl.txt
│   ├── output_slope_hyw.txt
│   └── ...
```

```
├── ring
│   ├── output_ring_dengyl.txt
│   ├── output_ring_hyw.txt
│   └── ...
├── negative
│   ├── output_negative_1.txt
│   └── ...
└── wing
    ├── output_wing_dengyl.txt
    ├── output_wing_hyw.txt
    └── ...
```

각 제스처마다 열 개의 파일이 있으며 각 파일 이름 마지막 부분은 사용자 ID에 해당한다. 예를 들어 output_slope_dengyl.txt 파일에는 ID가 **dengyl**인 사용자가 수집한 slope 제스처 데이터를 포함한다.

하나의 파일에는 지정된 제스처에 대해 약 15번 개별적으로 수집한 가속도 센서 값이 기록되어 있으며, 각 센서 값 앞에는 -,-,-가 붙어 구분된다.

```
-,-,-
-766.0,132.0,709.0
-751.0,249.0,659.0
-714.0,314.0,630.0
-709.0,244.0,623.0
-707.0,230.0,659.0
```

각 제스처 수행은 초당 25개 행으로 이루어진 최대 몇 초의 로그 데이터로 구성된다. 제스처 자체는 그중 특정 지점에서 발생하며 장치는 나머지 시간 동안 정지해 있다.

데이터 수집 방법으로 인해 파일에는 가비지 값이 일부 포함되는데, 첫 번째 훈련 스크립트인 data_prepare.py는 전처리 일환으로 데이터를 정제한다.

```
# 데이터 준비
!python data_prepare.py
```

이 스크립트는 폴더에서 원시 데이터 파일을 읽고, 가비지 문자를 제거하고, 훈련 스크립트 디렉터리 안의 다른 위치(data/complete_data)에 저장한다. 데이터 정제 과정은 많은 데이터를 훈련하는 과정에서 발생하는 데이터 오류, 손상, 문제점을 잡아주기 때문에 머신러닝 모델 훈련에 일반적으로 쓰이는 편이다.

데이터 정제 외에도 스크립트는 합성 데이터synthetic data를 일부 생성한다. 이는 실제 상황에서 수집된 데이터가 아니라 알고리즘으로 생성된 데이터를 뜻한다. 예제에서는 data_prepare.py의 generate_negative_data() 함수가 특정 제스처에 해당하지 않는 가속도 센서 데이터를 합성한다. 이 데이터는 unknown(알 수 없음) 카테고리를 훈련하는 데 사용된다.

데이터를 합성하는 작업은 실제 데이터를 수집하는 것보다 훨씬 빠르기 때문에 훈련 데이터를 보강하는 데 도움된다. 그러나 실제 상황에서 데이터 변형을 예측하기는 어려워 합성 데이터에서 전체 데이터셋을 생성할 수는 없다. 예제에서는 unknown 카테고리를 보강하는 데 도움되며 원하는 동작을 감지하는 데는 도움이 안 된다.

두 번째 셀에서 실행할 스크립트는 data_split_person.py다.

```
# 사람에 따른 데이터 분할
!python data_split_person.py
```

이 스크립트는 데이터를 훈련, 검증, 테스트셋으로 분할한다. 예제에 사용된 데이터는 생성한 사람이 표시되어 있어서 생성한 사람을 기준으로 나눌 수 있다. 데이터는 다음과 같이 나뉜다.

```
train_names = [
    "hyw", "shiyun", "tangsy", "dengyl", "jiangyh", "xunkai", "negative3",
    "negative4", "negative5", "negative6"
]
valid_names = ["lsj", "pengxl", "negative2", "negative7"]
test_names = ["liucx", "zhangxy", "negative1", "negative8"]
```

데이터는 훈련에 여섯 명, 검증에 두 명, 테스트에 두 명분을 사용하고, 알 수 없는 제스처 범주(negative)의 경우 섞어서 사용한다. 데이터는 약 60%/20%/20% 비율로 나누어져 있으며 이는 머신러닝의 표준이다.

생성한 사람을 기준으로 데이터를 분할하여 모델이 새로운 데이터에서도 일반화되도록 한다. 데이터셋에 포함되지 않은 사람의 데이터에 대해 얼마나 모델이 잘 훈련됐는지 검사하고 테스트하므로, 새로운 사람의 제스처 데이터가 입력되더라도 모델이 유연하게 예측을 수행할 수 있다.

무작위로 데이터를 섞은 뒤 분할할 수도 있다. 이렇게 하면 훈련, 검증, 테스트 데이터셋에 열 명의 제스처가 골고루 섞이게 된다. 이는 새로운 사람의 제스처가 모델에 입력값으로 들어오면 유연하게 예측을 수행하기 어려울 수 있다. 열 명의 데이터에 모델이 과적합되는 것이다.

다시 말해, 검증 데이터셋과 테스트 데이터셋에도 훈련 데이터셋에서 사용된 사람의 제스처 데이터가 들어 있어서 한 번도 입력된 적 없는 사람의 데이터로 모델을 일반화할 기회를 잃어버렸다. 이렇게 생성된 모델은 검증 데이터셋이나 테스트 데이터셋에서 높은 정확도를 기록할 수 있을지언정, 실제 환경에서 새로운 데이터가 주어지면 제대로 동작하지 못할 가능성이 높다.

프로젝트 아이디어

data_split_person.py 대신 data_split.py 스크립트를 사용하여 임의로 데이터를 분할할 수 있다.

사람에 따라 데이터를 나누는 방식과 임의로 나누는 방식 중 어떤 접근법이 더 효과적인지 코랩을 수정해서 실습을 진행해보자.

실습 전에 노트북의 Prepare the data 섹션의 두 셀을 모두 실행했는지 확인한다.

12.1.1.4 텐서보드 불러오기

데이터 준비 후 다음 셀을 실행해 텐서보드를 로드하여 훈련 프로세스를 모니터링한다.

```
# 텐서보드 로드
%load_ext tensorboard
%tensorboard --logdir logs/scalars
```

훈련 로그는 교육 스크립트 디렉터리의 logs/scalars 하위 폴더에 작성되므로 이 값을 텐서보드에 전달한다.

12.1.1.5 훈련 시작하기

텐서보드가 로드됐다면 훈련을 시작하자. 다음 셀을 실행한다.

```
!python train.py --model CNN --person true
```

train.py 스크립트는 모델 아키텍처를 설정하고 data_load.py를 사용하여 데이터를 로드한 후 훈련을 시작한다.

데이터가 로드되면서 load_data.py는 data_augmentation.py에 정의된 코드를 사용하여 데이터 증식 과정을 수행한다. augment_data() 함수는 제스처 데이터를 가져와 약간 수정된 여러 가지 새로운 버전의 제스처를 만든다. 이를테면 데이터를 비틀고, 시점을 이동하고, 노이즈를 추가하고, 가속도를 증가하는 등의 작업을 진행한다. 이렇게 증식시킨 데이터는 원본 데이터와 함께 사용되어 모델을 훈련하여 소규모 데이터셋을 최대한 활용한다.

훈련을 진행하면 실행 로그가 표시되는데 여기에서 주목할 부분은 케라스가 생성하는 모델 아키텍처 부분이다.

```
_____
Layer (type)                 Output Shape              Param #
=================================================================
conv2d (Conv2D)              (None, 128, 3, 8)         104
_____
max_pooling2d (MaxPooling2D) (None, 42, 1, 8)          0
_____
dropout (Dropout)            (None, 42, 1, 8)          0
_____
conv2d_1 (Conv2D)            (None, 42, 1, 16)         528
_____
max_pooling2d_1 (MaxPooling2 (None, 14, 1, 16)         0
_____
dropout_1 (Dropout)          (None, 14, 1, 16)         0
_____
flatten (Flatten)            (None, 224)               0
_____
dense (Dense)                (None, 16)                3600
_____
dropout_2 (Dropout)          (None, 16)                0
_____
dense_1 (Dense)              (None, 4)                 68
=================================================================
```

여기에는 사용된 모든 레이어의 모양과 파라미터 수(가중치와 편향의 또 다른 용어)가 표시된다. 모델이 Conv2D 컨볼루션 레이어를 사용하는 것을 알 수 있다. 모델 아키텍처로 입력 데이터 형태인 (None, 128, 3)을 찾아볼 수 없는데 이는 나중에 구체적으로 살펴볼 것이다.

아키텍처 출력 결과는 모델의 크기 추정치도 보여주며 그 값은 다음과 같다.

```
Model size: 16.796875 KB
```

이는 모델 훈련 시 파라미터가 차지할 메모리 양을 나타낸다. 모델의 실행 그래프 저장으로 인해 실제 모델 파일은 약간 더 커질 수 있으나, 그렇다 하더라도 확실히 작은 크기의 모델이다.

이후에는 훈련을 시작한다.

```
1000/1000 [==============================] - 12s 12ms/step - loss: 7.6510 - accuracy:
0.5207 - val_loss: 4.5836 - val_accuracy: 0.7206
```

지금 시점에서는 텐서보드를 통해 어떻게 훈련이 진행되고 있는지 살펴볼 수 있다.

12.1.1.6 결과 평가

훈련이 완료되면 훈련 결과 로그를 살펴본다. 먼저 마지막 에폭에서의 정확도가 0.9743이며 손실 값도 매우 낮다.

```
Epoch 50/50
1000/1000 [==============================] - 7s 7ms/step - loss: 0.0568 -
accuracy: 0.9835 - val_loss: 0.1185 - val_accuracy: 0.9743
```

모델을 훈련할 때 사람을 기준으로 데이터를 분할했기 때문에 검증 데이터셋에서의 정확도는 훈련 데이터셋에서 전혀 관찰되지 않은 사람의 제스처 데이터로 측정된 값이므로 유의미하다. 그러나 모델의 하이퍼 파라미터와 아키텍처는 수동으로 조정됐으므로 검증 데이터셋에서의 정확도만으로는 모델을 평가하기 어렵다. 모델의 과적합이 우려되기 때문이다.

모델의 최종 성능을 확인하기 위해 케라스의 model.evaluate() 함수를 호출하여 테스트 데이터셋에서 평가를 진행한다. 다음은 model.evaluate() 함수의 호출 결과를 나타낸다.

```
6/6 [==============================] - 0s 6ms/step - loss: 0.2888 - accuracy: 0.9323
```

비록 검증셋에서의 정확도만큼은 높지 않지만 0.9323은 충분한 정확도이며 손실 값 또한 낮다. 모델은 약 93% 확률로 예측을 수행할 것이며 이는 우리가 처음 모델을 설계할 때 기대한 수준이다.

다음은 tf.math.confusion_matrix() 함수가 혼동행렬confusion matrix을 계산해 보여준다.

```
tf.Tensor(
[[ 75   3   0   4]
 [  0  69   0  15]
 [  0   0  85   3]
 [  0   0   1 129]], shape=(4, 4), dtype=int32)
```

혼동행렬은 분류 모델의 성능을 평가하는 유용한 도구로, 테스트 데이터셋에서 예측한 클래스가 실젯값과 얼마나 일치하는지 보여준다.

혼동행렬 각 열은 예측한 레이블에 해당한다(위에서 아래 순서대로 날개, 링, 경사, 알 수 없음). 혼동행렬로 대부분 예측이 실제 레이블과 일치하고 있음을 확인할 수 있으며 어떤 지점에서 모델이 자주 틀리는지도 알 수 있다. 이를테면 예제 모델의 경우 꽤 많은 수의 입력값이 알 수 없음으로 구분되고 있다. 해당 값은 원래 링으로 구분됐어야 하는 제스처다.

이처럼 혼동행렬은 모델의 취약점에 대한 아이디어를 제공한다. 예제의 경우 모델이 링과 알 수 없음의 차이점을 더 잘 알 수 있도록 링 제스처에 대해 훈련 데이터를 추가한다면 모델 성능이 향상될 것이다.

train.py의 마지막 작업은 모델을 텐서플로 라이트 형식으로 변환하는 것이다. 이를 일반 모델과 양자화한 모델에 각각 적용하여 크기를 비교한다.

```
Basic model is 19544 bytes
Quantized model is 8824 bytes
Difference is 10720 bytes
```

20KB 모델이 양자화 후 8.8KB로 줄어들었다. 이는 매우 작은 모델이며 훌륭한 결과다.

12.1.1.7 C 배열 생성하기

Create a C source file 섹션의 셀은 모델을 C 소스 파일로 변환한다. 이 셀을 실행하여 출력을 살펴보자.

```
# xxd를 사용할 수 없는 경우 설치
!apt-get -qq install xxd
# 파일을 C 소스 파일로 저장
!xxd -i model_quantized.tflite > /content/model_quantized.cc
# 소스 파일 출력
!cat /content/model_quantized.cc
```

새로 훈련된 모델은 복사, 붙여 넣기 하여 애플리케이션에서 사용 가능하다. 이 장 뒤에서는 자신만의 새로운 제스처 데이터를 수집해서 모델을 훈련하는 방법도 알아볼 것이다.

12.1.2 스크립트를 실행하는 다른 방법

코랩을 사용하지 않고 로컬 환경에서 훈련 스크립트를 변경하고 테스트하려는 경우 자체 개발 환경에서 스크립트를 쉽게 실행 가능하다. README.md에서 지침을 찾을 수 있다.

다음으로 모델 자체의 작동 방식을 살펴보겠다.

12.2 모델의 작동 방식

지금까지 구축한 모델은 CNN을 기반으로 하고 있다. 이는 약 5초 동안 수집된 128개의 3축 가속도계 입력값을 각 제스처와 알 수 없음을 포함한 네 개의 확률 배열 값으로 변환한다.

CNN은 주로 인접한 값 사이의 관계가 중요한 경우에 사용된다. 여기서는 먼저 훈련에 사용된 데이터를 살펴보고 왜 CNN이 데이터를 이해하는 데 적합한지 살펴볼 것이다.

12.2.1 입력 시각화

시계열 가속도계 데이터에서 인접한 가속도계 값은 전체 동작에 대해 단서를 제공한다. 예를 들어 한 축의 가속도가 0에서 양수로 급격히 변했다가 다시 0으로 바뀌면 장치가 해당 방향으로 동작을 시작했을 가능성이 높다. [그림 12-5]는 이에 대한 가상의 예시를 보여준다.

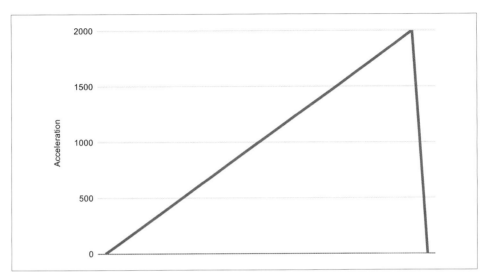

그림 12-5 이동 중인 장치의 단일 축에 대한 가속도계 값

주어진 제스처는 일련의 동작으로 구성되어 있다. [그림 12-6]에 표시된 날개 제스처를 예로 살펴보자.

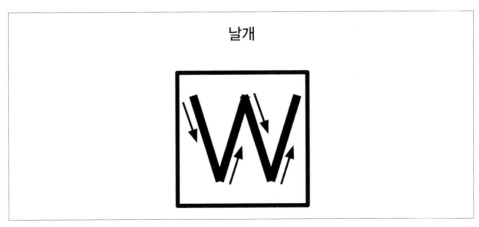

그림 12-6 날개 제스처

날개 제스처는 알파벳 W 모양을 그리는 동작이다. [그림 12-7]은 가속도계로 측정된 날개 제스처의 실제 데이터 샘플을 보여준다.

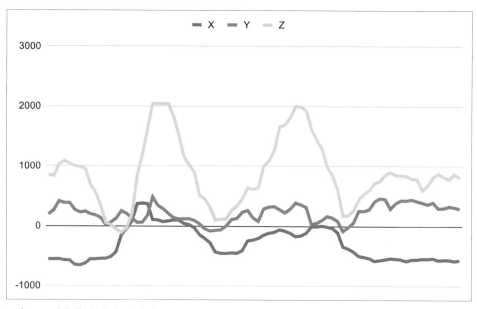

그림 12-7 날개 제스처의 가속도계 값

이 그래프를 구성 요소로 나누어 어떤 제스처가 만들어지고 있는지 이해해보자. z축 데이터를 통해 장치가 위아래로 움직이는 것을 확인할 수 있으며, x축 데이터도 약간이지만 z축과 비슷한 움직임을 보인다. 한편 y축 데이터는 대부분 안정적으로 유지된다.

그래프를 보고 움직임을 구분한 것처럼 여러 레이어를 가진 CNN도 구성 요소를 통해 각 제스처를 식별한다. 예를 들어 네트워크가 상하 움직임을 구별하는 법을 배우고 그중 두 가지가 z축과 y축 움직임과 결합하면 날개 제스처를 나타낸다.

이를 위해 CNN은 레이어에 배열된 필터를 학습한다. 각 필터는 데이터에서 특정 유형의 특징을 파악하는 방법을 배우고 발견한 특징 정보를 네트워크의 다음 계층으로 전달한다. 예를 들어 네트워크 첫 번째 계층에 있는 하나의 필터는 위쪽 방향 가속과 같은 작은 단위의 움직임을 포착하고 이를 네트워크의 다음 계층으로 전달한다.

다음 레이어에서는 작은 단위의 특징 정보를 모아 더 큰 단위의 움직임을 포착한다. 이를테면 일련의 상하 가속 네 개의 특징 정보로 날개 제스처의 W 모양을 파악한다.

이 과정에서 모델은 노이즈를 포함한 입력 데이터를 점차 기호 값으로 변환하며 다음 레이어에서는 이 기호를 분석하여 제스처를 추측한다.

다음 절에서는 실제 모델 아키텍처를 통해 어떻게 이 과정이 일어나는지 살펴보려고 한다.

12.2.2 모델 아키텍처 이해

모델 아키텍처는 train.py의 build_cnn() 함수에 정의되어 있다. 이 함수는 케라스 API를 사용하여 레이어별 모델을 정의한다.

```
model = tf.keras.Sequential([
    tf.keras.layers.Conv2D( # input_shape=(batch, 128, 3)
        8, (4, 3),
        padding="same",
        activation="relu",
        input_shape=(seq_length, 3, 1)),  # output_shape=(batch, 128, 3, 8)
    tf.keras.layers.MaxPool2D((3, 3)),  # (batch, 42, 1, 8)
    tf.keras.layers.Dropout(0.1),  # (batch, 42, 1, 8)
    tf.keras.layers.Conv2D(16, (4, 1), padding="same",
                               activation="relu"),  # (batch, 42, 1, 16)
    tf.keras.layers.MaxPool2D((3, 1), padding="same"),  # (batch, 14, 1, 16)
    tf.keras.layers.Dropout(0.1),  # (batch, 14, 1, 16)
    tf.keras.layers.Flatten(),  # (batch, 224)
    tf.keras.layers.Dense(16, activation="relu"),  # (batch, 16)
    tf.keras.layers.Dropout(0.1),  # (batch, 16)
    tf.keras.layers.Dense(4, activation="softmax")  # (batch, 4)
])
```

이는 순차적 모델로, 각 레이어의 출력이 다음 레이어로 직접 전달된다. 레이어를 하나씩 보면서 진행 상황을 살펴볼 것이다. 첫 번째 레이어는 Conv2D다.

```
tf.keras.layers.Conv2D(
    8, (4, 3),
    padding="same",
    activation="relu",
    input_shape=(seq_length, 3, 1)),  # output_shape=(batch, 128, 3, 8)
```

이 레이어는 컨볼루션 레이어로 이를 통해 가속도계 데이터를 직접 입력받는다. 입력 형태는 input_shape 인수에 제공되며 현재는 (seq_length, 3, 1)로 설정됐다. 여기서 seq_length 는 전달된 가속도계로 측정된 총값이다(기본 128). 각 측정은 x축, y축, z축을 나타내는 세 가지 값으로 구성되며 어떻게 값이 입력되는지 [그림 12-8]에서 볼 수 있다.

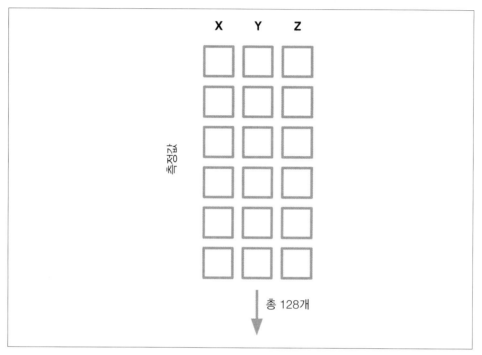

그림 12-8 모델 입력

컨볼루션 레이어는 이 원시 데이터를 가져와서 후속 레이어에서 해석할 수 있는 몇 가지 기본 특징을 추출하는 역할을 한다. Conv2D() 함수의 인수는 추출할 특징의 수를 결정하며 tf.keras.layers.Conv2D() 문서(https://oreil.ly/hqXJF)에서 인수를 자세히 설명한다.

첫 번째 인수는 레이어가 가질 필터 수를 결정한다. 훈련하는 동안 각 필터는 원시 데이터에서 특징을 식별하는 방법을 익힌다. 예를 들어 하나의 필터가 상승 운동의 주요 징후를 식별하는 방법을 배울 수 있다. 각 필터에 대해 레이어는 입력값 중 어디에서 특징이 추출됐는지를 나타내는 특징 맵feature map을 출력한다.

레이어에는 여덟 개의 필터가 정의되어 있으며 이는 입력 데이터에서 여덟 가지 유형의 상위 레벨 특징을 인식하는 법을 훈련한다는 것을 의미한다. 이 값은 출력 형태 (batch_size, 128, 3, 8)에서 찾아볼 수 있으며 마지막 값은 특징 채널feature channels을 의미한다. 각 채널의 값은 입력 데이터에서 특징의 위치를 나타낸다.

8장에서 배운 것처럼 컨볼루션 레이어는 특정 영역의 데이터를 컨볼루션 윈도로 훑고 지나가면서 특징을 감지한다. Conv2D()의 두 번째 인수는 이 윈도의 크기를 설정하는 것으로, 예제의 경우 (4, 3)이다. 이는 필터가 추출하고자 하는 특징이 세 개의 축 데이터를 포함한 네 개의 연속된 가속도계 입력 데이터에서 발견됨을 의미한다. 네 개의 연속된 데이터 입력값을 사용하기 때문에 시간에 따른 가속도 변화를 나타내는 특징 또한 추출된다. [그림 12-9]에서 어떻게 작동하는지 확인할 수 있다.

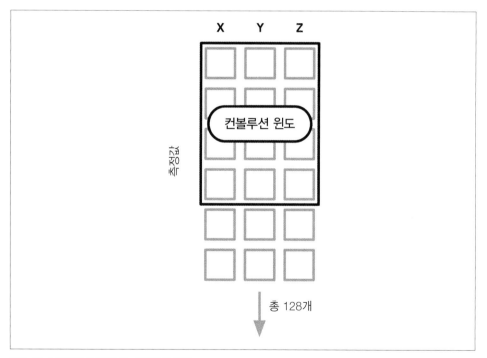

그림 12-9 데이터 위를 지나는 컨볼루션 윈도

패딩 인수는 윈도가 데이터에서 어떻게 이동될지를 결정한다. 패딩이 same(같음)으로 설정되면 레이어의 출력은 길이 (128), 너비 (3)으로 입력값과 같아진다. 이는 다시 말해 윈도가 데

이터를 옆으로 3번, 아래로 128번 이동해야 함을 의미한다.

윈도의 너비가 3이고 길이가 4이기 때문에 데이터로부터 조금 벗어나 시작해야 한다. 필터 윈도가 실젯값을 포함하지 않는 빈 공간은 0으로 채워지는데 [그림 12-10]과 [그림 12-11]에서 패딩이 어떻게 작동하는지 확인해보자.

컨볼루션 윈도가 모든 데이터를 훑고 지나가면 각 필터는 여덟 개의 특징 맵을 생성한다. 이후 해당 값을 다음 레이어인 MaxPool2D 레이어로 전달한다.

```
tf.keras.layers.MaxPool2D((3, 3)),  # (batch, 42, 1, 8)
```

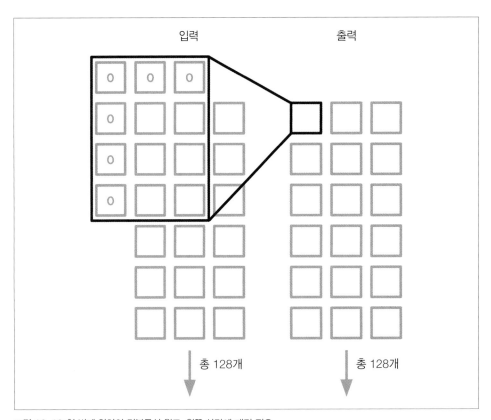

그림 12-10 첫 번째 위치의 컨볼루션 윈도, 왼쪽 상단에 패딩 필요

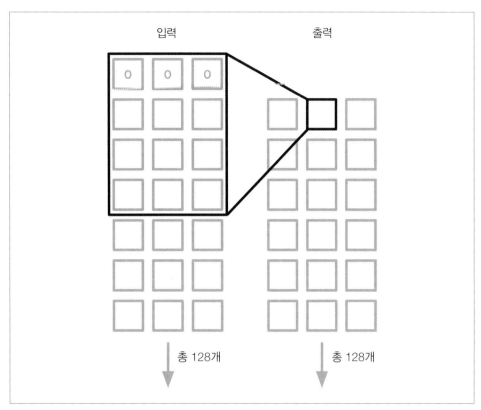

입력 출력

0 0 0

총 128개 총 128개

그림 12-11 두 번째 위치의 동일한 컨볼루션 윈도. 이 경우 상단에만 패딩 필요

MaxPool2D 레이어는 이전 레이어의 출력 텐서 (128, 3, 8)을 원래 크기의 1/3인 (42, 1, 8) 텐서로 축소한다. 입력 데이터의 윈도 안에서 가장 큰 값만을 선택해 전파하는데, 다음 데이터에서도 이 프로세스를 반복한다. MaxPool2D() 함수 (3, 3)에 제공된 인수는 3×3 윈도가 사용되도록 지정한다. 컨볼루션 윈도가 데이터를 자세히 훑고 지나가는 반면, MaxPool2D는 겹치지 않고 항상 완전히 새로운 데이터를 포함하며 이동한다. 어떻게 윈도가 이동하는지 [그림 12-12]에서 볼 수 있다.

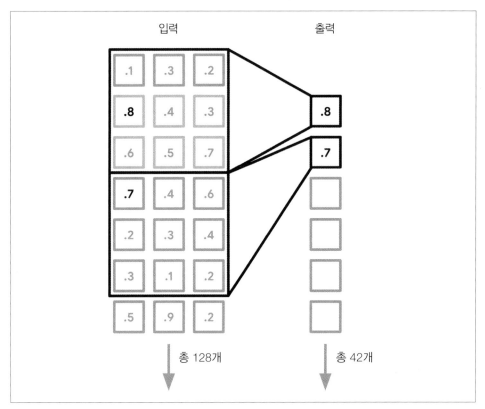

입력   출력

총 128개   총 42개

그림 12-12 Max Pooling 작업

다이어그램에는 단일 값이 표시되지만 데이터에는 실제로 한 칸당 여덟 개의 특징 채널이 있다.

왜 입력 데이터를 축소하는지 궁금할 텐데, 분류에 CNN을 사용하는 이유가 크고 복잡한 입력 텐서를 작고 간단한 출력으로 변환하는 것이기 때문이다. MaxPool2D 레이어가 이 역할을 수행하며 첫 번째 컨볼루션 레이어의 출력 정보를 고수준의 집중된 정보로 표현한다.

제스처를 식별하는 작업과 관련 없는 데이터를 제거하여 정보를 집중한다. 이 과정에서 첫 번째 컨볼루션 레이어의 가장 중요한 특징만 유지된다. 원래 입력 데이터에 3축 가속도계 데이터가 있었지만 Conv2D와 MaxPool2D 조합으로 이들을 단일 값으로 병합했다.

데이터를 축소한 뒤에는 드롭아웃 레이어를 거치게 된다.

```
tf.keras.layers.Dropout(0.1),  # (batch, 42, 1, 8)
```

드롭아웃 레이어는 훈련 중에 임의의 텐서 값을 0으로 설정한다. 예제에서는 Dropout(0.1)을 호출하여 값의 10%를 0으로 설정하고 해당 데이터를 완전히 제거했다. 훈련 데이터를 제거하는 것이 이상하게 느껴지겠지만 이는 필요한 과정이다.

드롭아웃은 일반화 기술이며 이 책의 앞부분에서 언급했듯 일반화는 머신러닝 모델을 개선하여 훈련 데이터가 과적합될 가능성을 낮추는 역할을 한다. 레이어와 다음 레이어 사이에서 일부 데이터를 무작위로 제거함으로써 신경망이 예기치 않은 노이즈와 변화에 대처하는 방법을 배우도록 강제한다. 그런 이유로 드롭아웃은 과적합을 방지하는 간단하지만 효과적인 방법이다.

드롭아웃 레이어는 훈련할 때만 활성화되며 모델이 구축된 이후에는 영향을 주지 않는다. 추론 중에는 모든 입력 데이터를 사용한다.

드롭아웃 레이어 다음에 데이터를 다시 MaxPool2D 레이어와 드롭아웃 레이어로 전달한다.

```
tf.keras.layers.Conv2D(16, (4, 1), padding="same",
                       activation="relu"),  # (batch, 42, 1, 16)
```

이 레이어에는 16개의 필터와 (4, 1) 크기의 윈도가 있다. 이 숫자는 모델의 하이퍼 파라미터 일부로, 모델이 개발되는 동안 수많은 시행착오 끝에 선택된다. 효과적인 아키텍처를 설계하는 것은 그만큼 어려운 과정이며 이러한 마술 숫자^{magic number}는 수많은 실험 끝에 도출되며 첫 훈련에 정확한 값을 선택하기는 거의 불가능하다.

첫 번째 컨볼루션 레이어와 마찬가지로 이 레이어는 의미 있는 정보가 포함된 인접 값에서 패턴을 발견하는 방법을 배운다. 첫 번째 컨볼루션 레이어에서 전달되는 입력 데이터를 더 고수준 데이터로 만들어 특징의 구성을 인식한다.

이 컨볼루션 레이어 다음에 또 다른 MaxPool2D와 드롭아웃을 수행한다.

```
tf.keras.layers.MaxPool2D((3, 1), padding="same"),  # (batch, 14, 1, 16)
tf.keras.layers.Dropout(0.1),  # (batch, 14, 1, 16)
```

이 코드는 입력을 더 작고 관리하기 쉬운 표현으로 바꾸는 과정을 계속 진행한다. (14, 1, 16) 모양의 출력은 입력 데이터에 포함된 가장 중요한 구조만 상징적으로 나타내는 다차원 텐서다.

원한다면 이 과정을 계속 반복할 수 있다. CNN의 레이어 수는 모델 개발 중에 조정할 수 있는 또 다른 하이퍼 파라미터다. 그러나 예제의 경우 두 개의 컨볼루션 레이어면 충분하다.

지금까지 우리는 오직 인접한 값 사이의 관계에만 관심이 있는 컨볼루션 레이어를 통해 데이터를 훈련시켜 왔으며 실제로 더 큰 그림은 고려하지 않았다. 이제는 입력 데이터의 주요 특징에 대한 고수준의 표현을 얻었으므로 전체 데이터 사이의 관계도 고려할 것이다. 이를 위해 데이터를 펼쳐서 Dense 레이어(완전히 연결된 레이어라고도 함)에 전달한다.

```
tf.keras.layers.Flatten(),  # (batch, 224)
tf.keras.layers.Dense(16, activation="relu"),  # (batch, 16)
```

Flatten 레이어(https://oreil.ly/TUIZc)는 다차원 텐서를 단일 차원의 텐서로 변환하는 데 사용된다. 이 경우 (14, 1, 16) 텐서는 (224) 크기의 단일 차원 텐서로 변환된다.

그런 다음 16개의 뉴런이 있는 Dense 레이어(https://oreil.ly/FbpDB)로 데이터가 전달된다. 이는 모든 입력 데이터가 모든 뉴런에 연결되는 레이어로, 딥러닝에서 가장 기본적인 도구 중 하나다. 모든 데이터를 한 번에 고려하는 이 계층은 다양한 입력 조합의 의미를 학습한다. 고밀도 레이어의 출력값은 원래 입력 내용을 압축된 형태로 나타내는 16개의 값으로 구성된다.

마지막 작업은 16개의 값을 네 개의 클래스로 줄이는 작업이다. 이를 위해 먼저 드롭아웃 레이어를 추가하고 이후에 Dense 레이어를 추가한다.

```
tf.keras.layers.Dropout(0.1),  # (batch, 16)
tf.keras.layers.Dense(4, activation="softmax")  # (batch, 4)
```

마지막 레이어에는 네 개의 뉴런이 있으며 각각은 이전 레이어의 16개 출력에 모두 연결된다. 각 뉴런은 제스처 클래스를 의미하고, 제스처 클래스를 구별하기 위해 훈련하면서 이전 레이어의 활성화 조합을 배운다.

레이어는 "softmax" 활성화 함수로 구성되며 출력값은 확률 집합으로서 모두 더하면 1이 된다. 출력값은 모델의 출력 텐서에서 확인할 수 있다.

컨볼루션 레이어와 완전히 연결된 레이어로 조합된 모델 아키텍처는 가속도계에서 얻은 측정값처럼 시계열 센서 데이터를 분류하는 데 매우 유용하다. 이러한 유형의 아키텍처는 클래스 분류에 있어 고급 특징을 식별하는 방법을 배우므로 작고 빠르며 훈련하는 데 시간이 오래 걸리지 않는다. 이 아키텍처 또한 임베디드 머신러닝 엔지니어에게 귀중한 도구다.

12.3 나만의 데이터로 훈련하기

이번 절에서는 새로운 제스처를 인식하는 사용자 지정 모델을 학습하는 방법을 설명한다. 가속도계 데이터를 수집하고, 훈련용 스크립트를 수정하여 통합하고, 새 모델을 훈련하고, 임베디드 애플리케이션에 통합하는 방법을 다룬다.

12.3.1 데이터 수집

훈련 데이터를 얻기 위해 제스처를 수행하는 동안 간단한 프로그램을 사용하여 가속도계 데이터를 시리얼 포트를 통해 수집할 것이다.

12.3.1.1 스파크펀 에지

스파크펀 에지 BSP^{Board Support Package}(보드 지원 패키지) 예제(https://oreil.ly/z4eHX) 중 하나를 수정하는 것이 가장 빠른 시작 방법이다. 먼저 스파크펀의 Ambiq Apollo3 SDK 스파크펀 에지 보드 사용 가이드(https://oreil.ly/QqKPa)에 따라 Ambiq SDK와 스파크펀 에지 BSP를 설정한다.

SDK와 BSP를 다운로드하고 원하는 대로 작업하려면 예제 코드를 수정해야 한다.

먼저 텍스트 편집기에서 AmbiqSuite-Rel2.2.0/boards/SparkFun_Edge_BSP/examples/example1_edge_test/src/tf_adc/tf_adc.c 파일을 열고 61행에서 `am_hal_adc_samples_read()`를 호출하는 부분을 찾는다.

```
if (AM_HAL_STATUS_SUCCESS != am_hal_adc_samples_read(g_ADCHandle,
                                                     NULL,
                                                     &ui32NumSamples,
                                                     &Sample))
```

두 번째 파라미터를 true로 변경하여 전체 함수 호출이 다음과 같도록 수정한다.

```
if (AM_HAL_STATUS_SUCCESS != am_hal_adc_samples_read(g_ADCHandle,
                                                     true,
                                                     &ui32NumSamples,
                                                     &Sample))
```

다음으로 AmbiqSuite-Rel2.2.0/boards/SparkFun_Edge_BSP/examples/example1_edge_test/src/main.c 파일을 수정한다. 51행에서 while 루프를 찾는다.

```
/*
* 폴링 모드에서 샘플 읽기(int 없음).
*/
while(1)
{
    // 버튼 14를 사용하여 루프를 끊고 종료
    uint32_t pin14Val = 1;
    am_hal_gpio_state_read( AM_BSP_GPIO_14, AM_HAL_GPIO_INPUT_READ, &pin14Val);
```

코드를 변경하여 다음 줄을 추가한다.

```
/*
* 폴링 모드에서 샘플 읽기 (int 없음).
*/
while(1)
{
    am_util_stdio_printf("-,-,-\r\n");
    // 버튼 14를 사용하여 루프를 끊고 종료
    uint32_t pin14Val = 1;
    am_hal_gpio_state_read( AM_BSP_GPIO_14, AM_HAL_GPIO_INPUT_READ, &pin14Val);
```

이제 while 루프에서 이 줄을 찾아보자.

```
am_util_stdio_printf("Acc [mg] %04.2f x, %04.2f y, %04.2f z,
                Temp [deg C] %04.2f, MIC0 [counts / 2^14] %d\r\n",
        acceleration_mg[0], acceleration_mg[1], acceleration_mg[2],
        temperature_degC, (audioSample) );
```

원래 줄을 삭제하고 다음과 같이 수정한다.

```
am_util_stdio_printf("%04.2f,%04.2f,%04.2f\r\n", acceleration_mg[0],
                    acceleration_mg[1], acceleration_mg[2]);
```

이 프로그램은 이제 훈련 스크립트가 기대하는 형식으로 데이터를 출력한다.

다음으로 스파크펀 가이드 지침(https://oreil.ly/BPJMG)에 따라 example1_edge_test 예제 애플리케이션을 빌드하고 장치에 플래시한다.

12.3.1.2 데이터 로깅

예제 코드를 빌드하고 플래시한 후 다음 지침에 따라 일부 데이터를 수집한다.

먼저 새 터미널 창을 열고 다음 명령을 실행해 모든 터미널 출력을 output.txt 파일에 기록한다.

```
script output.txt
```

다음으로 같은 창에서 screen 커맨드를 사용하여 장치에 연결한다.

```
screen ${DEVICENAME} 115200
```

가속도계의 측정값이 화면에 표시되고 훈련 스크립트에서 사용하는 쉼표로 구분된 형식(csv)으로 output.txt 파일에 저장된다.

동일한 제스처의 여러 수행 값을 단일 파일로 수집해야 한다. 제스처 시행 로그를 수집하기 위해 RST로 표기된 버튼을 누르면 -,-,-가 시리얼 포트에 기록되며 이 출력은 훈련 스크립트에서 제스처 시작을 식별하는 데 사용된다. 제스처를 수행한 후 14로 표시된 버튼을 눌러 데이터 로깅을 중단한다.

위 과정을 반복하여 동일한 제스처에 대한 여러 수행 데이터를 충분히 수집했다면 [Ctrl]+[A]를 누른 뒤 [K] 키를 누르고 [Y] 키를 눌러 화면을 종료한다. 화면을 종료한 후 다음 명령을 입력하여 output.txt에 데이터 로깅을 중지한다.

```
exit
```

이제 단일 제스처를 수행하는 한 사람의 데이터가 포함된 output.txt 파일이 생성됐다. 완전히 새로운 모델을 훈련시키려면 원래 데이터셋과 비슷한 양의 데이터 수집을 목표로 해야 한다. 여기에서는 제스처당 열 명이 15번씩 수집한 데이터가 포함돼 있다.

만일 모델을 혼자만 사용할 것이라면 다른 사람의 데이터를 수집하지 않아도 괜찮을지도 모른다. 그러나 더 많은 사람에게서 데이터를 수집하는 편이 일반적인 상황에서는 성능면에서 유리하다.

훈련 스크립트의 호환성을 위해 수집된 데이터 파일의 이름을 다음 형식으로 변경한다.

```
output_<gesture_name>_<person_name>.txt
```

예를 들어 Daniel이 만든 triangle(삼각형) 제스처의 데이터 이름은 다음과 같다.

```
output_triangle_Daniel.txt
```

훈련 스크립트는 다음과 같이 데이터가 각 제스처 이름으로 구분된 폴더에 저장될 것을 전제한다.

```
data/
├── triangle
│   ├── output_triangle_Daniel.txt
│   └── ...
├── square
│   ├── output_square_Daniel.txt
│   └── ...
└── star
    ├── output_star_Daniel.txt
    └── ...
```

그리고 negative라는 폴더에 unknown 클래스의 데이터를 제공해야 한다. 이 경우 원래 데이터셋의 파일을 쓸 수 있다.

모델 아키텍처는 네 가지(세 가지 제스처와 unknown) 클래스에 대한 확률을 출력하도록 설계됐으므로 세 가지 제스처를 제공해야 한다. 더 많거나 적은 제스처로 훈련하면 스크립트를 변경하고 모델 아키텍처를 조정해야 한다.

12.3.2 훈련 스크립트 수정

새로운 제스처로 모델을 훈련시키려면 훈련 스크립트를 약간 변경해야 한다.

먼저 다음 파일 안의 모든 제스처 이름을 변경한다.

- data_load.py
- data_prepare.py
- data_split.py

다음 파일에서 데이터를 생성한 사람의 이름을 변경한다.

- data_prepare.py
- data_split_person.py

데이터를 수집한 사람의 수가 달라지면 (원래 데이터셋에는 열 명) 훈련 스크립트에서 데이터를 사람별로 나누기 위해 새로운 데이터 분할을 결정해야 한다. 적은 사용자로부터 데이터를 얻은 경우 훈련에 사람별로 나누는 게 불가능하므로 data_split_person.py에 대해서는 걱정하지 말고 진행하자.

12.3.3 훈련

새로운 모델을 훈련시키려면 데이터 파일 경로를 훈련 스크립트의 경로에 복사하고 이 장의 앞부분에서 살펴본 과정을 따른다.

소수의 사용자로부터 얻은 데이터가 전부인 경우 사람 단위가 아닌 무작위로 데이터를 분할해야 한다. 이렇게 하려면 훈련을 시작할 때 data_split_person.py 대신 data_split.py를 실행한다.

새로운 제스처에 대한 훈련을 하고 있음으로 모델의 하이퍼 파라미터를 사용하여 최고의 정확도를 얻는 편이 좋다. 이를테면 더 많거나 적은 에폭을 설정하거나, 레이어나 뉴런 수를 다르게 배열하거나, 컨볼루션 하이퍼 파라미터를 사용하면 더 나은 결과가 나올 수 있다. 텐서보드를 사용하여 진행 상황을 모니터링한다.

어느 정도 정확도를 갖춘 모델이 나오면 프로젝트를 약간 변경하여 잘 작동하는지 확인한다.

12.3.4 새 모델 사용하기

먼저 `xxd -i`로 형식이 지정된 새 모델의 데이터를 magic_wand_model_data.cc에 복사해야 한다. xxd가 출력한 숫자와 일치하도록 `g_magic_wand_model_data_len` 값도 업데이트한다.

다음으로 `should_continuous_count` 배열에서 각 제스처에 필요한 연속 예측 수를 지정하는 accelerometer_handler.cc 값을 업데이트해야 한다. 이 값은 제스처 수행에 걸리는 시간에 해당한다. 원래 날개 제스처에는 연속된 15개의 값이 필요하다는 점을 고려하여 새로운 제스처가 그에 비해 얼마나 오래 걸리는지 생각하고 배열의 값을 수정해야 한다. 가장 안정적인 성능을 얻을 때까지 값을 반복적으로 조정해 모델을 튜닝한다.

마지막으로 output_handler.cc 코드를 업데이트하여 새 제스처에 대한 올바른 이름을 출력한다. 완료되면 코드를 빌드하고 장치에 플래싱한다.

12.4 마치며

이번 장에서는 일반적인 임베디드 머신러닝 모델의 아키텍처를 깊이 있게 살펴봤다. 이 유형의 컨볼루션 모델은 시계열 데이터를 분류하는 강력한 도구이므로 자주 사용하게 된다.

이제 임베디드 머신러닝 애플리케이션이 어떤 것인지를 알고, 모델과 코드가 어떻게 상호작용하여 세상을 이해하는지에 대해 밑그림이 그려졌기를 바란다. 이후로는 직접 프로젝트를 진행하면서 다른 여러 문제를 해결하는 데 사용할 수 있는 모델 도구 상자를 만들 것이다.

12.4.1 머신러닝 배우기

이 책은 임베디드 머신러닝의 가능성을 소개하기 위한 것으로 머신러닝에 대해 모든 내용을 다루지는 않는다. 나만의 모델을 만드는 것에 대해 더 깊이 알고 싶다면 아래의 학습 자료를 참고하면 좋다. 이 책에서 배운 내용을 기반으로 시작하기에 좋은 학습 자료를 소개한다.

- 『Deep Learning with Python』[2](Manning, 2017)
- 『Hands-on Machine Learning with Scikit-Learn, Keras, and TensorFlow, 2nd Edition』[3](O'Reilly, 2019)
- Deeplearning.ai's Deep Learning Specialization(https://oreil.ly/xKQMP), TensorFlow in Practice courses(https://oreil.ly/4q7HY)
- Udacity's Intro to TensorFlow for Deep Learning course(https://oreil.ly/YJlYd)

12.4.2 이어지는 내용

나머지 장에서는 나만의 TinyML 애플리케이션을 설계하고, 저전력 디바이스에서 실행되도록 모델 및 애플리케이션 코드를 최적화하는 방법, 기존 머신러닝 모델을 임베디드 디바이스로 이식하는 방법, 임베디드 머신러닝 코드를 디버깅하는 방법을 통해 임베디드 머신러닝 도구와 워크플로에 대해 자세히 알아볼 것이다. 또한 배포, 개인 정보 보호, 보안과 같은 일부 문제에 대해서도 다룬다.

먼저 이 책의 모든 예제를 지원하는 프레임워크인 텐서플로 라이트부터 살펴보자.

---

2 편집자_『케라스 창시자에게 배우는 딥러닝』(길벗, 2018)
3 편집자_『핸즈온 머신러닝 2판』(한빛미디어, 2020)

## CHAPTER 13

마이크로컨트롤러용 텐서플로 라이트

이 장에서는 책의 모든 예제에 사용된 소프트웨어 프레임워크, 마이크로컨트롤러용 텐서플로 라이트를 살펴본다. 상당히 자세한 내용을 다룰 예정이지만 꼭 모든 내용을 이해해야 실전에 사용할 수 있는 것은 아니다. 프레임워크 내에서 일어나는 일에 관심이 없다면 이 장을 건너뛰어도 괜찮고 궁금한 점이 생기면 언제든지 다시 돌아와서 읽으면 된다. 머신러닝을 실행하는 데 사용하는 도구를 더 잘 이해하고 싶다면 13장에서 라이브러리의 역사와 내부 동작 방식을 알아보자.

13.1 마이크로컨트롤러용 텐서플로 라이트란 무엇인가

우선 프레임워크의 실제 역할을 논의해보자. 프레임워크를 이해하기 위해 프레임워크 이름을 풀어서 설명하고 각 구성 요소를 설명하면 도움이 될 것이다.

13.1.1 텐서플로

머신러닝에 관심이 있다면 텐서플로를 한 번쯤은 들어보았을 것이다. 텐서플로는 구글의 오픈소스 머신러닝 라이브러리로 '모두를 위한 오픈소스 머신러닝 프레임워크'를 모토로 삼는다. 이 라이브러리는 구글에서 내부적으로 개발되어 2015년에 처음 공개됐다. 그 이후 대규모 외부 커뮤니티가 소프트웨어를 중심으로 성장했으며 구글 내부보다 외부에 더 많은 오픈소스 기여자가 있을 정도가 됐다. 텐서플로는 리눅스, 윈도우, 맥OS 기반 데스크톱과 서버 플랫폼을 대상으로 하며 클라우드상에서 모델 훈련, 배포와 관련된 많은 도구, 예제, 최적화 등을 제공한다. 텐서플로는 실제로 구글에서 제품을 구동하기 위해 사용하는 주요 머신러닝 라이브러리이며 핵심 코드 자체는 사내 제품과 외부에 게시된 오픈소스 간에 차이가 없고 동일하다.

구글과 기타 출처에서 제공되는 많은 예제와 튜토리얼도 있어서 음성 인식에서 데이터 센터 전원 관리, 비디오 분석에 이르는 다양한 모델을 훈련시키고 사용하는 방법을 볼 수 있다.

텐서플로가 출시됐을 당시 모델을 훈련하고 데스크톱 환경에서 실행할 수 있는 기능에 가장 많은 수요가 있었다. 이는 실행 파일의 크기와 기능/속도 사이의 균형 등 많은 설계 결정에 영향을 주었다. 수 기가바이트 단위의 RAM과 수 테라바이트 단위의 스토리지 공간이 있는 클라우드 서버에서는 수백 메가바이트 정도의 바이너리가 문제가 되지 않았다. 서버에서 널리 사용되는 스크립팅 언어인 파이썬이 텐서플로의 주 언어로 선택된 것도 클라우드 환경의 영향이라고 볼 수 있다.

그러나 클라우드를 벗어난 다른 플랫폼에는 텐서플로가 적합하지 않았다. 안드로이드, 아이폰 장치에서 앱 크기가 몇 메가바이트만 늘어나도 앱 다운로드 수와 고객 만족도가 크게 줄어들 수 있다. 스마트폰 플랫폼을 위해 텐서플로를 빌드할 수는 있지만 기본적으로 애플리케이션 크기에 20MB가 추가되며 일부 작업만 가져와도 2MB가 넘는 용량을 점유하게 된다.

13.1.2 텐서플로 라이트

저사양 모바일 플랫폼에 이러한 요구 사항을 충족하기 위해 구글은 2017년에 텐서플로 라이트라는 이름으로 텐서플로의 하위 프로젝트를 시작했다. 텐서플로 라이트는 모바일 장치에서 신경망 모델을 효율적이고 쉽게 실행하기 위한 라이브러리로, 프레임워크 크기와 복잡성을 줄이기 위해 플랫폼에서 일반적이지 않은 기능을 삭제한다. 예를 들어 모델 훈련 기능은 지원하지 않으며 이미 클라우드 플랫폼에서 훈련된 모델을 가지고 추론을 실행하는 기능만을 지원한다. 또한 주류 텐서플로에서 사용 가능한 큰 자료형(예: double)을 지원하지 않는다. 또한 `tf.depth_to_space`와 같이 자주 쓰지 않는 일부 작업을 삭제했다. 텐서플로 웹사이트에 들어가면 최신 호환성 정보를 찾을 수 있다.

이러한 절충 덕에 텐서플로 라이트는 불과 수백 킬로바이트 안에 들어갈 수 있으며 크기가 제한된 애플리케이션에 훨씬 쉽게 적용될 수 있다. 또한 ARM Cortex-A 시리즈 CPU에 최적화된 라이브러리와 가속기를 위한 안드로이드의 신경망 API 그리고 OpenGL을 통한 GPU를 지원한다. 또 다른 주요 장점은 네트워크의 8비트 양자화를 잘 지원한다는 것이다. 모델에는 수백만 개의 매개 변수가 있을 수 있으므로 32비트 부동소수점에서 8비트 정수로 크기를 75% 축소하기만 해도 가치가 있지만 더 작은 자료형으로 추론을 훨씬 빠르게 실행할 수 있는 특수 코드 경로도 있다.

13.1.3 마이크로컨트롤러용 텐서플로 라이트

텐서플로 라이트는 모바일 개발자에게 널리 채택됐지만 모든 플랫폼의 요구 사항을 충족시키지는 못했다. 텐서플로 팀은 구글 및 구글 외부의 제품이 가동되는 임베디드 플랫폼에서 머신러닝을 구축하면 많은 이점이 있지만 이러한 환경에 기존 텐서플로 라이트 라이브러리를 그대로 쓰기는 어렵다는 점을 발견했다. 여기서도 가장 큰 제약은 역시 바이너리 크기였다. 임베디드 환경에서는 수백 킬로바이트의 용량조차 부담스러웠고 20KB 이하의 용량으로 소화할 수 있는 바이너리가 필요했다. 모바일 개발자는 당연하게 여기는 C 표준 라이브러리 같은 종속성도 존재하지 않아서 이러한 라이브러리에 의존하는 코드를 사용할 수 없었다. 반면 이러한 요소를 제외하면 많은 요구 사항이 유사했다. 가장 중요한 요소는 추론이었고 양자화된 네트워크가 성능을 판가름했으며 개발자가 코드를 빠르게 찾아 수정할 수 있는 간단한 코드 기반을 갖추는 것이 우선순위였다.

2018년 나를 포함한 구글 텐서플로 팀은 이러한 요구 사항을 고려하여 임베디드 플랫폼에서 사용하는것을 목표로 하는 텐서플로 라이트 버전의 연구 개발을 시작했다. 프로젝트 목표는 임베디드 환경의 까다로운 요구 사항을 충족하면서 모바일 프로젝트의 코드, 도구, 문서를 최대한 재사용하는 것이었다. 또한 구글에서 실용적인 용례를 만들어낼 수 있도록 상용화된 음성 인식 스피커 등에 많이 쓰이는 "Hey Google", "Alexa"와 같은 호출어 인식 등의 실제 사용 사례에 중점을 두었다. 구글은 이러한 문제를 해결하는 방법에 엔드 투 엔드 예제를 목표로 설계한 시스템을 실제 프로덕션 시스템에 사용할 수 있도록 노력했다.

13.1.4 요구 사항

구글 팀은 임베디드 환경에서 실행하기 위한 코드 작성 방법에는 많은 제약이 따른다는 것을 알고 라이브러리에 대한 몇 가지 주요 요구 사항을 파악했다.

- **운영체제 종속성이 없어야 한다**

  머신러닝 모델은 기본적으로 숫자를 입력하면 결과로 숫자가 반환되는 수학적 블랙박스다. 이 작업을 수행하기 위해 나머지 시스템에 접근할 필요는 없으므로 기본 운영체제를 호출하지 않고도 머신러닝 프레임워크를 쓸 수 있어야 한다. 프로젝트가 목표로 하는 플랫폼 중 일부는 OS가 전혀 없다. 기본 코드에서 파일 또는 장치에 대한 참조를 피하면 해당 플랫폼으로 이식이 가능할 것이다.

- **링커 시간에 표준 C 또는 표준 C++ 라이브러리에 대한 종속성이 없어야 한다**

  OS에 대한 요구 사항보다 조금 까다로운 조건이다. 프로그램을 메모리가 수십 킬로바이트인 장치에 배포해야 하기 때문에 바이너리 크기는 매우 중요하다. sprintf()와 같은 단순한 함수조차도 쉽게 20KB를 차지할 수 있어 C와 C++ 표준 라이브러리의 구현을 보유한 라이브러리 종속성을 최대한 피하는 것을 목표로 했다. 헤더 전용 종속성(예: 자료형 크기를 보유하는 stdint.h)과 표준 라이브러리의 링커[linker] 시간(예: 많은 문자열 함수와 sprintf()) 사이에 경계가 애매해서 까다로운 면이 있는 작업이었다. 이 요구 사항을 반영하는 과정에서 컴파일 타임 상수와 매크로까지는 괜찮고 더 복잡한 것은 피해야 한다는 점을 이해하게 됐다. 링커 회피가 제외되는 것은 표준 C 수학 라이브러리인데 삼각 함수를 처리하기 위한 종속성이 포함되어야 하기 때문이다.

- **하드웨어가 부동소수점을 처리할 수 없다**

  많은 임베디드 플랫폼이 하드웨어의 부동소수점 연산을 지원하지 않기 때문에 성능에 영향을 주는 부동소수점 연산을 코드에서 제외해야 했다. 즉, 8비트 정수 파라미터를 쓰는 모델에 초점을 맞추고 대부분의 연산에 8비트 정수 자료형을 사용했다(호환성 때문에 필요한 경우에는 프레임워크가 부동소수점 연산을 지원하기도 한다).

- **동적 메모리 할당이 없어야 한다**

  마이크로컨트롤러를 사용하는 애플리케이션은 몇 개월 또는 몇 년 동안 지속적으로 실행된다. 프로그램 메인 루프가 malloc()/new나 free()/delete를 사용하여 메모리를 할당하거나 해제한다면 힙[heap]이 조각난 상태가 되어 할당 실패 또는 충돌이 발생할 가능성이 높아진다. 대부분의 임베디드 시스템에는 사용 가능한 메모리가 거의 없다. 제한된 자원을 사전에 계획하는 것이 다른 플랫폼보다 중요하며 OS가 없으므로 힙이나 동적 할당 루틴이 없을 수도 있다. 즉, 임베디드 애플리케이션은 동적 메모리 할당을 완전히 사용하지 않는 경우가 많다. 라이브러리는 해당 애플리케이션에서 사용하도록 설계되어야 하니 마찬가지로 동적 메모리 할당을 피해야 한다. 실제로 프레임워크가 초기화 시점에 호출 주체 애플리케이션에 고정된 크기의 임시 할당(활성화 버퍼와 같은) 영역을 전달하도록 요청하는데, 영역이 너무 작으면 라이브러리는 즉시 오류를 반환하고 클라이언트는 더 큰 영역을 잡아서 다시 컴파일해야 한다. 이런 논리 덕택에 추가 메모리 할당 없이 추론을 수행하기 위한 호출을 반복할 수 있고 이 과정에서 힙 조각화나 메모리 오류의 위험을 피할 수 있다.

텐서플로 라이트 팀은 또한 모바일 텐서플로 라이트와의 호환성 유지와 코드 공유가 너무 어려워 임베디드 커뮤니티에서 공통적인 몇 가지 제약 조건을 다음과 같이 수립하였다.

- **C++ 11이 필요하다**

  보통 C로 임베디드 프로그램을 작성하는 것이 일반적이며 일부 플랫폼은 C++를 지원하는 툴체인이 전혀 없거나 2011년 표준 개정판 이전 C++ 버전만을 지원한다. 텐서플로는 대부분 C++로 작성됐고 일반 C API를 일부 사용했기 때문에 다른 언어에서 쉽게 호출할 수 있으며 복잡한 템플릿과 같은 고급 기능에 의존하지 않는다. 코드 스타일은 클래스를 통한 모듈화를 최대한 추구하는 '더 나은 C$^{better\ C}$'의 정신을 계승한다. C로 프레임워크를 다시 작성하는 것은 모바일 플랫폼 사용자에게 많은 작업을 요구하며 일종의 기술 후퇴로 보일 수도 있다. 또 가장 널리 쓰이는 플랫폼 대부분이 모두 이미 C++ 11을 지원하는 것을 확인했기 때문에 팀은 일부 플랫폼에 대한 지원을 포기하는 대신 모든 종류의 텐서플로 라이트에서 코드를 더욱 쉽게 공유할 수 있도록 C++ 11을 사용하기로 결정했다.

- **32비트 프로세서를 기준으로 한다**

  임베디드 세계에는 다양한 하드웨어 플랫폼이 있지만 최근 몇 년간은 일반적으로 사용됐던 16비트 또는 8비트 칩이 아닌 32비트 프로세서를 사용하는 추세를 보인다. 임베디드 생태계를 조사한 결과 C의 `int` 데이터 형식이 모바일, 임베디드 버전 프레임워크에서 동일하게 32비트라는 가정을 세웠다. 이를 포함한 몇 가지 가정을 더 세우고 새로운 주류인 32비트 장치에 대한 개발을 집중하기로 결정했다. 일부 16비트 플랫폼에서도 성공적인 포팅이 이루어졌다는 보고를 받기는 했지만 이는 최신 툴체인에 의존한 덕분이며 16비트 플랫폼에 대한 지원은 팀의 주요 우선순위에 없다.

13.1.5 모델을 인터프리터로 해석하는 이유는 무엇인가

많은 사람이 묻는다. 모델을 미리 코드화하지 않고 런타임에 모델을 인터프리터로 해석하는 이유가 무엇인지. 이 결정은 다양한 접근 방식의 장점과 문제점을 고려하여 내린 것이다.

코드를 생성할 때는 모델을 C 또는 C++ 코드로 직접 변환하는 과정이 포함된다. 모든 파라미터는 코드에 데이터 배열로 저장되며 아키텍처는 한 레이어에서 다음 레이어로 활성화를 전달하는 일련의 함수 호출로 표현된다. 이 코드는 종종 진입점이 여러 개인 하나의 큰 소스 파일로 출력되며 이러한 파일을 IDE나 툴체인에 직접 포함시키고 다른 코드처럼 컴파일할 수 있다. 코드 생성 방식의 주요 장점은 다음과 같다.

- **빌드 용이성**

  빌드 시스템에 쉽게 통합할 수 있다는 것이 사용자 입장에서 가장 큰 이점이다. 외부 라이브러리에 의존하지 않고 C 또는 C++ 파일이 몇 개 있으면 거의 모든 IDE에 쉽게 끌어다 놓을 수 있고 프로젝트 빌드가 잘못될 가능성이 거의 없게 된다.

- **수정 용이성**

  구현 파일 하나에 소량의 코드가 있으면 어떤 구현체가 쓰이는지 일일이 설정해야 하는 대규모 라이브러리에 비해 코드를 단계별로 검토하고 변경하는 것이 훨씬 간단하다.

- **인라인 데이터**

  모델 자체의 데이터가 소스 코드 구현의 일부로 저장될 수 있으므로 추가 파일이 필요 없고 또한 메모리 내 데이터 구조로 직접 저장할 수도 있으므로 로드나 파싱 단계가 필요하지 않게 된다.

- **코드 크기**

  어떤 모델과 플랫폼을 구축하고 있는지 미리 알면 절대로 호출되지 않는 코드를 포함하지 않아도 되므로 프로그램 세그먼트의 크기를 최소화할 수 있다.

모델을 인터프리터로 해석하는 것은 다른 접근 방식이며 모델을 정의하는 데이터 구조를 로드해야 한다. 실행 코드는 정적 구조를 가지고 있어서 모델 데이터만 변경되고, 모델의 정보는 어떤 작업이 실행되고 파라미터가 어디에서 나오는지 제어한다. 이것은 파이썬과 같은 인터프리터 언어로 스크립트를 실행하는 것과 비슷하며 앞의 코드 생성 방식은 C와 같은 기존의 컴파일 언어에 더 가까운 것으로 볼 수 있다. 코드 생성 방식은 모델을 인터프리터로 해석하는 방식과 비교할 때 다음과 같은 단점을 가지게 된다.

- **업그레이드 가능성**

  생성된 코드를 로컬에서 수정했는데 새로운 기능이나 최적화를 위해 전체 프레임워크의 최신 버전으로 업그레이드해야 한다면 어떻게 해야 할까. 로컬 파일에서 변경 사항을 수동으로 선택하거나 전체를 재생성하고 로컬 변경 사항을 다시 패치해야 한다.

- **다중 모델**

  하나의 소스가 하나의 모델만 지원하므로 여러 모델을 지원하려면 소스를 여러 번 복사해서 모두 변경해야 한다.

- **모델 교체**

  프로그램 내에서 소스 코드와 데이터 배열이 혼합되어 모델이 각각 형성되므로 전체 프로그램을 다시 컴파일하지 않고서는 모델을 변경하기가 어렵다.

텐서플로 라이트 팀은 이와 같은 단점을 초래하지 않으면서도 코드 생성 방식의 장점을 유지할 수 있는 프로젝트 생성project generation이라는 방식을 고안했다.

13.1.6 프로젝트 생성

텐서플로 라이트에서 프로젝트 생성이란 특정 모델을 빌드하는 데 필요한 소스 파일의 사본을 생성하고 IDE에 종속적이 프로젝트 파일을 선택적으로 실정하여 쉽게 빌드할 수 있는 프로세스다. 코드 생성 방식의 장점을 대부분 유지하면서도 추가 장점이 몇 가지 있다.

- **업그레이드 가능성**

  모든 소스 파일은 기본 텐서플로 라이트 코드 베이스의 사본이며 폴더 계층 구조에서 동일한 위치에 표시된다. 따라서 로컬에서 수정하고 원본 소스로 쉽게 다시 포팅할 수 있으며 라이브러리 업그레이드 표준 병합 도구를 사용하여 간단히 병합할 수 있다.

- **다중 모델과 모델 교체**

  기본 코드가 인터프리터이므로 다시 컴파일하지 않고도 여러 모델을 갖거나 데이터 파일을 쉽게 교체할 수 있다.

- **인라인 데이터**

  필요한 경우 모델 파라미터 자체를 C 데이터 배열로 프로그램 내에서 컴파일할 수 있으며 플랫버퍼 시리얼화 형식을 사용하면 이를 언패킹하거나 파싱 없이 메모리에서 직접 사용할 수 있다.

- **외부 종속성**

  프로젝트를 빌드하는 데 필요한 모든 헤더 및 소스 파일이 일반 텐서플로 코드와 함께 폴더에 복사되므로 종속성을 별도로 다운로드하거나 설치할 필요가 없다.

코드 크기에 관한 장점도 취하려면 추가 작업이 필요하다. 인터프리터 구조 때문에 호출되지 않는 코드 경로를 찾기가 더 어렵다. 이를 해결하는 방법은 텐서플로 라이트의 `OpResolver` 메커니즘을 수동으로 사용하여 애플리케이션에서 사용할 커널 구현만을 등록하는 것이다.

13.2 빌드 시스템

텐서플로 라이트는 원래 리눅스 환경에서 개발됐으므로 많은 도구가 셀 스크립트, Make, 파이썬과 같은 전통적인 유닉스 도구를 기반으로 한다. 이러한 도구는 임베디드 개발자에게 공통적인 조합이 아니기 때문에 다른 플랫폼과 컴파일 툴체인을 지원하는 것도 팀의 목표였다.

팀은 앞서 언급한 프로젝트 생성을 이용하기로 했다. 깃허브에서 텐서플로 소스 코드를 가져오면 리눅스에서 표준 Makefile 접근 방식을 사용하여 많은 플랫폼을 구축할 수 있다. 예를 들어 다음 명령은 x86 버전의 라이브러리를 컴파일하고 테스트한다.

```
make -f tensorflow/lite/micro/tools/make/Makefile test
```

스파크펀 에지 플랫폼의 호출어 예제와 같은 특정 프로젝트를 다음 명령으로 빌드할 수 있다.

```
make -f tensorflow/lite/micro/tools/make/Makefile \
    TARGET="sparkfun_edge" micro_speech_bin
```

윈도우 컴퓨터를 쓰거나 Keil, Mbed, 아두이노 등의 특수 빌드 시스템과 같은 IDE를 사용하려면 어떻게 해야 할까? 이때 프로젝트 생성 방식이 활약한다. 리눅스에서는 다음 명령을 실행하여 Mbed IDE 환경용 폴더를 생성할 수 있다.

```
make -f tensorflow/lite/micro/tools/make/Makefile \
    TARGET="disco_f746ng" generate_micro_speech_mbed_project
```

이제 tensorflow/lite/micro/tools/make/gen/disco_f746ng_x86_64/prj/micro_speech/mbed/에 Mbed 환경에서 빌드해야 하는 모든 종속성, 프로젝트 파일과 함께 소스 파일 세트가 표시된다. IKei과 아두이노에도 동일한 방법이 적용되며 프로젝트 메타 정보 없이 소스 파일의 폴더 계층 구조를 출력하는 일반 버전도 있다(두 가지 빌드 규칙을 정의하는 비주얼 스튜디오 코드 파일이 포함되어 있다).

이러한 리눅스 커맨드 라인 방식이 다른 플랫폼 사용자에게 어떻게 도움이 되는지 궁금할 것이다. 이 프로젝트 생성 프로세스를 야간 CI(Continuous Integration, 지속적인 통합) 워크플로의 일부로 그리고 주요 배포를 수행할 때마다 자동으로 실행할 수 있으며 실행할 때마다 결과 파일을 공개 웹 서버에 자동으로 저장할 수 있다. 이렇게 하면 모든 플랫폼 사용자가 각자 선호하는 IDE 버전을 찾고 깃허브 대신 자체 폴더로 프로젝트를 다운로드할 수 있게 된다.

13.2.1 특수화 코드

코드 생성의 장점 중 하나는 라이브러리 일부를 쉽게 다시 작성하여 특정 플랫폼에서 잘 작동하게 할 수 있고 일반적으로 알려진 특정 파라미터 집합에 대한 기능을 최적화할 수 있다는 점이다. 이러한 장점을 놓치기는 아깝지만 더 일반적으로 유용한 변경 사항을 기본 프레임워크의 소스 코드로 다시 병합하는 작업을 가능한 한 쉽게 만드는 것도 중요했다. 일부 빌드 환경에서는 컴파일 중에 #define 매크로를 쉽게 전달할 수 없어서 매크로 가드를 사용하여 컴파일 타임에 다른 구현으로 전환할 수 없다는 추가적인 제약도 있었다.

팀은 이 문제를 해결하기 위해 라이브러리를 작은 모듈로 나누었으며 각 모듈에는 기본 버전의 기능을 구현하는 단일 C++ 파일과 다른 코드가 모듈을 사용하기 위해 호출할 수 있는 인터페이스를 정의하는 C++ 헤더가 있다. 그리고 특수한 버전의 모듈을 작성하려는 경우 새 버전을 원본과 이름은 같지만 원본이 있는 디렉터리의 하위 폴더에 C++ 구현 파일로 저장해야 한다는 코드 컨벤션을 채택했다. 하위 폴더에는 특수화할 플랫폼이나 기능의 이름이 있어야 하며 (그림 13-1 참조) 해당 플랫폼 또는 기능을 구축할 때 원래 구현 대신 Makefile 또는 생성된 프로젝트에서 자동으로 사용된다. 복잡하게 들릴 수 있으니 몇 가지 구체적인 예를 살펴보자.

호출어 인식 샘플 코드는 마이크에서 오디오 데이터를 가져와야 하지만 불행히도 플랫폼에 상관없이 오디오를 캡처하는 공통적인 방법은 없다. 최소한 광범위한 장치에서 컴파일해야 하므로 마이크를 사용하지 않고 0 값으로 가득 찬 버퍼를 반환하는 기본 구현을 먼저 작성했다. 해당 모듈 인터페이스는 audio_provider.h에 있으며 다음과 같다.

```
TfLiteStatus GetAudioSamples(tflite::ErrorReporter* error_reporter,
                             int start_ms, int duration_ms,
                             int* audio_samples_size, int16_t** audio_samples);
int32_t LatestAudioTimestamp();
```

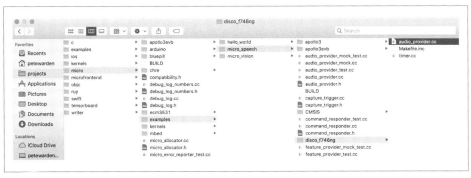

그림 13-1 특수화된 오디오 추출기 파일

첫 번째 함수는 주어진 기간 동안 오디오 데이터로 채워진 버퍼를 출력하고 문제가 발생하면 오류를 반환한다. 두 번째 함수는 가장 최근 오디오 데이터가 캡처되면 반환되므로 클라이언트는 정확한 시간 범위를 요청하고 새로운 데이터가 도착한 시기를 알 수 있다.

기본 구현이 마이크에 의존할 수는 없으므로 audio_provider.cc의 두 가지 함수 구현은 매우 간단하다.

```
namespace {
int16_t g_dummy_audio_data[kMaxAudioSampleSize];
int32_t g_latest_audio_timestamp = 0;
}  // namespace

TfLiteStatus GetAudioSamples(tflite::ErrorReporter* error_reporter,
                             int start_ms, int duration_ms,
                             int* audio_samples_size, int16_t** audio_samples) {
  for (int i = 0; i < kMaxAudioSampleSize; ++i) {
    g_dummy_audio_data[i] = 0;
  }
  *audio_samples_size = kMaxAudioSampleSize;
  *audio_samples = g_dummy_audio_data;
  return kTfLiteOk;
}

int32_t LatestAudioTimestamp() {
  g_latest_audio_timestamp += 100;
  return g_latest_audio_timestamp;
}
```

타임스탬프는 함수가 호출될 때마다 자동으로 증가하므로 클라이언트는 새 데이터가 들어오는 것처럼 동작하지만 캡처 루틴에 의해 매번 동일한 0 배열이 반환된다. 이러한 동작의 장점은 시스템에서 마이크를 사용하기 전에도 샘플 코드를 프로토타이핑하고 실험할 수 있다는 것이다. kMaxAudioSampleSize는 함수가 요청받는 샘플 수의 최댓값으로 모델 헤더에서 정의된다.

실제 장치에서는 코드가 훨씬 더 복잡해질 것이므로 새로운 구현이 필요하다. 이전에는 마이크가 내장되어 있고 별도의 Mbed 라이브러리를 사용해 접근하는 STM32F746NG 디스커버리 키트 보드용으로 이 예제를 컴파일했다(해당 코드는 disco_f746ng/audio_provider.cc에 있다). 파일이 너무 커서 지면에 전부 표시할 수는 없지만 파일을 보면 기본 audio_provider.cc와 동일한 두 가지 공용 함수인 GetAudioSamples()와 LatestAudioTimestamp()가 구현되어 있음을 알 수 있다. 함수 정의는 훨씬 더 복잡하지만 클라이언트 관점에서 동작은 동일하다. 복잡성은 숨겨져 있으며 플랫폼이 변경되어 호출 코드는 동일하게 유지될 수 있다. 이제 매번 0 배열을 수신하는 대신 캡처된 오디오가 반환된 버퍼에 표시된다.

특수화 구현인 tensorflow/lite/micro/examples/micro_speech/disco_f746ng/audio_provider.cc의 전체 경로를 살펴보면 tensorflow/lite/micro/examples/micro_speech/audio_provider.cc의 기본 구현과 거의 동일하다는 것을 알 수 있다 하지만 원본 .cc 파일과 같은 수준에 있는 하위 폴더인 disco_f746ng 안에 있다. STM32F746NG Mbed 프로젝트를 빌드하기 위한 명령을 다시 살펴보면 `TARGET=disco_f746ng`로 원하는 플랫폼을 지정했음을 알 수 있다. 빌드 시스템은 가능한 특수화 구현을 위해 대상 이름을 가진 하위 폴더에서 .cc 파일을 항상 검색한다. 이때 상위 폴더의 기본 audio_provider.cc 버전 대신 disco_f746ng/audio_provider.cc가 사용된다. Mbed 프로젝트 사본을 위해 소스 파일을 어셈블할 때 해당 상위 레벨 .cc 파일은 무시되고 하위 폴더에 있는 파일이 복사된다. 따라서 특수화된 버전이 프로젝트에서 사용된다.

오디오 캡처 수행 방식은 플랫폼마다 모두 다르므로 모듈의 특수화 구현은 다양하다. 맥OS 버전 osx/audio_provider.cc도 있는데 이는 맥 노트북에서 로컬로 디버깅할 때 유용하게 쓸 수 있다.

이 메커니즘은 이식성에만 사용되지 않고 최적화에 사용할 수 있을 만큼 유연하다. 실제로 호출어 인식 예제에서 이 방법을 사용하여 깊이 컨볼루션^{depthwise convolution} 작업의 속도를 높일 수 있었다. tensorflow/lite/micro/kernels를 보면 마이크로컨트롤러용 텐서플로 라이트가 지원하는 모든 작업이 구현된 것을 볼 수 있다. 이러한 기본 구현은 짧고 이해하기 쉽고 모든 플랫폼에서 실행되도록 작성됐지만 이러한 목표를 달성하면 실행 속도를 높일 기회를 놓치게 된다. 최적화에는 일반적으로 알고리즘을 더 복잡하고 이해하기 어렵게 만드는 것이 포함되므로 이러한 기준 구현은 상대적으로 느릴 것이라고 생각하는 것이 자연스럽다. 하지만 개발자가 가능한 한 가장 간단한 방법으로 코드를 실행하고 올바른 결과를 얻도록 한 다음 코드를 점진적으로 변경하여 성능을 향상시킬 수 있게 하는 것은 가능하다. 즉, 작은 변경 사항을 모두 테스트하여 정확성을 유지하게 하면 디버깅을 훨씬 쉽게 수행할 수 있다.

호출어 인식 예제에 사용된 모델은 tensorflow/lite/micro/kernels/depthwise_conv.cc에서 최적화되지 않은 깊이 컨볼루션 연산에 크게 의존한다. 핵심 알고리즘은 tensorflow/lite/

kernels/internal/reference/depthwiseconv_uint8.h에서 구현되며 다음과 같이 간단한 중첩 루프를 사용해서 작성됐다.

```
for (int b = 0; b < batches; ++b) {
  for (int out_y = 0; out_y < output_height; ++out_y) {
    for (int out_x = 0; out_x < output_width; ++out_x) {
      for (int ic = 0; ic < input_depth; ++ic) {
        for (int m = 0; m < depth_multiplier; m++) {
          const int oc = m + ic * depth_multiplier;
          const int in_x_origin = (out_x * stride_width) - pad_width;
          const int in_y_origin = (out_y * stride_height) - pad_height;
          int32 acc = 0;
          for (int filter_y = 0; filter_y < filter_height; ++filter_y) {
            for (int filter_x = 0; filter_x < filter_width; ++filter_x) {
              const int in_x =
                  in_x_origin + dilation_width_factor * filter_x;
              const int in_y =
                  in_y_origin + dilation_height_factor * filter_y;
              // 위치가 입력 이미지의 경계를 벗어나면 0을 기본값으로 사용하자.
              if ((in_x >= 0) && (in_x < input_width) && (in_y >= 0) &&
                  (in_y < input_height)) {
                int32 input_val =
                    input_data[Offset(input_shape, b, in_y, in_x, ic)];
                int32 filter_val = filter_data[Offset(
                    filter_shape, 0, filter_y, filter_x, oc)];
                acc += (filter_val + filter_offset) *
                       (input_val + input_offset);
              }
            }
          }
          if (bias_data) {
            acc += bias_data[oc];
          }
          acc = DepthwiseConvRound<output_rounding>(acc, output_multiplier,
                                                    output_shift);
          acc += output_offset;
          acc = std::max(acc, output_activation_min);
          acc = std::min(acc, output_activation_max);
          output_data[Offset(output_shape, b, out_y, out_x, oc)] =
              static_cast<uint8>(acc);
        }
      }
    }
  }
```

```
        }
    }
```

간단히만 살펴봐도 이 코드의 속도를 높일 수 있는 기회가 많다. 이를테면 내부 루프에서 매번 파악하는 모든 배열 인덱스를 미리 계산하는 것도 한 방법이다. 이러한 변경 사항 때문에 코드가 복잡해지므로 이번에는 미리 계산하지 않았다. 호출어 인식 예제는 마이크로컨트롤러에서 1초에 여러 번 실행되어야 하며 앞의 코드와 같은 단순한 구현은 스파크펀 에지의 Cortex-M4 프로세서에서 코드를 실행할 때 속도를 떨어뜨리는 주요 병목 현상인 것으로 나타났다. 예제를 사용 가능한 속도로 실행하려면 최적화를 추가해야 했다.

최적화된 구현을 제공하기 위해 tensorflow/lite/micro/kernels에 portable_optimized라는 새로운 하위 폴더를 만들고 depthwise_conv.cc라는 새로운 C++ 소스 파일을 추가했다. 이는 기준 구현보다 훨씬 복잡하며 특수 최적화를 위해 음성 모델의 특징도 활용한다. 예를 들어 컨볼루션 창 너비가 8의 배수이므로 개별 바이트 여덟 개가 아닌 32비트 워드 두 개로 메모리에서 값을 로드할 수 있다.

이전 예제에서 했던 것처럼 특정 플랫폼 버전이 아니라 하위 폴더를 portable_optimized라는 이름으로 지정했다. 변경한 사항이 특정 칩이나 라이브러리와 무관하기 때문이다. 여기에서 사용한 최적화는 배열 인덱스 사전 계산 또는 여러 바이트 값을 더 큰 단어로 로드하는 등 다양한 프로세서에서 도움이 될 것으로 예상되는 일반적인 최적화다. 다음으로 ALL_TAGS 목록(https://oreil.ly/XSWFk)에 portable_optimized를 추가하여 이 구현이 make 프로젝트 파일 내에서 사용되도록 지정했다. 이 태그가 존재하고 같은 이름의 하위 폴더 안에 depthwise_conv.cc 구현이 있기 때문에 기준 구현이 아닌 최적화된 구현이 연결된다.

지금까지 살펴본 예제를 통해서 서브 폴더 메커니즘을 사용해 라이브러리 코드를 확장하고 최적화하면서 핵심 구현을 작고 이해하기 쉽게 유지하는 방법을 이해했기를 바란다.

13.2.2 Makefile

Makefile은 이해하기 쉬운 주제는 아니다. Make 빌드 시스템(https://oreil.ly/8Ft1J)의 역사는 이제 40년이 넘었으며 많은 기능이 혼동을 유발한다(탭에 문법적 의미를 부여하거나 선언적 규칙을 통해 빌드 대상을 간접 지정하는 등). 텐서플로 라이트 팀은 Make의 대안으로

Bazel이나 Cmake와 같은 도구를 사용하기로 결정했다. 이러한 도구는 프로젝트 생성과 같은 복잡한 동작을 구현하기에 충분히 유연하기 때문에 대부분의 마이크로컨트롤러용 텐서플로 라이트 사용자는 Makefile과 직접 상호작용하는 대신 생성된 프로젝트를 최신 IDE에서 사용할 수 있게 된다.

핵심 라이브러리를 변경하려면 Makefile의 내부 작업을 더 많이 이해하는 것이 유리하니 이 절에서는 숙지해야 할 일부 컨벤션과 도우미 함수에 대해 설명하겠다.

> **NOTE_** 리눅스 또는 맥OS에서 bash 터미널을 사용하는 경우 일반적인 명령인 `make -f tensorflow/lite/micro/tools/make/Makefile`을 입력하고 탭 키를 누르면 사용 가능한 모든 대상(빌드 가능한 이름의 목록)을 볼 수 있는 경로 자동 완성 기능을 쓸 수 있다. 이 자동 완성 기능은 대상을 찾거나 디버깅할 때 매우 유용하다.

특수한 버전의 모듈이나 작업을 추가하는 경우 Makefile을 전혀 업데이트하지 않아도 된다. `specialize()`라는 사용자 정의 함수가 있는데, 이 함수는 `ALL_TAGS` 문자열 목록(플랫폼 이름과 함께 사용자 정의 태그를 함께 채운다)과 소스 파일 목록을 가져와서 원본 대신 올바른 특수 버전이 포함된 목록을 반환한다. 또한 원하는 경우 커맨드 라인에서 태그를 수동으로 지정할 수 있는 유연성도 제공한다. 예를 들면 다음과 같다.

```
make -f tensorflow/lite/micro/tools/make/Makefile \
    TARGET="bluepill" TAGS="portable_optimized foo" test
```

이 명령은 "bluepill portable_optimized foo"와 같은 `ALL_TAGS` 목록을 생성하고 모든 소스 파일에 대체할 특수 버전을 찾기 위해 하위 폴더를 검색한다.

또한 표준 폴더에 새 C++ 파일을 추가하는 경우 Makefile을 변경할 필요가 없다. 대부분의 파일은 `MICROLITE_CC_BASE_SRCS` 정의와 같은 와일드카드 규칙에 의해 자동으로 선택되기 때문이다.

Makefile은 루트 레벨에서 빌드할 소스 및 헤더 파일 목록을 정의한 후 지정된 플랫폼과 태그에 따라 수정한다. 이러한 수정은 상위 빌드 프로젝트에 포함된 하위 Makefile에서 발생한다. 예를 들어 tensorflow/lite/micro/tools/make/targets 폴더의 모든 .inc 파일이 자동으로 포함된다. 이러한 빌드 가운데 하나, 이를테면 앰비크와 스파크펀 에지 플랫폼에 사용되는

apollo3evb_makefile.inc를 살펴보면 목표로 하는 칩이 이 빌드에 지정되어 있는지 확인 가능하다. 목표로 하는 칩이 지정되면 많은 플래그를 정의하고 소스 목록을 수정한다. 가장 흥미로운 부분을 다음과 같이 간추렸다.

```
ifeq ($(TARGET),$(filter $(TARGET),apollo3evb sparkfun_edge))
  export PATH := $(MAKEFILE_DIR)/downloads/gcc_embedded/bin/:$(PATH)
  TARGET_ARCH := cortex-m4
  TARGET_TOOLCHAIN_PREFIX := arm-none-eabi-
...
  $(eval $(call add_third_party_download,$(GCC_EMBEDDED_URL), \
      $(GCC_EMBEDDED_MD5),gcc_embedded,))
  $(eval $(call add_third_party_download,$(CMSIS_URL),$(CMSIS_MD5),cmsis,))
...
  PLATFORM_FLAGS = \
    -DPART_apollo3 \
    -DAM_PACKAGE_BGA \
    -DAM_PART_APOLLO3 \
    -DGEMMLOWP_ALLOW_SLOW_SCALAR_FALLBACK \
...
  LDFLAGS += \
    -mthumb -mcpu=cortex-m4 -mfpu=fpv4-sp-d16 -mfloat-abi=hard \
    -nostartfiles -static \
    -Wl,--gc-sections -Wl,--entry,Reset_Handler \
...
  MICROLITE_LIBS := \
    $(BOARD_BSP_PATH)/gcc/bin/libam_bsp.a \
    $(APOLLO3_SDK)/mcu/apollo3/hal/gcc/bin/libam_hal.a \
    $(GCC_ARM)/lib/gcc/arm-none-eabi/7.3.1/thumb/v7e-m/fpv4-sp/hard/crtbegin.o \
    -lm
  INCLUDES += \
    -isystem$(MAKEFILE_DIR)/downloads/cmsis/CMSIS/Core/Include/ \
    -isystem$(MAKEFILE_DIR)/downloads/cmsis/CMSIS/DSP/Include/ \
    -I$(MAKEFILE_DIR)/downloads/CMSIS_ext/ \
...
  MICROLITE_CC_SRCS += \
    $(APOLLO3_SDK)/boards/apollo3_evb/examples/hello_world/gcc_patched/ \
        startup_gcc.c \
    $(APOLLO3_SDK)/utils/am_util_delay.c \
    $(APOLLO3_SDK)/utils/am_util_faultisr.c \
    $(APOLLO3_SDK)/utils/am_util_id.c \
    $(APOLLO3_SDK)/utils/am_util_stdio.c
```

여기에서 특정 플랫폼에 대한 모든 사용자 정의가 발생한다. 예제 코드는 빌드 시스템에 사용하려는 컴파일러를 찾을 위치와 지정할 아키텍처를 알려주고 GCC 툴체인과 ARM의 CMSIS 라이브러리와 같이 다운로드할 추가 외부 라이브러리를 지정하고 있다. 빌드를 위한 컴파일 플래그를 설정하고 링크할 추가 라이브러리 아카이브와 헤더를 찾을 경로를 포함하여 링커에 전달할 인수를 설정하고 있기도 하다. 또한 Ambiq 플랫폼에서 성공적으로 빌드하는 데 필요한 C 파일을 추가하고 있다.

유사한 종류의 하위 Makefile 포함이 예제 작성에 사용된다. 호출어 인식 샘플 코드는 micro_speech/Makefile.inc의 자체 Makefile이 있으며 다운로드할 외부 종속성과 함께 컴파일할 소스 코드 파일 목록을 정의한다.

generate_microlite_projects() 함수를 사용하면 다른 IDE에 대한 독립형 프로젝트를 생성할 수 있다. 이 함수는 소스 파일 및 플래그 목록을 가져와서 빌드 시스템에 필요한 추가 프로젝트 파일과 함께 필요한 파일을 새 폴더에 복사한다. 일부 IDE는 절차가 매우 간단하지만 아두이노와 같은 IDE는 모든 .cc 파일의 이름을 .cpp로 바꾸어야 하고 일부는 소스 파일에서 복사할 때 경로를 변경해야 한다.

임베디드 ARM 프로세서용 C++ 툴체인과 같은 외부 라이브러리는 Makefile 빌드 프로세스의 일부로서 자동으로 다운로드된다. 이는 필요한 모든 라이브러리에 호출된 add_third_party_download 규칙 때문에 발생하는 과정이다. 가져올 URL과 MD5 합계를 전달하여 아카이브가 올바른지 확인한다. ZIP, GZIP, BZ2, TAR 파일 중 하나의 형태로 다운로드되며 파일 확장자에 따라 적절한 압축 해제기가 호출된다. 빌드 대상에 이러한 헤더 또는 소스 파일이 필요하면 생성된 프로젝트로 복사할 수 있도록 Makefile의 파일 목록에 명시적으로 포함시켜야 한다. 따라서 각 프로젝트의 소스 트리는 독립된 구조를 가진다. 헤더가 있으면 이 과정을 잊기 쉽다. 포함 경로를 설정하면, 포함된 각 파일을 명시적으로 언급하지 않고 Makefile 컴파일 작업을 수행하기에는 충분하나 생성된 프로젝트를 빌드하지 못하기 때문이다. 또한 라이선스 파일이 파일 목록에 포함되어 외부 라이브러리의 사본이 올바른 속성을 유지하도록 해야 한다.

13.2.3 테스트 작성
텐서플로는 모든 코드에 대응하는 단위 테스트를 목표로 하고 있으며 이러한 테스트 중 일부는 이미 5장에서 자세히 설명했다. 테스트 파일은 일반적으로 테스트 중인 모듈과 동일한 폴더에

_test.cc 파일로 존재하며 _test 앞부분 파일명은 원본 소스 파일과 동일하다. 예를 들어 깊이 컨볼루션 연산의 구현은 tensorflow/lite/micro/kernels/depthwise_conv_test.cc로 테스트된다. 새 소스 파일을 추가하는 경우 수정 사항을 기본 트리로 다시 제출하려면 이를 수행하는 단위 테스트를 추가해야 한다. 다양한 플랫폼과 모델을 지원해야 하며 많은 사람이 코드 위에 복잡한 시스템을 구축하고 있기 때문에 핵심 구성 요소가 정확한지 확인하는 것이 중요하다.

tensorflow/tensorflow/lite/experimental/micro의 하위 폴더에 파일을 추가할 때 파일 이름을 〈본래 파일명〉_test.cc로 지정하면 자동으로 선택된다. 예제 내에서 모듈을 테스트하는 경우 다음과 같이 `microlite_test` Makefile 도우미 함수에 명시적인 호출을 추가해야 한다.

```
# 모의 오디오 추출기를 사용하여 특징 추출기 모듈을 테스트한다.
$(eval $(call microlite_test,feature_provider_mock_test,\
$(FEATURE_PROVIDER_MOCK_TEST_SRCS),$(FEATURE_PROVIDER_MOCK_TEST_HDRS)))
```

테스트 자체는 마이크로컨트롤러에서 실행되어야 하므로 프레임워크가 만족시키는 OS 및 외부 라이브러리 종속성을 피하면서 동적 메모리 할당 불가와 같은 동일한 제약 조건을 준수해야 한다. 불행히도 이는 구글 테스트(https://oreil.ly/GZWdj)와 같은 인기 있는 단위 테스트 시스템을 쓸 수 없다는 것을 의미한다. 대신 매우 작은 테스트 프레임워크를 micro_test.h 헤더에 정의하고 구현했다.

이 테스트 프레임워크를 사용하려면 헤더가 포함된 .cc 파일을 만든다. 새 줄에서 `TF_LITE_MICRO_TESTS_BEGIN` 문으로 시작한 다음 각각 `TF_LITE_MICRO_TEST()` 매크로를 사용하여 일련의 테스트 함수를 정의한다. 각 테스트 안에서 `TF_LITE_MICRO_EXPECT_EQ()`와 같은 매크로를 호출하여 테스트 중인 함수에서 보려는 예상 결과를 확인한다. 모든 테스트 함수가 끝나면 `TF_LITE_MICRO_TESTS_END`가 필요하다. 기본 예시는 다음과 같다.

```
#include "tensorflow/lite/micro/testing/micro_test.h"

TF_LITE_MICRO_TESTS_BEGIN

TF_LITE_MICRO_TEST(SomeTest) {
  TF_LITE_LOG_EXPECT_EQ(true, true);
}

TF_LITE_MICRO_TESTS_END
```

이 코드를 플랫폼에 맞게 컴파일하면 실행 가능한 정상적인 바이너리를 얻게 된다. 실행하면 다음과 같은 로깅 정보가 stderr에 출력된다(또는 유사한 표준 출력을 통해 플랫폼의 ErrorReporter에 쓰인다).

```
--------------------------------------------------------------------
Testing SomeTest
1/1 tests passed
~~~ALL TESTS PASSED~~~
--------------------------------------------------------------------
```

사람이 읽을 수 있도록 만들어진 출력이므로 수동 테스트를 실행할 수 있지만 문자열 ~~~ALL TESTS PASSED~~~는 모든 테스트가 실제로 통과한 경우에만 나타나야 한다. 이를 활용해 출력 로그를 스캔하고 자동화된 테스트 시스템과 통합할 수 있다. 지금까지 마이크로컨트롤러에서 테스트를 실행하는 방법을 알아봤다. 디버그 로깅 연결이 있는 한 호스트는 바이너리를 플래시한 다음 출력 로그를 모니터링하여 테스트 성공 여부를 나타내는 문자열이 나타나는지 확인할 수 있다.

13.3 새로운 하드웨어 플랫폼 지원

마이크로컨트롤러용 텐서플로 라이트 프로젝트의 주요 목표 가운데 하나는 다양한 장치, 운영 체제, 아키텍처에서 머신러닝 모델을 쉽게 실행할 수 있도록 하는 것이다. 핵심 코드는 가능한 한 가볍게 설계됐으며 빌드 시스템은 새로운 환경을 간단하게 구현할 수 있도록 작성됐다. 이 절에서는 새로운 플랫폼에서 실행되는 마이크로컨트롤러용 텐서플로 라이트를 준비하기 위한 방법을 안내한다.

13.3.1 로그 출력

텐서플로 라이트가 절대적으로 요구하는 유일한 플랫폼 종속성은 일반적으로 데스크톱 호스트 시스템에서 검사할 수 있는 로그에 문자열을 인쇄하는 기능이다. 이를 통해 테스트가 성공적으로 실행됐는지 확인할 수 있으며 일반적으로 실행 중인 프로그램 내부에서 발생하는 문제를 디버깅할 수 있다. 앞서 언급한 기능은 어려운 요구 사항이므로 플랫폼에서 가장 먼저 해야 할 일은 사용 가능한 로깅 기능 종류를 결정한 다음 이를 위한 작은 프로그램을 작성하는 것이다.

리눅스 및 대부분의 다른 데스크톱 운영체제에서 작은 프로그램에 해당하는 것은 많은 C 교육 커리큘럼을 시작하는 표준 hello world 예시일 것이다. 코드는 보통 다음과 같다.

```
#include <stdio.h>

int main(int argc, char** argv) {
  fprintf(stderr, "Hello World!\n");
}
```

리눅스, 맥OS 또는 윈도우에서 이를 컴파일하고 빌드한 다음 커맨드 라인에서 실행 파일을 실행하면 터미널에 "Hello World!"가 출력된다. 고급 OS를 실행하는 마이크로컨트롤러라면 마이크로컨트롤러 내에서도 작동할 수 있지만 임베디드 시스템에 디스플레이나 터미널이 없는 경우 최소한 텍스트 자체가 표시되는 위치를 파악해야 한다. 일반적으로 로그를 보려면 USB나 다른 디버깅 연결을 통해 데스크톱 컴퓨터에 연결해야 하며 컴파일할 때 fprintf()가 지원되는 경우에도 마찬가지다.

마이크로컨트롤러 관점에서는 이 코드가 까다로운 부분이 몇 가지 있다. 그중 하나는 stdio.h 라이브러리는 링크되어야 하는 함수가 필요하고 그중 일부는 상당히 크기 때문에 작은 장치에서 바이너리 크기를 사용 가능한 자원보다 증가시킬 수 있다는 점이다. 라이브러리는 또한 동적 메모리 할당 및 문자열 함수와 같이 사용 가능한 모든 표준 C 표준 라이브러리 기능이 있다고 가정한다. 그리고 stderr이 임베디드 시스템에서 어디로 가야하는지 자연적인 정의가 없으므로 API가 명확하지 않다.

대신 대부분의 플랫폼은 자체 디버그 로깅 인터페이스를 정의한다. 이를 호출하는 방법은 호스트와 마이크로컨트롤러 사이의 연결 종류, 임베디드 시스템에서 실행되는 하드웨어 아키텍처와 OS(가 있다면)에 따라 달라진다. 예를 들면 ARM Cortex-M 마이크로컨트롤러는 개발 과정에서 호스트와 대상 시스템 사이 통신을 위한 표준인 세미호스팅semihosting을 지원한다. 호스트 컴퓨터에서 OpenOCD와 같은 연결을 사용하는 경우 마이크로컨트롤러에서 SYS_WRITE0 시스템 호출을 호출하면 레지스터 1의 0으로 끝나는 문자열 인수가 OpenOCD 터미널에 표시된다. 이 경우 hello world 프로그램의 코드는 다음과 같다.

```
void DebugLog(const char* s) {
  asm("mov r0, #0x04\n"  // SYS_WRITE0
      "mov r1, %[str]\n"
      "bkpt #0xAB\n"
      :
      : [ str ] "r"(s)
      : "r0", "r1");
}

int main(int argc, char** argv) {
  DebugLog("Hello World!\n");
}
```

여기에서 쓰인 어셈블리가 필요한지는 플랫폼에 따라 달라지지만 외부 라이브러리(표준 C 라이브러리 포함)를 가져올 필요는 없다.

이 작업을 수행하는 방법은 플랫폼마다 크게 다르나 일반적인 방법 가운데 하나는 호스트에 시리얼 UART를 연결하는 것이다. Mbed에서 이를 수행하는 방법은 다음과 같다.

```
#include <mbed.h>

// mbed 플랫폼의 시리얼 포트를 디버그 로깅용으로 설정한다.
void DebugLog(const char* s) {
  static Serial pc(USBTX, USBRX);
  pc.printf("%s", s);
}

int main(int argc, char** argv) {
  DebugLog("Hello World!\n");
}
```

아두이노는 조금 더 복잡하다.

```
#include "Arduino.h"

// 대부분의 모델과 다른 객체를 사용하므로 올바른 것을 선택해야 한다.
// https://github.com/arduino/Arduino/issues/3088#issuecomment-406655244 참조.
#if defined(__SAM3X8E__)
#define DEBUG_SERIAL_OBJECT (SerialUSB)
#else
```

```
#define DEBUG_SERIAL_OBJECT (Serial)
#endif

// 아두이노 플랫폼에서 시리얼 포트를 설정하고 디버그 로깅을 위해 기록하다.
void DebugLog(const char* s) {
  static bool is_initialized = false;
  if (!is_initialized) {
    DEBUG_SERIAL_OBJECT.begin(9600);
    // 시리얼 포트 연결을 기다린다(일부 모델에만 해당).
    while (!DEBUG_SERIAL_OBJECT) {
    }
    is_initialized = true;
  }
  DEBUG_SERIAL_OBJECT.println(s);
}

int main(int argc, char** argv) {
  DebugLog("Hello World!\n");
}
```

두 예제는 시리얼 객체를 만든 다음 사용자가 USB를 통해 호스트 컴퓨터에 대한 마이크로컨트롤러에 시리얼을 연결하기를 기다린다.

포팅의 첫 번째 단계는 사용하려는 IDE에서 실행되는 플랫폼에 대한 예제를 최소한으로 작성하여 호스트 콘솔에 문자열을 인쇄하는 것이다. 이 작업을 수행하고 나면 이때 사용한 코드가 텐서플로 라이트 코드에 추가할 특수화된 함수의 기초가 된다.

13.3.2 DebugLog() 구현

tensorflow/lite/micro/debug_log.cc를 살펴보면 처음 소개한 hello world 예제와 굉장히 비슷해보이는 DebugLog() 함수가 stdio.h 및 fprintf()를 써서 콘솔에 문자열을 출력하는 것을 볼 수 있다. 플랫폼이 표준 C 라이브러리를 완벽하게 지원하고 여분의 바이너리 크기를 신경 쓰지 않으면 이 기본 구현을 사용하고 이 절의 나머지 부분을 무시해도 된다. 그러나 불행히도 다른 접근법을 사용해야 할 가능성이 높다.

첫 번째 단계로 DebugLog() 함수에 이미 존재하는 테스트를 사용한다. 시작하려면 다음 명령을 실행한다.

```
make -f tensorflow/lite/micro/tools/make/Makefile \
    generate_micro_error_reporter_test_make_project
```

tensorflow/lite/micro/tools/make/gen/linux_x86_64/prj/micro_error_reporter_
test/make/(다른 호스트 플랫폼에 있는 경우 linux를 osx나 windows로 교체) 경로를 보
면 tensorflow와 third_party 같은 폴더가 있다. 이러한 폴더에는 C++ 소스 코드가 포함되
어 있다. IDE 또는 빌드 시스템으로 드래그하여 모든 파일을 컴파일하면 오류 보고 기능을 테
스트하는 실행 파일을 얻게 된다. stdio.h와 C 표준 라이브러리에 의존하는 debug_log.cc의
기본 DebugLog() 구현을 계속 사용하고 있기 때문에 이 코드를 빌드하려는 첫 번째 시도는 실
패할 수 있다. 이 문제를 해결하려면 debug_log.cc를 변경하여 #include <cstdio> 문을 제
거하고 DebugLog() 구현을 아무 것도 수행하지 않는 것으로 바꾸자.

```
#include "tensorflow/lite/micro/debug_log.h"

extern "C" void DebugLog(const char* s) {
    // 지금은 아무것도 하지 않는다.
}
```

변경 후 소스 파일 세트를 컴파일한다. 그런 다음 결과 바이너리를 가져와 임베디드 시스템에
로드한다. 아직 출력을 볼 수는 없지만 프로그램이 충돌하지 않고 실행되는지 확인한다.

프로그램이 올바르게 빌드되고 실행되는 것 같으면 디버그 로깅이 작동하는지 확인할 수 있다.
이전 절에서 hello world 프로그램에 사용한 코드를 사용하여 debug_log.cc의 DebugLog()
구현에 넣는다.

실제 테스트 코드 자체는 tensorflow/lite/micro/micro_error_reporter_test.cc에 있으며
다음과 같다.

```
int main(int argc, char** argv) {
    tflite::MicroErrorReporter micro_error_reporter;
    tflite::ErrorReporter* error_reporter = &micro_error_reporter;
    error_reporter->Report("Number: %d", 42);
    error_reporter->Report("Badly-formed format string %");
    error_reporter->Report("Another % badly-formed %% format string");
    error_reporter->Report("~~~%s~~~", "ALL TESTS PASSED");
}
```

DebugLog()를 직접 호출하지는 않고 ErrorReporter 인터페이스를 거치는 코드 구현 자체를 사용한다. 모든 것이 올바르게 작동하면 디버그 콘솔에 다음과 같은 내용이 표시된다.

```
Number: 42
Badly-formed format string
Another  badly-formed  format string
~~~ALL TESTS PASSED~~~
```

작업을 마친 후에는 DebugLog() 구현을 기본 소스 트리로 되돌려놓아야 한다. 이를 위해 앞에서 설명한 하위 폴더 특수화 기술을 사용한다. 플랫폼을 식별하기 위해 짧은 이름(대문자, 공백, 기타 특수 문자 없이)을 결정해야 한다. 예를 들면 이미 지원하는 일부 플랫폼에는 arduino, sparkfun_edge, linux를 사용한다. 이 튜토리얼에서는 my_mcu를 사용한다. 먼저 깃허브에서 체크아웃한 소스 코드(방금 생성하거나 다운로드한 것이 아님)의 복사본의 tensorflow/lite/micro/에 my_mcu라는 새 하위 폴더를 만드는 것으로 시작한다. 구현된 debug_log.cc 파일을 해당 my_mcu 폴더에 복사하고 Git을 사용하여 소스 추적에 추가한다. 생성된 프로젝트 파일을 백업 위치에 복사한 후 다음 명령을 실행한다.

```
make -f tensorflow/lite/micro/tools/make/Makefile TARGET=my_mcu clean
make -f tensorflow/lite/micro/tools/make/Makefile \
    TARGET=my_mcu generate_micro_error_reporter_test_make_project
```

이제 tensorflow/lite/micro/tools/make/gen/my_mcu_x86_64/prj/micro_error_reporter_test/make/ tensorflow/lite/micro/를 보면 기본 debug_log.cc가 더 이상 존재하지 않지만 my_mcu 하위 폴더에 구현체가 있는 것을 볼 수 있다. 이 소스 파일 세트를 다시 IDE 또는 빌드 시스템으로 드래그하면 디버그 콘솔에서 프로그램이 성공적으로 빌드, 실행, 출력된다.

13.3.3 전체 구동

여기까지 무사히 진행했다면 축하한다. 이제 모든 텐서플로 테스트와 실행 파일을 활성화했다. 플랫폼에 필요한 변경 사항으로는 디버그 로깅 구현이 유일하다. 코드베이스의 다른 것은 수학 라이브러리 이외의 표준 라이브러리 링크 없이도 C++ 11 지원 툴체인에서 빌드하고 실행할 수 있도록, 이식 가능한 방식으로 작성해야 한다. IDE에서 이를 시도하기 위해 모든 대상을 생성하려면 터미널에서 다음 명령을 실행하면 된다.

```
make -f tensorflow/lite/micro/tools/make/Makefile generate_projects \
    TARGET=my_mcu
```

이렇게 하면 생성된 오류 리포터 테스트와 유사한 위치에 많은 수의 폴더가 생성되며 각각은 라이브러리의 서로 다른 부분을 실행한다. 플랫폼에서 실행하기 위한 호출어 인식 예제는 tensorflow/lite/micro/tools/make/gen/my_mcu_x86_64/prj/micro_speech/make/에서 받을 수 있다.

이제 DebugLog()를 구현했으므로 플랫폼에서 실행은 가능하겠지만 기본 audio_provider. cc 구현이 항상 0으로 가득 찬 배열을 반환하므로 원하는 동작을 하지는 않을 것이다. 제대로 작동하려면 앞에서 설명한 하위 폴더 특수화 접근 방식을 사용하여 캡처된 사운드를 반환하는 특수한 audio_provider.cc 모듈을 만들어야 한다. 실제 데모에 신경쓰지 않는다 해도 동일한 샘플 코드나 다른 테스트를 사용하여 플랫폼에서 신경망의 추론 대기 시간과 같은 것을 계속 볼 수 있다.

플랫폼의 특징을 활용하면 LED와 같은 센서 및 출력 장치에 대한 하드웨어 지원뿐만 아니라 더 빠르게 실행되는 신경망 처리 방식을 구현할 수도 있다. 텐서플로 팀은 이러한 최적화를 환영하며 하위 폴더 특수화 기술이 하위 폴더를 기본 소스 트리에 다시 통합할 수 있는 좋은 방법이 되기를 바란다.

13.3.4 Makefile 빌드와 통합

많은 임베디드 프로그래머가 IDE에 더 익숙하니 지금까지는 Make 시스템을 사용하는 것보다는 자체 IDE 사용 방법을 주로 이야기했다. 하지만 지속적인 통합 빌드로 코드를 테스트하거나 특정 IDE 외부에서 사용할 수 있게 하려면 변경 사항을 Makefile과 통합하는 것을 권한다. 이를 위한 필수 요소 중 하나는 SDK 또는 기타 종속성에 대한 공개 다운로드와 함께 플랫폼에 공개적으로 다운로드 가능한 툴체인을 찾는 것이다. 이러한 요소가 있어야 셸 스크립트가 웹사이트 로그인이나 등록을 걱정할 필요 없이 빌드하는 데 필요한 모든 것을 자동으로 가져올 수 있다. 예를 들어 ARM에서 맥OS과 리눅스 버전의 GCC 임베디드 툴체인을 다운로드하기 위한 URL은 tensorflow/lite/micro/tools/make/third_party_downloads.inc에 있다.

다음으로 하위 폴더 특수화를 사용하여 찾을 수 없는 필요한 추가 소스 파일과 함께 컴파일러와 링커에 전달할 올바른 커맨드 라인 플래그를 결정하고 헤딩 징보를 tensorflow/lite/micro/tools/make/targets의 하위 Makefile로 인코딩해야 한다. 이와 함께 Renode(https://renode.io/)와 같은 도구를 사용하면 x86 서버에서 마이크로컨트롤러를 에뮬레이션하는 방법을 파악하여 지속적인 통합 중에 테스트를 실행할 수 있다. tensorflow/lite/micro/testing/test_bluepill_binary.sh에서 Renode를 사용하여 Bluepill 바이너리를 테스트하기 위해 실행하는 스크립트 예를 볼 수 있다.

모든 빌드 설정이 올바르게 되면 다음과 같은 명령을 실행하여 플래시 가능한 바이너리를 생성할 수 있다(대상을 플랫폼에 맞게 설정해야 한다).

```
make -f tensorflow/lite/micro/tools/make/Makefile \
    TARGET=bluepill micro_error_reporter_test_bin
```

테스트를 올바르게 실행하기 위한 스크립트와 환경이 마련되면 다음 명령으로 모든 플랫폼 테스트를 실행할 수 있다.

```
make -f tensorflow/lite/micro/tools/make/Makefile TARGET=bluepill test
```

13.4 새로운 IDE나 빌드 시스템 지원

마이크로컨트롤러용 텐서플로 라이트는 Arduino, Mbed, Keil 툴체인을 위한 독립형 프로젝트를 만들 수 있지만 보통 임베디드 엔지니어는 다른 많은 개발 환경을 사용하고 있다. 새로운 환경에서 프레임워크를 실행해야 한다면 먼저 Make 프로젝트를 생성할 때 만든 원시 파일 세트를 IDE로 가져올 수 있는지 확인하는 것이 좋다. 이러한 종류의 프로젝트 아카이브에는 타사 종속성을 포함하여 특정 대상에 필요한 소스 파일만 포함된다. 따라서 대부분 툴체인을 루트 폴더로 지정해서 모든 것을 인클루드시키도록 요청할 수 있다.

NOTE_ 작은 파일을 생성된 프로젝트로 내보낼 때 원본 소스 트리의 중첩 하위 폴더(예: tensorflow/lite/micro/examples/micro_speech)에 파일을 보관하는 것이 이상하게 보일 수 있다. 디렉터리 계층 구조를 평평하게 하는 것이 더 합리적이지 않을까?

중첩 하위 폴더를 유지하는 이유는 생성된 프로젝트 파일로 작업할 때 조금 덜 편리하더라도 기본 소스 트리에 되도록 간단하게 병합할 수 있기 때문이다. 깃허브에서 체크아웃한 원본 코드와 각 프로젝트의 복사본 사이에 경로가 항상 일치하면 변경, 업데이트를 추적하기 훨씬 쉽다.

불행히도 이 방법이 모든 IDE에서 작동하지는 않는다. 예를 들어 Arduino 라이브러리는 모든 C++ 소스 코드 파일에 텐서플로의 기본값인 .cc가 아닌 접미사 .cpp가 있어야 하며 인클루드 경로를 지정할 수 없으므로 원본 파일을 Arduino로 복사할 때 코드에서 경로를 변경해야 한다. 더욱 복잡한 변환을 지원하기 위해 Makefile 빌드에 일부 규칙과 스크립트가 있으며 각 IDE에 대해 특수 버전을 호출하는 루트 함수 `generate_microlite_projects()`와 함께 더 많은 규칙(https://oreil.ly/KHo7G), 파이썬 스크립트(https://oreil.ly/BKLhn), 템플릿 파일(https://oreil.ly/tDFhh)을 사용하여 최종 출력을 생성한다. 자신이 사용하는 IDE에서 비슷한 작업을 하려면 Makefile을 사용하여 유사한 기능을 추가해야 한다. 빌드 시스템은 작업하기가 매우 복잡하기 때문에 구현하기가 쉽지는 않다.

13.5 프로젝트와 저장소 간 코드 변경 사항 통합

코드 생성 시스템의 가장 큰 단점 중 하나는 서로 다른 위치에 흩어져 있는 소스의 복사본이 여럿이어서 코드 업데이트를 다루기가 매우 어렵다는 점이다. 변경 사항을 병합하는 비용을 최소화하기 위해 몇 가지 규칙과 권장 절차를 채택했다. 가장 일반적인 사용 사례는 프로젝트의 로컬 사본 내에서 파일을 일부 수정한 후 추가 기능이나 버그 수정을 얻기 위해 최신 버전 텐서플로 라이트 프레임워크로 업데이트하려는 경우다. 이 상황에서 텐서플로 팀이 권장하는 절차는 다음과 같다.

1. 사전에 IDE와 특정 플랫폼용으로 빌드한 프로젝트 파일 아카이브를 다운로드하거나 원하는 프레임워크 버전을 사용하여 Makefile에서 수동으로 생성한다.

2. 새 파일 세트를 폴더에 풀고 새 폴더와 수정한 프로젝트 파일이 들어 있는 폴더 사이에 폴더 구조가 일치하는지 확인한다. 예를 들어 둘 다 최상위 레벨에 tensorflow 하위 폴

더가 있어야 한다.

3. 두 폴더 간에 병합 도구를 실행한다. 사용하는 도구는 OS에 따라 다르지만 Meld (https://meldmerge.org/)는 리눅스, 윈도우, 맥OS에서 모두 작동한다. 병합 프로세스의 복잡성은 로컬에서 변경한 파일 수에 따라 달라지지만 대부분의 차이점은 프레임워크 업데이트와 관련됐을 것이기에 보통 새 폴더 쪽을 받아들이게 될 것이다.

하나 또는 두 개의 파일만 로컬로 변경했다면 이전 버전에서 수정된 코드를 복사하여 수동으로 내보낸 새 프로젝트에 병합하는 것이 더 쉬울 수도 있다.

수정된 코드를 Git으로 확인하고 최신 프로젝트 파일을 새 브랜치로 가져온 다음 Git에 내장된 병합 기능을 사용하여 통합을 처리할 수도 있다. 아직 Git 마스터(https://oreil.ly/sIe1F)가 이 접근법에 대한 조언을 제공할 만큼 충분히 발전하지 않아서 텐서플로 팀도 이 방법을 직접 사용하지는 않았다.

기존 코드 생성 방식으로 동일한 작업을 수행하는 것과 이 방식의 큰 차이점은 계속 경로가 일정하게 유지되는 많은 논리 파일로 코드가 분리된다는 것이다. 일반적인 코드 생성 방식은 모든 소스를 단일 파일로 연결하므로 순서나 레이아웃의 사소한 변경 때문에 기록 비교가 불가능해지고 변경 사항을 병합하거나 추적하기가 매우 어렵다.

때때로 프로젝트 파일에서 메인 소스 트리로 병합하는 방향으로 변경 사항을 이식할 수도 있다. 이 메인 소스 트리가 꼭 깃허브의 공식 저장소(https://oreil.ly/o8Ytb)라는 법도 없으며 유지하고 배포하지 않는 로컬 포크일 수도 있다. 구글은 수정이나 업그레이드로 기본 저장소에 대한 풀 요청을 받기 원한다. 하지만 임베디드 개발 환경에서 이러한 방식이 항상 가능하지는 않음을 알고 있으므로 포크를 건실하게 유지하는 것도 중요하다고 생각한다. 여기서 중요한 것은 개발 파일에 하나의 '진실한 소스'를 유지해야 한다는 것이다. 특히 개발자가 여러 명이면 프로젝트 아카이브 내 소스 파일의 다른 로컬 복사본에서 호환되지 않는 변경 사항을 쉽게 적용하게 되고 업데이트와 디버깅은 악몽으로 변한다. 내부용이든, 공개형이든 관계없이 여러 버전을 체크인하는 대신 각 파일의 단일 사본이 있는 소스 제어 시스템을 사용하는 것이 좋다.

변경 사항을 소스 저장소로 반영하려면 수정한 파일을 추적해야 한다. 해당 정보가 없으면 언제든지 처음에 다운로드받거나 생성한 프로젝트 파일로 돌아가서 diff를 실행하여 변경된 내용을 확인할 수 있다. 어떤 파일이 수정되거나 새로운 파일인지 알게 되면 프로젝트 파일에서와 동일한 경로로 Git (또는 다른 소스 제어 시스템) 저장소에 파일을 복사하자.

이 방법의 유일한 예외는 텐서플로에 없는 타사 라이브러리 파일이다. 타사 라이브러리 파일의 변경 사항을 가져오는 것은 이 책의 범위를 벗어나며 그 절차는 각 개별 저장소의 규칙을 따라야 한다. 최후의 수단으로 병합할 수 없는 수정 사항이 있는 경우 프로젝트를 분기할 수 있다. 깃허브에서 플랫폼의 빌드 시스템을 원본이 아닌 새 URL로 지정한다. 텐서플로 소스 파일만 변경한다고 가정하고 변경 사항이 포함된 로컬 저장소를 만든다. 수정 사항이 성공적으로 통합됐는지 보려면 Make를 사용하여 `generate_projects()`를 실행한 다음 IDE 또는 대상 플랫폼을 위한 프로젝트에 예상한 대로 업데이트가 적용됐는지 확인한다. 완료되면 테스트를 실행하여 다른 충돌이 없는지 확인한 후 변경 사항을 텐서플로 포크에 제출할 수 있다. 마지막으로 변경 사항을 공개하려면 풀 요청을 제출하면 된다.

13.6 오픈소스에 기여

텐서플로 생태계에는 이미 구글 외부에 더 많은 코드 컨트리뷰터가 있으며 마이크로컨트롤러 작업은 특히 대부분의 다른 영역보다 더 협업에 의존한다. 우리는 커뮤니티의 도움을 매우 간절히 원하며 이를 위한 중요한 방법 중 하나는 풀 요청이다(물론 자신만의 예제 프로젝트를 만들거나 스택 오버플로(https://oreil.ly/7btPw) 활동을 하는 것도 방법이다). 깃허브에는 풀 요청의 기본 사항을 다루는 훌륭한 문서(https://oreil.ly/8rDKL)가 있지만 텐서플로로 작업할 때 알아두면 유용한 세부 정보도 있다.

- 구글 내부, 외부 프로젝트 관리자가 수행하는 코드 검토 프로세스가 있다. 이것은 깃허브의 코드 검토 시스템으로 관리되며 제출에 대한 토론을 볼 수 있다.

- 버그 수정이나 최적화를 뛰어넘는 변경 사항은 일반적으로 먼저 설계 문서가 필요하다. 외부 컨트리뷰터가 운영하는 SIG Micro(https://oreil.ly/JKiwD)라는 그룹이 있는데 우선순위와 로드맵을 정의하는 그룹이므로 새로운 설계에 대해 논의하기에 좋은 포럼이다. 작은 변경을 위한 문서는 한두 페이지로도 충분하며 풀 요청의 맥락과 동기를 이해하는 것이 중요하다.

- 공개 포크를 유지 관리하는 것은 실험적인 변경 사항을 주요 브랜치에 합치기 전에 피드백을 받는 좋은 방법이 될 수 있다.

- 모든 풀 요청에 실행되는 자동화 테스트가 있으며 이 테스트는 구글 내부 도구를 사용해서 의존성을 가진 자체 프로젝트와의 통합을 확인하기도 한다. 이러한 테스트의 결과는 이해하기 어려울 수도 있으며 가끔 운이

없으면 변경과 관련이 없는 이유로 테스트가 실패하는 경우도 있다. 구글은 이 프로세스가 좋지 않은 경험이라는 것을 알고 있기 때문에 이 프로세스를 개선하려고 지속적으로 노력하고 있지만 여전히 테스트 실패를 이해하기가 어렵다면 관리자를 불러 도움을 요청하자.

- 테스트 범위 100%를 목표로 하므로 기존 테스트가 변경 사항을 테스트하지 못하면 코드 검토 프로세스에서 새로운 테스트를 요청할 것이다. 이러한 테스트는 그리 복잡하지 않으며 모든 것을 테스트한다는 원칙을 지키기 위한 것이다.

- 가독성을 위해 전체 텐서플로 코드베이스에 C 및 C++ 코드 형식에 대한 구글 스타일 가이드를 일관되게 사용하므로 코드 수정이나 새로운 코드에도 이 스타일을 사용하기를 바란다. `clang-format`(https://oreil.ly/KkRKL)을 사용하면서 `google` style 인수를 적용하면 코드 형식을 자동으로 지정할 수 있다.

텐서플로를 위해 기여하고 코드 커밋 작업에 인내심을 가져주어 미리 감사하다. 쉽지 않은 일이지만 여러분의 기여가 전 세계 많은 개발자에게 변화의 기회가 될 것이다.

13.7 새로운 하드웨어 가속기 지원

마이크로컨트롤러용 텐서플로 라이트의 목표 중 하나는 하드웨어 개발자가 설계를 더 빠르게 진행할 수 있도록 지원하는 소프트웨어 플랫폼이 되는 것이다. 새로운 칩으로 머신러닝을 돌리기 위한 작업은 대부분 훈련 환경에서의 익스포터 작성, 특히 양자화나 반복적인 작업 구현 등 일반적인 머신러닝 모델에 필요한 작업 중에서도 까다롭다. 이러한 작업은 사실 많은 시간이 걸리지 않기 대문에 하드웨어 최적화의 대상으로서는 적합하지 않다.

이 문제를 해결하기 위해 하드웨어 개발자가 할 수 있는 첫 번째는 플랫폼에서 실행되며 올바른 결과를 생성하는 마이크로컨트롤러용 텐서플로 라이트에 최적화되지 않은 기준 코드를 구하는 것이다. 이러한 기준 코드는 하드웨어 최적화를 제외한 모든 것이 작동한다는 것을 보여주므로 나머지 작업의 기준이 될 수 있다. 칩이 범용 C++ 컴파일을 지원하지 않는 가속기면 문제가 될 수 있는데 일반적인 CPU와 달리 특수한 기능만 가지기 때문이다. 임베디드 애플리케이션에서는 속도를 조금 포기하더라도 범용 Op 기능을 유지할 필요가 있는 경우가 대부분이다. 많은 사용자의 그래프에는 임의의 C++ 구현을 제외하고는 간결하게 표현할 수 없는 Op가 있기 때문이다. 또한 마이크로컨트롤러용 텐서플로 라이트 인터프리터는 서브 그래프의 비동기 실행을 지원하지 않는다는 설계 결정을 내렸다. 이는 코드를 상당히 복잡하게 만들며 임베디드 도메인에서는 피해야 할 미덕이기 때문이다(안드로이드에서 신경망 API가 인기를 누르는 모바일 세계와는 대조적이다).

즉, 마이크로컨트롤러용 텐서플로 라이트의 아키텍처는 전통적인 프로세서와 발맞추어 실행되는 동기식 보조 프로세서^{coprocessor}와 유사하다. 가속기는 시간이 많이 걸리는 연산 집약적인 기능을 가속화하면서 CPU가 유연하게 처리할 수 있는 작은 Op는 지연시킨다. 실제로 커널 수준에서 개별 Op 구현을 특수 하드웨어 호출로 대체하여 시작하는 것이 좋다. 그러기 위해서는 결과 및 입력이 CPU에서 처리할 수 있는 일반 메모리에 있어야 한다(이후의 Op가 어느 프로세서에 이루어질지 확실할 수 없기 때문이다). 계속 진행하기 전에 가속기가 작업을 끝낼 때까지 기다리거나 플랫폼에 특화된 코드를 사용하여 마이크로 프레임워크 외부의 스레드로 전환해야 한다. 그러나 이러한 제한 사항은 어쨌든 빠른 프로토타이핑을 가능하게 할 것이고 작은 수정의 정확성을 항상 테스트할 수 있는 동시에 점진적으로 변경하는 기능을 제공할 것이다.

13.8 파일 포맷 이해

텐서플로 라이트가 모델을 저장하는 데 사용하는 형식에는 많은 장점이 있지만 단순성은 기대할 수 없다. 몇 가지 기본 사항을 이해하면 파일 포맷의 복잡성을 극복할 수 있을 것이다.

3장에서 살펴본 바와 같이 신경망 모델은 입력과 출력을 가지는 연산 그래프다. Op에 대한 일부 입력은 가중치라고 하는 학습된 값의 큰 배열이며 다른 입력은 이전 Op의 결과 또는 애플리케이션 계층에 의해 입력된 배열이다. 이러한 입력은 이미지 픽셀, 오디오 샘플 데이터, 가속도계 시계열 데이터 등이 될 수 있다. 모델의 단방향 실행이 끝나면 출력에는 값 배열(예: 분류 예측 결과)이 남는다.

모델 학습은 일반적으로 데스크톱 컴퓨터에서 이루어지므로 스마트폰이나 마이크로컨트롤러와 같은 다른 장치로 모델을 전송하는 방법이 필요하다. 텐서플로는 파이썬에서 훈련된 모델을 가져와서 텐서플로 라이트 파일로 내보낼 수 있는 변환기를 사용하여 이 작업을 수행한다. 이 내보내기 단계에서 문제가 생길 수 있는데 데스크톱 환경에서는 지원하지만 간단한 플랫폼에서는 지원하지 않는 기능(파이썬 코드 조각 실행이나 기타 고급 작업 사용 등)을 텐서플로에서 만들 수 있기 때문이다. 또한 훈련 과정에서 가변적인 모든 값(예: 가중치)을 상수로 변환하고 그레이디언트 역전파에만 필요한 Op를 제거하며 가까운 작업을 합치거나 배치 정규화와 같은 값비싼 Op를 더욱 저렴한 형태로 바꾸는 것과 같은 최적화를 수행해야 한다. 이를 더욱 까다롭게 만드는 요인은 메인 텐서플로 프로젝트에 800개가 넘는 Op가 있고 더 많은 Op가 추가되고 있다는 점이다. 즉, 소규모 모델을 위해 자체 변환기를 작성하는 것은 비교적 간단하지만 텐서플로에서 만들 수 있는 모든 네트워크를 변환하는 것은 훨씬 어렵다. 매일 업데이트되는 변경 사항만 따라가려 해도 하루 종일 일해야 한다.

변환 과정을 마친 텐서플로 라이트 파일은 이러한 문제의 대부분을 겪지 않는다. 명확한 입력과 출력, 가중치로 고정된 변수, 이미 적용된 일반적인 그래프 최적화를 통해 훈련된 모델을 더 단순하고 안정적으로 표현하게 된다. 즉 마이크로컨트롤러용 텐서플로 라이트를 사용하지 않더라도 텐서플로 모델에 접근하고 추론을 하기 위해 텐서플로 라이트 모델 파일 형식을 사용하는 것이 파이썬 레이어에서 자체 변환기를 작성하는 것보다 더 나은 방법이다.

13.8.1 플랫버퍼

플랫버퍼(https://oreil.ly/jfoBx)는 텐서플로 라이트 팀이 사용하는 직렬화 라이브러리다. 성능이 중요한 애플리케이션을 위해 설계됐으므로 임베디드 시스템에 적합하다. 플랫버퍼의 멋진 점 중 하나는 런타임 메모리 내 표현이 직렬화된 형식과 정확히 동일하므로 파싱이나 복사 작업 없이 모델을 플래시 메모리에 직접 내장하고 즉시 접근할 수 있다는 점이다. 생성된 코드 클래스에서 속성을 읽기가 다소 어려울 수 있지만 중요한 데이터(예: 가중치)는 원시 C 배열처럼 접근할 가능성 리틀엔디언 블롭little-endian blob으로 직접 저장된다. 낭비되는 공간도 매우 적으므로 플랫버퍼 때문에 별도로 쓰이는 메모리도 거의 없다.

플랫버퍼는 직렬화하려는 데이터 구조를 정의하는 스키마와 해당 스키마를 정보를 읽고 쓰는 네이티브 C++(또는 C, 파이썬, 자바 등) 코드로 변환하는 컴파일러와 함께 작동한다. 텐서플로 라이트의 스키마는 tensorflow/lite/schema/schema.fbs에 있으며 생성된 C++ 접근자 코드를 tensorflow/lite/schema/schema_generated.h에 캐시한다. 소스 컨트롤에 저장하지 않고 새로운 빌드를 수행할 때마다 C++ 코드를 생성할 수 있지만 이렇게 하려면 빌드할 모든 플랫폼에서 flatc 컴파일러와 툴체인의 나머지 부분을 인클루드해야 한다. 간편한 이식을 위해 자동 생성의 편의성을 일부 포기한 것이다.

바이트 수준의 형식을 이해하려면 플랫버퍼 C++ 프로젝트의 내부 페이지(https://oreil.ly/EBg3-) 또는 C 라이브러리의 내부 페이지(https://oreil.ly/xXkZg)를 살펴보기 바란다.

하지만 다양한 고급 언어 인터페이스로 대부분의 요구를 충족해서 굳이 저수준까지 들여다볼 필요가 없게 되는 것이 팀의 바람이다. 파일 형식의 개념을 소개하기 위해서는 모델을 읽는 스키마와 `MicroInterpreter`의 코드를 살펴보면 된다.

먼저 스키마의 맨 끝(https://oreil.ly/aHYM-)으로 스크롤하면 여기에 root_type이 Model임을 선언하는 행이 있다.

```
root_type Model;
```

플랫버퍼는 파일 내에 있는 다른 데이터 구조 트리의 루트 역할을 하는 단일 컨테이너 객체가 필요하다. 앞의 행은 이 형식의 루트가 Model이 될 것임을 알려준다. 그 의미를 알아보기 위해 몇 행 위에 있는 Model의 정의를 살펴보자.

```
table Model {
```

이것은 Model이 플랫버퍼의 table 객체임을 의미한다. table은 파이썬의 Dict 또는 C나 C++의 구조체와 비슷하지만 더 유연하다. table은 객체의 이름, 유형과 함께 객체가 가질 수 있는 속성을 정의한다. 플랫버퍼에도 struct가 있기는 하나 객체 배열에 쓸 때 메모리에는 효율적이지만 유연성이 떨어지며 현재 텐서플로 라이트에서는 사용하지 않는다.

micro_speech 예제의 main() 함수를 보면 실제로 어떻게 사용되는지 확인할 수 있다.

```
// 모델을 사용 가능한 데이터 구조에 매핑한다.
// 복사나 파싱을 포함하지 않는 가벼운 작업이다.
const tflite::Model* model =
    ::tflite::GetModel(g_tiny_conv_micro_features_model_data);
```

g_tiny_conv_micro_features_model_data 변수는 시리얼화된 텐서플로 라이트 모델을 포함하는 메모리 영역에 대한 포인터다. ::tflite::GetModel() 호출은 사실상 기본 메모리에 의해 백업된 C++ 객체를 가져오기 위한 캐스팅 작업이다. 메모리 할당이나 데이터 구조 확인이 필요하지 않으므로 매우 빠르고 효율적인 작업이다. 사용 방법을 이해하려면 데이터 구조에서 다음에 수행할 작업을 살펴보면 된다.

```
if (model->version() != TFLITE_SCHEMA_VERSION) {
  error_reporter->Report(
      "Model provided is schema version %d not equal "
      "to supported version %d.\n",
      model->version(), TFLITE_SCHEMA_VERSION);
  return 1;
}
```

스키마에서 Model 정의 시작을 보면 이 코드에서 참조하는 버전 특성의 정의를 볼 수 있다.

```
// 스키마 버전
version:uint;
```

여기서 version 속성이 32비트 부호 없는 정수임을 알 수 있으므로 model->version()에 대해 생성된 C++ 코드는 해당 자료형의 값을 반환한다. 예제에서는 오류 확인을 통해 이해할 수 있는 버전인지 확인하지만 스키마에 정의된 모든 속성에 동일한 종류의 접근자 함수가 생성된다.

파일 형식을 더욱 상세하게 이해하려면 모델을 로드하고 실행을 준비할 때 MicroInterpreter 클래스의 흐름을 살펴봐야 한다. 생성자는 이전 예제의 g_tiny_conv_micro_features_model_data와 같이 메모리 모델에 대한 포인터를 전달받는다. 첫 번째로 버퍼에 접근한다.

```
const flatbuffers::Vector<flatbuffers::Offset<Buffer>>* buffers =
    model->buffers();
```

자료형 정의에 Vector가 보인다. 이는 표준 템플릿 라이브러리(STL) 자료형과 유사한 객체다. 임베디드 환경에서 동적 메모리 관리 없이 이런 자료형을 사용하는 모습을 걱정할 수도 있다. 그러나 플랫버퍼의 Vector 클래스는 기본 메모리를 감싸는 읽기 전용 래퍼일 뿐이므로 루트 Model 객체와 마찬가지로 파싱이나 메모리 할당이 필요하지 않다.

이 버퍼 배열이 무엇을 나타내는지 이해하기 위해 스키마 정의를 살펴보자.

```
// 원시 데이터 버퍼 테이블(상수 텐서에 사용). 텐서에 의해 인덱스로 참조된다.
// mmap 친화적인 데이터 구조를 통해 정렬된다.
table Buffer {
```

```
    data:[ubyte] (force_align: 16);
}
```

각 버퍼는 부호 없는 8비트 값의 원시 배열로 정의되며 첫 번째 값은 16바이트로 메모리에 정렬된다. 이것은 그래프에 포함된 모든 가중치 배열(및 기타 상수 값)에 사용되는 컨테이너 유형이다. 텐서의 유형과 모양은 별도로 유지된다. 이 배열은 배열 내부의 데이터를 백업하는 원시 바이트만 보유한다. 연산을 수행할 때는 이 최상위 벡터 내에서 인덱스로 이러한 상수 버퍼를 참조한다.

다음으로 접근할 속성은 하위 그래프 목록이다.

```
auto* subgraphs = model->subgraphs();
if (subgraphs->size() != 1) {
  error_reporter->Report("Only 1 subgraph is currently supported.\n");
  initialization_status_ = kTfLiteError;
  return;
}
subgraph_ = (*subgraphs)[0];
```

하위 그래프는 Op, Op 간의 연결, Op가 사용하는 버퍼, 입력, 출력의 집합이다. 향후에 여러 하위 그래프가 필요할 수도 있는(제어 흐름 지원 등) 고급 모델이 있지만 현재 마이크로컨트롤러에서 지원하려는 모든 네트워크는 단일 하위 그래프를 가지고 있으므로 모델이 요구 사항만 충족하게 하면 코드를 단순화할 수 있다. 하위 그래프 내용을 자세히 알아보기 위해 해당 스키마를 다시 살펴보자.

```
// 하위 그래프를 정의하는 루트 유형이 일반적으로 전체 모델을 나타낸다.
table SubGraph {
  // 하위 그래프에 사용된 모든 텐서 목록
  tensors:[Tensor];

  // 하위 그래프에 입력되는 텐서의 인덱스
  // 추론을 위해 하위 그래프에 공급되는 비 정적 텐서 목록
  inputs:[int];

  // 하위 그래프에서 출력되는 텐서의 인덱스
  // 하위 그래프 추론의 결과로 간주되는 출력 텐서 목록
  outputs:[int];
```

```
// 모든 Op(실행 순서)
operators:[Operator];

// 하위 그래프의 이름(디버깅에 사용됨)
name:strinq;
}
```

모든 하위 그래프의 첫 번째 속성은 텐서 목록이며 `MicroInterpreter` 코드는 여기에 다음과 같이 접근한다.

```
tensors_ = subgraph_->tensors();
```

앞에서 언급했듯 Buffer 객체는 자료형이나 형태에 대한 메타데이터 없이 가중치의 원시 값만 보유한다. Tensor는 상수 버퍼를 위한 추가 정보가 저장되는 장소다. 또한 입력, 출력, 활성화 계층과 같은 임시 배열에 대해 동일한 정보를 보유한다. 스키마 파일의 상단 근처에서 이 메타데이터의 정의를 볼 수 있다.

```
table Tensor {
  // 텐서 모양. 각 항목의 의미는 Op별로 다르지만
  // 기본 Op는 다음 형태를 사용한다. [배치 크기, 높이, 너비, 채널 수](텐서플로의 NHWC)
  shape:[int];
  type:TensorType;
  // 모델의 루트에서 버퍼 테이블을 참조하는 인덱스
  // 연결된 데이터 버퍼가 없으면(즉, 중간 결과가 없음) 값은 0이다.
  // (항상 존재하는 빈 버퍼를 나타냄)
  //
  // 대상 컨테이너가 리틀엔디언이라는 가정하에 data_buffer 자체는 불투명한 컨테이너다.
  // 또한 모든 내장 Op는 메모리가 정렬된 것으로 가정한다. 이를테면
  // shape가 [4, 3, 2]인 경우 인덱스 [i, j, k]가 data_buffer[i * 3 * 2 + j * 2 + k]에
  // 매핑되는 식이다.
  buffer:uint;
  name:string;  // 디버깅, 텐서플로 임포트용
  quantization:QuantizationParameters;  // 선택 사항
  is_variable:bool = false;
}
```

shape는 텐서의 차원을 나타내는 간단한 정수 목록이며 그 자료형은 텐서플로 라이트에서 지원하는 자료형을 담을 수 있는 열거형 매핑이다. buffer 속성은 루트 레벨 목록의 어떤 Buffer

에 실제 텐서의 값이 있는지(파일에서 읽은 상수일 경우) 나타내며 값이 동적으로 계산되는 경우(예: 활성화 계층) 0을 나타낸다. name은 디버깅 등을 위해 사람이 읽을 수 있는 텐서 레이블이고 quantization 속성은 정밀도가 낮은 값을 실수로 매핑하는 방법을 정의한다. 마지막으로 is_variable 멤버는 향후 교육 및 기타 고급 애플리케이션을 지원하기 위해 존재하지만 MCU^{Microcontroller Unit}(마이크로컨트롤러)에 사용할 필요는 없다.

MicroInterpreter 코드로 돌아가자. 하위 그래프에서 가져오는 두 번째 주요 속성은 Op 목록이다.

```
operators_ = subgraph_->operators();
```

이 목록에는 모델의 그래프 구조가 있다. 이것이 어떻게 인코딩되는지 이해하기 위해 Operator의 스키마 정의로 돌아가자.

```
// Op는 텐서를 입력, 출력으로 사용한다.
// 여기에서 수행되는 작업 유형은 유효한 OperatorCode 목록의 색인에 의해 결정되는 반면
// 각 작업의 세부 사항은 builtin_options 또는 custom_options를 사용하여 설정된다.
table Operator {
  // Op 코드에 대한 배열로 색인한다. 여기에 정수를 사용하면 복잡한 맵 조회를 피할 수 있다.
  opcode_index:uint;

  // 선택적 입력, 출력 텐서는 -1로 표시된다.
  inputs:[int];
  outputs:[int];

  builtin_options:BuiltinOptions;
  custom_options:[ubyte];
  custom_options_format:CustomOptionsFormat;

  // 이 Op에 의해 변경되는 입력 텐서를 나타내는 부울 목록이다(RNN, LSTM에서 사용).
  // 예를 들어 inputs 배열이 다섯 개의 텐서를 참조하고 두 번째와 다섯 번째가
  // 변경 가능한 변수인 경우 이 목록에는 [false, true, false, false, true]가 포함된다.
  //
  // 목록이 비어 있으면 이 Op에서 변수가 변경되지 않는다.
  // 리스트는 inputs와 길이가 같거나 비어 있다.
  mutating_variable_inputs:[bool];
}
```

opcode_index 멤버는 Model 내의 루트 레벨 operator_codes 벡터에 대한 인덱스다. Conv2D 와 같은 특정 종류의 Op는 그래프 하나에 여러 번 표시될 수 있다. 일부 Op는 이를 정의하기 위해 문자열이 필요하므로 모든 Op 정의를 하나의 최상위 배열에 유지하고 희위 그래쓰에서 간접적으로 참고하기 위해 시리얼화 크기를 저장한다.

입력 배열과 출력 배열은 그래프에서 Op와 인접 항목 간의 연결을 정의한다. 이러한 연결은 부모 하위 그래프에서 텐서 배열을 참조하는 정수 목록이며 모델에서 읽은 상수 버퍼, 애플리 케이션이 네트워크에 전달하는 입력, 다른 작업의 실행 결과 또는 계산이 완료된 후 애플리케 이션이 읽는 출력 대상 버퍼를 나타낼 수 있다.

하위 그래프에 포함된 Op 목록은 항상 위상topology 순서를 따르기 때문에 배열의 시작부터 끝 까지 실행하면 주어진 작업에 필요한 모든 입력의 계산이 앞의 작업에서 완료된 후 전달된다는 점이 중요하다. 따라서 실행 루프는 그래프 작업을 미리 수행할 필요가 없고 나열된 순서대로 작업을 실행할 수 있기 때문에 인터프리터 작성이 훨씬 간단해진다. 물론 이러한 방식 때문에 동일한 하위 그래프를 다른 순서로 실행하는 것(예를 들어, 훈련 과정에 역전파 사용)은 복잡 해질 수 있지만 텐서플로 라이트는 추론에 중점을 두므로 괜찮다.

Op에는 일반적으로 파라미터가 필요하다. Conv2D 커널을 예로 들면 필터 모양 및 스트라이드 등이 필요한데 아쉽게도 파라미터 표현은 상당히 복잡하다. 텐서플로 라이트는 두 가지 Op 조 합을 지원한다. 가장 먼저 지원되기 시작한 기본 제공 Op는 모바일 애플리케이션에 사용되는 가장 일반적인 작업이며 스키마에서 목록을 볼 수 있다. 2019년 11월 기준으로 122개의 Op 가 있지만 텐서플로는 800개 이상의 Op를 지원한다. 그럼 나머지 Op는 어떻게 지원하는 것 일까? 바로 커스텀 Op다. 커스텀 Op는 기본적으로 제공되는 고정 열거형 대신 문자열 이름 으로 정의되므로 스키마를 건드리지 않고도 더 쉽게 추가할 수 있다.

내장 Op는 파라미터 구조가 스키마에 나열된다. 다음은 Conv2D의 예다.

```
table Conv2DOptions {
  padding:Padding;
  stride_w:int;
  stride_h:int;
  fused_activation_function:ActivationFunctionType;
  dilation_w_factor:int = 1;
  dilation_h_factor:int = 1;
}
```

멤버가 대부분 익숙할 것이다. 다른 플랫버퍼 객체와 동일한 방식으로 접근할 수 있다. 각 Op 객체의 `builtin_options` 유니언을 통해 Op 코드를 기반으로 적절한 유형을 선택한다 (`switch` 문을 사용한다).

Op 코드가 커스텀 Op를 나타내는 것으로 판명되면 파라미터 목록의 구조를 미리 알 수 없으므로 코드 객체를 생성할 수 없다. 그 대신 인수 정보를 플렉스버퍼[FlexBuffer]에 포함시킨다. 이것은 구조를 미리 알지 못할 때 플랫버퍼 라이브러리가 임의 데이터를 인코딩하기 위해 제공하는 형식이다. 즉, Op를 구현하는 코드는 형식을 지정하고 복잡한 문법을 사용하여 결과 데이터에 접근해야 한다. 다음은 객체 인식 코드의 예다.

```
const flexbuffers::Map& m = flexbuffers::GetRoot(buffer_t, length).AsMap();
op_data->max_detections = m["max_detections"].AsInt32();
```

이 예제에서 참조하는 버퍼 포인터는 궁극적으로 `Operator` 테이블의 `custom_options` 멤버에서 제공하며 이를 통해 속성으로부터 파라미터 데이터에 접근하는 방법을 볼 수 있다.

`Operator`의 최종 멤버는 `mutating_variable_inputs`다. 이 기능은 입력을 변수로 취급할 수 있는 LSTM[Long Short-Term Memory] 및 기타 작업을 관리하는 데 유용한 실험적 기능이다. 대부분의 MCU 애플리케이션과는 관련이 없다.

지금까지 텐서플로 라이트 시리얼화 형식의 핵심적인 부분을 다루었다. 다루지 않은 다른 멤버가 몇 가지 있지만(`Model`의 `metadata_buffer` 등) 선택 사항이므로 반드시 알아둘 필요는 없다. 개요만 알아두어도 모델 파일 읽기, 쓰기, 디버깅을 시작할 수 있을 것이다.

13.9 텐서플로 라이트 모바일 작업을 Micro에 포팅하기

메인 텐서플로 라이트 버전에는 모바일 장치를 대상으로 하는 100개 이상의 내장 작업이 있다. 마이크로컨트롤러용 텐서플로 라이트에서도 대부분의 코드를 재사용하지만 이러한 op의 기본 구현은 pthread, 동적 메모리 할당 또는 임베디드 시스템에서 사용할 수 없는 기타 종속성을 가져오기 때문에 마이크로컨트롤러를 위한 Op 구현(커널이라고도 함)에는 작업이 약간 필요하다.

궁극적으로는 두 가지 Op 구현을 통합하면 좋겠지만 프레임워크 전체에서 일부 설계와 API 변경이 필요하기 때문에 단기적으로는 기대하기 어렵다. 대부분의 작업은 이미 마이크로컨트롤러 구현이 준비되어 있지만 모바일 텐서플로 라이트에서는 사용할 수 있는 반면 임베디드용이 제공되지 않는 작업이 있다면 이번 절에서 안내할 변환 프로세스를 이용하면 된다. 포팅할 작업을 선별한 후 몇 가지 단계를 통해 변환을 진행해야 한다.

13.9.1 참조 코드 분리

나열된 모든 op에 이미 참조 코드가 있어야 하지만 함수는 아마 reference_ops.h에 있을 것이다. 모놀리식monolithic 헤더 파일은 길이가 거의 5000줄이며 많은 작업을 다루기 때문에 임베디드 플랫폼에서 사용할 수 없는 다양한 종속성을 가져온다. 포팅 프로세스를 시작하려면 먼저 작업에 필요한 참조 기능을 별도의 헤더 파일로 추출해야 한다. tensorflow/lite/kernels/internal/reference/conv.h와 pooling.h에서 작은 헤더 예를 볼 수 있다. 참조 함수 자체는 구현하는 작업과 이름이 일치해야 하며 일반적으로 서로 다른 자료형에 대해 여러 가지 구현이 있다(일부는 템플릿을 사용한다).

파일이 더 큰 헤더에서 분리되는 즉시 해당 헤더의 기존 사용자가 이동한 함수를 여전히 볼 수 있도록 reference_ops.h로부터 파일을 인클루드해야 한다(마이크로 코드에는 개별적으로 분리된 헤더만 포함된다). https://oreil.ly/jtXLU에서 conv2d에 대한 참조 방법을 확인할 수 있다. 또한 kernels/internal/BUILD:reference_base 및 kernels/internal/BUILD:legacy_reference_base 빌드 규칙에 헤더를 추가한다. 변경한 후에는 테스트 모음을 실행하고 기존의 모바일 테스트가 테스트를 통과하는지 확인한다.

```
bazel test tensorflow/lite/kernels:all
```

이때가 검토를 위한 초기 풀 요청을 작성하기 좋은 시점이다. 아직 마이크로 브랜치로 아무것도 이식하지 않았지만 변경을 위해 기존 코드를 준비했으므로 다음 단계를 수행하는 동안 이 작업을 검토하고 제출하는 것이 좋다.

13.9.2 Op의 마이크로컨트롤러 버전 사본 작성

각 마이크로 Op 구현은 tensorflow/lite/kernels/에 있는 모바일 버전 사본이 수정된 것이다. 예를 들어 마이크로의 conv.cc는 모바일의 conv.cc를 기반으로 한다. 물론 몇 가지 큰 차이점이 있다. 첫째, 임베디드 환경에서는 동적 메모리 할당이 더 까다롭다. 그렇기 때문에 추론 중에 사용된 계산에 대해 계산된 값을 캐시하는 OpData 구조 작성이 별도의 함수로 이동되어 Prepare()에서 반환되지 않고 Invoke() 중에 호출될 수 있다. 각 Invoke() 호출에 조금 더 많은 작업이 필요하지만 메모리 오버헤드가 감소하기 때문에 마이크로컨트롤러에 적합하다.

둘째, Prepare()의 파라미터 확인 코드는 대부분 제거된다. 완전히 제거하는 대신 #if defined(DEBUG)로 묶는 것이 좋지만 제거하면 코드 크기를 최소로 유지할 수 있다. 외부 프레임워크(Eigen, gemmlowp, cpu_backend_support)에 대한 모든 참조는 인클루드 문과 코드에서 다 제거해야 한다. Eval() 함수에서는 reference_ops:: 네임스페이스에서 함수를 호출하는 경로를 제외한 모든 것을 제거해야 한다.

수정된 Op 구현 결과는 tensorflow/lite/micro/kernels/ 폴더에 있는 모바일 버전(일반적으로 Op 이름의 소문자 버전)과 동일한 이름으로 파일에 저장한다.

13.9.3 테스트를 Micro 프레임워크에 이식

임베디드 플랫폼에서 전체 구글 테스트 프레임워크를 실행할 수는 없으므로 대신 Micro Test 라이브러리를 사용한다. GTest 사용자에게는 친숙해 보이겠지만 동적 메모리 할당이나 C++ 전역 초기화가 필요한 구성은 피해야 한다.

임베디드 환경에서 모바일에서 실행하는 것과 동일한 테스트를 실행하려면 tensorflow/lite/kernels/⟨op 이름⟩_test.cc의 버전을 시작점으로 사용해야 한다. 예로 tensorflow/lite/kernels/conv_test.cc와 포트 버전 tensorflow/lite/micro/kernels/conv_test.cc를 보자. 큰 차이점은 다음과 같다.

- 모바일 코드는 std::map, std::vector와 같은 C++ STL 클래스에 의존하며 동적 메모리 할당이 필요하다.
- 모바일 코드는 또한 helper 클래스를 사용하고 할당과 관련된 방식으로 데이터 객체를 전달한다.
- 마이크로 버전은 std::initializer_list를 사용하는데 std::vectors와 매우 유사하지만 동적 메모

리 할당이 필요 없는 객체를 전달하여 스택에 모든 데이터를 할당한다.

- 테스트를 실행하기 위한 호출은 객체 할당이 아닌 함수 호출로 표현된다. 이는 할당 문제를 일으키지 않고 많은 코드를 재사용하는 데 도움이 된다.

- 대부분의 표준 오류 검사 매크로를 사용할 수 있지만 `TF_LITE_MICRO_` 접두사를 붙여야 한다. 예를 들어 `EXPECT_EQ`는 `TF_LITE_MICRO_EXPECT_EQ`가 된다.

테스트는 모두 하나의 파일에 있어야 하며 `TF_LITE_MICRO_TESTS_BEGIN/TF_LITE_MICRO_TESTS_END` 쌍으로 둘러싸여야 한다. 실질적으로는 `main()` 함수를 작성하여 테스트를 독립형 바이너리로 실행할 수 있다.

텐서플로 팀은 또한 테스트가 커널 코드와 API에만 의존하고 인터프리터와 같은 다른 클래스는 사용하지 않도록 노력했다. 테스트는 `GetRegistration()`에서 반환된 C API를 사용하여 커널 구현을 직접 호출한다. 나머지 프레임워크 없이도 커널을 완전히 독립형으로 사용할 수 있기를 원하기 때문에 테스트 코드에서도 이러한 종속성을 피하자.

13.9.4 Bazel 테스트 빌드

Op 구현과 테스트 파일을 작성했으니 이제 잘 작동하는지 확인할 차례다. Bazel 오픈소스 빌드 시스템을 활용한다. `tflite_micro_cc_test` 규칙을 BUILD 파일에 추가한 후 다음 명령을 실행해보자(conv를 각자의 Op 이름으로 대체).

```
bazel test ttensorflow/lite/micro/kernels:conv_test --test_output=streamed
```

컴파일 오류와 테스트 실패는 당연한 수순일 테니 오류를 수정하는 데 시간을 조금 들여야 한다.

13.9.5. AllOpsResolver에 Op 추가

바이너리 크기 때문에 애플리케이션이 특정 Op 구현만 가져오도록 할 수도 있지만 사용 가능한 모든 Op를 가져와서 쉽게 시작할 수 있는 방법도 있다. all_ops_resolver.cc 생성자에 Op 구현을 등록하기 위한 호출을 추가하고 구현, 헤더 파일도 BUILD 규칙에 포함되어 있는지 확인한다.

13.9.6 Makefile 테스트 빌드

지금까지 모든 작업은 텐서플로 라이트의 마이크로 브랜치 내에 있었지만 실제 빌드와 테스트는 x86 환경에서 진행했다. 물론 이것은 가장 쉬운 개발 방법이며 모든 op에 최적화되지 않은 이식 가능한 구현을 만들어야 하니 이 환경에서 최대한 많은 작업을 수행하는 것이 좋다. 그러나 이제는 데스크톱 리눅스에서 실행 가능하고 완전히 작동하며 테스트를 마친 Op 구현이 마련됐으므로 임베디드 장치에서 컴파일과 테스트를 시작할 차례다.

구글 오픈소스 프로젝트의 표준 빌드 시스템은 Bazel이지만 안타깝게도 크로스 컴파일을 구현하고 이를 사용하여 임베디드 툴체인을 지원하는 것은 쉽지 않으므로 배포용 Make를 사용해야 했다. Makefile 자체는 내부적으로 매우 복잡하지만 구현 파일, 테스트의 이름과 위치에 따라 새 Op를 자동으로 선택할 수 있을 것이다. 수동 작업은 작성한 참조 헤더를 `MICROLITE_CC_HDRS` 파일 목록에 추가하는 것이 유일하다.

이 환경에서 Op를 테스트하려면 `cd`로 폴더에 진입하고 다음 명령을 실행한다(`conv` 대신 각자의 Op 이름으로 대체).

```
make -f tensorflow/lite/micro/tools/make/Makefile test_conv_test
```

컴파일되고 테스트가 통과되면 좋겠지만 그렇지 않으면 일반적인 디버깅 절차를 수행하여 문제를 해결하자.

임베디드 대상과 동일한 빌드 메커니즘을 사용하지만 기본적으로는 여전히 로컬 인텔 x86 데스크톱 시스템에서 실행된다. 스파크펀 에지와 같은 실제 마이크로컨트롤러에서 코드를 컴파일하고 플래시할 수 있다(Makefile에서 `TARGET=sparkfun_edge`로 바꾸면 된다). 하지만 편의를 추구하기 위해 Cortex-M3 장치의 소프트웨어 에뮬레이션도 가능하다. 다음 명령을 실행하면 에뮬레이션으로 테스트를 실행할 수 있다.

```
make -f tensorflow/lite/micro/tools/make/Makefile TARGET=bluepill test_conv_test
```

때로는 에뮬레이터가 실행하는 데 너무 오래 걸리고 프로세스 시간이 초과하며 문제가 생길 수 있지만 다시 시도하면 해결된다. 가능하면 변경 사항을 오픈소스 빌드에 기여해 주기를 희망한다. 코드를 오픈 소싱하는 전체 과정은 다소 복잡할 수 있지만 텐서플로 커뮤니티 가이드

(https://oreil.ly/YcbFB)가 여러분을 도울 것이다.

13.10 마치며

이 장을 마치고 나면 마라톤을 완주한 기분이 들 것이다. 지금까지 마이크로컨트롤러용 텐서플로 라이트의 작동 방식에 대한 많은 정보를 제공했다. 모든 것을 이해하지 못하더라도 걱정할 필요는 없다. 단지 내부 작동 방식이 궁금한 이들을 위해 충분한 배경을 제공하고 싶었다. 이 코드는 모두 오픈소스이며 프레임워크 작동 방식 가이드일 뿐이지만 프레임워크 구조를 탐색하고 일부 설계 결정이 내려진 이유를 이해하는 데 도움이 되기를 바란다.

사전 빌드된 예제를 실행하고 라이브러리 작동 방식을 자세히 살펴보고 나면 공부한 내용을 자신의 애플리케이션에 적용할 수 있는 방법이 궁금할 것이다. 책의 나머지 부분에서는 개인 정보 보호, 보안과 함께 최적화, 디버깅, 모델 포팅 등 실제 제품에 맞춤형 머신러닝을 배포하는 데 필요한 기술을 설명할 것이다.

## CHAPTER 14

자신만의 TinyML 애플리케이션 설계하기

지금까지 오디오, 이미지, 제스처 인식과 같은 중요한 영역에 대한 기준 애플리케이션을 살펴 봤다. 해결해야 하는 문제가 예제와 비슷하면 훈련, 배포 프로세스를 수정해서 활용하면 될 것 이다. 그러나 예제 수정하는 방법을 모른다면 어떻게 해야 할까? 이번 장과 15장에서는 쉽게 시작할 수 없는 문제에 대한 임베디드 머신러닝 솔루션을 구축하는 과정을 다룬다. 예제를 통 한 경험은 자신만의 시스템을 만들기 위한 좋은 토대가 되지만 신모델 설계, 훈련, 배포에 대한 노하우도 필요하다. 임베디드 플랫폼의 제약 조건은 너무 세세하기 때문에 정확도를 희생하지 않으면서 스토리지와 컴퓨팅 자원에 맞게 최적화하는 방법을 다룰 것이다. 또한 언제나 문제는 발생하므로 트러블슈팅을 위한 다양한 디버깅 기술을 다룬다. 마지막으로 사용자의 개인 정보 와 보안을 위한 보호 기능 구축 방법을 알아본다.

14.1 설계 과정

모델의 훈련에는 며칠에서 몇 주의 시간이 걸릴 수 있으며 새로운 임베디드 하드웨어 플랫폼 을 구축하는 데는 많은 시간이 필요하다. 그래서 임베디드 머신러닝 프로젝트에서 가장 큰 위 험 중 하나는 실제로 무엇을 가동시키기 전에 시간이 부족해지는 것이다. 이 위험을 줄이는 가 장 효과적인 방법은 계획, 연구, 실험을 통해 프로세스 초기에 가능한 한 많은 질문에 대한 답 을 만드는 것이다. 훈련 데이터나 아키텍처를 변경할 때마다 일주일 정도의 코딩과 훈련 시간은 쉽게 소요되며 배포할 하드웨어를 변경하게 되면 소프트웨어 스택 전체에 파급 효과를 가져오게 되어 이전에 잘 작동하던 코드의 상당 부분을 새로 작성해야 한다. 개발 프로세스 후반에 발생하는 변경 사항을 줄이려면 초반에 변수를 줄여서 시간을 절약해야 한다. 이 장에서는 최종 애플리케이션 코딩에 앞서 중요한 질문에 답하기 위한 기법을 주로 다룬다.

14.2 마이크로컨트롤러가 필요할까, 더 큰 장치가 필요할까?

첫째로 답해야 할 질문은 임베디드 시스템의 장점이 정말 필요한지, 아니면 최소한 초기 프로토타입에서는 배터리 수명, 비용, 크기 등의 요구 사항을 완화할 수 있는지다. 리눅스 같은 완전한 최신 운영체제를 갖춘 시스템에서 프로그래밍하는 것은 임베디드 세계에서 개발하는 것보다 훨씬 쉽고 빠르다. 카메라나 센서와 같은 많은 주변 장치를 연결할 수 있는 25달러 미만의 라즈베리파이 같은 기기는 완벽한 데스크톱 수준의 시스템이다. 계산량이 많은 신경망을 실행해야 한다면 99달러부터 시작하는 엔비디아 젯슨 계열 보드가 작은 폼 팩터와 강력한 소프트웨어 스택을 갖추고 있어 적절하다. 하지만 젯슨 보드의 가장 큰 단점은 수 와트 수준의 전력 소모다. 에너지 저장 장치의 물리적 크기에 따라 배터리로 가동할 경우 몇 시간 또는 며칠 정도 작동하면 배터리가 방전될 것이다. 서버 통신으로 인한 대기 시간이 문제되지 않는다면 강력한 클라우드 서버 여러 개를 사용해서 신경망 워크로드를 처리하고 클라이언트 장치가 인터페이스와 네트워크 통신을 처리하는 방식이 더 나을 수 있다.

어디에나 배포할 수 있는 범용성은 이상적인 개념이고 구글이 추구하는 방향이다. 하지만 아이디어가 효과가 있는지 개념 증명을 통해 판단하고 싶을 때는 쉽고 빠르게 실험할 수 있는 기기를 사용하여 프로토타입을 제작하는 것이 좋다. 임베디드 시스템을 통한 개발에는 까다로운 요소가 많기 때문에 실제 개발에 돌입하기 전에 애플리케이션의 실제 요구 사항을 많이 파악할수록 프로젝트 성공 확률은 높아진다.

일례로 목장에서 기르는 양의 건강 상태를 모니터링하는 데 필요한 장치를 만든다고 상상해보자. 네트워크 연결 상태가 좋지 않은 환경에서 몇 주 혹은 몇 달 동안 실행할 수 있는 장치여야 하므로 임베디드 시스템이 필요하다. 그러나 아직 어떤 모델을 쓸지, 어떤 센서가 필요할지, 어떤 동작을 할지 등의 정보를 알지 못하므로 프로그래밍하기 까다로운 장치를 사용하고 싶지는 않다. 심지어 아직 훈련 데이터도 없다. 작업을 시작하기 위해 우선 작은 양 무리를 가진 친절한 농부부터 찾아야 한다. 라즈베리파이를 써서 양을 모니터링하고, 충전을 위해 매일 밤 보드를 수거하는 방식을 사용하면서 목장 전체에서 사용할 수 있는 실외 와이파이 네트워크를 설치하면 양의 데이터를 수집할 수 있다. 실제로 이런 솔루션을 필요로 하는 고객이 있을지 모르겠지만 이러한 환경을 설치해보면 새로운 모델, 센서, 폼 팩터를 실험하는 데 필요한 많은 질문에 대답할 수 있으며 임베디드 버전보다 훨씬 빠르게 진도를 나갈 수 있다.

마이크로컨트롤러는 다른 하드웨어에 없는 확장성이라는 명확한 장점이 있다. 싸고, 작으며, 소모 전력도 매우 낮지만 이러한 장점은 실제로 확장이 필요할 때만 의미가 있다. 가능하면 목적이 명확하고 확장성이 필요한 것을 확신할 수 있을 때까지 확장성에 대한 고려는 미루자.

14.3 무엇이 가능한지 이해하기

딥러닝으로 어떤 문제를 해결할 수 있는지 파악하기는 생각보다 어렵다. 경험적으로 입증된 한 가지 규칙은 사람들이 '눈 깜박할 사이' 해결할 수 있는 문제를 신경망 모델이 잘 처리한다는 점이다. 사람은 직관적으로 사물, 소리, 단어, 친구를 순간적으로 인식할 수 있는데 이는 신경망이 수행할 수 있는 것과 동일한 종류의 작업이다. 마찬가지로 딥마인드의 바둑 알고리즘은 합성곱 신경망을 이용하여 바둑판을 보고 각 기사의 기보가 얼마나 강력한지 추정하여 장기적으로 어떤 수를 둬야 하는지 결정한다.

이러한 구분은 서로 다른 종류의 '지능'을 분류하기 위한 기준이 된다. 신경망은 계획이나 명제 해결과 같은 작업을 자동으로 수행할 수 없다. 그보다는 노이즈가 많고 혼란스러운 대량의 데이터를 수집하고 그 패턴을 파악하는 작업을 훨씬 잘 한다. 예를 들어, 신경망은 양치기 개를 지휘해서 양떼를 목장 안으로 몰기는 어렵지만, 양떼의 체온, 맥박, 가속도계와 같은 다양한 센서 데이터를 수집해서 양의 건강 상태를 예측하는 데는 적합하다. 사고력이 명시적으로 필요한 문제와 달리 사람이 거의 무의식적으로 수행하는 대부분의 판단은 딥러닝으로 다룰 가능성이 높다. 이는 추상적인 문제를 신경망으로 해결할 수 없다는 의미는 아니며 직관적인 예측을 하는 거대한 시스템에서 신경망은 하나의 구성 요소로서 주로 입력값을 처리하는 데 사용된다는 의미다.

14.4 다른 사람의 발자취 따르기

연구자들의 세계에는 관심 문제에 관한 연구 논문과 출판물을 읽는 '선행 문헌 조사' 과정이 늘 존재한다. 이 방식은 연구원이 아니더라도 딥러닝에 관한 문제를 다룰 때 좋은 접근 방식이다. 신경망 모델을 다양한 문제에 적용하기 위한 기존 연구 내용을 배우고, 다른 사람이 이룬 업적을 바탕으로 이어서 작업하는 법을 익히면 많은 시간을 절약할 수 있다. 연구 논문을 전부 이해하는 것은 어렵지만 핵심적으로 알아야 할 몇 가지 사실에 집중하는 것은 쉽다. 먼저 유사한 문제에 대해 사람들이 어떤 모델을 사용했는지, 그리고 사용할 수 있는 기존의 데이터셋이 존재하는지 여부를 확인한다. 머신러닝에서 가장 어려운 부분이 데이터 수집이기 때문이다.

예를 들어, 기계식 베어링의 예측 유지보수에 관심 있다면 머신러닝 연구 논문이 가장 활발히 올라오는 저널 arxiv.org에서 deep learning predictive maintenance bearing을 검색한다(https://oreil.ly/xljQN). 이 글을 쓰는 시점에서 최상단에 나오는 결과는 셴 장[Shen Zhang] 등이 저술한 2019년 논문 「Machine Learning and Deep Learning Algorithms for Bearing Fault Diagnostics: A Comprehensive Review」(https://oreil.ly/-dqy7)다. 이 논문에서 Case Western Reserve University bearing dataset(https://oreil.ly/q2_79)이라는 베어링 센서 데이터의 표준 공개 데이터셋이 있음을 알게 된다. 기존에 있는 데이터셋을 확보하면 문제에 대한 접근 방식을 실험하는 데 도움이 되므로 매우 유용하다. 또한 문제점에 사용된 다양한 종류의 모델 아키텍처에 대한 개요와 장점, 비용, 전체 결과에 대한 총평도 확인할 수 있다.

14.5 훈련할 모델 찾기

사용할 모델 아키텍처와 훈련 데이터에 대한 아이디어를 얻은 다음에는 자원 제약이 없는 훈련 환경에서 시간을 투자해 결과를 확인하는 것이 좋다. 이 책은 텐서플로를 다루므로 텐서플로 튜토리얼이나 스크립트 예제를 찾아서 그대로 실행한 다음 각 문제에 맞게 조정하는 방식을 추천한다. 이 책의 예제에 임베디드 플랫폼에 배포하는 데 필요한 모든 단계가 있으므로 이를 참조하는 것도 좋다.

어떤 모델이 효과가 있을지 알아보려면 센서 데이터의 특성을 보고 튜토리얼에서 비슷한 모델과 일치시키는 방법을 쓰면 된다. 예를 들어 휠 베어링의 단일 채널 진동 데이터가 있다고 생각해보자. 이는 비교적 고주파수의 시계열 데이터로, 마이크로 수집한 오디오 데이터와 공통점이 많다. 그러면 우선 모든 베어링 데이터를 .wav 형식으로 변환한 다음 적절한 레이블을 붙인 후 표준 Speech Commands 데이터셋 대신 음성 훈련 프로세스에 데이터를 공급할 수 있다. 실험하면서 최대한 많은 부분을 자신의 문제에 맞게 변경하고 싶겠지만, 적어도 예측을 잘 내놓은 모델을 얻은 후 이를 바탕으로 추가 실험을 진행하는 것이 바람직하다. 제스처 인식 예제를 다른 가속도계 기반 분류 문제에 적용하거나, 인체 감지 모델을 다른 머신 비전 애플리케이션에 적용할 수도 있다. 문제에 따라 이 책의 예제 중 참조할 만한 예제가 없을 수도 있다. 그 경우 케라스를 사용해서 모델 아키텍처를 구축하는 튜토리얼을 검색하면 도움될 것이다.

특징 생성

많은 순수 머신러닝 튜토리얼은 특징 생성을 잘 다루지 않는다. 특징은 신경망에 입력하는 값, 입력으로 전달되는 숫자의 배열이다. 일반적으로 최신 머신 비전의 경우 메모리의 이미지 데이터에서 추출한 RGB 픽셀 배열을 직접 전달하지만 다른 유형의 센서는 다른 방식을 쓴다. 예를 들어, 음성 인식 예제는 16KHz 주파수 변조 데이터(초당 1만 6000회 캡처된 현재 볼륨의 샘플)를 취하지만 해당 정보를 스펙트로그램(각 행의 주파수 범위의 크기를 담는 단일 채널 2D 배열)으로 변환하여 신경망 모델에 공급한다. 이러한 종류의 전처리에는 많은 실험과 엔지니어링 작업이 필요하기 때문에 이 과정을 줄이고자 하는 요구가 있지만, 아직 많은 문제에서 이러한 전처리 과정을 필요로 하고 특히 자원이 제약된 조건 때문에 전처리가 더 필요하다. 불행히도 특정 문제에 대한 일반적인 특징 생성 방법이 문서화된 사례는 거의 없으므로 좋은 예를 찾을 수 없으면 도메인 전문가를 찾아서 조언을 듣는 편이 나을 수 있다.

14.6 데이터 관찰

머신러닝 연구의 초점은 대부분 새로운 아키텍처를 설계하는 데 있다. 훈련 데이터셋에 대한 내용은 많지 않다. 이는 학계에서 일반적으로 미리 생성된 훈련 데이터셋이 제공되며 신모델이 다른 모델과 비교하여 점수를 얼마나 잘 얻을 수 있는지 경쟁하고 있기 때문이다. 연구 목적 문제 이외의 문제에는 일반적으로 기존 데이터셋이 없으며 고정 데이터셋을 활용한 예측 점수가 아니라 최종 사용자에게 제공하는 경험이 더 중요하므로 프로젝트의 우선순위가 달라진다.

피터 워든이 이 주제를 자세히 다루는 글(https://oreil.ly/ghEbc)을 썼다. 요약하면 모델 아키텍처에 대한 연구만큼 데이터의 수집, 탐색, 레이블 지정, 개선에 훨씬 더 많은 시간을 할애해야 한다는 것이 요지다. 데이터 연구에 대한 투자의 수익은 향후 훨씬 높아질 것이다.

데이터 작업에 유용한 몇 가지 일반적인 기술이 있다. 당연하게 들리면서도 대부분은 자주 잊어버리는 사항이다. 바로 데이터를 관찰하는 것이다. 이미지 데이터라면 로컬 시스템에 레이블별로 정렬된 폴더로 이미지를 다운로드하고 하나씩 살펴보자. 오디오 파일이라면 이미지와 마찬가지로 폴더로 다운로드하고 선택한 파일을 들어보자. 조금만 살펴봐도 생각지도 못한 실수나 이상한 점을 발견할 수 있다. 이를테면 재규어 자동차가 재규어 고양이로 레이블링되고, 오디오가 너무 희미하거나 단어의 일부가 잘린 녹음이 있을 수도 있다. 숫자 데이터만 있는 정규화된 데이터를 쓰는 경우에도 쉼표로 구분된 값(CSV) 파일의 숫자를 살펴보는 것이 도움될 수 있다. 센서 값이 포화 값에 도달하거나, 오버플로가 발생했거나, 감도가 너무 낮아서 대부분 데이터가 너무 작은 숫자 범위로 채워지는 등 값과 같은 여러 문제가 있을 수 있다. 또한 텐서보드를 사용하여 클러스터링과 데이터셋에서 발생하는 상황을 모니터링할 수 있다. 이처럼, 데이터를 관찰하고 데이터에 있는 문제를 해결하면 데이터 분석을 한층 더 발전시킬 수 있다.

주의해야 할 또 다른 문제는 바로 불균형 훈련 데이터셋이다. 카테고리 분류 과제의 경우, 학습 데이터셋에서 각 클래스의 빈도가 최종 예측 확률에 영향을 준다. 빠지기 쉬운 함정 중 하나는 네트워크 결과가 실제 확률을 나타내는 것이라고 착각하는 것이다. 예를 들어 yes에 대해 점수 0.5가 나오면 네트워크가 음성이 yes일 확률을 50%로 예상했다는 의미다. 훈련 데이터에서 각 클래스의 비율이 출력값을 제어한다는 점을 감안하면 훨씬 더 복잡한 이야기가 되지만, 실제 확률을 이해하려면 애플리케이션의 실제 입력 분포에서 각 클래스의 사전 확률이 필요하다. 또 다른 예로 열 가지 종류의 새에 대한 이미지 분류기를 훈련시키는 과제를 상상해보자. 훈련한 모델을 남극에 배포했는데 앵무새라는 결과가 나타나면 일단 의심이 들 것이다. 모델을 아마존에 배포했는데 펭귄이 나타나도 마찬가지다. 이러한 종류의 도메인 지식을 교육 과정에 적용하는 것은 매우 어려운데, 일반적으로 네트워크가 각 클래스에 대해 동등하게 '주의를 기울이도록' 각 클래스에서 거의 동일한 수의 샘플을 원하기 때문이다. 현실적으로는 모델 추론 시 후보정 프로세스를 도입해서 사전 지식을 기반으로 결과에 가중치를 부여하는 방법이 쓰인다. 이를테면 남극의 예에서는 앵무새가 추론 결과가 되기 위한 임곗값이 매우 높고, 펭귄의 임곗값은 훨씬 낮게 하는 식이다.

14.7 오즈의 마법사 방법론

내가 가장 좋아하는 머신러닝 설계 기술 중 하나는 많은 기술이 필요하지 않다. 엔지니어링에서 가장 어려운 문제는 요구 사항이 무엇인지 결정하는 것이다. 특히 머신러닝 모델을 개발하는 프로세스 때문에 실제로 문제에 효과적이지 않은 작업에 많은 시간과 리소스를 사용하는 일은 빈번하게 일어난다. 요구 사항을 정리하기 위한 방법으로 적극적으로 권장하는 방법 중 하나가 바로 오즈의 마법사 방법(https://oreil.ly/Omr6N)이다. 오즈의 마법사 방식은 실제로 구축하려는 시스템 모형을 만드는데, 소프트웨어를 통해 의사 결정을 내리는 대신 '커튼 뒤에 있는 사람'이 결정을 내린다. 이를 통해 가정을 테스트할 수 있으며 시간이 많이 걸리는 개발 주기를 거쳐 설계에 적용하기 전에 사양을 잘 테스트했는지 확인할 수 있다.

실제로 어떤 과정으로 이루어지는지 살펴보자. 사람들이 회의실에 있을 때 이를 감지하고 회의실에 사람이 없으면 조명이 어두워지는 센서를 설계하려고 한다. 오즈의 마법사 접근법에서는 인체 감지 모델을 실행하는 무선 마이크로컨트롤러를 만들어 배포하는 대신 회의실 근처 방에 사람을 한 명 두고 회의실 라이브 비디오를 볼 수 있게 하고, 조명을 제어하는 스위치로 프로토타입을 만든다. 이를 사용하는 과정에서 아무도 보이지 않을 때 카메라가 회의실 전체를 볼 수 없어서 누군가가 있는데도 조명이 계속 꺼지거나, 누군가가 회의실에 들어올 때 조명이 켜지는 지연이 너무 큰 경우와 같은 사용성 문제를 빠르게 발견할 수 있다. 이 방법은 거의 모든 문제에 적용할 수 있으며 잘못된 가정을 기반으로 하는 머신러닝 모델에 시간과 에너지를 소비하지 않고도 제품에 대한 가정을 검증할 수 있다. 또한 입력 데이터와 입력 데이터를 기반으로 오즈의 마법사가 내린 결정을 기록하게 되므로 이 과정으로 레이블이 지정된 데이터셋을 생성할 수 있다.

14.8 데스크톱에서 먼저 작동시키기

오즈의 마법사 접근법은 프로토타입을 최대한 빨리 실행하는 한 가지 방법이지만, 모델 훈련으로 넘어간 다음에는 최대한 빨리 실험하고 반복하는 방법을 생각해야 한다. 임베디드 플랫폼으로 모델을 내보내고 해당 모델을 빠르게 실행하려면 시간이 오래 걸릴 수 있다. 빠르게 진도를 나가려면 센서 데이터를 데스크톱이 수집하게 하고 클라우드 시스템으로 처리하는 것이 좋다.

물론 이렇게 만든 시스템을 프로덕션 환경으로 바로 배포하면 상당한 에너지를 쓰는 솔루션이 되겠지만, 서버 통신의 대기 시간이 사용자 경험에 영향을 미치지 않는 한 이 방법으로 머신러 닝 솔루션이 제품 설계 맥락에서 얼마나 잘 작동하는지에 대한 피드백을 얻을 수 있다.

이 방식의 또 다른 장점은 센서 데이터를 한 번 기록한 다음 모델의 평가를 위해 반복적으로 사용할 수 있다는 점이다. 이는 모델에 영향이 큰 오류가 있고, 이러한 오류가 정상적인 지표로 제대로 캡처되지 않았을 때에 특히 유용하다. 사진 분류기가 아기를 개로 분류한다면 사용자에게 분노를 일으킬 수 있으므로 전반적으로 95%의 정확도를 가지고 있다 해도 모델의 재평가를 통해 이를 피하는 것이 좋다.

데스크톱에서 모델을 실행하는 방법은 많다. 시작하기 가장 쉬운 방법은 센서 연동이 편리한 라즈베리파이와 같은 플랫폼을 사용하여 예제 데이터를 수집하고, 데스크톱 시스템(또는 클라우드 인스턴스)로 대거 복사하는 방법이다. 그런 다음 파이썬에서 표준 텐서플로를 사용하여 모델을 오프라인 방식으로 상호작용 없이 학습하고 평가할 수 있다. 괜찮아 보이는 모델이 나오면 텐서플로 모델을 텐서플로 라이트로 변환하는 것과 같은 점진적인 단계를 수행할 수 있지만 PC의 배치 데이터에 대해서는 계속 평가할 수 있다. 작업이 끝나면 데스크톱 텐서플로 라이트 애플리케이션을 간단한 웹 API 뒤에 놓고 실제 환경에서의 작동 방식을 이해하기 위해 임베디드 폼 팩터가 있는 장치에서 호출할 수 있다.

## CHAPTER 15

지연 최적화

임베디드 시스템은 컴퓨팅 능력이 크지 않기 때문에 신경망이 필요로 하는 계산에 다른 플랫폼보다 더 많은 시간이 걸릴 수 있다. 임베디드 시스템은 보통 실시간으로 센서 데이터 스트림을 받아 작동하기 때문에 계산 속도가 병목되면 많은 문제가 발생할 수 있다. 카메라 시야에 들어온 새를 관찰하는 것처럼 찰나에 발생할 수 있는 사건을 관찰한다고 가정해보자. 처리 시간이 너무 길면 센서를 너무 느리게 샘플링하여 이러한 사건 발생 중 하나를 놓칠 수 있다. 센서 데이터 스트림에 여러 창을 중복시켜 반복 평균하는 방식으로 예측의 질이 높아지는 경우도 있는데 호출어 감지 예제에서 1초 오디오 데이터를 처리하는 동시에 0.1초 단위로 창을 옮겨가며 평균하는 것이 대표적인 예다. 이러한 경우 지연 시간을 줄이면 전체 정확도가 향상된다. 모델의 실행 속도를 높이면 장치가 더 낮은 CPU 주파수로 작동하거나 추론 사이사이 휴면 상태를 취하면서 전체 에너지 사용량을 줄일 수 있다.

지연 시간은 최적화를 위한 중요한 요소이므로 이 장에서는 모델 실행 시간을 단축하는 데 사용할 수 있는 여러 가지 기술을 설명할 것이다.

15.1 정말 중요한 문제인지 확인하기

신경망 코드는 전체 시스템 지연 시간의 작은 부분일 수 있으므로 속도를 높여도 제품 성능에 큰 영향을 미치지 않을 수도 있다. 이를 확인하는 가장 간단한 방법은 애플리케이션 코드에서

`tflite::MicroInterpreter::Invoke()`에 대한 호출을 주석 처리하는 것이다. 이것은 모든 추론 계산을 포함하는 함수이며 네트워크가 실행될 때까지 차단되므로 이를 주석 처리하면 전체 지연 시간에 어떤 차이가 있는지 관찰할 수 있다. 이상적으로는 타이머 로그나 프로파일러를 사용하여 이러한 지연 시간의 차이를 확인할 수 있지만, 점멸 주기를 아는 상태에서 LED를 점 멸시키고 그 횟수를 세는 정도로도 속도 변화가 어느 정도인지 파악할 수 있다. 추론 실행 여부에 따른 지연 시간의 차이가 크지 않다면 코드의 딥러닝 부분을 최적화하여 얻는 것이 많지 않으므로 애플리케이션의 다른 부분에 중점을 둬야 한다.

15.2 하드웨어 변경

신경망 코드의 속도를 높여야 하는 경우 가장 먼저 질문해야 할 것은 더 강력한 하드웨어 장치를 사용할 수 있는지 여부다. 사용할 하드웨어 플랫폼 결정은 대부분 개발 초기에 이루어지거나 외부 요인에 의해 결정되기 때문에 대부분의 임베디드 제품에서는 가능하지 않지만, 소프트웨어 관점에서 하드웨어를 결정하면 많은 설계가 쉬워지기 때문에 고려할 만한 가치가 있다. 선택의 여지가 있다면 가장 중요하게 고려할 요소는 일반적으로 에너지, 속도, 비용이다. 가능하면 사용 중인 칩을 바꾸면서 증가하는 속도와 에너지, 비용 절감을 비교해보자. 운이 좋으면 다른 에너지, 비용을 늘리지 않으면서도 더 빠른 속도를 제공하는 새로운 플랫폼을 발견할 수도 있다.

> **NOTE_** 신경망을 훈련할 때 모든 훈련 단계에서 한 번에 많은 훈련 데이터 샘플을 보내는 방식이 일반적이다. 이는 한 번에 하나의 샘플만 보낼 때는 불가능한 많은 계산 최적화를 가능하게 한다. 예를 들어 훈련을 한 번 호출할 때 수백 개의 이미지와 레이블을 전송할 수 있다. 이러한 훈련 데이터 모음을 배치라고 한다.
>
> 임베디드 시스템을 사용하면 일반적으로 실시간으로 한 번에 하나의 센서 값 그룹을 처리하므로 추론을 트리거하기 전에 더 큰 배치를 수집하는 것은 바람직하지 않다. 이렇게 '단일 배치'에 중점을 둔다는 것은 훈련 과정에서 일부 최적화 이점을 누릴 수 없다는 의미이므로 클라우드에서 유용한 하드웨어 아키텍처가 언제나 임베디드에서도 적용 가능한 것은 아니다.

15.3 모델 개선

하드웨어 플랫폼 변경이 신경망 지연 시간에 큰 영향을 미치는 부분은 아키텍처일 것이다. 충분히 정확하지만 계산 횟수가 적은 새 모델을 만들 수 있다면 코드를 전혀 변경하지 않고도 추론 속도를 높일 수 있다. 일반적으로 정확도를 낮추고 속도를 높이는 것은 가능하므로 처음부터 정확한 모델로 시작할 수 있다면 속도를 높이기 위한 절충의 범위가 훨씬 넓어진다. 즉, 훈련 데이터를 개선하고 늘리는 데 시간을 투자하면 지연 시간 최적화와 같은 관련 없어 보이는 작업에도 영향을 미치며 개발 프로세스 전체를 개선할 수 있다.

절차 코드를 최적화할 때는 고수준 알고리즘을 변경하는 데 시간을 소비하는 것이 어셈블리 수준에서 반복문을 최적화하는 것보다 더 효율적이다. 모델 아키텍처를 다룰 때 어떠한 작업의 속도를 높이기보다는 가능하면 작업을 완전히 없애는 것이 더 좋은 최적화다. 단, 머신러닝 모델은 입력 데이터를 받아 숫자 결과를 반환하는 기능적 블랙박스이기 때문에 기존 코드에서 알고리즘을 전환하는 것보다 머신러닝 모델 자체를 교체하는 것이 훨씬 쉽다. 좋은 데이터셋을 수집한 후에는 훈련 스크립트에서 한 모델을 다른 모델로 쉽게 교체할 수 있다. 사용 중인 모델에서 개별 레이어를 제거하여 실험하면서 효과를 관찰할 수도 있다. 신경망은 성능이 급격히 저하되지 않으니 다양한 파괴적인 변화를 시도하여 정확성과 대기 시간에 미치는 영향을 관찰하는 것이 좋다.

15.3.1 모델 지연 시간 추정

신경망 모델은 대부분 시간을 대규모 행렬 곱셈이나 매우 유사한 연산을 실행하는 데 소비한다. 모든 입력값이 각 출력값에 대해 다른 가중치로 조정돼야 하므로 입력값 수에 네트워크의 각 레이어에서 나오는 출력값 수를 곱하면 연산 규모를 파악할 수 있다. 보통 네트워크에서 추론을 한 번 실행할 때 필요한 부동소수점 연산(FLOP)의 수를 단위로 한다. 일반적으로 곱셈-덧셈 연산(보통 기계어 수준에서 하나의 명령으로 처리)은 두 개의 FLOP으로 계산되며 8비트 이하의 양자화 계산을 수행하는 경우도 FLOP으로 간주한다(실제로 부동소수점 값과 무관함에도 불구하고). 네트워크에 필요한 FLOP 수는 레이어별로 수동으로 계산할 수 있다. 예를 들어 완전 연결(Dense) 레이어에는 입력 벡터의 크기와 출력 벡터의 크기를 곱한 여러 개의 FLOP이 필요하다. 따라서 해당 FLOP 값을 알고 있으면 관련된 작업을 파악할 수 있다.

일반적으로 모델의 아키텍처를 설명하고 다른 모델과 비교하는 논문(MobileNet – https://arxiv.org/abs/1905.02244)에서 FLOP의 추정치를 찾을 수도 있다.

FLOP은 네트워크를 실행하는 데 걸리는 시간에 대한 대략적인 지표로도 유용하다. 모델의 다른 모든 요소가 동일하다면 계산 횟수가 적은 모델이 FLOP 차이에 비례하여 더 빨리 실행되기 때문이다. 예를 들어 1억 FLOP 모델이 2억 FLOP 모델보다 2배 빠른 속도로 실행될 것이라고 예측할 수 있다. 물론 이는 사실이 아니며 지연 시간에 영향을 줄 수 있는 특정 계층에 대해 소프트웨어가 얼마나 잘 최적화됐는지와 같은 다른 요소가 개입되기는 하지만 FLOP은 네트워크 아키텍처를 평가하기 위한 좋은 출발점이며 하드웨어 플랫폼 성능을 예측하는 데 도움이 된다. 칩에서 100ms 내 1백만 FLOP 모델을 실행할 수 있다면 1천만 FLOP이 필요한 다른 모델을 계산하는 데는 약 1초가 걸릴 것을 예상할 수 있다.

15.3.2 모델 속도 개선 방법

모델 아키텍처 설계는 여전히 연구가 활발한 분야이므로 초보자를 위한 가이드를 쓰기는 쉽지 않다. 가장 좋은 출발점은 효율성을 염두에 두고 설계된 기존 모델을 찾은 다음 변경을 반복적으로 적용하며 실험하는 것이다. 많은 모델에는 MobileNet의 깊이 채널 계수depthwise channel factor나 예상 입력 크기와 같이 변경 가능하며 필요한 계산량에 영향을 주는 파라미터가 있다. 각 레이어에 필요한 FLOP을 보고 특히 느린 레이어를 제거하거나 더 빠른 대안(일반 컨볼루션을 깊이 컨볼루션으로 대체하는 등)으로 대체하는 방법도 있다. 가능하다면 FLOP을 통해 추정하는 대신 장치에서 실행할 때 각 레이어의 실제 지연 시간을 살펴볼 가치가 있다. 그러나 코드 최적화에 대해서는 뒤에서 다룰 프로파일링 기술이 필요할 수 있다.

> **NOTE_** 모델 아키텍처를 설계하는 것은 어렵고 시간이 많이 걸린다. 최근에는 네트워크 설계를 개선하기 위해 유전 알고리즘genetic algorithm과 같은 접근 방식을 사용하여 프로세스를 자동화하는 MnasNet 아키텍처 등 몇 가지 기술 진전이 있었다. 이러한 방법이 사람을 완전히 대체하는 시점에 있지는 않지만(잘 알려진 아키텍처를 시작점으로 사용하는 시딩seeding, 어떤 검색 공간을 사용해야 할지는 수동으로 규칙을 설정해야 함) 앞으로 이 분야에서 빠른 진전이 기대된다.
>
> AutoML과 같은 서비스는 이미 사용자가 훈련에 대한 많은 세부 사항을 피할 수 있도록 해준다. 이러한 추세가 계속되면 데이터와 효율성 사이의 균형에서 가장 적합한 모델을 쉽게 선택할 수 있다.

15.4 양자화

신경망을 실행하려면 모든 예측에 대해 수십만 또는 수백만 회의 계산이 필요하다. 이렇게 복잡한 계산을 수행하는 대부분의 일반적인 프로그램은 수치 정밀도에 매수 민감하며 정밀도가 떨어지면 오류가 발생하고 부정확한 결과를 내놓는다. 그러나 딥러닝 모델은 다르다. 중간 계산 중에 수치 정밀도의 큰 손실에 대처할 수 있으며 전체적으로 정확한 최종 결과를 생성할 수 있다. 이러한 특성은 크고 노이즈가 가득한 입력 데이터를 쓰는 훈련 과정의 부산물로, 모델은 중요하지 않은 변화에 영향을 덜 받으며 중요한 패턴에 초점을 맞춘다.

이것이 실제로 의미하는 것은 32비트 부동소수점 자료형이 거의 추론에 있어서는 필요 이상으로 정확하다는 것이다. 훈련에서는 가중치 업데이트가 많이 필요하므로 정확도가 더 필요하지만 훈련에서도 16비트 자료형이 널리 사용된다. 대부분 추론 애플리케이션은 가중치와 활성화 값을 저장하기 위해 8비트 자료형만 사용해도 부동소수점을 쓸 때와 구별할 수 없는 결과를 생성할 수 있다. 이는 임베디드 애플리케이션에게는 희소식인데 많은 플랫폼이 8비트 곱셈−누산 명령을 강력하게 지원하기 때문이다. 사실 이러한 8비트 명령셋은 임베디드 신호처리 알고리즘에서도 공통으로 쓰인다.

그런데 모델을 부동소수점에서 8비트로 변환하는 것은 간단하지 않다. 계산을 효율적으로 수행하려면 8비트 실숫값으로 선형 변환해야 한다. 가중치 변환은 쉽다. 훈련된 값에서 각 레이어 범위를 알기 때문에 변환을 위한 비율을 계산할 수 있다. 그러나 활성화 쪽은 까다롭다. 모델 파라미터와 아키텍처를 검사해도 각 레이어의 출력 범위가 실제로 얼마큼인지 명확하지 않기 때문이다. 너무 작은 범위를 선택하면 일부 출력이 최소 또는 최대로 잘리고, 너무 큰 범위를 선택하면 출력 정밀도가 원래보다 작아져 전체 결과의 정확도가 떨어질 위험이 있다.

양자화quantization는 여전히 연구가 활발히 진행 중인 주제이며 여러 옵션이 있어서 텐서플로 팀은 지난 몇 년 동안 다양한 접근을 시도했다. 라구라만 크리슈나무르티Raghuraman Krishnamoorthi 가 쓴 '효율적인 추론을 위한 심층 컨볼루션 네트워크 양자화: 백서(https://arxiv.org/pdf/1806.08342.pdf)'에서 이러한 실험 중 일부에 대한 논의를 볼 수 있으며 텐서플로 라이트의 양자화 문서(https://oreil.ly/toF_E)는 경험을 바탕으로 현재 권장하는 방식을 다룬다.

텐서플로 팀은 양자화 프로세스를 중앙 집중화하여 모델을 텐서플로 훈련 환경에서 텐서플로 라이트 그래프로 변환해서 내보내는 과정에서 양자화가 이루어지게 만들었다. 이전에는 양자화 인식 훈련 방식을 추천했지만 이는 사용하기 어려웠으며 내보내기 과정에 기술을 조금만 도입하면 동등한 결과를 얻을 수 있음을 발견했다. 가장 사용하기 쉬운 유형의 양자화는 훈련 후 가중치 양자화(https://oreil.ly/Tz9D_)라는 이름으로 알려져 있다. 가중치가 8비트로 양자화되지만 활성화 레이어는 부동소수점으로 유지된다. 모델 파일 크기를 75% 줄이며 속도 면에서도 장점이 있다. 활성화 계층의 범위에 대한 지식이 필요하지 않기 때문에 쉬운 방법에 속하지만 많은 임베디드 플랫폼에는 없는 고속 부동소수점 하드웨어가 여전히 필요하다.

훈련 후 정수 양자화(https://oreil.ly/LDw-y)는 부동소수점 계산 없이 모델을 실행할 수 있는 방식으로 이 책에서 다루는 예제에서 선호할 만한 접근 방식이다. 이 방법을 사용할 때 가장 어려운 부분은 모델 내보내기 프로세스에서 입력하고 있는 일부 데이터인 이미지나 오디오 등을 넣어 활성화 레이어 출력 범위를 관찰할 수 있어야 한다는 점이다. 앞에서 언급했듯 이러한 범위를 추정하지 않으면 해당 레이어를 정확하게 양자화할 수 없다. 과거에는 훈련 중 범위를 기록하거나 런타임의 모든 추론 중에 범위를 캡처하는 것과 같은 다른 방법을 사용했지만, 이러한 방법은 훈련을 훨씬 더 복잡하게 만들거나 지연 시간을 늘리는 등 단점이 있다.

10장의 인체 감지 모델 내보내기를 다시 살펴보면 변환기 객체에 representative_dataset 함수를 제공한다는 것을 알 수 있다. 이것은 활성화 범위 추정 프로세스에 필요한 입력을 생성하는 파이썬 함수이며 인체 감지 모델의 경우 훈련 데이터셋에서 일부 예제 이미지를 로드한다. 이는 훈련하는 모든 모델에 적용해야 할 사항인데 각 애플리케이션마다 예상되는 입력이 변경되기 때문이다. 또한 전처리 과정에서 입력이 어떻게 스케일링되고 변환되는지 파악하기 어려울 수 있으므로 함수를 생성하는 데 약간의 시행착오가 수반될 수 있다. 텐서플로 팀은 앞으로 이 과정을 더 쉽게 개선하고자 한다.

완전히 양자화된 모델을 실행하면 거의 모든 플랫폼에서 지연 시간을 크게 줄일 수 있지만, 새로운 장치를 지원하려고 할 때 하드웨어에서 제공하는 명령을 활용하기 위해 계산 집약적인 작업을 최적화해야 한다. 컨볼루션 네트워크를 예로 들면 **Conv2D** 작업(https://oreil.ly/NrjSo)과 커널(https://oreil.ly/V27Q-)이 그 대상인데 많은 커널의 uint8과 int8 버전이 있음을 알 수 있다. uint8 버전은 더 이상 사용되지 않는 기존의 양자화 접근 방식의 잔재이므로 이제 모든 모델을 int8 경로를 사용하여 내보내야 한다.

15.5 제품 설계

제품 설계가 지연 시간을 최적화하기 위한 일반적인 방법은 아니지만 실제로 최적화 효율을 얻기에 가장 좋은 절차 중 히니디. 어기에서 핵심은 속도니 정확성을 위해 네드워크 요구 사항을 완화할 수 있는지 파악하는 것이다. 예를 들어 초당 수 프레임을 받는 카메라를 사용하여 손동작을 추적하려 하는데 가지고 있는 자세 감지 모델이 추론에 1초가 걸린다면? 훨씬 빠른 광학 추적 알고리즘을 사용하여 포인트를 더 높은 속도로 식별하고 더 정확하지만 주기가 긴 신경망 결과로 업데이트할 수 있을 것이다. 다른 예로 마이크로컨트롤러가 네트워크를 통해 접근한 클라우드 API에 고급 음성 인식을 위임하고 로컬 장치에서는 호출어 감지 기능만 실행하도록 할 수 있다. 넓은 수준에서는 사용자 인터페이스 차원에서 불확실성을 조절하여 신경망 모델의 정확도 요구 사항을 완화할 수 있다. 이를테면 음성 인식 시스템을 위해 쓰이는 호출어는 보통 일반적인 대화 중에는 나타나지 않을 음절을 포함하는 짧은 문구로 구성할 수 있다. 손동작 시스템을 사용하는 경우 명령이 의도적인지 확인하기 위해 모든 시퀀스가 엄지손가락으로 끝나도록 요구할 수도 있을 것이다.

제품 설계 목표는 가능한 한 최고의 사용자 경험을 제공하는 것이므로 시스템 나머지 부분에서 실수를 용인할 수 있는 부분이 있다면 이를 통해 성능과 속도를 맞교환하는 여지를 최대한 확보하는 것이 좋다.

15.6 코드 최적화

지연 시간을 최적화하기 위한 여러 가지 접근 방법이 있기 때문에 이 항목을 이 장 후반부에 배치했다. 기존의 코드 최적화는 원하는 성능을 달성하기 위한 중요한 방법이다. 특히 마이크로컨트롤러용 텐서플로 라이트 코드는 가능한 한 작은 바이너리 공간을 가진 많은 모델과 시스템에서 잘 실행되도록 작성됐으므로 특정 모델이나 플랫폼에만 적용할 수 있는 최적화가 있을 수 있다. 이러한 이유로 되도록 나중에 코드 최적화를 권장하는 것이다. 하지만 하드웨어 플랫폼이나 사용 중인 모델 아키텍처를 변경하면 이러한 변경 사항을 적용할 수 없는 경우가 많기 때문에 가능한 최적화 방식은 무엇인지 사전에 파악하는 것도 필요하다.

15.6.1 성능 프로파일링

코드 최적화의 기초는 프로그램 각 부분이 실행되는 데 걸리는 시간을 파악하는 것이다. 임베디드 세계에서는 꽤나 어려운 작업인데, 기본적으로 사용 가능한 간단한 타이머가 없을 수도 있고 필요한 경우 직접 기록하고 반환해야 할 수도 있기 때문이다. 이러한 프로파일링에는 난이도별 다양한 방법이 있다.

15.6.1.1 블링키

대부분의 임베디드 개발 보드에는 프로그램에서 제어할 수 있는 하나 이상의 LED가 있다. 약 0.5초가 넘는 시간을 측정하는 경우 코드 섹션 시작 부분에서 측정하려는 LED를 켜고 나중에 비활성화할 수 있다. 외부 스톱워치를 사용하여 대략 10초 동안 깜박이는 횟수를 직접 세어 대략적인 시간을 추정할 수도 있다. 다른 버전의 코드와 함께 두 개의 개발 보드를 나란히 두고 점멸 빈도를 비교하면 어느 쪽이 더 빠른지 추정할 수 있다.

15.6.1.2 샷건 프로파일링

애플리케이션을 정상적으로 실행하는 데 걸리는 시간을 대략적으로 알고 나서 특정 코드 조각이 얼마나 오래 걸리는지 추정하는 가장 간단한 방법은 일부 코드를 주석 처리하고 전체 실행에 걸리는 속도를 확인하는 것이다. 이 방식은 코드에 대한 정보가 모자랄 때 코드를 뭉치로 제거하며 충돌 지점을 찾는 샷건 디버깅과 유사해서 샷건 프로파일링shotgun profiling이라고 불린다. 모델 실행 코드에는 일반적으로 데이터 의존적인 분기가 없기 때문에 샷건 프로파일링은 신경망 디버깅에 놀라울 정도로 효과적인데, 이러한 구조에서는 내부 구현을 주석 처리해도 다른 부분의 속도에 영향을 미치지 않기 때문이다.

15.6.1.3 디버그 로깅

대부분의 임베디드 개발 보드는 호스트 컴퓨터로 텍스트를 출력할 수 있으므로 코드가 실행될 때 이를 감지하는 좋은 방법으로 쓸 수 있다. 하지만 불행히도 개발 시스템과 통신하는 작업 자체가 지연 시간을 일으킬 수 있다. ARM Cortex-M 칩의 시리얼 와이어 디버그 출력(https://oreil.ly/SdsWk)은 최대 500ms를 차지할 수 있으며 이는 지연 시간을 많이 늘리기 때문에 로그 프로파일링을 위한 간단한 접근법으로는 쓸모없다. UART 연결을 기반으로 한 디버그 로깅은 일반적으로 훨씬 빠른 편이지만 여전히 이상적이지는 않다.

15.6.1.4 로직 애널라이저

LED를 토글하는 것과 비슷하지만 훨씬 더 정밀한 방식으로 코드를 사용하여 GPIO 핀을 켜고 끄면서 외부 로직 애널라이저(텐서플로 팀은 Saleae Logic Pro 16을 사용했다, https://oreil.ly/pig8l)를 사용하여 그 파형을 시각화하고 측정할 수 있다. 이를 위해서는 약간의 배선이 필요하며 로직 애널라이저 자체가 비싸기는 하지만 GPIO 핀을 제어하는 수준 이상의 소프트웨어 지원 없이 프로그램 지연 시간을 조사할 수 있는 매우 유연한 방법이다.

15.6.1.5 타이머

충분한 정밀도를 가지고 현재 시간을 일관되게 제공할 수 있는 타이머가 있으면 관심 있는 코드 섹션의 시작과 끝에서 시간을 기록하고 나중에 시간 차이를 로그에 출력할 수 있으며 이는 통신 지연으로 인한 영향을 전혀 발생시키지 않는다. 그래서 텐서플로 팀은 마이크로컨트롤러용 텐서플로 라이트에서 플랫폼에 종속적이지 않은 타이머 인터페이스를 요구하는 것을 고려했지만, 타이머 설정은 꽤나 복잡해서 프레임워크를 다른 플랫폼으로 포팅하는 사람들에게 너무 많은 부담을 줄 수 있다고 판단했다. 즉, 현재로서는 각자 사용하는 칩에 대해 타이머 기능을 직접 구현하는 방법을 찾아야 한다. 또한 소요 시간을 파악하고자 하는 코드 주위에 타이머 호출을 추가해야 하므로 중요한 코드 부분을 식별하기 위한 작업과 계획이 필요하며, 분석 대상이 되는 코드를 바꿀 때마다 컴파일을 다시 하고 플래시를 계속해야 한다.

15.6.1.6 프로파일러

운이 좋으면 일종의 외부 프로파일링 도구를 지원하는 툴체인이나 플랫폼을 사용할 수 있는데, 이러한 애플리케이션은 일반적으로 프로그램 디버그 정보를 사용하여 장치에서 프로그램을 실행하고 수집한 실행 통계를 일치시킨다. 그러면 어떤 함수가 가장 많은 시간을 소모하는지, 어떤 코드 행이 시간을 소모하는지 시각화할 수 있다. 이는 코드에서 속도 병목 현상의 위치를 파악하는 가장 빠른 방법이다. 중요한 함수를 탐색하고 확인할 수 있기 때문이다.

15.7 연산 최적화

되도록 간단한 모델을 사용하기로 결정하고 나면 코드 어느 부분이 가장 시간이 많이 걸리는지 파악하고 속도를 높이기 위해 무엇을 할 수 있는지 살펴봐야 한다. 신경망 실행 시간의 대부분은 계산에 사용되고, 각 레이어에 수십만 또는 수백만 건의 계산이 포함될 수 있으므로 그중 일부가 병목될 수 있다.

15.7.1 이미 최적화된 구현 탐색

마이크로컨트롤러용 텐서플로 라이트의 모든 작업의 기본 구현은 작고, 이해하기 쉽고, 이식 가능하지만 빠르지는 않게 작성됐으므로 더 많은 코드나 메모리를 사용하면 쉽게 성능을 개선할 수 있다. 13장에서 설명한 하위 폴더 특수화 방식을 사용하여 kernels/portable_optimized 디렉터리에 구현한 고속 구현의 예시를 볼 수 있다. 이러한 구현에는 플랫폼 종속성이 없어야 하지만 기존 버전보다 더 많은 메모리를 사용할 수는 있다. 하위 폴더 특수화를 사용하고 있으므로 TAGS="portable_optimized" 인수를 전달하여 기본값이 아닌 구현을 사용하는 프로젝트를 생성할 수 있다.

플랫폼별 구현이 있는 장치(예: CMSIS-NN 같은 라이브러리 사용)로서 대상을 지정할 때 자동으로 선택되지 않는 장치를 사용하는 경우 적절한 태그를 전달해서 이러한 이식 불가능 버전을 사용하도록 선택할 수 있다. 그렇지만 어쨌든 플랫폼 문서와 마이크로컨트롤러용 텐서플로 라이트의 소스 트리를 탐색하여 그 내용을 찾아야 한다.

15.7.2 나만의 최적화된 구현 작성

시간이 가장 많이 걸리는 Op의 최적화된 구현을 찾을 수 없거나, 사용 가능한 구현이 충분히 빠르지 않다면 직접 작성하는 것도 방법이다. 좋은 소식은 더 쉽게 작업할 수 있도록 범위를 좁힐 수 있다는 점이다. 서로 다른 몇 가지 입출력 크기와 파라미터를 사용하여 작업을 호출하기 때문에 경로를 더 빠르게 만드는 데만 집중하면 된다. 예를 들어 앞에서는 스파크펀 에지 보드의 호출어 인식 예제 첫 번째 버전에서 깊이 컨볼루션 참조 코드가 대부분 시간을 차지하고 있으며 사용하기에 너무 느리게 실행되고 있음을 발견했다. 코드를 살펴보면 컨볼루션 필터의 너비가 항상 8인 것을 확인할 수 있고 해당 패턴을 이용하는 최적화된 코드를 작성할 수 있었다. 32비트 정수를 사용하여 병렬로 가져와서 한 번에 네 개의 입력값과 네 개의 가중치를 바이트 단위로 로드하여 최적화를 이뤘다.

최적화 프로세스를 시작하려면 앞에서 설명한 하위 폴더 특수화 방식을 사용하여 커널 루트 안에 새 디렉터리를 만든다. 기준 커널 구현을 코드의 시작점으로 해당 하위 폴더에 복사하고, 해당 Op와 관련된 단위 테스트를 실행해서 여전히 통과하는지 확인한다. 올바른 태그를 전달하면 빌드 시 새로운 구현을 사용하게 될 것이다.

```
make -f tensorflow/lite/micro/tools/make/Makefile test_depthwise_conv_\
    test TAGS="portable_optimized"
```

다음으로 Op의 정확성을 확인하지 않고 실행하는 데 걸린 시간만 보고하는 단위 테스트를 코드에 추가하는 것이 좋다. 이와 같은 벤치마크benchmark가 있으면 변경 사항이 예상대로 성능을 향상시키고 있는지 확인하는 데 도움된다. 그리고 각 시나리오에 대해 프로파일링에서 속도 병목 현상을 볼 수 있는 벤치마크가 있어야 하며 모델의 특정 시점에서 Op가 갖는 크기와 기타 파라미터를 동일하게 사용해야 한다(가중치와 입력은 실행 대기 시간에 영향을 주지 않으므로 임의의 값일 수 있다). 벤치마크 코드 자체는 이 장 앞부분에서 설명한 프로파일링 방법 중 하나에 의존해야 한다. 이상적으로는 고정밀 타이머를 사용하여 시간을 측정하는 것이 가장 좋지만 LED 또는 로직 출력 토글링도 괜찮다. 측정 프로세스가 너무 잘게 쪼개져 있는 경우 반복문으로 작업을 여러 번 실행한 다음 반복 횟수로 나누어 실제 소요 시간을 산출할 수도 있다. 벤치마크를 작성한 후에는 변경하기 전 대기 시간을 기록하고 애플리케이션 프로파일링에서 본 것과 거의 일치하는지 확인하자.

벤치마크가 있으면 잠재적인 최적화를 신속하게 반복할 수 있다. 첫 번째 단계는 초기 구현의 가장 안쪽 루프를 찾는 것이다. 중첩 반복문 가장 안쪽은 자주 실행되는 코드 섹션이므로 이를 개선하면 알고리즘의 다른 부분보다 더 큰 영향을 미친다. 코드를 살펴보고 문자 그대로 가장 깊게 중첩된 for 문(또는 동등한 항목)을 찾아내는 방법도 좋고, 일부 코드를 주석으로 만들고 벤치마크를 실행하여 적절한 최적화 대상을 찾는 방법도 좋다. 대기 시간이 급격히 떨어지면(바람직하게는 50% 이상) 최적화에 집중할 수 있는 올바른 영역을 찾은 것이다. 예를 들어 깊이 컨볼루션의 기준 구현에서 다음 코드는 대표적 예라고 볼 수 있다.

```
for (int b = 0; b < batches; ++b) {
  for (int out_y = 0; out_y < output_height; ++out_y) {
    for (int out_x = 0; out_x < output_width; ++out_x) {
      for (int ic = 0; ic < input_depth; ++ic) {
```

```
    for (int m = 0; m < depth_multiplier; m++) {
      const int oc = m + ic * depth_multiplier;
      const int in_x_origin = (out_x * stride_width) - pad_width;
      const int in_y_origin = (out_y * stride_height) - pad_height;
      int32 acc = 0;
      for (int filter_y = 0; filter_y < filter_height; ++filter_y) {
        for (int filter_x = 0; filter_x < filter_width; ++filter_x) {
          const int in_x =
              in_x_origin + dilation_width_factor * filter_x;
          const int in_y =
              in_y_origin + dilation_height_factor * filter_y;
          // 위치가 입력 이미지의 경계를 벗어나면 0을 기본값으로 사용
          if ((in_x >= 0) && (in_x < input_width) && (in_y >= 0) &&
              (in_y < input_height)) {
            int32 input_val =
                input_data[Offset(input_shape, b, in_y, in_x, ic)];
            int32 filter_val = filter_data[Offset(
                filter_shape, 0, filter_y, filter_x, oc)];
            acc += (filter_val + filter_offset) *
                    (input_val + input_offset);
          }
        }
      }
      if (bias_data) {
        acc += bias_data[oc];
      }
      acc = DepthwiseConvRound<output_rounding>(acc, output_multiplier,
                                                output_shift);
      acc += output_offset;
      acc = std::max(acc, output_activation_min);
      acc = std::min(acc, output_activation_max);
      output_data[Offset(output_shape, b, out_y, out_x, oc)] =
          static_cast<uint8>(acc);
    }
  }
 }
 }
}
```

들여쓰기를 확인하는 것만으로 이 코드에서 반복문 구조를 식별할 수 있다.

```
            const int in_x =
                in_x_origin + dilation_width_factor * filter_x;
            const int in_y =
                in_y_origin + dilation_height_factor * filter_y;
            // 위치가 입력 이미지의 경계를 벗어나면 0을 기본값으로 사용
            if ((in_x >= 0) && (in_x < input_width) && (in_y >= 0) &&
                (in_y < input_height)) {
              int32 input_val =
                  input_data[Offset(input_shape, b, in_y, in_x, ic)];
              int32 filter_val = filter_data[Offset(
                  filter_shape, 0, filter_y, filter_x, oc)];
              acc += (filter_val + filter_offset) *
                     (input_val + input_offset);
            }
```

이 코드는 중첩된 반복문 한 가운데 위치하고 있어 함수의 다른 줄보다 여러 번 실행되고 있으며 이를 주석 처리하면 많은 시간이 줄어드는 것으로 확인된다. 라인별 프로파일링 정보를 얻을 수 있다면 정확한 부분을 찾는 데 도움될 수 있을 것이다.

이제 지연 시간에 영향력이 큰 코드를 찾았으므로 그 영역에서 가능한 한 많은 작업을 다른 부분으로 옮겨야 한다. 예를 들어 중간에 if 문이 있으면 모든 반복문에서 조건부 검사를 실행해야 하지만 이 부분을 반복문 외부로 옮기면 조건부 검사가 훨씬 덜 수행되게 할 수 있다. 특정 모델과 벤치마크에 일부 조건이나 계산이 필요하지 않을 수도 있다. 예를 들어 호출어 감지 모델에서 팽창 계수는 항상 1이므로 이를 포함한 곱셈을 건너뛰면 더 많은 작업을 절약할 수 있다. 그러나 이러한 종류의 특정 파라미터에 특화된 최적화를 할 때는 검증이 필요하며 인수가 최적화에 필요한 것이 아닌 경우 일반 구현 기준으로 대체하는 것이 좋다. 이렇게 하면 알려진 모델의 속도는 향상시키되 최적화 기준에 맞지 않는 코드는 최소한 제대로 작동하게 할 수 있다. 실수로 정확성을 잃지 않도록 하려면 변경 과정에서 자주 단위 테스트하는 것이 좋다.

수치 처리 코드를 최적화하는 모든 방법을 다루는 것은 이 책의 범위를 넘어서지만 portable_optimized 폴더의 커널을 보면 유용한 기술 몇 가지를 확인할 수 있다.

15.7.3 하드웨어 기능 활용

지금까지 플랫폼과는 무관한 최적화에 대해서만 이야기했다. 코드를 완전히 재구성하는 것이 일반적으로 가장 큰 효과를 일으키는 최적화 방법이며 더 특수한 최적화 기법을 덜 사용해도 되기 때문이다. Cortex-M 장치와 같은 플랫폼에서 지원하는 SIMD 명령어(https://oreil.ly/MBxf5)는 신경망의 추론을 위한 반복 계산에 큰 도움이 될 수 있다. 아마 내부 루프를 다시 작성하기 위해 곧바로 내장 함수나 어셈블리를 사용하여 코드를 변경하고 싶겠지만 잠시 참아보자. 적어도 제조사 라이브러리 문서를 확인하고 알고리즘을 이미 구현한 예제가 있는지 확인하는 것이 좋다. 이러한 제조사의 알고리즘은 이미 고도로 최적화되어 있기 때문이다(최적화에 우리가 지정한 Op 파라미터를 적용할 수는 없겠지만). 가능하면 고속 푸리에 변환과 같은 일반적인 계산에 대해서는 자신만의 버전을 작성하지 말고 기존의 함수를 호출해서 쓰는 것을 권장한다.

이 단계까지 완료했으면 이제 플랫폼의 어셈블리 수준을 실험해볼 차례다. 여기서 권장하는 접근 방식은 처음부터 속도 향상을 걱정하지 않고 정확성을 확인할 수 있도록 개별 코드 라인을 어셈블리어로 교체하는 것부터 시작하는 방식이다. 코드를 변환한 다음에는 퓨징 작업과 기타 기술을 실험하여 대기 시간을 줄일 수 있다. 임베디드 시스템의 장점 중 하나는 딥 명령 파이프라인이나 캐시가 없는 복잡한 프로세서보다 동작이 더 단순하므로 문서에서 볼 수 있는 잠재적인 성능을 이해하면 예기치 않은 부작용에 대한 위험 없이 어셈블리 수준의 최적화를 구현할 수 있다는 점이다.

15.7.4 가속기 및 보조 프로세서

임베디드 세계에서 머신러닝의 워크로드가 더욱 중요해지면서 특수한 하드웨어를 제공하여 시스템 속도를 높이거나 전력 수요를 절감하는 시스템이 점점 더 많이 등장하고 있다. 아직 정해진 프로그래밍 모델이나 표준 API가 없어서 소프트웨어 프레임워크와 통합하는 방법이 명확하지는 않다. 텐서플로 팀은 마이크로컨트롤러용 텐서플로 라이트를 사용해서 기본 프로세서와 동기 방식으로 작동하는 직접적인 하드웨어 통합을 지원하려고 하지만 비동기 구성 요소는 현재 프로젝트의 범위를 벗어난다.

여기서 '동기적'이 의미하는 것은 가속 하드웨어가 주 CPU에 단단히 연결되어 메모리 공간을 공유하기 때문에 Op 구현이 가속기를 매우 빠르게 호출하고, 결과가 반환될 때까지 다른 Op

를 차단할 수 있다는 것이다. 이 차단 중에 텐서플로 라이트 위의 스레딩 레이어가 다른 스레드나 프로세스에 Op를 할당할 수 있을 가능성이 있지만 대부분의 최신 임베디드 플랫폼에서는 가능하지 않을 것이다. 프로그래머 관점에서 볼 때 이런 종류의 가속기는 GPU 종류보다는 초기 x86 시스템에 존재했던 일송의 부농소수점 보조 프로세서와 비슷하다. 이러한 종류의 동기식 가속기에 주목하는 이유는 이들이 저전력 특성을 가지고 있으며 비동기식 조정을 피하면 런타임이 훨씬 간단해지기 때문이다.

보조 프로세서와 같은 가속기는 시스템 아키텍처에서 CPU와 매우 가까워야 짧은 대기 시간 안에 응답할 수 있다. 이와 대조적인 모델은 바로 GPU 모델로 버스의 반대쪽 끝에 자체 제어 로직으로 완전히 분리된 시스템이 위치한다. 이러한 종류의 프로세서를 프로그래밍하려면 CPU가 대량의 명령 목록을 대기열에 넣고 배치가 준비되자마자 전송하는 작업이 수반되며 여기에는 비교적 오랜 시간이 소요된다. 다만 대기열에 명령을 넣고 나서 다른 작업을 계속할 수 있으며 가속기가 작업을 완료되기를 기다리지 않아도 된다는 장점이 있다. 이 모델에서는 명령 전송이 자주 수행되지 않으며 결과에 대한 차단이 없기 때문에 CPU와 가속기 사이의 통신 대기 시간은 중요하지 않다. 가속기는 한 번에 많은 명령을 처리할 때 작업을 재정렬하고 최적화할 수 있는 기회를 많이 갖는 반면, 작업이 세분화되고 순서대로 실행되어야 할 때는 이 접근 방식의 이점을 활용할 수 없다. 결과가 CPU로 돌아올 필요가 없기 때문에 이러한 방식은 그래픽 렌더링에 적합한데, 렌더링된 디스플레이 버퍼가 단순히 사용자에게 보여지면 되기 때문이다. 이는 한 번에 많은 작업을 수행하고 가능한 한 많이 카드에 보관하여 CPU로 다시 복사하는 일을 피하기 위해 많은 양의 훈련 샘플을 보낼 수 있으므로 딥러닝 훈련에도 적합하다. 임베디드 시스템이 더욱 복잡해지고 더 큰 워크로드를 처리함에 따라 프레임워크에 대한 요구 사항을 다시 검토하고 모바일 텐서플로 라이트의 델리게이트 인터페이스와 같은 방식으로 GPU 사용 흐름을 지원할 수도 있겠지만 현재 버전의 라이브러리에서는 아직 지원하지 않는다.

15.8 오픈소스에 기여

텐서플로 팀은 항상 텐서플로 라이트 오픈소스에 대한 기여를 기대하고 있다. 일부 프레임워크 코드를 최적화했다면 이를 소스 코드의 메인 브랜치에 공유하고 싶을 수 있다. 이를 시작하려면 SIG Micro 메일링 리스트(https://oreil.ly/wrtz-)에 가입하고 제안 사항이 있는 텐서플로 저장소 포크 링크와 함께 작업을 요약한 이메일을 보내면 된다. 사용 중인 벤치마크와 최적화에 대한 인라인 문서를 포함하면 더 좋다. 커뮤니티는 피드백을 제공할 것이고 커밋된 코드를 유지보수하거나 테스트하고 그 위에 새로운 것을 구축할 것이다. 우리는 여러분의 오픈소스 참여를 기다리고 있다.

15.9 마치며

이 장에서는 모델 실행 속도를 높이기 위해 알아야 할 가장 중요한 사항을 설명했다. 실행되지 않는 코드야말로 가장 빠른 코드라는 격언이 있다. 즉, 여기서 핵심은 개별 기능 최적화를 시작하기 전에 모델과 알고리즘 수준에서 수행 중인 작업을 축소하는 것이다. 애플리케이션을 실제 장치에서 작동시키고 원하는 방식으로 작동하는지 테스트하려면 지연 시간 문제를 해결해야 할 수도 있다. 최적화를 마쳤다면 다음으로 장치가 목적에 맞는 수명을 갖도록 해야 한다. 16장에서는 전력 사용 최적화에 대해 알아본다.

## CHAPTER 16

에너지 사용 최적화

임베디드 장치가 데스크톱이나 모바일 시스템과 비교했을 때 갖는 장점은 에너지를 거의 소비하지 않는다는 점이다. 서버 CPU는 수십~수백 와트(W)를 소비하며 냉각 시스템과 주 전원 공급 장치가 필요하다. 스마트폰도 수 와트를 소비해서 매일 충전해야 한다. 마이크로컨트롤러는 밀리와트 미만, 즉 휴대폰 CPU의 천 배 이하 전력으로 작동할 수 있으므로 코인 배터리나 태양광 전 모듈을 써도 몇 주, 몇 개월에서 몇 년 동안 작동할 수 있다.

TinyML 제품을 개발할 때 배터리 수명은 까다로운 문제다. 사람이 직접 배터리를 교체하거나 충전시킬 수 없는 경우가 많아서 장치의 실질적인 유효 수명(작동 지속 시간)은 전력 소모와 장치의 배터리 용량에 따라 결정된다. 배터리 용량은 일반적으로 제품의 실제 크기(예: 벽면 부착형 센서는 코인 배터리보다 큰 배터리를 장착할 수 없음)에 의해 제한되며 태양광 충전 등 자가발전 기능을 사용할 수 있는 경우에도 얼마나 많은 전력을 공급할 수 있는지에 대한 한계가 존재한다. 다시 말해 TinyML 제품의 수명은 시스템에서 소모하는 에너지에 의해 좌우된다. 이 장에서 전력 사용량을 조사하고 개선하는 방법을 알아보자.

16.1 직관 기르기

대부분의 데스크톱 엔지니어는 서로 다른 연산에 걸리는 시간에 대해 대략적인 감을 가지고 있다. 이를테면 네트워크 요청은 보통 RAM에서 데이터를 읽는 것보다 느리고 일반적으로 SSD

에서 파일에 접근하는 것이 HDD에서 접근하는 것보다 더 빠르다는 것을 알고 있다. 보통 서로 다른 연산에 필요한 에너지 양에 대해서는 감이 없겠지만, 감각을 만들고 전력 효율을 개선하기 위한 계획을 세우려면 연산에 필요한 에너지를 추정하는 대한 몇 가지 규칙을 숙지하는 것이 좋다.

> **NOTE_** 이 장에서는 에너지 측정과 전력 측정 두 가지 모두 다룬다. 전력은 단위 시간당 쓰이는 에너지다. 예를 들어 1초마다 1줄(J)의 에너지를 사용하는 CPU는 1W의 전력을 사용한다. 여기에서 중요한 것은 장치의 수명이기 때문에 전력 측정이 가장 도움되는 지표다. 전력 소모량은 배터리에 저장된 고정된 양의 에너지로 장치가 작동할 수 있는 시간에 정비례하기 때문이다. 즉, 평균 1mW의 전력을 사용하는 시스템은 2mW를 사용하는 시스템보다 2배 더 오래 지속된다는 것을 쉽게 예측할 수 있다(때로는 오랜 시간 동안 지속되지 않는 일회성 작업도 고려해야 한다).

16.1.1 일반적인 부품의 전력 소모

시스템 구성 요소의 전력 사용량에 대해 자세히 알아보려면 사수 타코마$^{Sasu\ Tarkoma}$의 공저 『Smartphone Energy Consumption』(Cambridge University Press, 2014)이 좋은 참고 자료가 된다. 이 책의 계산을 따르면 스마트폰에 있는 대표적인 전자 부품은 다음과 같이 전력을 소모한다.

- ARM Cortex-A9 CPU: 500 ~ 2000mW
- 디스플레이: 400mW
- 액티브 셀 라디오: 800mW
- 블루투스: 100mW

스마트폰 외의 임베디드 부품이 소모하는 전력은 다음과 같다.

- 마이크 센서: 300μW
- Bluetooth LE: 40mW
- 320 × 320 픽셀 흑백 이미지 센서(예: Himax HM01B0): 1mW(30FPS 기준)
- 앰비크 Cortex-M4F 마이크로컨트롤러: 1mW(48MHz 클록 속도 기준)
- 가속도계: 1mW

사용하는 부품 종류에 따라 전력 소모량이 크게 다르지만 이러한 자료가 있으면 최소한 서로 다른 기능 모듈의 대략적인 전력 소모 비율을 알 수 있다. 확실한 점 하나는 무선 통신 부품이 다른 임베디드 부품보다 훨씬 많은 전력을 사용한다는 점이다. 또한 센서와 프로세서가 사용하는 전력량은 통신 부품이 사용하는 전력보다 훨씬 빠르게 줄어들고 있어서 향후에는 격차가 더욱 커질 것이다.

시스템에서 활성화된 부품이 어떤 용도로 사용되는지 알았다면 전원을 공급하기 위한 각 에너지원의 용량이나 발전량을 파악할 차례다. 대략적인 수치는 다음과 같다(발전량 추정은 제임스 메이어스[James Meyers]의 도움을 받았다).

- CR2032 코인 배터리는 2500J을 저장할 수 있다. 즉, 시스템에서 평균 1mW 전력을 사용하는 경우 약 1개월 동안 사용할 수 있다.

- AA 배터리는 15000J을 저장할 수 있다. 1mW를 쓰는 시스템일 경우 수명은 6개월이다.

- 산업용 기계의 온도 차를 이용한 발전을 통해 $1cm^2$당 1~10mW를 얻을 수 있다.

- 실내 조명을 태양광 모듈로 받으면 $1cm^2$당 10μW(마이크로와트)를 얻을 수 있다.

- 실외 조명을 태양광 모듈로 받으면 $1cm^2$당 대략 10mW를 얻을 수 있다.

보다시피 자가발전으로 실제로 쓸 만한 에너지원은 산업용 기계의 온도 차나 실외 조명 정도다. 하지만 앞으로 프로세서와 센서의 에너지 요구 사항이 감소함에 따라 다른 방법을 사용할 수 있을지도 모른다. Matrix나 e-peas와 같은 업체를 통해 최신 자가발전 솔루션을 확인하고 구할 수 있다.

여기에서 제시한 숫자는 참고 사항일 뿐이지만 시스템 수명, 비용, 크기 등 요구 사항의 조합에 어떤 종류의 전력 시스템이 실용적인지 구상하는 데 도움될 것이다. 이를 통해 초기 기획의 타당성을 확인할 수 있으며 전력 소모에 대한 직관을 기를 수 있다. 이는 이후에도 여러 잠재적인 상충관계를 직관적으로 파악하고 신속하게 생각하는 데 중요한 역할을 하게 될 것이다.

16.1.2 하드웨어 선택

제품에 어떤 종류의 구성 요소를 사용할지 대략적으로 결정했다면 실제로 어떤 부품을 구입할지 찾아보자. 문서화가 잘 되어 있고 커뮤니티 정보가 많은 부품을 구하려면 스파크펀, 아두이노, 에이다프루트^{Adafruit}와 같은 사이트를 탐색하면 좋다. 여기에는 튜토리얼, 드라이버, 추천 결합 부품이 잘 정리되어 있어서 프로토타입을 제작하기에 가장 좋다. 이미 모든 것을 갖춘 완벽한 시스템을 얻을 수 있기 때문이다. 하지만 단점도 있는데 선택의 폭이 제한되고, 통합된 시스템이 전체 전력 사용량에 맞게 최적화되지 않을 수 있으며, 추가 리소스에 대한 프리미엄을 지불해야 한다는 점이다.

고객지원이나 커뮤니티 정보, 문서화보다는 선택의 폭과 저렴한 가격을 선호한다면 디지키^{Digi-Key}, 마우저 일렉트로닉스^{Mouser Electronics}, 알리바바^{Alibaba}와 같은 전자 부품 공급 업체를 사용해보자. 이 사이트의 공통적인 특징은 모든 제품에 대한 데이터시트를 제공한다는 점이다. 여기에는 클록 신호 공급 방법부터 칩, 핀 크기 같은 기계적 데이터에 이르기까지 각 부품에 대한 자세한 정보가 포함돼 있다. 그러나 지금 가장 필요한 것은 전력 사용량이며 이는 데이터시트에서도 찾기가 쉽지 않다. 예를 들어 STMicroelectronics Cortex-M0 MCU(https://oreil.ly/fOuLf)에 대한 데이터시트를 살펴보자. 거의 100페이지에 가까운 분량이어서 목차를 둘러봐도 전력 사용량을 찾기가 어렵다. 한 가지 팁을 주면 이러한 문서에서 'milliamps'나 'mA'(공백 포함)를 검색하면 된다. 이는 전력 사용량을 나타내는 데 사용되는 단위이기 때문이다. 이러한 키워드로 데이터시트를 검색하면 [그림 16-1]에 표시된 표에서 전류 소비량을 찾을 수 있다.

쉽게 읽히지는 않을 것이다. 전력 소모량은 W나 mW 단위지만 이 표에는 없다. W를 계산하려면 전압(표에는 3.6V로 표시)에 전류(암페어, A)를 곱해야 한다. 이 공식으로 계산하면 이 MCU 칩의 일반적인 전력 소모량이 100mW이고 절전 모드^{sleep mode}에서는 10mW라는 것을 알 수 있다. 이렇게 보면 이 MCU가 상대적으로 전력을 많이 소모하는 것 같은데 대신 단가가 55센트로 저렴하다. 즉 가격과 저전력 사이의 타협점을 찾아야 한다. 사용하고자 하는 모든 부품의 데이터시트를 이와 같은 방식으로 분석하고 모든 부품이 쓰는 전력 소모량의 합을 기준으로 전체 전력 사용량을 정리해야 한다.

Table 25. Typical and maximum current consumption from V_{DD} supply at V_{DD} = 3.6 V[1]

Symbol	Parameter	Conditions	f_{HCLK}	All peripherals enabled		Unit
				Typ	Max @ T_A[2] 85 °C	
I_{DD}	Supply current in Run mode, code executing from Flash	HSI or HSE clock, PLL on	48 MHz	22.0	22.8	mA
			48 MHz	26.8	30.2	
			24 MHz	12.2	13.2	
			24 MHz	14.1	16.2	
		HSI or HSE clock, PLL off	8 MHz	4.4	5.2	
			8 MHz	4.9	5.6	
I_{DD}	Supply current in Run mode, code executing from RAM	HSI or HSE clock, PLL on	48 MHz	22.2	23.2	mA
			48 MHz	26.1	29.3	
			24 MHz	11.2	12.2	
			24 MHz	13.3	15.7	
		HSI or HSE clock, PLL off	8 MHz	4.0	4.5	
			8 MHz	4.6	5.2	
I_{DD}	Supply current in Sleep mode, code executing from Flash or RAM	HSI or HSE clock, PLL on	48 MHz	14	15.3	mA
			48 MHz	17.0	19.0	
			24 MHz	7.3	7.8	
			24 MHz	8.7	10.1	
		HSI or HSE clock, PLL off	8 MHz	2.6	2.9	
			8 MHz	3.0	3.5	

1. The gray shading is used to distinguish the values for STM32F030xC devices.
2. Data based on characterization results, not tested in production unless otherwise specified.

그림 16-1 ST마이크로 MCU 전류 소비 표

16.2 실제 전력 소모 측정하기

부품을 다 모았으면 이를 완전한 시스템으로 구성해야 한다. 하드웨어 시스템 구성은 이 책의 범위를 벗어나지만, 실제로 제품을 시험해보고 요구 사항을 만족하는지 알아보려면 실습 방법을 찾아서 최대한 빨리 시스템을 완성하는 것이 좋다. 필요한 모든 부품이나 모든 소프트웨어를 준비하지 않았어도 빠르게 피드백을 얻는 것이 중요하다.

완전한 시스템을 갖추면 얻을 수 있는 또 다른 이점은 실제 전력 사용량을 테스트할 수 있다는 점이다. 데이터시트와 추정치는 계획에는 도움되지만 항상 실제와 일치하지는 않으며 통합 테스트를 수행하면 종종 예상보다 훨씬 높은 전력 소비를 보게 된다.

시스템 전력 소비를 측정하기 위한 다양한 도구가 있으며 멀티미터(다양한 전기적 특성을 측정하는 장치)를 사용하는 방법을 알면 많은 도움이 된다. 하지만 가장 안정적인 방법은 용량을 확인할 수 있는 배터리를 실제로 설치하고, 장치 수명이 얼마나 오래 지속되는지 확인하는 것이다. 때때로 장치의 목표수명이 몇 달 혹은 몇 년일 수도 있지만 첫 실험은 몇 시간이나 며칠 정도로 끝날 것이다. 이 실험 방식의 장점은 전압이 너무 낮아질 때 발생하는 고장 등 실제 상황에서 발생할 수 있지만 간단한 모델링과 계산으로는 알기 힘든 문제를 모두 포착할 수 있다는 점이다. 시험 절차도 간단해서 일반적인 소프트웨어 엔지니어도 할 수 있다.

16.3 모델의 전력 사용량 추정

모델이 특정 장치에서 사용할 전력량을 추정하는 가장 간단한 방법은 하나의 추론을 실행하기 위한 대기 시간을 측정한 다음 해당 기간 동안 시스템의 평균 전력 사용량을 곱하여 에너지 사용량을 얻는 방법이다. 프로젝트가 시작될 때에는 대기 시간과 전력 사용량에 대한 아주 대략적인 수치만 얻을 수 있다. 모델에 필요한 산술연산의 수와 프로세서가 초당 수행할 수 있는 대략적인 연산의 수를 알고 있으면 모델을 실행하는 데 걸리는 시간을 대략적으로 추정할 수 있다. 데이터시트는 일반적으로 특정 주파수와 전압에서 장치가 사용하는 전력량을 제공하지만, 메모리나 주변 장치와 같은 전체 시스템의 공통 요소가 소모하는 전력량까지는 포함하지 않을 수 있다. 전력 사용에 대한 추정치를 크게 잡아서 상한선으로 사용하면 적어도 접근 방식의 실현 가능성에 대해 파악할 수 있다.

인체 감지 모델을 예로 들어보자. 모델이 6천만 건의 작업을 실행하고, 48MHz에서 실행되는 ARM Cortex-M4 칩이 DSP 기능으로 한 사이클에 8비트 곱셈/덧셈을 2회씩 수행한다고 가정하면 최대 대기 시간은 48,000,000/60,000,000=800ms이다. 칩이 2mW를 소모한다면 추론 1회당 1.6mJ을 사용하게 된다.

16.4 전력 소모 개선

이제 시스템의 대략적인 수명을 알았으므로 시스템을 개선할 방법을 모색할 차례다. 상황에 따라 필요하지 않은 부품의 전원 공급을 끄거나, 기존 부품을 저전력 부품으로 교체하는 등의 방법이 있지만 이 책의 범위를 넘어서기에 다루지는 않을 것이다. 다행히도 전자공학 지식이 없어도 구사할 수 있는 몇 가지 소프트웨어 중심의 접근 방법이 있는데 이러한 방법은 주로 마이크로컨트롤러가 소모하는 전력을 절감할 수 있다. 장치의 센서나 기타 구성 요소가 전력을 주로 소모한다면 하드웨어적인 접근 방법을 선택해야 한다.

16.4.1 듀티 사이클링

대부분의 임베디드 프로세서는 계산을 수행하지 않고 전력을 거의 사용하지 않는 절전 모드로 전환할 수 있는 기능을 지원하며 절전 모드에서 주기적으로 깨어나거나 외부 신호를 통해 깨어날 수 있다. 즉, 전력을 줄이는 가장 간단한 방법 중 하나는 추론 호출 사이에 절전 모드를 삽입하는 방법이다. 임베디드 세계에서는 이러한 방법을 '듀티 사이클링$^{duty\ cycling}$'이라고 부른다. 절전 모드가 지속적인 센서 데이터 수집을 방해할까 걱정할 수도 있지만 최신 마이크로컨트롤러는 절전 모드에서도 메인 프로세서의 개입 없이 아날로그–디지털 변환기(ADC)를 지속적으로 샘플링하고 결과를 메모리에 저장할 수 있는 DMA(직접 메모리 접근) 기능이 있다.

비슷한 방식으로 프로세서가 명령을 실행하는 빈도를 줄여서 더 느리게 실행하는 방식으로 전력 소모를 크게 줄일 수도 있다. 앞에서 본 데이터시트 예제를 보면 클록 주파수가 감소함에 따라 에너지 소모량이 얼마나 떨어지는지 알 수 있다.

듀티 사이클링과 주파수 감소는 계산량과 전력 사용량이 대립 균형 관계에 있다는 대표적인 사례다. 즉, 소프트웨어의 대기 시간을 줄일 수 있다면 전력 소모량을 줄일 수 있다는 것이다. 제품 기획상 용인 가능한 대기 시간을 갖추었더라도, 전력 사용량을 줄이고 싶다면 대기 시간을 최적화하는 방법을 살펴보자.

16.4.2 캐스케이드 설계

기존의 절차적 프로그래밍에 비교했을 때 머신러닝의 큰 장점 중 하나는 필요한 컴퓨팅 능력과 스토리지 리소스 양을 쉽게 늘리거나 줄일 수 있으며, 그렇게 하더라도 정확도가 급격하게 저하되지는 않는다는 점이다. 일반적으로 수동 코딩 알고리즘에서는 이러한 속성에 영향을 주기 위해 조정할 수 있는 명확한 파라미터가 없어 이러한 특성을 달성하기가 어렵다. 이 특성을 활용하면 모델을 캐스케이드^{cascade} 방식으로 설계할 수 있다. 예를 들면 센서 데이터를 최소한의 컴퓨팅 요구 사항을 갖는 매우 작은 모델로 공급해서 아주 정확하지는 않더라도 특정 조건이 존재할 때 트리거되도록 튜닝한다. 그리고 주목할 만한 결과가 나타나면 동일한 입력을 보다 복잡한 모델로 공급하여 더 정확한 결과를 얻을 수 있다. 이러한 캐스케이딩은 여러 단계에 걸쳐 반복될 수 있다.

이 방식의 장점은 비교적 적은 정확도 손실로 전력 효율이 뛰어난 작은 모델을 임베디드 환경에서 지속적으로 작동시킬 수 있다는 점이다. 동작하면서 잠재적인 이벤트가 발견되면 더 강력한 시스템을 깨우고 더 큰 모델을 실행할 수 있다. 더 강력한 시스템은 짧은 시간 동안만 작동하기 때문에 전력 사용량이 예산을 초과하지 않는다. 사실 이것이 스마트폰에서 'Always-On' 음성 인터페이스가 작동하는 방식이다. DSP는 지속적으로 마이크를 모니터링하고, 'Alexa', 'Siri', 'Hey Google' 같은 호출어를 듣는 모델이 계속 구동된다. 메인 CPU는 절전 모드에 있지만 DSP가 호출어를 들었다고 생각하면 메인 CPU를 깨우기 위해 신호를 보낸다. 그런 다음 CPU는 훨씬 더 정확한 모델을 실행하여 실제로 올바른 호출어인지 확인하고 이어지는 음성을 클라우드에 있는 훨씬 강력한 프로세서로 보낼 수 있다.

즉, 임베디드 제품이 독자적으로 정확한 모델을 구동시킬 수 없다 해도 목표를 달성할 수 있다. 비교적 감도가 높은 모델을 임베디드에서 구동해서 중요한 이벤트를 대부분 감지하고 불필요한 이벤트를 무시할 수 있으면 나머지 작업은 클라우드가 처리할 수 있다. 무선 통신이 전력을 많이 쓰기는 하지만 무선 통신이 필요한 순간에만 가동되도록 하면 에너지를 절약할 수 있을 것이다.

16.5 마치며

많은 사람에게 에너지 소비 최적화는 익숙하지 않은 주제다. 다행스럽게도 앞에서 다룬 시간 최적화 기술이 여기서도 적용될 수 있다. 일반적으로는 에너지 최적화보다 지연 시간 최적화에 초점을 두는 것이 좋은데, 장치 수명이 길지 않더라도 단기적으로 목표로 하는 사용자 경험을 제공하는 버전을 만들어서 제품이 작동하는지 종종 검증해야 하기 때문이다. 비슷한 맥락에서 대기 시간과 에너지를 최적화했다면 이어지는 17장에서 다룰 공간 최적화라는 주제를 다루는 것이 좋다. 실제로 제품의 제약 조건을 충족하기 위해 서로 다른 모든 절충점 사이를 반복할 가능성이 높지만, 다른 요소를 인정적으로 최적화한 후에 공간 최적화를 수행하는 것은 상내적으로 쉬운 편이다.

## CHAPTER 17

모델과 바이너리 크기 최적화

어떤 플랫폼을 선택하든 플래시 스토리지와 RAM은 매우 제한적일 것이다. 대부분 임베디드 시스템이 플래시 영역에 있는 읽기 전용 스토리지는 1MB 미만이며, 수십 KB 정도의 용량만 갖추고 있다. 메모리도 마찬가지다. SRAM이 512KB가 넘는 플랫폼은 거의 없으며 일부 저사양 기기는 수 KB 메모리만 갖추고 있다. 다행인 것은 마이크로컨트롤러용 텐서플로 라이트가 최소 20KB의 플래시 및 4KB의 SRAM만 갖추면 작동하도록 설계됐다는 점이다. 그럼에도 애플리케이션의 필요 공간, 즉 풋프린트footprint를 줄이기 위해서는 신중한 설계와 엔지니어링 절충이 필요하다. 이 장에서는 메모리, 스토리지 요구 사항을 모니터링하고 제어하는 데 사용할 수 있는 몇 가지 접근 방식에 대해 알아본다.

17.1 시스템의 한계 이해

대부분의 임베디드 시스템은 프로그램과 기타 읽기 전용 데이터가 플래시 메모리에 저장되는 아키텍처이며 플래시 메모리에 대한 쓰기 동작은 새 실행 파일이 업로드될 때만 이루어진다. 수정 가능한 메모리에는 주로 SRAM 기술이 쓰인다. SRAM은 큰 CPU의 캐시에도 쓰이는 기술이며 낮은 전력 소비로 빠르게 읽고 쓸 수 있지만 그 크기는 제한적이다. 보다 고급의 마이크로컨트롤러는 DRAM과 같이 전력 소모가 많지만 확장 가능한 기술을 사용하여 수정 가능한 메모리를 제공한다.

이렇게 서로 다른 기술이 적용된 플랫폼이 갖는 잠재력과 장단점을 이해해야 한다. 예를 들어 DRAM이 많은 칩은 유연성이 뛰어나지만 추가 메모리를 사용하다 보면 필요 이상으로 전력 소모가 늘어날 수 있다. 이 책에서 중점을 두는 1mW 이하의 전력 범위가 목표라면 일반적으로 큰 메모리 접근은 많은 에너지를 소비하기 때문에 SRAM 이외의 것을 사용할 수 없다. 즉, 고려해야 할 두 가지 주요 지표는 사용 가능한 읽기 전용 플래시 스토리지 용량과 사용 가능한 SRAM 용량이다. 이 용량은 칩에 대한 대략적인 설명에도 나와 있을 것이고 데이터시트까지 깊이 들여다보지 않아도 알 수 있을 것이다.

17.2 메모리 사용 측정

적절한 하드웨어를 고르려면 소프트웨어에 필요한 리소스와 해당 요구 사항을 만족시키기 위해 어떤 절충안을 선택할지 이해해야 한다.

17.2.1 플래시 사용

일반적으로 완전한 실행 파일을 컴파일한 다음 생성된 이미지 크기를 확인하면 플래시 메모리에 필요한 공간의 양을 정확하게 결정할 수 있다. 하지만 링커가 생성하는 첫 번째 아티팩트artifact는 종종 디버그 기호나 섹션 정보가 있는 ELF(17.5.1절 참조) 형식의 실행 파일 버전이기 때문에 혼동의 여지가 있다. objcopy와 같은 도구로 생성되는 장치에 플래시되는 실제 바이너리를 보고 싶다면 다음과 같은 요소를 합해서 필요한 플래시 메모리 양을 측정할 수 있다.

- **운영체제 크기**

  실시간 운영체제(RTOS)를 사용하는 경우 실행 파일에 코드를 저장할 공간이 필요하다. 일반적으로 사용 중인 기능에 따라 설정할 수 있으며 설치 공간을 추정하는 가장 간단한 방법은 필요한 기능을 갖춘 샘플 hello world 프로그램을 작성하는 것이다. 그 이미지 파일의 크기를 보면 OS 프로그램 코드의 크기에 대한 기준을 잡을 수 있다. 보통 USB, 와이파이, 블루투스, 무선 통신 스택의 모듈이 많은 프로그램 공간을 차지하므로 이러한 모듈은 필요할 때 활성화한다.

- **마이크로컨트롤러용 텐서플로 라이트 코드 크기**

  머신러닝 프레임워크에는 핵심 계산을 실행하는 Op의 구현을 포함하여 신경망 모델을 로드하고 실행하기 위한 프로그램 공간이 필요하다. 이 장의 뒷부분에서 특정 애플리케이션 크기를 줄이기 위해 프레임워크를 구성하는 방법에 대해 설명하겠지만, 일단 필요한 공간을 파악하려면 프레임워크를 포함하는 표준 단위 테스트 (예: `micro_speech` 테스트) 중 하나를 컴파일하고 결과 이미지 크기를 확인한다.

- **모델 데이터 크기**

  아직 훈련된 모델이 없다면 가중치를 계산하여 필요한 플래시 저장 공간을 추정할 수 있다. 예를 들어 완진 연결 레이어는 입력 벡터 크기와 출력 벡터 크기를 곱한 것과 동일한 가중치를 갖는다. 합성곱 레이어의 경우 조금 더 복잡하다. 필터 상자의 너비와 높이에 입력 채널 수를 곱하고 이 값에 필터 수를 곱해야 한다. 또한 각 레이어와 관련된 편향 벡터에 대한 저장 공간을 추가해야 한다. 이렇게 하다 보면 계산이 복잡해지기 때문에 텐서플로에서 후보 모델을 만든 다음 텐서플로 라이트 파일로 내보내는 것이 더 쉬울 수도 있다. 이 파일은 플래시에 직접 매핑되므로 필요한 공간을 정확히 파악할 수 있다. 케라스의 `model.summary()` 메서드로 나열된 가중치 수를 확인할 수도 있다.

> **NOTE_** 4장과 15장에서 양자화에 대해 다뤘지만 모델 크기와 관련해서 별도로 논의할 가치가 있다. 훈련 중에 가중치는 일반적으로 메모리에서 각각 4바이트를 차지하는 부동소수점 값으로 저장된다. 모바일이나 임베디드 장치에서 저장 공간은 제약 조건이므로 텐서플로 라이트는 양자화 과정에서 해당 값을 단일 바이트로 압축하는 것을 지원한다. float 배열에 저장된 최솟값과 최댓값을 추적한 다음 모든 값을 해당 범위 안에서 균등한 간격으로 256개의 가장 가까운 값으로 선형 변환한다. 이러한 코드는 각각 바이트로 저장되며 정확도 손실을 최소화하면서 산술 연산을 수행할 수 있다.

- **애플리케이션 코드 크기**

  센서 데이터에 접근하고 신경망에 맞게 준비하기 위해 전처리하고 결과에 응답하려면 코드가 필요하다. 머신러닝 모듈 외부에서 다른 종류의 사용자 인터페이스와 비즈니스 로직이 필요할 수도 있다. 이 크기는 추정하기 어려울 수 있지만 최소한 외부 라이브러리(예: 고속 푸리에 변환)가 필요한지 여부를 이해하고 코드 공간 요구 사항을 계산해야 한다.

17.2.2 RAM 사용

사용 가능한 RAM의 크기는 프로그램 수명에 따라 달라서 필요한 RAM의 크기를 결정하는 것은 스토리지에 비해 어려울 수 있다. 플래시 크기를 추정하는 프로세스와 비슷한 방식으로 필요한 RAM 크기를 추정하려면 소프트웨어의 여러 계층을 살펴봐야 한다.

- **운영체제 크기**

  FreeRTOS(https://www.freertos.org/FAQMem.html) 같은 대부분의 RTOS는 서로 다른 구성 옵션에 필요한 RAM의 양을 문서화하고 이 정보를 사용하여 필요한 크기를 계획할 수 있어야 한다. 버퍼가 필요로 할 가능성이 있는 모듈, 특히 TCP/IP, 와이파이, 블루투스와 같은 통신 스택을 확인하고 핵심 OS 요구 사항에 추가해야 한다.

- **마이크로컨트롤러용 텐서플로 라이트의 RAM 크기**

  머신러닝 프레임워크는 코어 런타임에 필요한 메모리가 크지 않으며 데이터 구조를 위해 SRAM에 수 KB 이상의 공간이 필요하지 않다. 이들은 인터프리터에 사용되는 클래스 일부로 할당되므로 애플리케이션 코드에서 이를 전역 객체로 생성하는지, 지역 객체로 생성하는지 여부에 따라 스택에 들어갈지, 일반 메모리에 들어갈지 결정된다. 공간이 부족하면 일반적으로 링커 시간에 오류가 발생하는 반면, 지역 객체로 인해 스택이 부족하면 런타임 충돌이 발생해서 문제 원인을 파악하기 더 어려울 수 있다. 일반적으로 전역 객체나 정적 객체로 생성하는 것이 좋다.

- **모델 메모리 크기**

  신경망이 실행될 때 한 계층의 결과는 후속 작업에 공급되므로 일정 시간 동안 유지해야 한다. 이러한 활성화 레이어의 수명은 그래프에서의 위치에 따라 달라지며 각 메모리에 필요한 메모리 크기는 레이어가 쓰는 배열의 모양에 따라 제어된다. 그러므로 모든 임시 버퍼를 가능한 한 작은 메모리 영역에 맞추려면 지속적으로 크기를 계산해야 한다. 현재는 인터프리터가 모델을 처음 로드할 때 이 작업이 수행되므로 공간이 충분히 크지 않으면 콘솔에 오류가 표시된다. 오류 메시지에서 사용 가능한 메모리와 필요한 메모리의 차이를 확인한 후 그만큼 공간 크기를 늘리면 이 오류를 피할 수 있다.

- **애플리케이션 메모리 크기**

  프로그램 크기와 마찬가지로 애플리케이션의 메모리 사용량은 실제로 코드를 쓰기 전에는 계산하기 어렵다. 하지만 필요한 메모리를 보수적으로 추정하는 것은 가능한데, 샘플 데이터를 저장하는 데 필요한 버퍼나 라이브러리가 전처리를 위해 필요로 하는 메모리 영역을 고려하면 된다.

17.3 다양한 문제에 대한 모델 정확도와 크기

현재 최신 기술이 다양한 종류의 문제를 어떻게 해결하는지 이해하면 프로젝트를 기획하는 데 도움이 된다. 머신러닝은 마술이 아니며 그 한계를 이해하면 제품을 만들 때 균형을 유지할 수 있다. 설계 프로세스를 다룬 14장에서는 직관을 길렀지만 모델이 엄격한 리소스 제약 조건에 묶여 있으면 정확도가 어떻게 떨어지는지도 고려해야 한다. 이를 돕기 위해 임베디드 시스템용으로 설계된 아키텍처의 몇 가지 예가 있다. 이러한 예 중 하나가 필요한 작업에 가깝다면 모델을 만들어서 얻을 수 있는 결과를 구상하는 데도 도움될 것이다. 물론 실제 결과는 제품과 환경에 따라 달라지므로 계획을 위한 지침으로만 삼자.

17.3.1 음성 호출어 모델

이전에 샘플로 다룬 40만 개의 산술 연산을 사용하는 작은(18KB) 모델은 무음, 알 수 없는 단어, 'yes', 'no' 네 가지 클래스를 구분하며 85%의 톱원top-one 정확도(18.2.2절 참조)를 달성할 수 있었다. 이는 훈련의 평가 지표다. 즉, 1초짜리 클립을 제시하고 모델에 입력의 원샷 분류를 요청한 결과다. 실제로는 보통 스트리밍 오디오 모델을 사용하여 시간축을 따라 움직이는 1초 윈도를 기반으로 결과를 반복해서 예측하므로 실제 애플리케이션의 정확도는 더 낮게 나올 것이다. 일반적으로 이 크기의 오디오 모델을 더 큰 규모의 처리 과정으로 넘어가기 위한 1단계 관문으로 간주하고, 보다 복잡한 모델에서 오류를 처리하고 의미를 파악할 수 있다.

경험에 비추어 볼 때 음성 인터페이스에서 사용하기에 충분한 정확도로 호출어를 감지하려면 300~400KB의 가중치와 수백만의 산술 연산이 포함된 모델이 필요하다. 사용 가능한 레이블에는 지정된 음성 데이터도 필요한데, 아직은 이러한 훈련용 데이터가 공개된 사례가 많지 않지만 시간이 지남에 따라 사용 가능한 데이터가 등장할 것으로 기대하고 있다.

17.3.2 가속도계 예측 유지보수 모델

다양한 예측 유지보수 문제에서 가장 간단한 사례 중 하나는 모터의 베어링 고장을 감지하는 시스템이다. 가속도계 데이터의 독특한 흔들림 패턴으로 베어링 고장을 알아낼 수 있는데, 이러한 패턴을 발견하기 위한 모델은 수천 개 정도의 가중치로 충분하며 그 크기는 10KB 미만이고 수십만 산술 연산 정도가 가능하다. 이 모델을 사용하여 이벤트를 분류할 때 95% 이상의 정확도를 기대할 수 있으며 더 복잡한 문제를 처리하기 위해 모델의 복잡성을 확장할 수도 있다(예: 움직이는 부품이 많거나 이동 중인 기계의 고장 감지 등). 물론 파라미터와 연산의 수도 늘어나게 된다.

17.3.3 인체 감지

이전에 임베디드 플랫폼에서 컴퓨터 비전을 실행하는 것은 흔한 일이 아니었기 때문에 아직 산업계는 적절한 애플리케이션을 파악하는 과정에 있다. 자주 듣는 요청 중 하나가 사람이 근처에 있을 때 감지하고 사용자 인터페이스나 기타 전력 소모가 큰 애플리케이션을 깨우는 장치를 만드는 것이다. 텐서플로 팀은 'Visual Wake Word Challenge(https://oreil.ly/E8GoU)'

를 통해 이 요청의 요구 사항을 공식적으로 파악하려고 노력했으며 그 결과 작은(96×96픽셀) 흑백 이미지를 6천만 회의 산술 연산을 수행하는 250KB 모델로 이진 분류하여 대략 90%의 정확도를 얻어낼 수 있었다. 이것은 MobileNet v2 아키텍처의 축소판을 사용할 때 일종의 기준점으로 마이크로컨트롤러의 메모리 풋프린트 수준으로 어느 정도의 컴퓨터 비전을 수행할 수 있는지 감을 잡을 수 있으며 앞으로 더 많은 연구자들이 이를 바탕으로 정확도를 향상시키기를 기대한다. 널리 알려진 ImageNet 1000 카테고리 문제에서 이러한 작은 모델이 어떻게 작동하는지도 궁금할 텐데, 수천 개의 클래스에 대해 완전히 연결된 최종 레이어가 100KB(임베딩 입력 수와 클래스 수를 곱한 파라미터 수 때문) 이상을 차지하기 때문에 이는 아직 판단하기 어렵지만 전체 크기가 약 500KB인 경우 약 50%의 정확도를 기대할 수 있다.

17.4 모델 선택

모델과 이진 크기 최적화 측면에서는 기존에 있던 모델을 바탕으로 시작하면 좋다. 14장에서 논의한 것처럼 가장 유익한 부분은 아키텍처를 조정하는 것이 아니라 데이터 수집과 개선에 투자하는 것이며 알려진 모델부터 시작하면 빠르게 데이터 개선에 집중할 수 있다. 임베디드 플랫폼의 머신러닝 소프트웨어도 아직 초기 단계이므로 기존 모델을 사용하면 원하는 장치에서도 텐서플로 오퍼레이션이 최적화될 가능성이 높아진다. 이 책과 함께 제공되는 코드 예제가 다양한 응용 분야에서 좋은 출발점이 되기를 바란다. 가능한 한 많은 종류의 센서 입력을 처리할 수 있는 코드 예제를 선택했지만 사용 사례에 맞지 않으면 온라인에서 일부 대안을 찾아볼 수 있을 것이다. 적합한 크기에 최적화된 아키텍처를 찾을 수 없다면 텐서플로의 훈련 환경에서 처음부터 자신만의 아키텍처를 구축할 수 있다. 13장, 19장에서 논의한 것처럼 마이크로컨트롤러에 포팅하는 과정도 포함될 것이다.

17.5 실행 파일 크기 줄이기

모델이 마이크로컨트롤러 애플리케이션의 읽기 전용 메모리를 대부분 점유하겠지만 컴파일된 코드가 차지하는 공간도 고려해야 한다. 이러한 코드 크기 제약 때문에 임베디드 플랫폼에서는 수정되지 않은 버전의 텐서플로 라이트는 사용할 수 없다(수정되지 않은 버전을 기준으로 수백 킬로바이트의 플래시 메모리가 필요하다). 마이크로컨트롤러용 텐서플로 라이트는 최소 20KB까지 컴파일할 수 있지만 애플리케이션에 필요하지 않은 코드 부분을 제외하려면 약간의 변경이 필요하다.

17.5.1 코드 크기 측정

코드 크기 최적화를 시작하기 전에 코드 크기를 알아야 한다. 빌드 프로세스의 출력은 보통 임베디드 장치로 전송되지 않는 디버깅과 기타 정보를 포함하는 파일이며 이러한 요소는 총 크기 제한에 포함되지 않기 때문에 임베디드 플랫폼에서 코드 크기를 관리하기가 까다로울 수 있다. ARM이나 기타 최신 툴체인에서 이 파일은 .elf 확장자 여부에 관계없이 ELF$^{Executable\ and\ Linking}$ ^{Format} 파일로 알려져 있다. 리눅스나 맥OS에서는 file 커맨드를 실행하여 툴체인의 출력을 조사할 수 있으며 파일이 ELF인지도 확인할 수 있다.

더 좋은 파일은 빈(bin) 파일, 즉 실제로 임베디드 장치의 플래시 스토리지에 업로드되는 코드의 바이너리 스냅숏이다. 이 파일의 크기가 곧 읽기 전용 플래시 메모리 크기가 되므로 실제 사용량을 이해하는 데 활용할 수 있다. 호스트에서 ls -l 또는 dir 같은 명령을 사용하거나, GUI 파일 뷰어에서 검사하여 그 크기를 확인할 수 있다. 모든 툴체인에 bin 파일이 자동으로 표시되는 것은 아니며 확장자가 없을 수도 있다. 다만 Mbed의 USB를 통해 장치로 다운로드할 수 있는 파일이라면 bin으로 간주하면 되고 gcc 툴체인을 사용한다면 arm-none-eabi-objcopy app.elf app.bin -O binary 명령을 실행하여 파일을 생성할 수도 있다. 오브젝트 파일인 .o 파일이나, 빌드 프로세스가 생성하는 .a 라이브러리를 살펴보는 것은 도움되지 않는다. 라이브러리에는 최종 코드에 포함되지 않는 많은 메타데이터가 포함되어 있고 그중 많은 부분이 실제로 사용되지 않기 때문이다.

모델을 실행 파일의 C 데이터 배열로 컴파일할 것으로 예상하기 때문에(파일 시스템을 로드할 파일 시스템에 의존할 수는 없다), 모델을 포함한 모든 프로그램에서 볼 수 있는 바이너리 크기에는 모델 데이터가 포함된다. 실제 코드가 차지하는 공간을 이해하려면 이진 파일 길이에서 이 모델 크기를 빼야 한다. 모델 크기는 일반적으로 C 데이터 배열을 포함하는 파일(작은 _conv_micro_features_model_data.cc 끝부분)에 정의되므로 실제 코드 풋프린트를 이해하기 위해 이진 파일 크기에서 이 값을 뺄 수 있다.

17.5.2 마이크로컨트롤러용 텐서플로 라이트의 사용 공간

전체 애플리케이션의 코드 풋프린트 크기를 알면 그중 텐서플로 라이트가 차지하는 공간의 양을 알아낼 수 있다. 이를 테스트하는 가장 간단한 방법은 프레임워크에 대한 모든 호출을 주석 처리하고(`OpResolvers` 및 인터프리터와 같은 객체 생성 포함) 바이너리가 얼마나 작아지는지 확인하는 것이다. 최소 20~30KB 감소가 예상되며 그 정도로 줄어들지 않으면 모든 참조를 확인했는지 다시 확인해야 한다. 링커는 호출하지 않은 모든 코드를 풋프린트로부터 제거하므로 같은 방법을 적용해서 다른 모듈의 실제 링크 이후 크기를 파악할 수도 있다.

17.5.3 OpResolver

텐서플로 라이트는 100가지가 넘는 Op를 지원하지만 하나의 모델 안에 모든 Op가 필요한 것은 아니다. 각 Op의 개별 구현에는 몇 킬로바이트만 소요되지만 너무 많은 Op를 구현하면 그 합은 상당한 용량을 차지할 수 있다. 다행히 텐서플로에는 필요하지 않은 작업을 코드 풋프린트에서 제거하는 메커니즘이 내장되어 있다.

텐서플로 라이트는 모델을 로드할 때 `OpResolver` 인터페이스(https://oreil.ly/dfwOP)를 사용하여 포함된 각 Op의 구현을 검색한다. 이 인터페이스는 모델을 로드하기 위해 인터프리터에 전달하는 클래스이며 정의가 주어진 Op의 구현에 대한 함수 포인터를 찾는 논리를 포함하고 있다. 이는 실제로 어떤 구현이 연결되어 있는지를 제어할 수 있어 매우 유용하다. 대부분의 샘플 코드에서 `AllOpsResolver` 클래스(https://oreil.ly/tbzg6)의 인스턴스를 만들고 전달하고 있음을 알 수 있다. 5장에서 살펴봤듯 이 클래스는 `OpResolver` 인터페이스를 구현하며 마이크로컨트롤러용 텐서플로 라이트에서 지원되는 모든 Op에 대한 항목을 갖고 있다. 그 덕분에 모델이 어떤 Op를 포함할지에 대한 걱정 없이 모델을 로드할 수 있다.

하지만 코드 크기에 대한 걱정이 생길 때도 이 클래스를 쓰게 될 것이다. 애플리케이션의 기본 루프에서 `AllOpsResolver` 인스턴스를 전달하는 대신 all_ops_resolver.cc 및 .h 파일을 애플리케이션에 복사한다. 이름을 my_app_resolver.cc와 .h로 바꾸고, 클래스 이름을 `MyAppResolver`로 바꾼 다음 클래스 생성자에서 모델에서 사용하지 않는 작업에 적용되는 모든 `AddBuiltin()` 호출을 제거한다. 모델이 사용하는 Op 목록을 자동으로 만드는 쉬운 방법은 따로 없지만 Netron 모델 뷰어(https://oreil.ly/MKqF9)를 쓰면 도움된다.

인터프리터로 전달한 `AllOpsResolver` 인스턴스를 `MyAppResolver`로 바꾸는 것을 잊지 말자. 이제 앱을 컴파일하자마자 크기가 눈에 띄게 줄어든다. 이 변화의 원인은 대부분의 링커가 호출할 수 없는 코드(데드 코드)를 자동으로 제거한 덕분이다. `AllOpsResolver`에 있던 참조를 제거하면 링커가 더 이상 필요 없는 모든 Op 구현을 제외하게 할 수 있다.

Op를 몇 개만 사용한다면 대형 `AllOpsResolver`와 같이 새 클래스에서 등록을 진행할 필요가 없다. 대신 `MicroMutableOpResolver` 클래스의 인스턴스를 생성하고 필요한 Op 등록을 직접 추가할 수 있다. `MicroMutableOpResolver`는 `OpResolver` 인터페이스를 구현하지만 목록에 Op를 추가할 수 있는 메서드가 추가로 있다. 이 클래스는 `AllOpsResolver`를 구현하는 데 사용되는 클래스이며 각자 만들 리졸버 클래스를 위한 좋은 템플릿이지만 이를 직접 호출하는 것이 더 간단할 수도 있다. 일부 예제에서 이 접근 방식을 사용하는데 `micro_speech` 예제를 보면 이 코드가 어떻게 작동하는지 확인할 수 있다.

```
static tflite::MicroMutableOpResolver micro_mutable_op_resolver;
micro_mutable_op_resolver.AddBuiltin(
    tflite::BuiltinOperator_DEPTHWISE_CONV_2D,
    tflite::ops::micro::Register_DEPTHWISE_CONV_2D());
micro_mutable_op_resolver.AddBuiltin(
    tflite::BuiltinOperator_FULLY_CONNECTED,
    tflite::ops::micro::Register_FULLY_CONNECTED());
micro_mutable_op_resolver.AddBuiltin(tflite::BuiltinOperator_SOFTMAX,
                                     tflite::ops::micro::Register_SOFTMAX());
```

리졸버 객체를 `static`으로 선언하고 있음을 알 수 있다. 인터프리터가 이 객체를 언제든지 호출할 수 있기 때문에 수명이 최소한 인터프리터용으로 만든 객체만큼 길어야 하는 것이다.

17.5.4 개별 함수 크기 이해

GCC 툴체인을 사용하는 경우 nm과 같은 도구를 사용하여 오브젝트(.o) 중간 파일의 함수와 객체 크기에 대한 정보를 얻을 수 있다. 바이너리를 빌드한 다음 컴파일된 audio_provider. cc 객체 파일의 항목 크기를 검사하는 예는 다음과 같다.

```
nm -S tensorflow/lite/micro/tools/make/gen/ \
    sparkfun_edge_cortex-m4/obj/tensorflow/lite/micro/ \
    examples/micro_speech/sparkfun_edge/audio_provider.o
```

다음과 같은 결과를 볼 수 있다.

```
00000140 t $d
00000258 t $d
00000088 t $d
00000008 t $d
00000000 b $d
00000000 b $d
00000000 b $d
00000000 b $d
00000000 b $d
00000000 b $d
00000000 b $d
00000000 b $d
00000000 b $d
00000000 b $d
00000000 b $d
00000000 r $d
00000000 r $d
00000000 t $t
00000000 t $t
00000000 t $t
00000000 t $t
00000001 00000178 T am_adc_isr
                 U am_hal_adc_configure
                 U am_hal_adc_configure_dma
                 U am_hal_adc_configure_slot
                 U am_hal_adc_enable
                 U am_hal_adc_initialize
                 U am_hal_adc_interrupt_clear
                 U am_hal_adc_interrupt_enable
                 U am_hal_adc_interrupt_status
                 U am_hal_adc_power_control
                 U am_hal_adc_sw_trigger
                 U am_hal_burst_mode_enable
                 U am_hal_burst_mode_initialize
                 U am_hal_cachectrl_config
                 U am_hal_cachectrl_defaults
                 U am_hal_cachectrl_enable
                 U am_hal_clkgen_control
                 U am_hal_ctimer_adc_trigger_enable
                 U am_hal_ctimer_config_single
```

```
        U am_hal_ctimer_int_enable
        U am_hal_ctimer_period_set
        U am_hal_ctimer_start
        U am_hal_gpio_pinconfig
        U am_hal_interrupt_master_enable
        U g_AM_HAL_GPIO_OUTPUT_12
00000001 0000009c T _Z15GetAudioSamplesPN6tflite13ErrorReporterEiiPiPPs
00000001 000002c4 T _Z18InitAudioRecordingPN6tflite13ErrorReporterE
00000001 0000000c T _Z20LatestAudioTimestampv
00000000 00000001 b _ZN12_GLOBAL__N_115g_adc_dma_errorE
00000000 00000400 b _ZN12_GLOBAL__N_121g_audio_output_bufferE
00000000 00007d00 b _ZN12_GLOBAL__N_122g_audio_capture_bufferE
00000000 00000001 b _ZN12_GLOBAL__N_122g_is_audio_initializedE
00000000 00002000 b _ZN12_GLOBAL__N_122g_ui32ADCSampleBuffer0E
00000000 00002000 b _ZN12_GLOBAL__N_122g_ui32ADCSampleBuffer1E
00000000 00000004 b _ZN12_GLOBAL__N_123g_dma_destination_indexE
00000000 00000004 b _ZN12_GLOBAL__N_124g_adc_dma_error_reporterE
00000000 00000004 b _ZN12_GLOBAL__N_124g_latest_audio_timestampE
00000000 00000008 b _ZN12_GLOBAL__N_124g_total_samples_capturedE
00000000 00000004 b _ZN12_GLOBAL__N_128g_audio_capture_buffer_startE
00000000 00000004 b _ZN12_GLOBAL__N_1L12g_adc_handleE
        U _ZN6tflite13ErrorReporter6ReportEPKcz
```

이러한 심볼의 대부분은 무시해도 되는 세부 사항이지만, 마지막 몇 개는 audio_provider.cc에서 정의한 함수임을 알아챌 수 있을 것이다. C++ 링커 규칙과 일치하게 이름이 바뀌어 있을 뿐이다. 두 번째 열은 해당 항목의 크기를 16진수로 보여준다. 이를테면 InitAudio Recording() 함수는 0x2c4(708)바이트인데, 작은 마이크로컨트롤러에서는 꽤 큰 용량이므로 공간이 부족하면 함수의 크기를 조사해야 한다.

함수의 크기를 파악하는 가장 좋은 방법은 소스 코드에서 함수를 분리하는 것이다. 운 좋게도 objdump 도구에서 -S 플래그를 사용하면 이 작업을 수행할 수 있지만, nm과는 달리 리눅스 또는 macOS 데스크톱에 설치된 표준 버전을 사용할 수 없고 그 대신 툴체인과 함께 제공된 것을 사용해야 한다. 일반적으로 TensorFlow Lite for Microcontrollers Makefile을 사용하여 빌드하는 경우 자동으로 다운로드되어 tensorflow/lite/micro/tools/make/downloads/gcc_embedded/bin과 같은 경로로 들어간다. audio_provider.cc의 함수에 대한 자세한 내용을 보려면 다음 명령을 실행하자.

```
tensorflow/lite/micro/tools/make/downloads/gcc_embedded/bin/ \
  arm-none-eabi-objdump -S tensorflow/lite/micro/tools/make/gen/ \
  sparkfun_edge_cortex-m4/obj/tensorflow/lite/micro/examples/ \
  micro_speech/sparkfun_edge/audio_provider.o
```

굉장히 많은 내용이 출력되므로 전부 여기에 싣는 대신 알아보고자 했던 정보만 여기에 싣는다.

```
...
Disassembly of section .text._Z18InitAudioRecordingPN6tflite13ErrorReporterE:

00000000 <_Z18InitAudioRecordingPN6tflite13ErrorReporterE>:

TfLiteStatus InitAudioRecording(tflite::ErrorReporter* error_reporter) {
   0:   b570        push {r4, r5, r6, lr}
   // 클록 주파수를 설정한다.
   if (AM_HAL_STATUS_SUCCESS !=
       am_hal_clkgen_control(AM_HAL_CLKGEN_CONTROL_SYSCLK_MAX, 0)) {
   2:   2100        movs r1, #0
TfLiteStatus InitAudioRecording(tflite::ErrorReporter* error_reporter) {
   4:   b088        sub  sp, #32
   6:   4604        mov  r4, r0
       am_hal_clkgen_control(AM_HAL_CLKGEN_CONTROL_SYSCLK_MAX, 0)) {
   8:   4608        mov  r0, r1
   a:   f7ff fffe   bl   0 <am_hal_clkgen_control>
   if (AM_HAL_STATUS_SUCCESS !=
   e:   2800        cmp  r0, #0
  10:   f040 80e1   bne.w     1d6 <_Z18InitAudioRecordingPN6tflite13ErrorReporterE+0x
1d6>
       return kTfLiteError;
   }

   // 기본 캐시를 설정하고 활성화한다.
   if(AM_HAL_STATUS_SUCCESS !=
       am_hal_cachectrl_config(&am_hal_cachectrl_defaults)) {
  14:   4890        ldr  r0, [pc, #576] ; (244 <am_hal_cachectrl_config+0x244>)
  16:   f7ff fffe   bl   0 <am_hal_cachectrl_config>
   if (AM_HAL_STATUS_SUCCESS !=
  1a:   2800        cmp  r0, #0
  1c:   f040 80d4   bne.w        1c8 <_Z18InitAudioRecordingPN6tflite13ErrorReporterE+0
x1c8>
       error_reporter->Report("Error - configuring the system cache failed.");
```

```
    return kTfLiteError;
}
if(AM_HAL_STATUS_SUCCESS != am_hal_cachectrl_enable()) {
20:  f7ff fffe    bl    0 <am_hal_cachectrl_enable>
24:  2800         cmp   r0, #0
26:  f040 80dd    bne.w         1e4 <_Z18InitAudioRecordingPN6tflite13Error\
    ReporterE+0x1e4>
...
```

출력 내용 중 어셈블리가 무엇을 하는지 이해할 필요는 없지만 함수 크기(`InitAudio Recording()`의 경우 10)를 보면 공간이 어떻게 쓰이는지 감을 잡을 수 있으며, 각 C++ 소스 라인마다 용량이 증가하는 것을 볼 수 있다. `InitAudioRecording()` 전체 함수를 살펴보면 함수 구현 내 모든 하드웨어 초기화 코드가 인라인된 것을 알 수 있다. 이것이 함수가 많은 용량을 차지하는 이유를 설명한다.

17.5.5 프레임워크 상수

라이브러리 코드에는 동적 메모리 할당을 피하기 위해 하드 코딩된 크기의 배열을 사용하는 곳이 몇 군데 있다. RAM 공간이 부족하면 애플리케이션에서 공간을 줄일 수 있는지(매우 복잡한 사용 사례의 경우 공간을 늘려야 하는지도) 실험해볼 필요가 있다. 이러한 배열의 예 중 하나가 `TFLITE_REGISTRATIONS_MAX`이며 이 배열은 등록할 수 있는 작업의 수를 제어한다. 기본값은 128로 대부분의 애플리케이션에서 너무 클 것이다. 이 배열이 128바이트의 `TfLiteRegistration` 구조체(32바이트 이상, 4KB RAM 필요)를 생성한다는 점을 감안하면 더욱 그렇다. `MicroInterpreter`의 `kStackDataAllocatorSize` 같은 크기 관련 변수를 점검하거나 인터프리터 생성자에 전달하는 공간의 크기를 축소할 수도 있다.

17.6 정말로 작은 모델

이 장에서 다루는 내용은 임베디드 시스템이 20KB의 코드 풋프린트까지를 지원하며 머신러닝을 실행하기 위해 최소 10KB 이상이 필요한 상황에 잘 맞는다. 반면 리소스 제한이 심각한 장치(예: 수 킬로바이트 RAM이나 플래시)에서는 동일한 접근 방식을 사용할 수 없다. 이러한 환경에서는 사용자 정의 코드를 작성하고 크기를 줄이기 위해 모든 것을 매우 신중하게 수동 조정해야 한다.

마이크로컨트롤러용 텐서플로 라이트가 이러한 상황에서 여전히 유용할 수 있기를 바란다. 모델이 아주 작은 경우에도 여전히 텐서플로에서 모델을 학습한 다음 내보내기 워크플로를 사용하여 텐서플로 라이트 모델 파일을 작성하는 것을 추천한다. 이러한 절차는 가중치 추출에 도움될 것이며 기존 프레임워크 코드를 사용하여 사용자 정의 버전의 결과를 확인할 수도 있다. 사용 중인 Op 코드를 참조하는 것이 나만의 Op 코드 작성의 좋은 출발점이 될 것이다. 최적의 지연 시간을 갖지는 못하더라도 작고, 이해 가능하며, 메모리 효율성을 갖출 것이다.

17.7 마치며

이 장에서는 임베디드 머신러닝 프로젝트에 필요한 스토리지 양을 줄이는 기술 몇 가지를 살펴봤다. 스토리지는 TinyML이 극복해야 할 가장 어려운 제약 중 하나이지만 이를 극복하고 작고 빠른 저전력 애플리케이션을 만드는 감을 잡으면 제품화를 위한 길을 열게 되는 것이다. 이제 남은 일은 장치가 예기치 않은 방식으로 작동하게 만드는 불가피한 모든 버그를 근절하는 것이다. 디버깅은 고생스러운 과정이지만(살인 사건을 푸는 본인이 탐정, 피해자, 살인자 역할을 동시에 하는 셈이다) 제품을 출시하기 위한 필수적인 기술이다. 18장에서는 머신러닝 시스템에서 일어나는 버그를 해결하는 데 도움되는 기본 기술을 알아볼 것이다.

## CHAPTER 18

디버깅

머신러닝을 제품에 내장하거나 통합하는 과정에서 혼란스러운 오류가 발생할 수 있다. 이 장에서는 문제가 발생했을 때 상황을 이해하기 위한 몇 가지 접근 방식에 대해 알아본다.

18.1 훈련과 배포 사이 정확도 손실

텐서플로와 같은 환경에서 머신러닝 모델을 가져와 애플리케이션에 배포할 때 여러 종류의 문제가 발생할 수 있다. 오류 없이 모델을 빌드하고 실행을 완료하더라도 정확성 측면에서 예상한 결과를 얻지 못하는 경우도 많다. 신경망 추론 단계는 내부적으로 발생하는 문제나 문제의 원인을 들여다볼 수 없는 블랙박스와도 같기 때문에 이는 제품 개발자에게 상당한 괴로움을 준다.

18.1.1 전처리의 차이점

머신러닝 연구에서 훈련 샘플을 신경망이 작동할 수 있는 형태로 변환하는 방법은 큰 주목을 받지 못한 것이 사실이다. 이미지에서 객체 분류를 수행하려면 해당 이미지를 다차원 숫자 배열인 텐서로 변환해야 한다. 이미지는 이미 빨강, 녹색, 파랑 값을 위한 세 개의 채널이 있는 2D 배열로 저장되어 있기 때문에 간단하다고 생각할 수도 있지만 여전히 약간의 변경이 필요하다. 분류 모델은 입력 샘플이 정해진 폭과 높이(예: 폭 224픽셀, 높이 224픽셀)를 갖고 있다고 가정하지만 실제 데이터셋은 이렇게 정형화되어 있지 않다. 즉, 훈련을 위해서는 캡처된 데이터의 크기를 조정해서 일치시켜야 한다. 이는 훈련을 위한 데이터셋에도 마찬가지로 필요한 절차다.

배포된 모델에서 쓰는 크기 조정 방법이 모델 훈련에 사용된 크기 조정 방법과 일치하지 않아서 문제가 발생하는 경우가 빈번하다. 예를 들어 초기 버전의 인셉션^{Inception} 모델에서는 바이리니어 스케일링^{bilinear scaling}을 사용하여 이미지를 축소했다. 이 방법으로 축소하면 이미지 품질이 저하되어 일반적으로 피하는 방법이라서 이미지 처리 전문가들을 당혹스럽게 했다. 결과적으로 애플리케이션에서 추론을 위해 이러한 모델을 사용하는 많은 개발자들은 보다 정확한 영역 샘플링 방식을 사용했지만 실제로는 결과의 정확도를 떨어뜨렸다. 훈련된 모델은 바이리니어 다운스케일링 방식으로 만들어지는 부산물을 찾는 법을 배웠으며 이러한 부산물이 없어지면 오차율이 수 퍼센트 증가했던 것이다.

이미지 전처리는 크기 조정으로 끝나지 않는다. 0에서 255로 인코딩된 이미지 값을 훈련 중에 사용되는 부동소수점 숫자로 변환하는 문제도 있다. 훈련을 위해 이미지 값은 보통 −1.0에서 1.0, 또는 0.0에서 1.0 사이의 작은 범위로 선형 변환된다. 부동소수점 값을 쓰려면 애플리케이션에서도 동일한 값 변환을 수행해야 한다. 8비트 값을 직접 공급하는 경우 런타임에서 이 작업을 수행할 필요가 없다. 값을 `toco` 내보내기 도구의 `mean_values` 및 `--std_values` 플래그와 함께 전달하면 된다. −1.0에서 1.0 사이의 범위로 변환하려면 `--mean_values = 128 --std_values = 128`을 사용하면 된다.

모델 코드에서 입력 이미지 값의 올바른 범위가 어느 정도인지 명확하지 않은 경우도 많다. API 구현 중간에 녹아 있는 세부 정보에 해당되기 때문이다. 구글이 공개한 많은 모델에서 사용하는 슬림 프레임워크^{Slim framework}는 기본적으로 −1.0에서 1.0을 사용한다. 그러나 슬림 프레임워크에 해당하지도 않고 별도의 문서화도 안 되어 있다면 파이썬 구현체에서 훈련 과정을 반복하며 디버깅해야 할 수도 있다.

더 큰 문제는 크기 조정이나 값 변환이 약간만 잘못되면 '대략 괜찮은' 결과를 얻을 수는 있지만 정확도는 떨어진다는 점이다. 즉, 애플리케이션이 일상적인 검사를 잘 수행하는 것처럼 보일 수 있지만 전반적인 사용 경험이 예측했던 것보다 더 떨어지는 것이다. 사실 이미지 전처리와 관련된 문제는 오디오나 가속도계 데이터와 같은 다른 영역보다 훨씬 간단하다. 오디오나 가속도계의 경우 원시 데이터를 신경망의 숫자 배열로 변환하기 위한 복잡한 특징 생성 파이프라인이 있을 수 있다. `micro_speech` 예제의 전처리 코드를 살펴보면 오디오 샘플을 모델에 공급할 스펙트로그램으로 가공하기 위해 여러 단계의 신호 처리를 구현했다는 것을 알 수 있다. 이 코드와 훈련에 사용된 버전 사이에 차이가 있으면 결과의 정확도를 떨어뜨리게 된다.

18.1.2 전처리 디버깅

입력 데이터 변환으로 인해 오류가 발생하기 쉽고, 문제가 있는지조차 파악하지 못할 수도 있다. 이러한 전처리로 인한 문제를 해결할 방법은 무엇인지 몇 가지 알아보자.

우선, 주변 장치가 멈췄더라도 데스크톱 컴퓨터에서 실행할 수 있는 버전의 코드를 항상 사용하는 것이 좋다. 리눅스, 맥OS, 윈도우 환경에서 훨씬 더 나은 디버깅 도구를 사용할 수 있으며 훈련 도구와 애플리케이션 간에 테스트 데이터를 쉽게 전송할 수 있다. 마이크로컨트롤러용 텐서플로 라이트 샘플 코드를 위해 애플리케이션의 여러 부분을 모듈로 나누고 리눅스, 맥OS용 Makefile 빌드를 활성화하여 추론과 전처리 단계를 개별적으로 실행할 수 있다.

전처리 문제를 디버깅하는 데 가장 중요한 도구는 훈련 환경과 애플리케이션에 표시되는 결과를 비교하는 것이다. 여기서 가장 어려운 부분은 훈련 중에 관심 있는 노드에 대한 올바른 값을 추출하고 입력을 제어하는 것이다. 그 방법을 자세히 설명하는 것은 이 책의 범위를 벗어나며 간단히 요약하면 핵심적인 신경망 단계에 해당하는 Op 이름을 식별해야 한다(파일 디코딩, 전처리, 첫 번째 Op 작업 후). 전처리 결과를 얻는 첫 번째 Op는 `--input_arrays` 인수에서 `toco`까지 해당한다. 이후 파이썬에서 각각의 위치에 `tf.print` op를 -1로 설정한 후 삽입하자. 그런 다음 훈련 루프를 실행하면 디버그 콘솔 각 단계에서 텐서 내용의 출력물을 볼 수 있다.

다음으로 이러한 텐서 내용을 가져와서 프로그램으로 컴파일할 수 있는 C 데이터 배열로 변환할 수 있어야 한다. `micro_speech` 코드에는 이에 대한 몇 가지 예가 있다(1초짜리 'yes' 오디오 샘플, 해당 입력 전처리 예상 결과 등). 이러한 참조 값을 얻은 후에는 파이프라인의 각 단계(전처리, 신경망 추론)를 보유하는 모듈에 입력값을 공급하고 출력이 예상한 것과 일치하는지 확인할 수 있어야 한다. 시간이 부족하면 임시 코드를 사용하여 이 작업을 수행할 수도 있다. 하지만 단위 테스트 코드를 사용하면 후에 코드가 변경될 때 전처리 및 모델 추론을 계속 검증할 수 있으므로 테스트 코드에 투자할 만한 가치가 있다.

18.1.3 장치에서 평가

훈련이 끝나면 테스트 데이터셋을 통해 신경망을 평가하고, 예상 결과와 모델의 예측을 비교하여 모델의 전체적인 정확도를 파악한다. 이는 훈련 과정의 일반적인 부분이지만 장치에 배포된 코드에 대해 동일한 평가를 수행하는 경우는 거의 없다. 테스트 데이터셋을 구성하는 수천 개의 입력 샘플을 제한된 리소스를 가진 임베디드 시스템으로 전송하는 것이 크나큰 장벽이기 때문이다. 그러나 이는 큰 문제를 야기한다. 오류를 유발하는 요인이 너무 많아서 모델 훈련이 끝날 때의 정확도와 장치의 정확도가 일치하는지 확인하지 않고서는 모델이 제대로 배포됐는지 검증할 길이 없다. 텐서플로 팀은 `micro_speech` 데모에 대한 전체 테스트 데이터셋 평가를 구현하지는 못했지만 적어도 두 가지 다른 입력에 대한 올바른 레이블을 얻는 종단간 테스트를 만들었다.

18.2 수치의 차이

신경망은 수많은 배열로 수행하는 복잡한 수학 연산의 집약체다. 일반적으로 훈련은 부동소수점으로 수행되지만 임베디드 애플리케이션의 경우 낮은 정확도의 정수 표현으로 변환한다. 작업 자체는 플랫폼 및 최적화 균형에 따라 다양한 방법으로 구현될 수 있다. 그런데 이는 동일하게 입력하더라도 다른 장치의 네트워크에서 비트 단위의 똑같은 결과를 기대할 수 없음을 의미한다. 즉, 허용할 수 있는 차이가 어느 정도인지 정하고, 차이가 너무 커지면 그 차이를 추적하는 방법을 결정해야 한다.

18.2.1 차이가 문제가 될까?

제품 기획자들 사이에서 '진짜 중요한 유일한 지표는 앱스토어 등급'이라는 농담이 있다. 우리 목표는 사람들이 만족하는 제품을 만드는 것이므로 다른 모든 측정 항목은 사용자 만족을 간접적으로 보여주는 대체 지표일 뿐이다. 제품 환경과 훈련 환경 사이에는 항상 수치적인 차이가 있으므로 이 차이가 사용자 경험에 해를 끼치는지 이해하는 것이 첫 번째 할 일이다. 네트워크에서 터무니없는 값을 출력하면 사용자 경험이 확실히 망가졌다고 확신하겠지만, 예상과 몇 퍼센트 차이 나는 수준이라면 일단 네트워크를 실제 애플리케이션에 사용해볼 가치가 있다. 정확도 손실이 문제되지 않거나 더 중요하고 우선순위가 높은 다른 문제가 있을 수도 있기 때문이다.

18.2.2 지표 수립

실제 문제가 있다는 확신이 들면 다음 단계는 이를 정량화하는 것이다. 예상 결과와 출력 점수 벡터의 백분율 차이와 같은 수치를 지표로 삼고 싶겠지만 이런 수치는 사용자 경험을 제대로 반영하지 못할 수도 있다. 예를 들어 이미지 분류를 수행할 때 모든 점수가 예상보다 5% 낮지만 결과의 상대적 순서가 동일하게 유지된다면 애플리케이션에서 최종 결과는 완벽하게 나타날 수도 있다.

제품에 필요한 것을 반영하는 지표를 별도로 설계하는 것이 좋다. 이미지 분류의 경우 테스트 이미지 데이터셋에 대한 톱원 점수가 좋은 지표가 되는데 모델이 올바른 레이블을 선택하는 빈도를 보여준다. 톱원 지표는 모델이 진실 레이블을 가장 높은 점수 예측으로 선택하는 빈도다 (톱파이브top-five도 이와 비슷하다. 진실 레이블이 다섯 개의 가장 높은 점수 예측에 얼마나 자주 포함되는지의 빈도를 나타낸다). 톱원 지표를 사용하여 문제 해결 현황을 추적할 수 있으며 사용자 경험을 만족시키기에 충분할 정도로 변경이 이루어진 시점을 파악할 수 있다.

또한 앞에서 설명한 바와 같이 전처리에서 오류를 유발할 수 있는 가능성이 많기 때문에 제품이 가동될 때 신경망에 실제로 입력되는 내용에 가까운 표준 입력 데이터셋을 신중하게 구성해야 한다.

18.2.3 기준선과 비교

마이크로컨트롤러용 텐서플로 라이트는 모든 기능에 대한 기준 구현을 갖도록 설계됐다. 그 이유 중 하나는 기준 구현의 결과를 최적화된 코드와 비교하여 그 차이에서 발생하는 문제를 디버그할 수 있기 때문이다. 표준 입력이 있으면 최적화를 사용하지 않고 프레임워크의 데스크톱 빌드를 통해 입력해서 기준 Op 구현을 호출해야 한다. 이런 독립형 테스트를 시작하려면 micro_speech_test.cc를 살펴보자. 설정한 측정 항목으로 결과를 실행하면 예상 점수가 표시된다. 점수가 안 나온다면 변환 과정에서 오류가 발생했거나 워크플로에서 다른 문제가 발생했을 수 있으므로 문제를 이해하기 위해 훈련 부분을 다시 디버깅해야 한다.

참조 코드를 사용하여 좋은 결과를 얻었다면 최적화를 적용해서 대상 플랫폼에서 동일한 테스트를 빌드하고 실행해보자. 물론 임베디드 장치에는 모든 입력 데이터를 보유할 메모리가 없기 때문에 간단한 과정이 아닐 것이며 디버그 로깅 연결만으로는 결과를 출력하기 까다로울 수도 있다. 하지만 테스트를 여러 번 실행하더라도 참고 수행할 가치가 있다. 결과가 나오면 지표를 확인하고 문제가 무엇인지 이해하자.

18.2.4 스와프 아웃 구현

기준 구현이 특정 임베디드 장치에서 실행하는 데 시간이 오래 걸릴 수 있다는 점 때문에 많은 플랫폼은 기본적으로 최적화를 활성화한다. 이러한 최적화를 비활성화하는 방법에는 여러 가지가 있지만 가장 간단한 방법은 tensorflow/lite/micro/kernels 하위 폴더에서 현재 사용 중인 모든 커널 구현을 찾아서 상위 디렉터리에 있는 기준 버전으로 덮어 쓰는 방법이다(대체하려는 파일의 백업이 있는지 확인하자). 첫 번째 단계로 최적화된 모든 구현을 교체하고 장치에서 테스트를 다시 실행하여 예상보다 더 높은 점수를 얻어야 한다.

이 교체 작업을 완료하고 나서 최적화된 커널의 절반을 덮어 쓰고 이것이 지표에 어떤 영향을 미치는지 보자. 대부분 바이너리 검색 방식을 사용하면 어떤 최적화된 커널 구현으로 인해 점수가 가장 많이 하락하는지 확인할 수 있다. 일단 최적화된 커널로 좁힌 후에는 불량 실행 중 하나에 대한 입력값과 기준 구현에서 해당 입력값에 대한 예상 출력값을 캡처하여 최소한의 재현 가능한 사례를 만들 수 있어야 한다. 가장 쉬운 방법은 테스트 실행 중 커널 구현 내에서 디버그 로깅을 하는 것이다.

재현 가능한 사례를 찾으면 단위 테스트를 만들 수 있다. 표준 커널 테스트 중 하나를 따라서 새 독립형 테스트를 작성할 수도 있고 해당 커널의 기존 파일에 추가할 수도 있다. 그러면 코드와 기준 버전의 결과에 차이가 있고, 이 차이가 제품에 영향을 준다는 근거를 확보할 수 있다. 이를 바탕으로 최적화된 구현을 담당하는 팀에게 문제를 알릴 수 있다. 그런 다음 동일한 테스트를 다시 기본 코드베이스에 추가하면 다른 최적화 구현으로 인해 동일한 문제가 발생하지 않는지 확인할 수 있다. 이 방식은 또한 코드를 분리하여 실험하고 빠르게 반복할 수 있기 때문에 구현을 직접 디버깅할 수 있는 훌륭한 도구가 된다.

18.3 알 수 없는 충돌과 중단

임베디드 시스템에서 가장 곤란한 상황 중 하나는 프로그램이 실행되지 않는데 무엇이 잘못됐는지 설명하는 명백한 로깅 출력이나 오류도 없을 때다. 문제를 이해하는 가장 쉬운 방법은 디버거(예: GDB)를 연결해서 중단된 스택 추적을 보거나, 코드를 단계별로 실행하여 어디에서 잘못되는지 확인하는 것이다. 하지만 디버거를 설정하는 것이 항상 쉬운 것은 아니며 디버거를 사용하더라도 문제 원인이 명확하지 않을 수 있으므로 다른 기법도 시도할 수 있어야 한다.

18.3.1 데스크톱 디버깅

리눅스, 맥OS, 윈도우와 같은 전체 운영체제에는 다양한 디버깅 도구와 오류 보고 메커니즘이 있으므로 가능하면 해당 플랫폼 중 하나에 프로그램을 이식 가능하도록 유지한다. 하드웨어 특성이 있는 기능을 더미 구현으로 대체해야 하더라도 상관없다. 이것이 마이크로컨트롤러용 텐서플로 라이트가 설계된 방식이다. 즉 이러한 구조에서는 리눅스 시스템에서 잘못되고 있는 모든 것을 먼저 재현할 수 있다. 이 환경에서 동일한 오류가 발생하면 일반적으로 장치를 플래시하지 않고도 표준 도구를 사용해서 문제를 반복적으로 추적하는 것이 훨씬 쉽고 빠르다. 전체 애플리케이션을 데스크톱 빌드로 유지하기 너무 어렵다면 최소한 데스크톱에서 컴파일하는 모듈에 대한 단위 테스트와 통합 테스트를 작성할 수 있는지 확인하자. 그런 다음 문제가 발생한 상황과 유사한 정보를 이러한 테스트에 입력하면 비슷한 오류가 발생하는지 확인할 수 있다.

18.3.2 로그 추적

마이크로컨트롤러용 텐서플로 라이트에서 플랫폼별로 필요한 유일한 기능은 DebugLog() 구현이다. 프로덕션 배포에 필요한 것은 아니지만 개발 진행 상황을 이해하는 데 필수적인 도구이기 때문이다. 이상적인 환경에서 충돌하거나 발생하는 프로그램 오류는 로그 출력을 트리거해야 한다(예: STM32 장치의 경우 이를 수행하는 결함 처리기가 있다). 그러나 이것이 항상 실현 가능한 것은 아니다.

그래도 항상 코드에 직접 로그 문을 삽입할 수 있어야 한다. 꼭 의미가 있는 문구일 필요는 없고 코드 어느 위치에 도달했는지에 대한 흔적만 남기면 된다. 다음과 같이 자동 추적 매크로를 정의할 수도 있다.

```
#define TRACE DebugLog(__FILE__ ":" __LINE__)
```

매크로를 정의하면 코드에서 다음과 같이 사용할 수 있다.

```
int main(int argc, char**argv) {
  TRACE;
  InitSomething();
  TRACE;
  while (true) {
    TRACE;
    DoSomething();
    TRACE;
  }
}
```

코드가 얼마나 진행됐는지를 보여주는 디버그 콘솔 출력이 표시된다. 일반적으로 가장 높은 수준의 코드로 시작해서 로깅이 중지되는 위치를 확인하는 것이 가장 좋다. 그러면 충돌이나 중단이 발생하는 대략의 영역을 파악할 수 있고 낮은 수준의 코드에 TRACE 문을 더 추가하면 문제가 발생한 위치를 정확하게 좁힐 수 있다.

18.3.3 샷건 디버깅

로그 추적으로 문제에 대한 충분한 정보를 얻지 못하거나 프로덕션 환경과 같이 로그에 접근할 수 없는 환경에서만 문제가 발생할 수도 있다. 이러한 경우에 쓸 수 있는 샷건 디버깅shotgun debugging이라는 방법을 소개하고자 한다. 이는 15장에서 다룬 '샷건 프로파일링'과 유사하며 코드 일부를 주석 처리하고 오류가 여전히 발생하는지 확인하는 간단한 방식이다. 애플리케이션의 최상위 수준에서 시작하여 아래로 내려가다 보면 일반적으로 이진 검색 같은 방식으로 문제를 일으키는 코드 행을 찾아낼 수 있다. 예를 들어 메인 루프에서는 다음과 같이 샷건 디버깅을 시작할 수 있다.

```
int main(int argc, char**argv) {
  InitSomething();
  while (true) {
    // DoSomething();
```

```
    }
  }
```

DoSomething()을 주석 처리한 후 성공적으로 실행되면 해당 함수 내에서 문제가 발생하고 있음을 알 수 있다. 그런 다음 주석 처리를 제거하고 DoSomething() 함수의 구현 안에서 부분별로 주석 처리와 실행을 반복하면 오작동하는 코드를 찾아낼 수 있다.

18.3.4 메모리 손상

가장 고통스러운 오류는 실수로 메모리 값을 덮어 쓰면서 발생한다. 임베디드 시스템은 데스크톱이나 모바일 CPU와 같은 하드웨어가 아니라서 메모리 손상으로 인한 오류를 디버깅하기가 특히 더 어렵다. 코드를 추적하거나 주석 처리하더라도 더 혼란스러운 결과를 얻게 되는데, 손상된 값을 사용하는 코드가 실행되기 훨씬 전에 덮어 쓰기가 발생해서 원인에서 먼 곳에서 충돌 현상이 발생하기 때문이다. 센서 입력 또는 하드웨어 타이밍에 의해 간헐적으로 생기는 문제는 더욱 재현하기 어렵다.

이러한 현상의 가장 큰 원인은 프로그램 스택이 넘치는 것이다. 스택은 지역 변수가 저장되는 곳이며 마이크로컨트롤러용 텐서플로 라이트는 스택을 비교적 광범위하게 사용하며 큰 객체를 담는다. 따라서 다른 많은 임베디드 애플리케이션보다 더 많은 스택 공간이 필요하다. 불행히도 정확히 어느 정도 크기가 적절한지 알기는 쉽지 않다. 특히 SimpleTensorAllocator에 전달해야 하는 메모리 영역 부족으로 문제가 많이 발생하며 다음 예에서는 이를 로컬 배열로 선언한다.

```
// 입력, 출력, 중간 배열에 사용할 메모리 영역을 만든다.
// 이 크기는 사용 중인 모델에 따라 다르며 실험을 통해 결정해야 할 수도 있다.
const int tensor_arena_size = 10 * 1024;
uint8_t tensor_arena[tensor_arena_size];
tflite::SimpleTensorAllocator tensor_allocator(tensor_arena,
                                               tensor_arena_size);
```

동일한 접근 방식을 사용한다면 스택 크기는 해당 tensor_arena 크기에 수 킬로바이트(런타임에서 사용되는 기타 변수용)를 더한 정도가 돼야 한다. tensor_arena를 다른 곳에서 선언하는 경우(전역 변수 등) 수 킬로바이트의 스택만 있으면 된다. 정확히 필요한 메모리 양은 아키텍처, 컴파일러, 실행 중인 모델에 따라 다르므로 미리 정확한 크기를 확인하는 것은 쉽지 않다. 알 수 없는 충돌이 발생한다면 스택의 값을 늘릴 수 있는 만큼 늘려서 확인할 필요가 있다.

여전히 문제가 발생하면 어떤 변수나 메모리 영역을 덮어 쓰는지 확인해야 한다. 바라건대 이것은 앞에서 설명한 로깅이나 샷건 디버깅 방식으로 확인 가능할 것이며 이를 통해 손상된 값을 읽는 코드의 범위를 좁힐 수 있다. 어떤 변수나 배열이 손상됐는지 알면 TRACE 매크로를 살짝 바꿔서 해당 메모리 위치의 값과 호출된 파일 및 행을 출력할 수 있다. 지역 변수라면 더 깊은 스택 프레임에서 접근할 수 있도록 메모리 주소를 전역 변수에 저장하는 것과 같은 트릭을 써야 할 수도 있다. 그런 다음 일반적인 충돌을 추적하는 것과 마찬가지로 프로그램을 실행할 때 해당 위치의 내용을 추적하고 덮어 쓰는 코드를 식별할 수 있다.

18.4. 마치며

훈련 환경에서는 잘 작동되지만 실제 환경에 배포한 장치에서는 작동하지 않는 문제의 해결책을 찾는 것은 길고 힘든 과정이다. 이번 장에서는 문제가 발생했을 때 이를 추적할 수 있는 방법을 살펴봤다. 불행히도 디버깅에는 지름길이 많지 않다. 하지만 앞에서 다룬 접근 방식을 사용하여 문제를 체계적으로 추적하다 보면 임베디드 머신러닝 문제를 해결할 수 있을 것이다.

한 제품에서 하나의 모델로 작업한 다음 다른 제품을 위해 모델을 적용하거나 완전히 새로운 모델을 만드는 방법이 궁금할 것이다. 19장에서는 텐서플로 훈련 환경에서 텐서플로 라이트의 추론 엔진으로 모델을 전송하는 방법에 대해 알아본다.

CHAPTER **19**

텐서플로에서 텐서플로 라이트로 모델 포팅하기

여기까지 읽은 독자는 새로운 프로젝트라도 가능하면 기존 모델을 재사용하는 것이 좋다는 점을 이해할 것이다. 완전히 새로운 모델을 처음부터 훈련시키는 데는 많은 시간과 실험이 필요하다. 이 분야의 전문가들도 다양한 프로토타입을 시도하기 전에는 프로젝트에 대한 적절한 접근 방식을 예측할 수 없다. 새로운 아키텍처를 만드는 법을 제대로 다루려면 이 책의 지면이 부족하므로 이 분야에 관심이 있다면 21장을 참조하자. 하지만 자원이 제한된 임베디드 머신러닝의 고유한 몇 가지 측면(제한된 작업 집합, 전처리 요구 사항 등)을 고려했을 때 새로운 모델을 만드는 데 있어서도 몇 가지 간단한 요점은 살펴보려고 한다 .

19.1 필요한 Op 이해

저자가 구글 소속이기 때문에 이 책은 텐서플로에서 작성한 모델에 중점을 두지만 하나의 프레임워크에서도 모델을 작성하는 방법에는 여러 가지가 있다. 음성 명령 훈련 스크립트를 보면 핵심 텐서플로 Op를 직접 빌딩 블록으로 사용하여 모델을 작성하고 수동으로 훈련 루프를 실행하고 있음을 알 수 있다. 집필 시점인 2019년에서 이는 꽤나 오래된 방식이다(이 스크립트는 2017년 작성). 텐서플로 2.0 최신 예제는 대부분 케라스를 사용해서 많은 세부 사항을 처리한다.

Op를 직접 사용하는 방식의 단점은 코드만 봐서는 모델이 사용하는 기본 Op가 무엇인지 명확하지 않다는 것이다. 이러한 Op는 레이어의 일부로 생성되며 이러한 레이어는 단일 호출에서 더 큰 그래프 덩어리를 나타낸다. 이는 문제가 되는데 모델이 텐서플로 어떤 Op를 사용하는지 알아야 모델이 텐서플로 라이트에서 실행 가능한지 여부와 필요한 자원 요구 사항을 이해할 수 있기 때문이다. 다행히도 `tf.keras.backend.get_session()`을 사용하면 기본 세션 객체를 검색할 수 있는 한 케라스에서도 기본적인 하위 수준 Op에 접근할 수 있다. 텐서플로에서 직접 코딩하면 이미 변수에 세션이 있을 가능성이 있으므로 다음 코드가 작동할 것이다.

```
for op in sess.graph.get_operations():
    print(op.type)
```

세션을 sess 변수에 할당하면 모델의 모든 Op 유형이 출력된다. name과 같은 다른 속성에 접근하여 자세한 정보를 얻을 수도 있다. 텐서플로 Op가 무엇인지 이해하면 텐서플로 라이트로의 변환 과정에 많은 도움이 된다. 그렇지 않으면 표시되는 오류를 이해하기 훨씬 더 어려울 것이다.

19.2 텐서플로 라이트의 기존 Op 범위 살펴보기

텐서플로 라이트는 텐서플로 Op의 일부만 지원하며 그마저도 제한이 있다(Op 호환성 가이드에서 최신 목록을 볼 수 있다). 즉, 새 모델을 계획할 때는 지원되지 않는 기능이나 Op에 의존하지 않아야 한다. 특히 LSTM, GRU 등의 RNN은 아직 사용할 수 없다. 또한 현재 전체 모바일 버전의 텐서플로 라이트와 마이크로컨트롤러용 텐서플로 라이트에서 제공되는 기능에는 차이가 있다. 현재 마이크로컨트롤러용 텐서플로 라이트가 지원하는 Op를 이해하는 가장 간단한 방법은 all_ops_resolver.cc를 보는 것이다. Op는 지속적으로 추가되고 있기 때문이다.

텐서플로 훈련 세션에 표시되는 Op와 텐서플로 라이트에서 지원하는 Op를 비교할 때 혼동 요소가 있다. 내보내기 프로세스에서 발생하는 몇 가지 변환 단계가 있기 때문이다. 예를 들어 변수로 저장된 가중치를 상수로 변환하거나, 최적화를 위해 부동소수점 연산을 정수로 양자화할 수도 있다. 역전파와 같이 훈련 루프의 일부로만 존재하는 Op도 있는데 이들은 변환 과정에서 완전히 제거된다. 발생할 수 있는 문제를 파악하는 가장 좋은 방법은 훈련 전에 예측 모델을 생성해서 구조를 조정할 수 있도록 하는 것이다. 그래야 훈련 중 많은 시간을 절약할 수 있다.

19.3 전처리 및 후처리를 애플리케이션 코드로 이동

딥러닝 모델에는 세 가지 단계가 있다. 먼저 디스크에서 이미지와 레이블을 로드하고 JPEG를 디코딩하거나, 오디오 데이터를 스펙트로그램으로 변환하는 등의 전처리 단계가 있다. 다음으로 배열 값을 입력으로 받고 신경망에서 연산을 진행한 뒤 출력하는 핵심 신경망이 있다. 마지막으로 출력값을 해석하는 후처리 단계가 있다. 대부분의 분류 문제에서는 후처리 단계가 벡터의 점수를 해당 레이블과 일치시키는 수준의 간단한 작업이지만, MobileSSD와 같은 모델을 보면 네트워크 출력은 수많은 경계 상자가 겹쳐진 덩어리이며 이를 의미 있는 결과로 만들기 위해서는 '논-맥스 서프레션$^{non-max\ suppression}$'이라는 복잡한 과정을 거쳐야 한다.

핵심 신경망 모델에서는 대부분의 연산이 이루어지며 컨볼루션과 활성화 함수와 같은 경우 비교적 적은 수의 Op로 구성된다. 전처리와 후처리 단계는 계산량은 적지만 제어 흐름을 포함하면서 더 많은 Op가 필요한 경우가 많다. 즉, 핵심 신경망 외의 단계는 텐서플로 라이트 모델에 넣기보다는 애플리케이션에서 일반 코드로 구현하는 편이 더 효율적이다. 예를 들어 컴퓨터 비전 모델의 신경망 부분은 224×224픽셀 너비와 같은 특정 크기의 이미지를 가져온다. 훈련 환경에서는 `DecodeJpeg`와 `ResizeImages`를 사용하여 결과를 올바른 크기로 변환한다. 그러나 장치에서 실행할 때는 대부분 압축 해제 없이 고정 크기 소스에서 입력 이미지를 가져오므로, 신경망 입력을 위한 별도의 코드를 직접 작성하는 것이 라이브러리의 범용 Op를 사용하는 것보다 훨씬 효율적이다. 또한 이를 통해 비동기 캡처를 처리하고 관련 작업을 스레딩하여 이점을 얻을 수도 있다. 음성 명령 인식의 경우 FFT에서 중간 결과를 캐시하는 코드를 작성하면서 스트리밍 입력에서 실행되는 많은 계산을 재사용할 수 있다.

훈련 환경에서는 후처리 단계가 아주 중요하지는 않지만 장치에서 추론을 실행할 때는 후처리를 통해 사용자에게 표시되는 결과를 향상시키는 것이 일반적이다. 예를 들어 호출어 인식 모델은 분류기일 뿐이지만 코드에서 1초에 여러 번 실행된 값을 평균 내어 결과의 정확도를 높인다. 이러한 종류의 코드는 텐서플로 라이트 Op로 표현하기도 어려울 뿐더러 텐서플로 라이트를 써도 달리 장점도 없으므로 애플리케이션 수준에서 구현하는 것이 가장 좋다. 물론 detection_postprocess.cc에서 볼 수 있듯이 텐서플로 라이트 라이브러리로 후처리를 구현할 수도 있다. 하지만 이렇게 하면 내보내기 과정에서 매우 많은 텐서플로 그래프 조정 작업이 필요하다. 일반적으로 임베디드 환경에서 동작하는 작은 크기의 텐서플로 Op는 작업량 측면에서 효율적인 방식은 아니기 때문이다.

이러한 점을 감안하면 핵심이 아닌 부분은 그래프에서 제외하는 것이 바람직하다는 것을 알수 있다. 물론 어떤 부분을 제외할지 결정하는 작업이 필요하다. Netron(https://oreil.ly/qoQNY)은 텐서플로 라이트 그래프에 어떤 Op가 있는지 이해하고, 신경망 핵심 부분인지 아니면 일반적인 처리 단계인지를 알아볼 때 유용한 도구다. 내부에서 발생하는 상황을 이해하면 핵심 네트워크를 파악하고 해당 Op만 내보내고 나머지는 애플리케이션 코드로 구현할 수있다.

19.4 Op의 구현

텐서플로 라이트에서 지원하지 않는 Op가 반드시 필요하다면 텐서플로 라이트 파일 형식으로 별도의 Op를 작성해서 저장한 다음 프레임워크에서 직접 구현할 수 있다. 그 전체 프로세스는 이 책의 범위를 벗어나지만 주요 단계만 소개하자면 다음과 같다.

- allow_custom_ops가 활성화된 상태에서 toco를 실행하면 지원되지 않는 Op가 직렬화된 모델 파일에 사용자 지정 Op로 저장된다.
- Op를 구현하는 커널을 작성하고 애플리케이션에서 사용 중인 Op 리졸버의 AddCustom()을 사용하여 등록한다.
- Init() 메서드가 호출될 때 플렉스버퍼 형식으로 저장된 파라미터의 압축을 푼다.

19.5 Op 최적화

개발자가 새 모델에서 지원되는 Op를 사용하더라도 아직 최적화되지 않은 Op를 사용하고 있을 수 있다. 텐서플로 라이트 팀의 우선순위는 사용 사례에 따라 결정되므로 새로운 모델을 실행 중이라면 아직 최적화되지 않은 코드 경로가 있을 수 있다. 15장에서도 다뤘듯이 모델을 훈련시키기 전에 가능한 한 빨리 포팅 호환성을 확인해서 개발 일정을 계획하기 전에 필요한 성능을 보장하는 것이 좋다.

19.6 마치며

새로운 신경망을 훈련시켜서 과제를 성공적으로 완수하는 것은 어려운 일이다. 임베디드 하드웨어에서 효율적으로 실행할 수 있고 좋은 결과까지 출력하는 신경망을 구축하는 방법을 알아내기는 더욱 어렵다. 이 장에서는 새로운 모델을 만들 때 직면하게 될 몇 가지 난점을 논의하고 이를 극복하기 위한 방법을 설명했지만 이는 급속히 발전하는 연구 분야이므로 21장에서 소개할 자료를 살펴보고 모델 아키텍처에 대한 새로운 영감을 얻기 바란다. 특히 arXiv에서 최신 연구 논문을 찾아 읽으면 많은 도움이 될 것이다.

모델 개발 문제를 극복하고 나면 실제 환경에 배포할 수 있는 저전력의 작고 빠른 제품이 필요할 것이다. 하지만 제품을 출시하기 전 사용자에게 미칠 수 있는 잠재적인 영향에 대해 생각할 필요가 있다. 20장에서는 개인 정보 보호와 보안에 대해 다룬다.

## CHAPTER 20

개인 정보, 보안, 배포

여기까지 읽은 독자는 머신러닝을 탑재한 임베디드 애플리케이션을 구축할 수 있을 것이다. 그러나 프로젝트를 세상에 선보일 제품으로 만들기 위해서는 여전히 많은 과제를 해결해야 한다. 그중 두 가지 주요 과제는 사용자의 개인 정보를 보호하고 보안을 유지하는 것이다. 이 장에서는 이러한 과제를 위한 몇 가지 접근 방식에 대해 설명한다.

20.1 개인 정보

임베디드 머신러닝은 센서 입력에 의존한다. 마이크, 카메라와 같은 센서 중 일부는 개인 정보 유출 문제(https://oreil.ly/CEcsR)를 불러일으킬 수 있으며 가속도계와 같은 센서도 잘못 사용될 수 있다(걸음걸이 측정하는 제품으로 개인을 식별). 제품으로 인해 발생할 수 있는 피해로부터 사용자를 보호하는 것은 엔지니어의 책임이므로 설계의 모든 단계에서 개인 정보 보호를 생각하는 것이 중요하다. 민감한 사용자 데이터를 처리하는 경우 법률 검토도 해야 하는데 이 책의 범위를 벗어나므로 변호사와 상의하는 것이 좋다. 대기업이라면 개인 정보 보호 전문가의 협조를 구하는 프로세스가 있을 것이다. 이러한 자원이 없더라도 프로젝트를 시작할 때 개인 정보 보호 검토에 데 시간을 투자하고 제품 출시 전까지 정기적으로 점검하는 것이 좋다. '개인 정보 보호 검토'의 실질적 정의에 대한 광범위한 합의는 없지만 구글의 경우 강력한 개인 정보 설계 문서^{Privacy Design Document}(PDD)를 작성하여 모범 사례를 논의한다.

20.1.1 개인 정보 설계 문서

개인 정보 엔지니어링(https://oreil.ly/MEwUE) 분야는 여전히 새롭다. 개인 정보에 대한 제품의 영향을 평가하고 개선하는 방법론을 찾는 것은 아직 어렵다. 많은 대기업은 애플리케이션에서 개인 정보를 보호하는 절차를 위해 PDD를 만들고 관리한다. 이 문서는 제품의 개인 정보 보호를 다루는 중심이 된다. PDD에 포함돼야 하는 내용을 살펴보자.

20.1.1.1 데이터 수집

PDD 첫 번째 구절에서는 수집할 데이터, 수집 방법, 수집하는 이유를 다뤄야 한다. 이러한 내용은 구체적이고 명확해야 한다. 이를테면 '환경 대기 정보 얻기'보다는 '온도, 습도 수집'과 같이 기술해야 한다. 이 구절을 작성하다 보면 실제 데이터 수집에 대해 고민할 기회도 얻게 되고 해당 데이터 수집이 제품에 필수적인지에 대해서도 다시 생각하게 된다. 예를 들어 더 복잡한 장치를 깨우기 위해 노이즈를 계속 수집하는 상황이라고 가정하자. 꼭 마이크를 사용하여 16KHz로 오디오를 샘플링해야 할까? 음성을 녹음할 수 없는 저해상도의 센서를 사용할 수는 없을까? 여기에서는 간단한 시스템 다이어그램을 사용하여 제품의 여러 구성 요소(클라우드 API 포함) 사이에 정보가 흐르는 방식을 보여주는 것이 좋다. 첫째 구절의 목표는 변호사, 경영진, 이사회 구성원, 그 밖의 기술자가 아닌 이해관계자에게 수집할 데이터에 대한 개요를 제공하는 것이다. 유용한 접근법 하나를 팁으로 알려주면 이 제품이 언론에 공개될 경우 신문 첫 페이지에서 동정심 없는 언론인이 이를 어떻게 다룰 것인지 상상하는 것이다. 즉, 외부의 악의적인 행동에 대한 사용자의 노출을 최소화하기 위해 최선을 다해야 한다. 구체적으로는 '악의를 가진 퇴사자가 이 기술을 사용하여 무엇을 할 수 있을까?'와 같은 시나리오를 생각하고 가능한 한 많은 보호 기능이 내장되어 있는지 확인하자.

20.1.1.2 데이터 사용

수집한 데이터는 어떻게 될까? 수많은 스타트업이 사용자 데이터를 활용하여 머신러닝 모델을 훈련시키려는 유혹을 받는다. 하지만 이는 개인 정보 보호 측면에서 볼 때 매우 까다로운 프로세스다. 아주 민감한 정보를 장기간 저장하고 처리해야 하는 반면 사용자에게는 간접적인 혜택만 줄 수 있기 때문이다. 이러한 측면에서 훈련 데이터 수집은 제품 사용의 부산물로 취급하고 명확한 동의를 얻은 유료 사용자에게만 데이터를 수집하는 완전히 별개의 프로그램으로 취급하면 좋다.

임베디드 머신러닝의 장점 중 하나는 민감한 데이터를 로컬에서 처리한 후 집계된 결과만 공유할 수 있다는 점이다. 예를 들어 1초마다 이미지를 캡처하여 차량과 보행자의 수를 세는 장치가 있다고 가정하자. 이 장치가 전송하는 데이터는 사람과 차량의 수다. 최대한 이러한 전송 요건을 준수하도록 하드웨어를 설계해야 한다. 즉, 분류 알고리즘에 대한 입력으로 224×224픽셀 이미지만 사용하는 경우 얼굴이나 번호판을 물리적으로 인식할 수 없도록 저해상도 카메라 센서를 사용한다. 또 보행자 수와 같은 몇 가지 값만 요약해서 전송하므로 장치가 해킹돼도 소스 비디오를 전송할 수 없도록 비트 전송률이 낮은 무선 기술만 지원하게 한다. 앞으로 등장할 특수 목적의 하드웨어(https://oreil.ly/6E2Ya)가 이러한 요건을 준수하는 데 도움되면 좋겠지만, 현재 기술로도 시스템 설계 수준에서 과도한 엔지니어링을 피하고 데이터 남용을 어렵게 만들 수 있는 기법은 많다.

20.1.1.3 데이터 공유와 스토리지

수집한 데이터에 누가 접근할 수 있을까? 접근 권한을 가진 사람만 볼 수 있게 하는 접근 제어 시스템을 갖추었는가? 데이터가 장치나 클라우드에서 얼마나 오래 보관되는가? 오랫동안 보관한다면 삭제 정책은 어떠한가? 전자메일 주소나 이름과 같은 명백한 사용자 ID를 제거한 정보를 저장하기만 하면 안전하다고 생각할 수도 있지만 IP 주소, 인식 가능한 음성, 걸음걸이와 같은 많은 데이터가 사용자를 식별할 수 있기 때문에 수집하는 모든 센서 데이터는 개인 식별 정보Personally Identifiable Information(PII)로 간주해야 한다. 이상적으로는 이러한 종류의 PII를 방사성 폐기물처럼 취급해야 한다. 가능하면 수집하지 말고, 필요할 때를 위해 잘 보관하고, 필요한 작업을 완료한 후 가능한 한 빨리 폐기하는 것이다.

접근 권한에 있어서도 상황에 따라 정부의 압력이 모든 접근 권한 시스템을 무시할 수 있으므로 비민주적인 국가에서는 사용자에게 심각한 피해를 줄 수 있다. 그러므로 사용자 노출을 줄이고 부담스러운 책임을 줄이기 위해서는 데이터 저장과 전송을 최소한으로 해야 한다.

20.1.1.4 동의

제품 사용자들이 수집하는 정보를 이해하고 사용 방법에 동의했는가? 이 질문을 좁게 보면 사용자가 마우스 클릭으로 약관과 개인정보취급방침에 동의했는지 묻는 법적 질문으로 볼 수도 있다. 하지만 더 넓은 범위에서 마케팅 측면의 과제로 생각하는 것이 좋다. 제품 기획자 입장에서는 사용자가 제품에서 얻는 혜택이 데이터 제공에 대한 보상이라고 확신할 것이다. 그렇다면 잠재적 고객에게 정보를 바탕으로 선택지를 제공하고 이를 명확하게 전달할 수 있는 방법은 무엇인가? 이러한 메시지를 전달하는 데 문제가 있다면 개인 정보 수집을 줄이거나 제품의 혜택을 높이기 위한 설계를 다시 생각해야 한다.

20.1.2 PDD 사용

제품이 발전함에 따라 지속적으로 업데이트되는 PDD는 살아 있는 문서로 취급해야 한다. 제품 세부 정보는 변호사나 비즈니스 이해관계자와의 소통에 유용하게 쓰일 뿐 아니라 다른 많은 상황에서도 유용하게 쓰일 수 있다. 예를 들어 마케팅팀과 협력하여 현재 하고 있는 일에 대한 메시지를 고객에게 전달하고, 광고와 같은 타사 서비스 제공 업체와 협력하여 개인 정보 보호 사항을 준수하는지 확인할 수 있다. 실제 구현한 뒤에 볼 수 있는 숨겨진 개인 정보 보호의 영향이 있을 수 있으므로 팀의 모든 엔지니어가 PDD에 접근할 수 있고 의견을 추가할 수 있어야 한다. 예를 들어 기기의 IP 주소를 유출하는 클라우드 API를 사용하고 있거나, 사용하지 않지만 민감한 데이터를 전송하도록 활성화된 와이파이 칩이 마이크로컨트롤러에 장착되어 있을 수도 있다.

20.2 보안

임베디드 장치 전체에서 보안을 보장하는 것은 매우 어렵다. 공격자가 시스템을 물리적으로 소유하기만 하면 온갖 종류의 침입 기술을 사용하여 정보를 추출할 수 있다. 첫 번째 방어선은 최소한의 민감한 정보만 임베디드 시스템에 유지되도록 하는 것이며 여기에서 PDD가 중요한 역할을 한다. 클라우드 서비스와의 보안 통신에 의존한다면 모든 키가 안전하게 유지되도록 보안 암호화 프로세서(https://oreil.ly/lGLzA)를 고려해야 한다. 이 칩은 보안 부팅에 사용되며 플래시한 프로그램만 장치에서 실행할 수 있도록 강제한다.

개인 정보 보호와 마찬가지로 하드웨어 설계 단계에서부터 공격자의 공격 기회를 제한해야 한다. 와이파이나 블루투스가 군이 필요하지 않다면 해당 기능을 과감하게 빼자. 제품에 SWD(https://oreil.ly/X1I7x)와 같은 디버그 인터페이스를 제공하지 말고 ARM 플랫폼의 코드 판독 기능(https://oreil.ly/ag5Vc)을 비활성화하자. 이러한 조치는 완벽하지는 않지만

(https://oreil.ly/R3YG-) 공격 비용을 상승시키는 효과가 있다.

또한 보안 및 암호화를 위한 기존 라이브러리와 서비스에 의존하는 것이 좋다. 자신만의 암호 시스템을 만드는 것은 그리 좋은 생각이 아니다. 실수의 여지가 많으며 공격자가 이런 실수를 발견하면 시스템의 보안을 파괴하는 것은 매우 쉽다. 임베디드 시스템 보안의 모든 과제를 다루는 것은 이 책의 범위를 벗어나지만 PDD와 마찬가지로 보안 설계 문서 작성에 대해서도 고려해야 한다. 보안 설계 문서에서는 공격 가능성이 있는 사항, 그 영향과 공격에 대한 방어 방법을 다뤄야 한다.

20.2.1 모델 보호

자신이 개발한 머신러닝 모델을 파렴치한 경쟁자로부터 어떻게 보호할지 관심 있는 엔지니어가 많다. 모델 개발에는 많은 작업이 필요하지만 장치에 배포되는 형식은 일반적으로 이해하기 쉬운 형식이기 때문이다. 불행히도 모델의 복제를 막는 절대적인 보호 장치는 없다. 모델은 다른 소프트웨어와 마찬가지로 일반 기계 코드처럼 도난당할 수 있고 분해될 수 있다. 하지만 달리 말하면 소프트웨어 보호에 쓰이는 방법론을 모델에도 쓸 수 있다. 절차적 프로그램을 분해해도 실제 소스 코드가 드러나지 않는 것처럼 양자화된 모델을 검사해도 훈련 알고리즘이나 데이터에 접근할 수 없으므로 공격자는 모델을 다른 용도로 수정할 수 없다. 같은 맥락에서 경쟁 업체가 모델을 입수해서 장치에 탑재했을 경우 다른 소프트웨어와 마찬가지로 경쟁 업체가 지적 재산을 훔쳤다는 사실을 법적으로 입증하는 것이 어렵지 않다.

어쨌든 공격자가 모델에 접근하기 어렵게 만드는 작업은 필요하다. 간단한 기법은 개인키로 XOR 한 후 직렬화한 모델을 플래시에 저장하여 다음 이를 사용하기 전에 RAM에 복사한 후 암호화를 해제하는 것이다. 이렇게 하면 간단한 플래시 덤프^{dump}로는 모델이 노출되지 않지만 런타임에 RAM에 접근할 수 있는 공격자는 여전히 모델에 접근 가능하다. 텐서플로 라이트의 플랫버퍼로부터 독자적 형식으로 전환하는 것이 도움이 될 것이라고 생각할 수도 있다. 하지만 가중치 파라미터 자체는 그저 큰 배열이므로 디버거를 단계별로 실행하면 어떤 호출이 어떤 순서로 이루어지는지 자명해진다. 아쉽지만 이러한 보안 측면에서 난독화의 쓸모는 제한적이다.

NOTE_ 모델의 잘못된 사용을 통제하기 위한 재미있는 접근법이 하나 있다. 바로 훈련 과정에 미묘한 결함을 고의적으로 심어놓은 다음 모델의 오용이 의심될 때 해당 데이터를 입력하는 것이다. 예를 들어 'Hello'를 들을 수 있을 뿐 아니라 비밀리에 'Ahoy, sailor'를 들을 수 있도록 호출어 감지 모델을 훈련시킬 수 있다. 별도로 훈련된 모델이 이러한 특이한 문구를 인식할 가능성은 극히 낮으므로 장치가 이를 인식한다면 모델이 도용됐다는 강력한 증거가 된다. 이 기술은 지도, 디렉터리, 사전과 같은 저작물에 저작권 침해를 발견할 수 있도록 가상의 내용을 포함시키는 오래된 아이디어에서 유래한다. 지도의 사본을 식별하는 데 도움되도록 가상의 산 'Mountweazel'을 지도에 배치한 사례가 유명해서 마운트위즐링^{mountweazeling} 기법으로도 알려져 있다.

20.3 배포

최신 마이크로컨트롤러에는 무선 업데이트^{over-the-air update}가 잘 갖춰져 있어서 제품 출시 후에도 장치에서 실행 중인 코드를 언제든지 수정할 수 있다. 그런데 이는 보안과 개인 정보 보호에 대한 광범위한 공격 가능성을 열어주는 통로이기도 해서 제품에 꼭 필요한지 여부를 판단해야 한다. 잘 설계된 보안 부팅 시스템과 기타 보호 기능 없이 새로운 코드를 업로드하는 기능의 안전을 확보하기 어렵고, 만약 여기에 실수가 있으면 악의적인 공격자에게 장치 제어를 완전히 빼앗길 수 있다. 기본적으로 장치를 만든 다음에는 어떤 종류의 코드 업데이트도 허용하지 않는 것이 좋다. 물론 이렇게 하면 보안 허점을 수정하는 업데이트조차 불가능해지므로 굉장히 난감하게 들릴 수도 있을 것이다. 하지만 대부분의 경우 시스템에서 공격자 코드가 실행될 가능성을 제거하면 보안에 훨씬 더 많은 도움이 된다. 또한 더 이상 프로토콜을 업데이트할 필요가 없기 때문에 네트워크 아키텍처도 단순해진다. 즉, '송신'만 가능하고 '수신'은 불가능한 장치가 되면 공격 가능한 영역은 크게 줄어든다.

이렇게 하면 장치를 출시하기 전에 코드를 제대로 짜야 한다는 부담이 더욱 커진다. 특히 모델 정확도와 관련해서는 민감해질 수 있다. 이전에 단위 테스트와 같은 접근 방식과 검증 데이터셋을 이용한 모델 정확도 검증에 대해 이야기했지만 이런 방식으로 모든 문제를 해결하지는 못한다. 출시 준비에 앞서 실제 환경에서 조직 내부의 감독하에 장치를 시험해보는 것이 좋다. 테스트는 제작자의 상상력에 의해 제한되지만 실제 세계는 예측할 수 있는 것보다 훨씬 더 많은 변수가 있다. 그러므로 이러한 실험은 엔지니어링 테스트보다 예기치 못한 동작을 드러낼 가능성이 훨씬 높다. 원하지 않은 동작이 발생하면 이를 정상적인 개발 프로세스 일부로 처리할 수 있는 테스트 사례로 전환할 수 있다. 제품의 깊은 요구 사항에 대해 이러한 제도적 절차를 개발하는 것은 큰 경쟁 우위가 될 수 있으며 이는 고통스러운 시행착오를 통해서만 얻을 수 있다.

20.3.1 개발 보드에서 제품으로 이동

개발 보드에서 실행 중인 애플리케이션을 실제 제품으로 전환하는 전체 프로세스는 이 책의 범위를 벗어나지만, 개발 프로세스에서 고려해야 할 몇 가지 사항을 짚고 넘어갈 필요는 있다. 우선 디지키(https://digikey.com/)와 같은 사이트에서 사용하려는 마이크로컨트롤러의 대량 매입 가격을 조사하여 최종 예산에 맞도록 해야 한다. 개발 과정에서 사용했던 칩과 동일하다고 가정할 때 코드를 양산 제품으로 옮기는 것은 매우 간단하다. 따라서 프로그래밍 관점에서 개발 보드가 생산 목표와 일치하는지 확인해야 한다. 특히 코드를 최종 폼 팩터에 배포한 다음 발생하는 문제를 디버깅하는 것은 훨씬 어려우므로 가능한 한 배포 전에 충분히 검토하는 것이 좋다.

20.4 마치며

사용자 개인 정보 보호와 보안은 엔지니어의 가장 중요한 책임 중 하나이지만, 최선의 접근 방식을 결정하는 방법이 언제나 명확한 것은 아니다. 이 장에서는 개인 정보 보호와 보안을 위한 사고방식과 설계 방법, 나아가 고급 보안을 위한 고려 사항을 설명했다. 이를 통해 임베디드 머신러닝 애플리케이션을 구축하고 배포하는 기초를 완성했지만 이 분야를 한 권의 책으로 다루기에는 부족하다. 마지막 장에서는 이 책에서 다룬 내용 이상을 필요로 하는 독자를 위해 심화 학습 방법에 대해 설명한다.

## CHAPTER 21

파도를 따라잡기 위하여

저렴한 저전력 장치를 사용하여 문제를 해결하는 데 이 책이 도움됐으면 한다. 이 분야는 빠르게 성장하는 새로운 분야이므로 이 책의 내용은 현재진행형으로 변화하고 있다. 최신 업데이트 정보를 따라잡으려면 다음과 같은 자료를 참조하기 바란다.

21.1 TinyML 재단

TinyML 서밋summit (https://www.tinymlsummit.org/)은 임베디드 하드웨어, 소프트웨어, 머신러닝 실무자들을 모아 TinyML 분야의 협업을 논의하는 연례 회의다. 베이 지역과 텍사스 오스틴에도 월간 모임이 있으며 앞으로 더 많은 지역에서 진행될 예정이다. 서밋에 직접 참여하지 못해도 TinyML 재단의 웹사이트에서 각 이벤트의 비디오, 슬라이드, 기타 자료를 확인할 수 있다.

21.2 SIG Micro

이 책은 마이크로컨트롤러용 텐서플로 라이트에 대한 책이며 이 프레임워크의 개발에 기여하고 싶은 외부 개발자가 개선 작업에 협력할 수 있는 SIG Special Interest Group도 있다. SIG Micro는 매월 공개 화상 회의, 메일링 리스트와 기타[Gitter] 대화방을 유지하고 있다. 라이브러리에 넣을 새로운 기능에 대한 아이디어나 요청이 있다면 이러한 채널에서 논의할 수 있고, 구글 내부와 외부의 모든 프로젝트 개발자가 로드맵과 향후 작업 계획을 공유하는 것을 볼 수 있다. 일반적인 변경 프로세스는 설계 문서를 공유하면서 시작된다. 설계 문서는 간단한 변경을 위한 한 페이지 내외의 문서로 변경이 필요한 이유와 변경을 위해 수행할 작업을 담아야 한다. 텐서플로팀은 이러한 설계 문서를 이해관계자가 피드백을 제공할 수 있는 RFC[Request for Comment]로 게시한 다음, 합의가 이루어지면 실제 코드 변경 사항이 포함된 풀 요청으로 후속 조치를 한다.

21.3 텐서플로 웹사이트

메인 텐서플로 웹사이트에는 마이크로컨트롤러 작업을 위한 별도의 홈페이지가 있으며 이곳에서 최신 예제와 문서를 확인할 수 있다. 특히 훈련 샘플 코드에서 텐서플로 2.0으로 마이그레이션을 계속할 예정이므로 호환성 문제를 겪고 있을 때 살펴보면 도움이 될 것이다.

21.4 그 밖의 프레임워크

텐서플로가 가장 잘 알려진 머신러닝 라이브러리라는 점을 감안하여 이 책에서는 텐서플로 생태계에 중점을 두었지만 다른 프레임워크에서도 흥미로운 작업이 많이 진행되고 있다. 특히 닐 탠[Neil Tan]이 작업하고 있는 uTensor는 텐서플로 모델에서 코드를 생성하는 선구적인 작업이라고 할 수 있다. 또한 마이크로소프트의 임베디드 러닝 라이브러리[Embedded Learning Library](ELL)는 심층 신경망 이외의 다양한 머신러닝 알고리즘을 지원하며 아두이노와 마이크로:비트[micro:bit] 플랫폼을 지원한다.

21.5 트위터

전 세계에 알리고 싶은 임베디드 머신러닝 프로젝트를 만들었는가? 구글은 여러분이 해결하고 있는 문제에 관심이 많다. #tinyml 해시태그로 트위터에 여러분의 프로젝트 링크를 공유하면 텐서플로 팀의 관심을 한 몸에 받을 수 있을 것이다. 우리는 트위터에서 @petewarden, @dansitu라는 이름으로 활동하고 있으며 이 책에 대한 업데이트는 @tinymlbook으로 올릴 예정이다.

21.6 TinyML의 친구들

이 분야에는 스타트업부터 대기업에 이르기까지 많은 회사가 활동하고 있다. 제품을 제작하려면 이러한 회사에서 제공하는 도구가 필요할 테니 다음 목록이 도움이 될 것이다.

- 에이다프루트^{Adafruit} (https://www.adafruit.com/)
- 앰비크 마이크로$^{Ambiq\ Micro}$ (https://ambiqmicro.com/)
- 아두이노^{Arduino} (https://www.arduino.cc/)
- ARM (https://www.arm.com/)
- 케이던스/텐실리카$^{Cadence/Tensilica}$ (https://ip.cadence.com/knowledgecenter/know-ten)
- CEVA/DSP 그룹 (https://www.ceva-dsp.com/)
- 에지 임펄스$^{Edge\ Impulse}$ (https://www.edgeimpulse.com/)
- 에타 컴퓨트$^{Eta\ Compute}$ (https://etacompute.com/)
- 에버랙티브^{Everactive} (https://everactive.com/)
- 그린웨이브스 테크놀러지스$^{GreenWaves\ Technologies}$ (https://greenwaves-technologies.com/)
- 하이맥스^{Himax} (https://www.himax.com.tw/)
- 매트릭스 인더스트리스$^{MATRIX\ Industries}$ (https://www.matrixindustries.com/)
- 노르딕 반도체$^{Nordic\ Semiconductor}$ (https://www.nordicsemi.com/)
- 픽스아트^{PixArt} (https://www.pixart.com/)
- 퀄컴^{Qualcomm} (https://www.qualcomm.com/)
- 스파크펀^{SparkFun} (https://www.sparkfun.com/)
- ST마이크로일렉트로닉스^{STMicroelectronics} (https://www.st.com/content/st_com/en.html)

- 신디언트[Syntiant](https://www.syntiant.com/)

- Xnor.ai(https://www.xnor.ai/)

21.7 마치며

임베디드 장치에 머신러닝을 탑재하는 여정에 함께한 여러분에게 감사드린다. 이 책이 독자 여러분의 프로젝트에 영감을 주었기를 바란다. 우리는 여러분이 만드는 모든 프로젝트를 응원하며 여러분이 발전시킬 TinyML에 무한한 기대를 보낸다.

머신러닝을 사용한 이미지 인식에는 많은 양의 데이터와 많은 연산 능력이 필요하다. 이 장에서는 데이터셋만 제공하고 처음부터 모델을 학습하는 방법과 해당 모델을 임베디드 기기에 최적화된 형식으로 변환하는 방법을 배웠다.

이러한 경험은 머신러닝을 실제 제품에 적용할 때 겪을 문제를 해결하는 데 좋은 기반이 될 것이다. 컴퓨터가 주변 세계를 보고 이해할 수 있다는 점은 여전히 마법 같지만 그 다음은 어떤 마법이 기다리고 있을지 기대해보자.

아두이노 라이브러리 Zip 사용과 생성

아두이노 IDE는 특정 방식으로 소스 파일을 패키지해야 한다. 마이크로컨트롤러용 텐서플로 라이트 Makefile은 이를 수행하는 방법을 알고 있다. 모든 소스를 포함하는 .zip 파일을 생성할 수 있으며 이 파일을 아두이노 IDE로 라이브러리로 가져올 수 있다. 이를 통해 애플리케이션을 빌드, 배포가 가능하다. 파일 생성은 부록 A 뒷부분에서 안내한다. 하지만 가장 쉬운 시작 방법은 텐서플로 팀에서 매일 밤 생성하는 사전 빌드된 .zip 파일을 사용하는 것이다.

해당 파일을 다운로드한 후 임포트한다. 아두이노 IDE의 Sketch 메뉴에서 [그림 A-1]과 같이 Include Libaray → Add .ZIP Library를 선택한다.

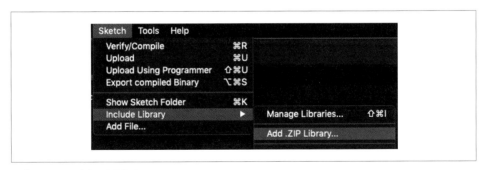

그림 A-1 .ZIP 라이브러리 추가

표시되는 파일 브라우저에서 .zip 파일을 찾아 선택을 클릭하여 임포트한다.

이 방법 대신 라이브러리를 직접 생성할 수도 있다. 이를테면 아두이노 환경에서 테스트하려는 텐서플로 깃 저장소의 코드를 변경한 경우 직접 생성해야 할 것이다.

파일을 직접 생성해야 하면 터미널 창을 열고 다음 명령으로 텐서플로 저장소를 복제한 후 해당 디렉터리로 이동한다.

```
git clone https://github.com/tensorflow/tensorflow.git
cd tensorflow
```

이제 다음 스크립트를 실행하여 .zip 파일을 생성한다.

```
tensorflow/lite/micro/tools/ci_build/test_arduino.sh
```

파일은 다음 위치에 생성된다.

```
tensorflow/lite/micro/tools/make/gen/arduino_x86_64/ \
  prj/micro_speech/tensorflow_lite.zip
```

그런 다음 앞에서 설명한 단계에 따라 .zip 파일을 아두이노 IDE로 가져올 수 있다. 이전에 라이브러리를 설치했다면 먼저 원본 버전을 제거해야 한다. 아두이노 IDE의 libraries 디렉터리에서 tensorflow_lite 디렉터리를 삭제하면 된다. IDE 환경 설정 창의 Sketchbook location에서 찾을 수 있다.

아두이노에서 오디오 받기

7장 호출어 인식 애플리케이션의 오디오 캡처 코드를 알아보자. 아두이노 나노 33 BLE 센스에는 온보드 마이크가 있다. 마이크에서 오디오 데이터를 수신하기 위해 새로운 오디오 데이터가 준비되었을 때 호출되는 콜백 함수를 등록할 수 있다.

콜백 함수가 호출될 때마다 새로운 데이터 덩어리를 버퍼에 쓴다. 오디오 데이터는 많은 메모리를 차지하므로 버퍼에는 설정된 양의 데이터만 저장할 수 있는 공간이 있다. 버퍼가 가득 차면 이 데이터를 덮어 쓴다.

프로그램이 추론을 실행할 준비가 될 때마다 이 버퍼에서 마지막 2초 분량의 데이터를 읽을 수 있다. 버퍼에 접근하는 속도보다 새 데이터가 더 빨리 들어오는 한 버퍼에 새로운 데이터는 항상 충분하므로 이를 전처리하고 모델에 넣을 수 있다.

전처리 및 추론의 각 주기는 복잡하며 완료하는 데 시간이 걸린다. 이 때문에 아두이노에서는 초당 몇 번만 추론을 실행할 수 있다. 이는 버퍼가 쉽게 가득 찬다는 것을 의미한다.

7장에서 보았듯 audio_provider.h는 다음 두 가지 함수를 구현한다.

- GetAudioSamples(): 원시 오디오 데이터 덩이리에 대한 포인터를 가져온다.
- LatestAudioTimestamp(): 가장 최근에 캡처한 오디오의 타임스탬프를 반환한다.

아두이노용으로 이를 구현하는 코드는 arduino/audio_provider.cc에 있다.

첫 번째 부분에서는 일부 의존성을 끌어낸다. PDM.h 라이브러리는 마이크에서 데이터를 가져오는 데 사용할 API를 정의한다. micro_model_settings.h 파일에는 올바른 형식으로 오디오를 제공하는 데 도움이 되는 모델의 데이터 요구 사항과 관련된 상수가 포함되어 있다.

```
#include "tensorflow/lite/micro/examples/micro_speech/
   audio_provider.h"

#include "PDM.h"
#include "tensorflow/lite/micro/examples/micro_speech/
   micro_features/micro_model_settings.h"
```

다음 코드에서는 중요한 변수를 설정한다.

```
namespace {
bool g_is_audio_initialized = false;
// 샘플 크기의 16배에 해당하는 내부 버퍼
constexpr int kAudioCaptureBufferSize = DEFAULT_PDM_BUFFER_SIZE * 16;
int16_t g_audio_capture_buffer[kAudioCaptureBufferSize];
// 출력을 유지하는 버퍼
int16_t g_audio_output_buffer[kMaxAudioSampleSize];
// 샘플이 도착했는지 확인하는 용도다.
// while 루프에서 확인할 수 있도록 volatile로 선언한다.
volatile int32_t g_latest_audio_timestamp = 0;
}  // namespace
```

g_is_audio_initialized 변수는 마이크가 오디오 캡처를 시작했는지 여부를 추적하는 데 사용된다. 오디오 캡처 버퍼는 g_audio_capture_buffer에 의해 정의되며 이는 DEFAULT_PDM_BUFFER_SIZE의 16배 크기다. PDM.h에 정의된 상수이며 콜백이 호출될 때마다 마이크로 받는 오디오의 양을 나타낸다. 버퍼 크기가 크면 프로그램이 어떤 이유로 속도가 느려질 때에도 데이터가 부족할 가능성이 적다.

오디오 캡처 버퍼 외에도 출력 오디오를 위한 버퍼 g_audio_output_buffer가 있으며 GetAudioSamples()가 호출될 때 이 버퍼에 포인터를 반환한다. 이 버퍼의 크기는 전처리 코드가 한 번에 처리할 수 있는 16비트 오디오 샘플 수를 정의하는 micro_model_settings.h의 상수인 kMaxAudioSampleSize다.

마지막으로 g_latest_audio_timestamp를 사용하여 가장 최근의 오디오 샘플이 나타내는 시간을 추적한다. 오디오 캡처가 시작된 시간부터 경과한 밀리초 단위로 기록된다. 이 변수는 volatile로 선언되는데 이는 프로세서가 값을 캐시하려고 하지 않아야 한다는 의미다. 이유는 나중에 살펴보겠다. 이러한 변수를 설정한 후 새로운 오디오 데이터가 있을 때마다 호출되는 콜백 함수를 정의한다. 전체 함수 구현은 다음과 같다.

```
void CaptureSamples() {
    // 호출될 때 수신한 새로운 데이터의 바이트 수
    const int number_of_samples = DEFAULT_PDM_BUFFER_SIZE;
    // 마지막 오디오 샘플이 나타내는 타임스탬프 계산
    const int32_t time_in_ms =
        g_latest_audio_timestamp +
        (number_of_samples / (kAudioSampleFrequency / 1000));
    // 모든 샘플 기록 중에서 마지막 샘플의 인덱스를 결정한다.
    const int32_t start_sample_offset =
        g_latest_audio_timestamp * (kAudioSampleFrequency / 1000);
    // 링 버퍼에서 이 샘플의 인덱스를 결정한다.
    const int capture_index = start_sample_offset % kAudioCaptureBufferSize;
    // 버퍼의 올바른 위치로 데이터를 읽는다.
    PDM.read(g_audio_capture_buffer + capture_index, DEFAULT_PDM_BUFFER_SIZE);
    // 새로운 오디오 데이터가 도착했음을 외부에 알린다.
    g_latest_audio_timestamp = time_in_ms;
}
```

이 함수의 목표는 오디오 캡처 버퍼에서 이 새로운 데이터를 쓸 올바른 인덱스를 결정하는 것이다.

먼저 콜백이 호출될 때마다 얼마나 많은 새로운 데이터가 수신되는지 파악한다. 이는 버퍼에서 가장 최근 오디오 샘플의 시간을 나타내는 숫자를 밀리초 단위로 결정하는 데 사용한다.

```
// 호출될 때 수신한 새로운 데이터의 바이트 수
const int number_of_samples = DEFAULT_PDM_BUFFER_SIZE;
// 마지막 오디오 샘플이 나타내는 타임스탬프를 계산한다.
const int32_t time_in_ms =
    g_latest_audio_timestamp +
    (number_of_samples / (kAudioSampleFrequency / 1000));
```

초당 오디오 샘플 수는 **kAudioSampleFrequency**이다(이 상수는 micro_model_settings.h에 정의되어 있다). 밀리초당 샘플 수를 얻기 위해 이것을 1000으로 나눈다.

다음으로 콜백당 샘플 수(number_of_samples)를 밀리초당 샘플 수로 나누어 각 콜백에서 얻은 데이터의 길이를 밀리초 단위로 얻는다.

```
(number_of_samples / (kAudioSampleFrequency / 1000))
```

가장 최근의 새로운 오디오 샘플 타임스탬프를 얻기 위해 이를 가장 최근 오디오 샘플인 g_latest_audio_timestamp의 타임스탬프에 더한다.

이제 이 숫자를 사용하여 모든 샘플 기록에서 가장 최근 샘플의 인덱스를 얻을 수 있다. 이전의 가장 최근 오디오 샘플 타임스탬프에 밀리초당 샘플 수를 곱한다.

```
const int32_t start_sample_offset =
    g_latest_audio_timestamp * (kAudioSampleFrequency / 1000);
```

버퍼에 캡처한 모든 샘플을 저장할 공간은 없다. 대신 DEFAULT_PDM_BUFFER_SIZE의 16배에 해당하는 공간이 있다. 그보다 더 많은 데이터가 있으면 버퍼를 새 데이터로 덮어 쓰기 시작한다.

이제 모든 샘플 기록에 새 샘플의 인덱스가 있다. 다음으로 이를 실제 버퍼 내에서 샘플의 적절한 인덱스로 변환해야 한다. 이를 위해 히스토리 인덱스를 버퍼 길이로 나누고 나머지를 얻을 수 있다. 여기에 나머지 연산자(%)를 사용한다.

```
// 링 버퍼에서 샘플의 인덱스를 결정한다.
const int capture_index = start_sample_offset % kAudioCaptureBufferSize;
```

버퍼의 크기인 kAudioCaptureBufferSize는 DEFAULT_PDM_BUFFER_SIZE의 배수이므로 새 데이터는 항상 버퍼에 깔끔하게 맞는다. 나머지 연산의 결과로 버퍼 내에서 새 데이터가 시작되는 인덱스를 반환한다.

다음으로 PDM.read() 메소드를 사용하여 최신 오디오를 오디오 캡처 버퍼로 읽는다.

```
// 버퍼의 올바른 위치로 데이터를 읽는다.
PDM.read(g_audio_capture_buffer + capture_index, DEFAULT_PDM_BUFFER_SIZE);
```

첫 번째 인수는 메모리에서 데이터를 쓸 위치에 대한 포인터를 허용한다. g_audio_capture_buffer 변수는 오디오 캡처 버퍼가 시작되는 메모리의 주소에 대한 포인터다. 이 위치에 capture_index를 추가하면 메모리에서 정확한 지점을 계산하여 새 데이터를 쓸 수 있다. 두 번째 인수는 읽어야 할 데이터의 양을 정의하며 최대 DEFAULT_PDM_BUFFER_SIZE를 설정한나.

마지막으로 g_latest_audio_timestamp를 업데이트한다.

```
// 새로운 오디오 데이터가 도착했음을 외부에 알린다.
g_latest_audio_timestamp = time_in_ms;
```

LatestAudioTimestamp() 메서드를 통해 프로그램의 다른 부분에 노출되어 새 데이터를 사용할 수 있게 되었음을 알린다. g_latest_audio_timestamp는 volatile로 선언되므로 접근할 때마다 메모리에서 해당 값을 조회한다. volatile로 선언하지 않으면 변수가 프로세서에 의해 캐시된다. 콜백에서 값이 설정되기 때문에 프로세서는 캐시된 값을 갱신하지 않고 접근하는 코드는 현재 값을 받지 않는다.

이쯤에서 CaptureSamples()가 콜백 함수 역할을 하는 이유가 궁금할 것이다. 새로운 오디오가 언제 나오는지 어떻게 알 수 있을까? 이는 오디오 캡처를 시작하는 함수에서 처리한다. 다음 코드를 보자.

```
TfLiteStatus InitAudioRecording(tflite::ErrorReporter* error_reporter) {
  // 각 샘플과 함께 호출될 콜백을 연결
  PDM.onReceive(CaptureSamples);
  // 오디오 청취 시작: MONO @ 16KHz (게인 20)
  PDM.begin(1, kAudioSampleFrequency);
  PDM.setGain(20);
  // 첫 번째 오디오 샘플이 나올 때까지 차단
  while (!g_latest_audio_timestamp) {
  }

  return kTfLiteOk;
}
```

이 함수는 누군가가 GetAudioSamples()를 처음 호출할 때 호출된다. 먼저 PDM.onReceive()를 호출해 PDM 라이브러리로 CaptureSamples() 콜백을 연결한다. 다음으로 PDM.begin()은 두 개의 인수와 함께 호출된다. 첫 번째 인수는 녹음할 오디오 채널 수를 나타낸다. 모노 오디오만 원하므로 1을 지정한다. 두 번째 인수는 초당 받을 샘플 수를 지정한다.

다음으로 PDM.setGain()은 마이크의 오디오를 얼마나 증폭해야 하는지 정의하는 게인Gain을 설정하는 데 사용된다. 여기에서는 실험을 통해 결정된 20의 게인을 지정한다.

마지막으로 g_latest_audio_timestamp가 true로 평가될 때까지 반복한다. g_latest_audio_timestamp는 0에서 시작하며, 콜백에 의해 일부 오디오가 캡처되면 0이 아닌 값을 가지기 때문에 때까지 오디오 캡처 전까지 코드를 차단되는 효과가 있다.

방금 살펴본 두 가지 함수를 통해 오디오 캡처 프로세스를 시작하고 캡처된 오디오를 버퍼에 저장할 수 있다. 다음 함수인 GetAudioSamples()는 코드의 다른 부분(특징 추출기)이 오디오 데이터를 얻을 수 있는 메커니즘을 제공한다.

```
TfLiteStatus GetAudioSamples(tflite::ErrorReporter* error_reporter,
                             int start_ms, int duration_ms,
                             int* audio_samples_size, int16_t** audio_samples) {
  // 오디오 수신을 시작하도록 설정
  if (!g_is_audio_initialized) {
    TfLiteStatus init_status = InitAudioRecording(error_reporter);
    if (init_status != kTfLiteOk) {
      return init_status;
    }
    g_is_audio_initialized = true;
  }
```

이 함수는 로그를 작성하기 위한 ErrorReporter, 요청하는 오디오를 지정하는 두 개의 변수(start_ms와 duration_ms), 오디오 데이터를 다시 전달하는 데 사용되는 두 개의 포인터(audio_samples_size와 audio_samples)와 함께 호출된다. 함수의 첫 번째 부분은 InitAudioRecording()을 호출한다. 이는 첫 번째 오디오 샘플이 도착할 때까지 실행을 차단한다. 설정 코드가 한 번만 실행되도록 g_is_audio_initialized 변수를 사용한다.

이 과정이 끝나면 캡처 버퍼에 오디오가 저장됐다고 가정할 수 있다. 이제부터는 버퍼에서 올바른 오디오 데이터가 어디에 있는지 알아내야 한다. 먼저 원하는 첫 번째 샘플의 모든 샘플 기록에서 인덱스를 결정한다.

```
const int start_offset = start_ms * (kAudioSampleFrequency / 1000);
```

다음으로 수집하려는 총 샘플 수를 결정한다.

```
const int duration_sample_count =
    duration_ms * (kAudioSampleFrequency / 1000);
```

이제 이 정보를 얻었으므로 오디오 캡처 버퍼에서 읽을 위치를 파악할 수 있다. 루프에서 데이터를 읽는다.

```
for (int i = 0; i < duration_sample_count; ++i) {
  // 각 샘플에 대해 모든 샘플 히스토리의 인덱스를 g_audio_capture_buffer의 인덱스로 변환
  const int capture_index = (start_offset + i) % kAudioCaptureBufferSize;
  // 샘플을 출력 버퍼에 쓰기
  g_audio_output_buffer[i] = g_audio_capture_buffer[capture_index];
}
```

이전에는 나머지 연산자를 사용하여 최신 샘플을 담을 공간이 충분한 버퍼 내에서 올바른 위치를 찾는 방법을 살펴봤다. 여기서도 같은 기술을 사용한다. 모든 샘플 기록 내에서 현재 인덱스를 오디오 캡처 버퍼 kAudioCaptureBufferSize의 크기로 나누면 나머지는 버퍼 내에서 데이터의 위치를 나타낸다. 그런 다음 간단한 할당을 사용하여 캡처 버퍼에서 출력 버퍼로 데이터를 읽을 수 있다.

다음으로 이 함수에서 데이터를 가져오기 위해 인수로 제공된 두 개의 포인터를 사용한다. 바로 오디오 샘플 수를 가리키는 audio_samples_size와 출력 버퍼를 가리키는 audio_samples다.

```
  // 오디오에 접근할 수 있도록 포인터 설정
  *audio_samples_size = kMaxAudioSampleSize;
  *audio_samples = g_audio_output_buffer;

  return kTfLiteOk;
}
```

kTfLiteOk를 반환하여 호출자에게 작업이 성공했음을 알려주고 함수를 종료한다.

마지막으로 LatestAudioTimestamp()를 정의한다.

```
int32_t LatestAudioTimestamp() { return g_latest_audio_timestamp; }
```

항상 최신 오디오의 타임스탬프를 반환하므로 코드의 다른 부분에서 루프를 통해 새 오디오 데이터가 도착했는지 확인할 수 있다.

이제 특징 추출기가 새로운 오디오 샘플을 지속적으로 공급할 수 있게 됐다.

INDEX

INDEX

INDEX

INDEX

INDEX

INDEX

INDEX

INDEX